GÜTERSLOHER
VERLAGSHAUS

Gütersloher Verlagshaus. Dem Leben vertrauen

Im dankbaren Gedenken an den großen Theologen
Edward Schillebeeckx OP (1914 - 2009),
dessen Arbeit für die Kirche den Großen verborgen
blieb, von den Kleinen aber verstanden und
dankbar angenommen wurde.

Hermann Häring

Freiheit im Haus des Herrn

Vom Ende der klerikalen Weltkirche

Gütersloher Verlagshaus

Bibliografische Information der Deutschen Nationalbibliothek
Die Deutsche Nationalbibliothek verzeichnet diese Publikation in der
Deutschen Nationalbibliografie; detaillierte bibliografische Daten sind
im Internet über http://dnb.d-nb.de abrufbar.

Verlagsgruppe Random House FSC-DEU-0100
Das für dieses Buch verwendete FSC-zertifizierte Papier
Munken Premium Cream liefert
Arctic Paper Munkedals AB, Schweden.

1. Auflage
Copyright © 2011 by Gütersloher Verlagshaus, Gütersloh,
in der Verlagsgruppe Random House GmbH, München

Umschlagbild: © Fred de Noyelle/Godong/Corbis
Druck und Einband: Těšínská tiskárna, a.s., Český Těšín
Printed in Czech Republic
ISBN 978-3-579-06553-3
www.gtvh.de

Inhalt

Ein Schrei der Empörung und die Folgen

Als sich nach der offiziellen Wiederaufnahme des antisemitischen Bischofs Williamson in die katholische Kirche ein Schrei der Empörung erhob, beklagte sich Papst Benedikt über die »sprungbereite Aggressivität«, mit der man ihn böswillig angegriffen habe. Vermutlich hat er die Gründe der Empörung nicht verstanden. Vielleicht war er nach 27jähriger Tätigkeit im Vatikan einem Denk- und Reaktionsschema verhaftet, das den Blick auf jede außerklerikale Wirklichkeit verstellt, denn er arbeitete und arbeitet im Zentrum eines durch und durch klerikalen Systems. Dieses Buch untersucht zentrale Elemente dieses Klerikalismus, geht deren Entstehung nach und beschreibt die Auswirkungen, die er heute auf die krisengeschüttelte katholische Kirche hat. Das Buch geht davon aus, dass in der gegenwärtigen Situation der bloße Ruf nach Reformen, versehen mit plausiblen Argumenten, nicht genügt. Wer Reformen will, muss sich die Mühe machen, sich in die Köpfe der katholischen Kirchenführer zu versetzen und ihre Ideologien aufzuspüren, die sich seit Jahrhunderten aus vielfältigen Elementen aufgebaut haben. Dass dieses Buch dazu nur ein Anstoß sein kann, versteht sich von selbst.

Ich habe redlich versucht, komplizierte Zusammenhänge, die bisweilen wie aus einer anderen Welt stammen, verständlich darzustellen. Ob das gelungen ist, müssen die Leserinnen und Leser selbst entscheiden. Das Buch will also keine wissenschaftliche Abhandlung ersetzen. Zwar meine ich, dass ich keine unbegründeten Thesen in die Welt setze, aber Literaturverweise habe ich auf ein Minimum beschränkt. Insbesondere verzichte ich auf Quellenangaben bei kirchlichen Dokumenten, die inzwischen in der ausgezeichnet versorgten Website des Vatikan (vatican.va) abrufbar sind. Auch verschone ich die Leser mit genaueren Hinweisen zu manchen Urteilen und Interpretationen, die ich in meinem vorhergehenden Buch zu Benedikt XVI. näher ausgeführt, dokumentiert und begründet habe (Im Namen des Herrn. Wohin der Papst die Kirche führt. Mit einem Vorwort von Hans Küng, Gütersloh 2009). Schließlich wird auf die nähere Dokumentation von neueren Ereignissen verzichtet, die in den Medien allgegenwärtig, unbestreitbar, aber wissenschaftlich noch nicht dokumentiert sind; denn sie dienen in der Regel als Illustration unbestreitbarer Stimmungen und Probleme.

Schon im Vorfeld haben mir Freunde erklärt, manche Ausführungen könnten wie die Urteile und Forderungen eines selbstgerechten Besserwissers wirken, der die Kirche schon aufgegeben hat. Schließlich habe die Kirche immer wieder die Kraft gehabt, sich von innen her zu reformieren. Sollte dies der Fall sein, bitte ich jetzt schon um Vergebung. Ich kann nur versichern, dass ich die Hoffnung auf eine Selbsterneuerung nicht aufgegeben habe. Aber man muss etwas für sie tun, und nicht immer kam sie von oben. Ferner versichere ich, dass auch ich nicht den Stein der Weisen gefunden habe. Dieses Buch will nicht mehr sein als ein Beitrag zum Nachdenken und zur Diskussion. Wir sollten aber verhindern, dass nach all den Erschütterungen wieder eine Zeit stiller Resignation beginnt. Ein guter Freund drückt das so aus: »Ich habe überhaupt den Eindruck, das große Durchlüften des Hauses ist vorbei, Hausputz hat nicht stattgefunden, der gröbste Dreck ist unter den Teppich gekehrt und jetzt kann die Zeit der ruhigen Häuslichkeit zurückkehren: Ofen anheizen, Kerzen anzünden und der ›stillen Zeit‹ entgegenleben.« Nein, das kann nicht die Lösung sein. Wir bedürfen einer unstillbaren Leidenschaft. Diese sollte nicht ruhen, bis unsere Kirche bei all ihren Schwächen wieder zu einer solidarischen und zeitgemäßen Form zurückgefunden hat. Yves Congar sprach schon während des Konzils von einer »armen und dienenden Kirche« (Mainz 1965). Im November 1965 schlossen 40 Konzilsbischöfe in den Domitillakatakomben einen Pakt, in dem sie sich auf vorbehaltlose Solidarität mit den Armen der Welt verpflichteten, und 1989 fasste der große, inzwischen verstorbene Theologe Edward Schillebeeckx sein Kirchenbild mit der Erwartung zusammen, dass die Geschichte des Menschen endlich als »Geschichte Gottes« wahrgenommen wird (Freiburg 1990). Es gibt also viel zu denken, zu arbeiten und für eine erlöstere Kirche zu tun.

Tübingen, 15.11.2010   *Hermann Häring*

Einleitung: Die Zeit ist reif

18. April 2005: Die Kardinäle sind zum letzten Gottesdienst versammelt, bevor man die Türen zum Konklave verriegelt. Der Kardinaldekan, in der papstlosen Zwischenzeit höchster Amtsträger der katholischen Kirche, ergreift das Wort und sein finaler Befund klingt niederschmetternd. Viele Christen seien »umhergeworfen von einem Extrem zum andern, vom Marxismus zum Liberalismus bis hin zum Libertinismus; vom Kollektivismus zum radikalen Individualismus; vom Atheismus zu einem vagen religiösen Mystizismus; vom Agnostizismus zum Synkretismus«. Er klagt über neue Sekten, den Widerstreit der Meinungen, den Betrug der Meinungsführer und fasst seine Klage mit den inzwischen klassischen Worten zusammen: »Es entsteht eine Diktatur des Relativismus, die nichts als endgültig anerkennt und als letztes Maß nur das eigene Ich und seine Gelüste gelten lässt.« Zwar bleibt dieser Satz höchst unklar und ohne weitere Begründung, aber das Signal Joseph Ratzingers ist eindeutig: Wir gehen schrecklichen Zeiten entgegen, und selbst die Kirche erliegt diesen widergöttlichen Versuchungen. Wer gemäß dem Credo der Kirche einen klaren Glauben bekenne, der werde oft zum Fundamentalisten gestempelt. Der Relativismus, der sich »vom Windstoß irgendeiner Lehrmeinung« hin- und hertreiben lässt, erscheine dagegen als zeitgemäße Haltung. Von denen, die er hier als Kontrahenten indiziert, hat er keine hohe Meinung.

Die Kardinalsmehrheit widerspricht ihm nicht. Im Schnitt sind die Anwesenden 71 Jahre alt, Ratzinger selbst wurde gerade 78; zwei Jahre später würde er in diesem Gremium sein Wahlrecht verlieren. Sie alle erinnert Ratzingers Klage an ihre vertrauten, meist vorkonziliaren Jugendjahre, in denen die Kirche noch in Ordnung schien. Zügig treffen sie ihre Wahl und schon am nächsten Abend gewinnt diese Apokalypse höchste Legitimität, denn der sie formuliert hat, ist jetzt Papst.

Wen aber ruft Papst Benedikt XVI. zur Ordnung? Zunächst klingt das Wort von der Diktatur des Relativismus ja wie eine Kampfansage an die Welt.[1] Aber genau besehen greift er das »Denken vieler Christen«, also auch vieler Katholikinnen und Katholiken, an. Und wie der Papst selbst sieht die Top-Elite seines Kirchenapparats nur noch schwarz, denn die Bedrohung kommt von innen. Sie sprechen von der verunsicherten »Welt«, meinen aber die eigene Kirche.

Angst vor der Moderne

Bis in die Wortwahl hinein ist diese Kritik weder neu noch kreativ, man kann sie eher als reaktionär qualifizieren. Denn Wortwahl und Unterstellungen sind dem Kurialstil des 19. Jahrhunderts entnommen. Man findet sie schon in der berühmten Irrtümerliste von 1864 mit ihrer antidemokratischen Tendenz.[2] Dort werden Irrlehren sorgfältig inventarisiert und projiziert. Man schießt Pfeile ab auf Pantheismus, Naturalismus und Rationalismus, auf Sozialismus und Kommunismus, auf Liberalismus und Indifferentismus, auf Demokratie, liberale Staatsauffassungen und Meinungsfreiheit, diese Verfehlungen alle säuberlich in gemäßigte und in strengere Formen unterteilt. Verworfen werden verschiedene Ausprägungen der Kirchenkritik und einer laxen Ehemoral. Nur von Revolutionsangst getriebene, restaurativ gesonnene Fürsten konnten 1864 damit zufrieden sein.

Seit jener Zeit ist Rom, von wenigen Zwischenphasen abgesehen, wie versessen auf Modernitätskritik und massiv kommt sie unter Papst Benedikt zurück. Dem Denken der Moderne mit seinen wissenschaftlichen, gesellschaftlichen und politischen Umbrüchen wird die Solidarität aufgekündigt, statt sie kritisch zu begleiten. Seit 100 Jahren wird endlos gemahnt, verwarnt und verurteilt. En passant und in ernsten Erwägungen wird der Zeitgeist zum gefährlichen Gegner aufgebaut. Aber je mehr die Moderne sich dieser Kritik entzieht, der offiziellen Kirche also entgleitet und bedenklich viele Kirchenkreise infiziert, umso kompromissloser wird das Neue diskriminiert. Von Verlustängsten verfolgt würgt Rom jedes Interesse an Erfahrung, Gewissensfreiheit und einer kritisch verantworteten Schriftauslegung ab. Seit 1907 spricht man von der Irrlehre des Modernismus und formuliert für sich selbst eine antimodernistische Grundideologie. Seitdem gilt dieser »Modernismus« als die entscheidende Bedrohung der Kirche, als »Zusammenfassung aller Häresien« überhaupt. Die »wilde zügellose Jagd nach Neuem« wird streng und mit aller Energie bekämpft.[3]

Von Anfang an hat dieser Antimodernismus pathologische Formen und wird zum rettenden Bollwerk gegen Naturwissenschaften und Religionskritik hochstilisiert.[4] Doch schon während des 1. Vatikanischen Konzils (1869 - 70) ist man dem befeindeten Rationalismus näher, als man denkt. Die Theologie bildet ein rationalistisch-rigides Lehrsystem aus. Es wird »Neuscholastik« genannt und lässt keinerlei geschichtlichen Wandel zu. Die Piusbrüder sind ihr noch immer verfallen. Sie presst die Wahrheit des Glaubens in überzeitliche Syllogismen und beruft sich wider besseres Wissen auf die Kontinuität der Kirche, die man als »Theologie der Vorzeit« umschreibt.[5] Seit den 1960er Jahren wird das Denken der Kirchenväter für dieselben Ziele instrumentalisiert.

Doch fragen wir selbstkritisch: Hat Rom mit seiner Modernitätskritik langfristig nicht recht bekommen, die Aushöhlung des christlichen Glaubens, die Prozesse von Säkularisierung und Entkirchlichung nicht richtig vorausgesehen? Gewiss, die Gefahren der Moderne werden heute weithin erkannt und bis in die Politik hinein intensiv thematisiert; dazu muss man kein Christ oder religiöser Mensch sein. Aber zu deren Bewältigung trug und trägt der Antimodernismus nur wenig bei. Viel wichtiger ist dagegen eine kirchenpolitische Überlegung: Innerkirchlich ließ der Erfolg des antimodernistischen Revirements nicht lange auf sich warten. Denn nachdem der Kirchenstaat machtpolitisch zerfiel und 1870 zerschlagen wurde, setzte ein verunsichertes Kirchenvolk samt ihren Führern auf eine geistig-ideologische Macht. Der vormals absolutistisch regierende Fürst des Kirchenstaats wurde zu einem geistig unfehlbaren, moralisch überlegenen, die Welt belehrenden Hirten erhoben, der in »höchster Vollmacht« nicht nur für die katholische Kirche handelt, sondern dem alle Kirchen und alle Gläubigen Gehorsam zu leisten haben. Inzwischen hat sich diese Vorstellung als Illusion enthüllt. Gleichwohl hält Benedikt XVI., der sich nicht zum Patriarchen des Abendlandes degradiert sehen will, an der Fülle dieser Ansprüche fest. Mehr noch, mit Nachdruck versucht er, seinen kulturpolitischen Anspruch auf ethische Positionen, auf eine kirchenzentrierte Deutung Europas und auf Einzelentscheidungen europäischer Staaten auszudehnen.[6]

Monopolisierung

Allerdings muss man wissen: Trotz all seiner Ambivalenz hat dieses Kirchenregime in Sachen Ordnungs-, Macht- und Ideologiepolitik bis vor 60 Jahren Erfolge erzielt. In wachsender Stringenz wurde die katholische Kirche auf ihre römische Spitze hin konzentriert. Das verschuf ihr eine ungeahnte, international und kulturell wirksame Schlagkraft. Und jetzt schon sei hinzugefügt: Dank digitaler Medien erreicht diese Konzentration seit der Jahrtausendwende eine neue Qualität. Für viele Katholiken gilt das Unfehlbarkeitsdogma von 1870 noch immer als ein Alleinstellungsmerkmal erster Güte, denn mit jeder europäischen Krise ist dessen Mythos gewachsen. Man denke an Bismarcks Kulturkampf, die politische Erschütterung des Ersten Weltkriegs und die moralische Katastrophe des Nationalsozialismus. Der Mythos vom Fels der Wahrheit hat sich gehalten, und doch wurden in den 1950er Jahren die innerkirchlichen Konflikte unerträglich.[7]

Deshalb kann der Stimmungsumschwung nicht erstaunen, der 1958, unmittelbar nach dem Tode Pius' XII., einsetzt. Johannes XXIII. kündigt 1959 ein biblisch, ökumenisch und auf die Gegenwart orientiertes Reformkonzil an. Weit über Westeuropa hinaus versetzt diese Erwartung die katholische Kirche in eine ungeahnte Euphorie. Ein Erneuerungswille und eine Erneuerungshoffnung brechen auf, die nach dem Zweiten Weltkrieg bei einzelnen Theologen allmählich Gestalt gewannen und sich auf gesellschaftlicher Ebene erst seit 1968 durchsetzen sollten. So wird das 2. Vatikanische Konzil zum Projektionsort vieler Erneuerungswünsche und zum Austragungsort zukunftsweisender Kontroversen zu biblischen, philosophischen, pastoralen und humanwissenschaftlichen Fragen. Eine solche Gesprächskultur hatte die katholische Kirche bislang noch nie erlebt. Prompt setzte sie viele in Angst und Schrecken. Das *aggiornamento*, also die »Verheutigung« der Kirche und deren Begegnung mit der so verabscheuten Moderne, wird zum großen Programm, »Volk Gottes« zum unerwarteten Schlüsselwort einer neuen Identität. Es leitet ein tiefes Umdenken ein.

Was ist aus dem Konzil, diesem großen Hoffnungsträger, geworden? Schon die dramatischen Richtungskämpfe von damals nehmen spätere Reformverweigerungen vorweg. Eine autoritär agierende und am Papstmonopol orientierte Tradition sieht keinen Gesprächsbedarf. Kurienkardinäle fragen fassungslos, worüber das Konzil denn debattieren soll. Außer einigen mariologischen Fragen sei die Glaubenslehre doch voll entfaltet. Die dramatischen Auseinandersetzungen von damals werden später verdrängt und nur von einigen Querdenkern offen beschrieben.[8] Viele Kompromisstexte des Konzils, damals aus der Not geboren, führen zu den späteren Polarisierungen. Paul VI. (1963 - 78), der Johannes XXIII. nachfolgt, ist selbst von konservativer Haltung, versucht aber aufrichtig, zwischen den Parteien zu vermitteln. Dennoch bricht sich erneut ein starrer Antimodernismus mit seiner misstrauischen Wagenburgmentalität Bahn.

Seit 1978, dem Amtsantritt von Johannes Paul II., werden die Polarisierungen aktiv vorangetrieben. Edward Schillebeeckx wird im Dezember 1979 nach Rom zitiert, Hans Küng zur Jahreswende die Lehrerlaubnis entzogen, der Beschluss mit enormem Druck auf die Bischöfe durchgesetzt. Kein einziger Bischof Deutschlands wagt es, am 6. Januar die Unterschrift für ein argumentationsschwaches Verurteilungspapier zu verweigern. Mit wie viel Sympathie als liberal geltende Wortführer diese Richtungsänderung verfolgten, kann man bei Karl Lehmann (damals noch Hochschullehrer in Freiburg) sehen, der auch späteren Widerstand immer wohlkalkuliert dosierte.[9] Man war die Dauerdiskussionen eben leid, stempelte die Kritiker zu Querulanten und fiel in der Überforderung auf autoritäre Einheitsideale zurück. Joseph Ratzinger, seit 1977 Erzbischof in München, wurde 1981 zum Präfekten der Glaubenskongregation ernannt und baute den Einfluss dieses Amtes konsequent im Sinne konservativer Grundpositionen aus. Die Zensurierung der Befreiungstheologie in den Jahren 1984/85 führte nur noch zu einem schwachen Widerstand. Seine unnachsichtigen Diktate in Sachen Schwangerschaftskonfliktberatung führten im November 1999 zu einem ernsten Konflikt.[10] Mit der Erklärung *Dominus Iesus* vom August 2000 bricht Ratzinger endgültig eine einvernehmliche Kommunikation nach innen und nach außen. Erstaunlich viele Reaktionen provoziert die römische Stellungnahme zu Fragen der Homosexualität vom Juli 2003; die Geduld ist aufgebraucht.[11] Seitdem werden die Polarisierung stetig verschärft und die Kommunikation durch eine monokratische Amtsführung zunichte gemacht. Die endgültig zusammenbrechende Pastoral[12] und die Unfähigkeit der aktuellen Bischöfe zu weiterführenden Initiativen lassen keinen Aufschub zu.

Drei Strömungen

Wer aber kann und wer soll handeln? Seit 1980 schälen sich innerhalb der Gesamtkirche, also auch in Deutschland, drei deutlich profilierte Richtungen heraus. Dabei wird nicht so sehr auf allgemeine Emotionen, sondern auf theologische Argumentationen geachtet:

18

(1) Die *reaktionär konservative Richtung*, die sich allen Gesprächen über Neuerungen verweigert, ist nahezu identisch mit dem vorkonziliaren neuscholastischen Konservatismus. Bestimmt wird sie heute von den »Piusbrüdern« und anderen fundamentalistischen Gruppierungen.[13] Diese Gruppen sind autoritär, antidemokratisch und antiökumenisch, bisweilen antisemitisch, wie sich zum allgemeinen Entsetzen bei Bischof Richard Williamson zeigt, den Rom wieder in die Kirche aufgenommen hat. Sie alle kritisieren die aktuelle Kirchenführung und lehnen zentrale Konzilstexte ab, denn für sie hat das Konzil den absoluten, ausschließlichen und zu keiner Toleranz bereiten Wahrheitsanspruch der katholischen Kirche aufgegeben. Einige Untergruppen erkennen die Päpste seit Johannes XXIII. nicht mehr an.[14] Diese Gruppen sind nicht nur als Gradmesser für das innerkatholische Meinungsspektrum, sondern auch deshalb ernst zu nehmen, weil sie auf Papst Benedikt einen großen Druck auszuüben wissen.

(2) Die *streng konservative Richtung* ist deshalb interessant, weil sie aus den Progressiven der 1950er Jahre hervorgegangen ist.[15] Zwar leugnet sie Autorität und Lehrinhalte des Konzils nicht, aber sie misst die Konzilsdokumente letztlich am ungeschichtlichen Glaubensverständnis der vorkonziliaren Epoche. Aus ihnen spricht keine Begeisterung für das Konzil, sondern eher dessen tapfere Duldung. In diese Richtung ist Papst Benedikt voll eingebunden. Mehr noch, er hat sie nachdrücklich geprägt.[16] Problematisch an seiner Amtsführung ist nicht sein Neokonservatismus, sondern die Tatsache, dass er als Glaubenspräfekt und als Papst seine persönlichen Überzeugungen rigoros, ohne argumentative Auseinandersetzung und mit autoritären Mitteln durchsetzt.

Das kann nicht sein Amtsauftrag sein. Die Verdächtigung und innerkirchliche Benachteiligung Andersdenkender gehört zu den Waffen dieses Kampfes, der – wie schon angedeutet – aus geradezu apokalyptischen Vorstellungen lebt.[17] Vermutlich ist Papst Benedikt das Opfer seiner eigenen Ängste mit aller daraus folgenden Inkonsequenz. Er fordert die Teilnahme des Kirchenvolkes, indem er ruft: Tut, was *ich* sage! Aber so verhindert er partizipative, wenn nicht gar demokratische Strukturen. Er interpretiert jede Kritik als Streitsucht und Aggressivität.[18] Mit freundlichen Worten setzt er sich für eine innerchristliche Versöhnung ein und spricht zugleich vielen Kirchen ihre kirchliche Würde ab. Überzeugend plädiert er für Toleranz und interreligiöse Offenheit, verortet aber Nichtchristen in einer »objektiv schwer defizitären Situation«.[19] Er installiert die Rationalität und das rational argumentierende Gespräch als Grundregel globaler Kommunikation. Aber faktisch identifiziert er die Vernunft, die er dann »Logos« nennt, mit dem Mensch gewordenen Logos, also mit Jesus Christus. Den Christen verkündet er einen universalen Logos, die christlichen, in ihrer Wurzel jüdischen Glaubensinhalte will er aber streng an deren griechische, schon lange vergangene Kulturform binden.[20] An solchen Inkonsequenzen scheitern die meisten seiner Initiativen, ganz zu schweigen von seiner theologisch unhaltbaren Weigerung, Frauen zu Ordination und kirchlichen Ämtern zuzulassen.[21] Seine Reaktionen, zwischen Neokonservatismus und reaktionären Forderungen eingeklemmt, führen zu einem Windmühlenkampf gegen die Moderne, dem das Wort vom *aggiornamento* ein Gräuel ist. Im Vorwort zu einem Buch über den Exorzismus schreibt J. Ratzinger:

»Über der Entfesselung böser Kräfte, dem ungestümen Einbrechen des Teufels und dem Auftauchen so vieler Plagen und Übel, erhebt sich der Herr, der höchste Richter über den Verlauf der Geschichte.«[22] Dämonen sind also auszutreiben und Papst Benedikt hat sich ans Werk gemacht.

(3) Die *kritisch Progressiven* bilden weder eine geschlossene Gruppe noch werden sie als solche erlebt. Sie schöpfen aus biblischen und ökumenischen, aus gesellschaftskritischen und interreligiösen Quellen, aus einem leidenschaftlichen Engagement gegen Ungerechtigkeit, Gewalt, ethnische und sexistische Diskriminierung, in wachsendem Maße für die Bewahrung der Schöpfung. In der Praxis geht es um Frauen und Männer, die ihren Glauben in christlichen Gemeinden leben, dort ihre geistlichen Erfahrungen sammeln. Sie praktizieren vor Ort und oft ohne theoretischen Überbau, wozu das Konzil sie aufgerufen hat. Aversionen gegen kirchliche Strukturen sind ihnen an sich fremd, aber seit den 80er Jahren finden sie von Bischöfen und Papst immer weniger Anerkennung, ohne diese einfordern zu können. Von Rom werden sie massiv gerügt und umfassenden Zensuren unterworfen. Aber anders, als die römische Propaganda glauben macht, arbeiten sie mit hohem pastoralem und spirituellem Erfolg weiter. Sie haben auch in europäischen Ländern eine starke Ausstrahlung, weil sie Christus in den Unterdrückten und Verlorenen erkennen. Diese Gruppen sind als Ergänzung anderer reformwilligen Gruppen wichtig. Sie zeigen die Grenzen und Gefahren einer Wohlstandskirche, die zu den wirklich bohrenden Fragen christlicher Existenz oft nicht mehr vordringen kann. Dagegen widmet das neue kirchliche Gesetzbuch (1983) den »Laien« zwar

einige Paragraphen und grundsätzlich wird ihnen ein Priester-, Hirten- und Prophetenamt zuerkannt. Sie erhalten sogar das Recht und die Pflicht, ihre für notwendig erachtete Kritik der Kirchenleitung mitzuteilen.[23] Aber bei diesen Grundsatzaussagen ist es geblieben. In der Praxis wird ihre Arbeit eher zur Kenntnis genommen als geschätzt.

Diese Entwicklung, die den Geist der Konzils ignoriert, hat zum Phänomen einer »Kirche von unten« geführt, die aus sehr vielfältigen, kritisch handelnden und argumentierenden Gruppierungen besteht, sich aber in ihren Reformforderungen immer mehr zusammenschließt. Sie alle sind von der Frage umgetrieben, ob die kommende Generation kirchliche Praxen und Impulse überhaupt noch aufnimmt. Dabei scheinen Papst und Bischöfe zu übersehen: Nicht bei einer verschwindenden Klerikerklasse, sondern bei diesen Christen und ihrem Engagement liegt die kirchliche Zukunft. Ohne sie bliebe nur eine Sekte übrig, die sich nur noch um ihre eigene, vormoderne Rechtgläubigkeit sorgt. Für die katholische Kirche wäre das eine Katastrophe. Aus diesem Grund ist keine Zeit zu verlieren.

Worum es geht

Die Hoffnungen Papst Benedikts und seines Vorgängers haben sich inzwischen als Illusion erwiesen. Der autoritäre Weg des Antimodernismus hat schon vor Langem seine Glaubwürdigkeit verloren. Der französische Theologe Yves Congar nennt schon 1954 die Glaubenskongregation (damals noch Heiliges Officium genannt) die »höchste Gestapo, unbeugsam, deren Beschlüsse nicht diskutierbar sind«.[24] So vergiftet war die Atmosphäre, die man zur Förderung des christlichen Glaubens aufrechterhielt, schon damals.

Was aber ist heute aus dem Konzil, dem großen Hoffnungsträger der 60er Jahre geworden? Wie konnte es gelingen, die großen und epochalen Impulse des Konzils seit gut dreißig Jahren so dramatisch zurückzustutzen, die Zahl der kirchlichen Amtsträger so schrumpfen zu lassen und die Kirche in eine Polarisierung zu treiben, wie wir sie seit Jahrhunderten nicht mehr erlebten? Warum gelingt es weniger denn je, mit den Bischöfen in ein offenes Gespräch zu kommen und den Bann ihrer Sprachlosigkeit zu überwinden?

Der Kern des Problems liegt in dem monologischen, bibelfernen und ideologisch verfälschten Denken, von dem sich die Hierarchie leiten lässt. Aber mit emotional geprägter, soziologisch formulierter Kritik und mit gesellschaftspolitischen Gegenentwürfen ist es nicht getan. Um diesen Knoten zu lösen, reicht kein Widerstand von außen, vielmehr müssen wir die theologischen Fehlentwicklungen von innen her begreifen. Das verlangt von allen Reformwilligen theologische Denkarbeit. Nur so lässt sich ermessen, wie der Widerspruch gegen das hierarchische Kirchen- und Gesellschaftsbild wirksam zu formulieren ist.

Einige Kernüberzeugungen dieser verhärteten und von Angst besetzten Theologie sollen in diesem Buch besprochen werden. Angesichts der aktuellen Kirchensituation ist das Potenzial der vorkonziliaren Theologie endgültig erschöpft. Sie verdient nicht mehr den Vertrauensvorschuss, den Katholikinnen und Katholiken ihr Jahrhunderte lang gewährten. Deshalb muss sie sich endlich von Schrift und urkirchlicher Lebenspraxis, von einem aktuellen Menschenbild und der religiösen Weltsituation her beurteilen lassen. Sie muss sich der Frage stellen: Warum ist das nachkonziliare Experiment »Erneuerung« als gemeinsames Unternehmen gescheitert?[25] Doch liegt in diesem Scheitern vielleicht der erste Erfolg. Dies gilt umso mehr, als Papst Benedikt der Gesamtkirche seine sehr persönlichen, um nicht zu sagen privaten Konzepte aufzwingen will. Seinen Definitionsansprüchen ist zu widersprechen, denn angesichts der aktuellen Kirchensituation sind sie mit der christlichen Botschaft nicht mehr zu vereinbaren. Gegen seinen Willen hat sich aber ein neues Kirchenbewusstsein entwickelt, das in der aktuellen Krise seine Stunde hat.

Die vier Kernthesen des Buches lauten:

1. *Entgegen offizieller Sprachregelung haben die konziliaren Impulse in vielen Teilen der katholischen Kirche eine tiefgreifende und nachhaltige Wirkung erzielt. Dies lässt nach wie vor auf die überfällige Erneuerung der Kirche hoffen.*

   Die Erneuerung der Kirche hat biblischen, ökumenischen und emanzipatorischen Maßstäben zu folgen. Trotz des massiven hierarchischen Widerstands haben die Vorkämpfer kirchlicher Reformen das Recht und die Pflicht, ihren Weg klug, besonnen und konsequent fortzusetzen. Sie beabsichtigen keine quantitativ triumphale Ausweitung der Kirche, sondern deren qualitativ orientierte, innere und strukturelle Reform.

2. *Im falsch verstandenen Gehorsam gegenüber Rom hintertreibt die Hierarchie mit Härte und Konsequenz die vom Konzil initiierten Reformen. Das hat für die Gesamtkirche katastrophale Folgen, die weithin sichtbar sind.*

   Die hierarchisch gesteuerten Blockaden sind biblisch unhaltbar, illegitim und einer antimodernen Ideologie verhaftet. Diese Ideologie ist in ihrem Kern zu entlarven und in der Kirchenpraxis zu entkräften. Unter den gegebenen Umständen haben die Wahrheits- und Leitungsansprüche der katholischen Hierarchie ihr inneres Recht verloren.

3. *Die aktuelle Situation eines implodierenden Kirchensystems erlaubt kein geduldiges Warten und Argumentieren mehr. 45 Jahre nach Konzilsabschluss ist der Vertrauensvorschuss gegenüber der Hierarchie erschöpft.*

   Für die Katholikinnen und Katholiken, die sich bislang zu einer letzten Loyalität verpflichtet wussten, hat die Zeit zum eigenständigen Handeln begonnen. Dies geschieht im Interesse der Zukunft der Kirche. Die Hierarchie hat selbst zu entscheiden, ob sie ihr Verweigerungsverhalten aufgibt, das die christliche Botschaft verfälscht, oder die Gesamtkirche in den Ruin treibt.

4. *Nicht die kirchlichen Reformkräfte, sondern die Hierarchie spielt seit Jahrzehnten mit dem Feuer. Sie riskiert einen massiven Bruch mit der wahren Vergangenheit, die in der christlichen Botschaft, im vorbehaltlosen Dienst und in der Solidarität mit den Suchenden und Verlorenen begründet ist.*

   Die Reformkräfte bestehen auf einer Kontinuität mit den Impulsen, die auf dem letzten Konzil neu entdeckt wurden und vielerorts zu einer diakonischen und spirituellen Lebenspraxis geworden sind. Unter dieser Inspiration können Gemeinden neu aufblühen und die christliche Botschaft in die Welt tragen. Innerkirchliche Gruppierungen, von einfachsten Bibelkreisen bis hin zu großen Ordensfamilien, können den Reichtum des Christlichen ungehindert und gegenwartsnah ausstrahlen. Es liegt an der Hierarchie selbst, ob sie diesen Aufbruch als Frucht des Heiligen Geistes akzeptiert, statt erneute Spaltungen zu provozieren.

In mehreren Durchgängen sollen diese Thesen erhärtet werden.

- Kapitel 1 beschreibt die körperzentrierte Identifikation des Papstes mit Christus; diese Identifikation nimmt die Kirchengemeinschaft als Leib Christi nicht mehr ernst.
- Kapitel 2 stellt dar, warum sich die kirchliche Hierarchie gegenüber den Fragen der Gegenwart hermetisch abriegelt; sie ist einem geschichtslosen Begriff von Wahrheit verpflichtet, der zu keiner Selbstkorrektur fähig ist.
- Kapitel 3 zeigt die unheilvollen kirchlichen Vorstellungen von Heiligkeit und Sakrament; sie treiben in die Kirchengemeinschaft einen unseligen Keil, diskriminieren Frauen und missbrauchen die Sexualität zur Durchsetzung klerikaler Ordnungskonzepte.
- Kapitel 4 untersucht die Unfähigkeit der Hierarchie, mit anderen Kirchen und Religionen wirkliche Dialoge zu führen. Die Gründe dafür liegen im Trauma, das die Hierarchie durch den neuzeitlichen Macht- und Kompetenzverlust erlitten hat.
- Die aufgeworfenen Fragen werden unter dem Leitwort einer Kirche zusammengefasst, die ihren mittelalterlichen Klerikalismus hinter sich lässt. Sie muss sich endlich auf eine Gesellschaft einlassen, die auf die Botschaft Jesu mehr denn je angewiesen ist.

Für alle Darlegungen gilt: Die katholische Kirche ist nicht identisch mit dem hierarchischen System, das die Gesamtkirche durch viele Jahrhunderte effektiv, wenn auch autoritär repräsentierte. Denn die Kirchenleitungen erhalten ihren Auftrag schon lange nicht mehr vom Gottesvolk. Die kirchliche Herrschaftselite hat sich im Mittelalter verselbstständigt und im 19. Jahrhundert ihre Chance zu einer neuen Gemeinschaft von Brüdern und Schwestern verpasst. Inzwischen haben sich zahlreiche Gemeinden solide theologische, biblisch verantwortete, spirituell gewachsene und gesellschaftskritisch sensible Positionen erarbeitet. Aus der Perspektive ihres Glaubens können sie sachgemäß über die Gegenwart urteilen und sich für die Bedürftigen einsetzen, in der Freiheit von Christenmenschen leben. Also sind sie auch dazu befugt und beauftragt, diese im Glauben gewonnene Freiheit in ihrer Kirche und als Kirche zu verwirklichen. Alle Gläubigen, auch Bischöfe und Papst, sind dazu eingeladen, an diesem Projekt mitzuarbeiten.

1 Später taucht dieses Wort in vielfältigen Variationen auf: *Rudolf Lill*, Die Macht der Päpste, Kevelaer 2006.
2 Gemeint ist der *Syllabus Errorum*, der insgesamt 80 Irrtümer seiner Zeit benennt, teilweise erfindet und alle verwirft (DS 2901-2980).
3 Eingeleitet wird die Kampagne im Juli 1907 mit einem Dekret des Sanctum Officium, das im Stil des genannten *Syllabus* 65 Irrtümer nennt. Verurteilt werden: die Befreiung der Exegese vom Lehramt [8 Irrlehren], Fragen zu Inspiration und Irrtumslosigkeit der Schrift [11 Irrlehren], die Bedeutung von Offenbarung und Dogma [7 Irrlehren], Gottheit und Heilswerk Christi [12 Irrlehren], Sakramente [13 Irrlehren], Verfassung der Kirche [6 Irrlehren], Unveränderlichkeit der Lehre [8 Irrlehren] (DS 3401-3466). Man kann sich leicht vorstellen, zu welcher Denunziationskultur eine solche buchhalterische Inventarisierungssucht führt. Zwei Monate später veröffentlicht Pius X. die Enzyklika *Pascendi Dominici gregis* (DS 3475-3500). In der genannten Enzyklika findet man Gift und Galle speiende Sätze von den Feinden, die »am Busen und im Schoße der Kirche« lauern, sich als »Reformatoren der Kirche aufspielen«. Die »im Taumel ihrer hochmütigen Arroganz« und »in zügelloser Jagd nach Neuem« die apostolischen Überlieferungen verachten. Selbst die romtreuen Herausgeber des offiziellen Lehrkompendiums »Denzinger« haben diese peinlichen Worte unterschlagen. Vgl. auch: *Hubert Wolf, Judith Schepers* (Hg.), »In wilder zügelloser Jagd nach Neuem«. 100 Jahre Modernismus und Antimodernismus in der katholischen Kirche, Paderborn u.a. 2009.

4 Prägend für einige Generationen von Priestern und Theologen wurde der Antimodernisteneid, den Pius X. 1910 anordnete (DS 3537-3550); vgl. *Hubert Wolf* (Hg.), Antimodernismus und Modernismus in der katholischen Kirche. Beiträge zum geschichtlichen Vorfeld des II. Vaticanum, Paderborn 1998. Offiziell wurde er 1967 abgeschafft. Das seit 1968 verpflichtende *Credo des Gottesvolkes* hat die wesentlichen Inhalte des Antimodernisteneides übernommen; vgl. *Papst Paul VI.*, Das Credo des Gottesvolkes, Leutesdorf 1968.

5 *Josef Kleutgen*, Die Theologie der Vorzeit, Münster 1872.

6 Markante Beispiele sind die wiederholten päpstlichen Stellungnahmen zu medizin- und sexualethischen Fragen (Präimplantationsdiagnostik, Klonverbot, Kondomverbot, bedingte Abtreibung, voreheliche Sexualität, Homosexualität, Geburtenregelung), die Interventionen zu Eherecht, Stellung der Frau und zu Antidiskriminierung. Gemäß Benedikts oft sanfter Sprachregelung sieht er es als seine Aufgabe, »die Sensibilität für die Wahrheit wach zu halten; die Vernunft immer neu einzuladen, sich auf die Suche nach dem Wahren, nach dem Guten, nach Gott zu machen ...« (Ansprache, die für den Januar 2008 an der römischen Universität *Sapienza* geplant war). Zur Gesamtbeurteilung: *Alan Posener*, Benedikts Kreuzzug. Der Angriff des Vatikans auf die moderne Gesellschaft, Berlin 2009.

7 Zu nennen sind seit gut 100 Jahren zahllose Zensuren gegen Theologen, groß angelegte Kampagnen gegen die historisch-kritische Methode, Misstrauensbekundungen gegen Kultur und Wissenschaft. Man denke an die Disziplinierung der *Nouvelle Théologie* (1950), die Verbannung von Teilhard de Chardin in die USA (1951), die Verurteilung der Arbeiterpriester in Frankreich (1959).

8 *Hans Küng*, Erkämpfte Freiheit. Erinnerungen, München 2002, 524-580.

9 *Daniel Deckers*, Der Kardinal. Karl Lehmann. Eine Biographie, Düsseldorf 2002. Besonders enthüllend ist die dort beschriebene, selbstverständlich geheime Rolle Lehmanns beim Lehrentzug Küngs (216-224). Ohne ihn wäre, wenn man Deckers glauben darf, der Coup vom 18. Dezember 1979 nicht gelungen. Vgl. dazu auch *Hans Küng*, Umstrittene Wahrheit. Erinnerungen, München 2007, 598-601.

10 *Rolf Eilers*, Zehn Jahre donum vitae. Ringen um den Lebensschutz, Bonn 2009.

11 Die Vielzahl der Stellungnahmen wurde von der Arbeitsgemeinschaft Homosexualität und Kirche (HuK) gesammelt und im Internet zugänglich gemacht.

12 Das Problem des Priestermangels ist in Deutschland allgegenwärtig. Nach anerkannten Prognosen werden 2020 zwei Drittel der
deutschen Pfarrgemeinden keinen Priester mehr haben. 2008 fiel
die Zahl der in Deutschland geweihten Neupriester zum ersten Mal
unter 100.

13 Gemeint sind die Mitglieder der »Priesterbruderschaft St. Pius X.«.
Sie ist nach dem hochkonservativen Wortführer des Antimoder-
nismus benannt und wurde von dem royalistischen Konzilskritiker,
Erzbischof Marcel Lefebvre, gegründet. *Alois Schifferle, Die Pius-
Bruderschaft.* Informationen – Positionen – Perspektiven, Kevelaer
2009.

14 Die Rede ist vom *Sedisvakantismus.* Er begründet seine Überzeugung damit, dass das 2. Vatikanische Konzil schwere Irrtümer enthält und somit nicht mehr als Konzil anerkannt werden kann.

15 Kennzeichnend dafür sind die Theologen, die aus der *Nouvelle
Théologie* hervorgegangen sind. Zu ihnen gehören Wortführer wie
Henri de Lubac, Hans Urs von Balthasar, Joseph Ratzinger. Hinzu
kommen Anhänger der vorkonziliaren Liturgischen Bewegung,
die mittelalterliche Liturgieformen und die zentrale Stellung des
Bischofs als entscheidende Autorität über alles schätzten. Beide
Gruppen blieben einer wohl geregelten, vor-modernen Welt- und
Kirchenordnung verhaftet, die kirchliche und gesellschaftliche Be-
züge noch immer in patriarchalen und biologischen Kategorien
denkt. Anders gesagt: Für sie brach das 2. Vatikanische Konzil zu
schnell in ihr »neues« Denken ein, das noch nicht zur Reife und zur
Fähigkeit der Selbstkritik gekommen war.

16 Dies lässt sich an der Geschichte der Internationalen Katholischen
Zeitschrift *Communio* manifestieren, zu deren Gründern Balthasar,
de Lubac und Ratzinger gehören.

17 Die apokalyptische Krisenhermeneutik seiner Amtsführung gab
Papst Benedikt schon mit seiner ersten päpstlichen Ankündigung zu verstehen, er sei »ein einfacher Arbeiter im Weinberg des
Herrn« (*Hermann Häring,* Im Namen des Herrn. Wohin der Papst
die Kirche führt, Gütersloh 2009, 161f.). Vgl. auch seine von Krisenstimmung und Misstrauen geprägte Predigt vor der Internationalen
Theologenkommission am 01.12.2009 in der Capella Paolina.

18 Am 10.03.2009 beklagt Papst Benedikt in einem Brief an die Bischöfe die Kritik an seiner Versöhnung mit Bischof Williams mit den
Worten: »Betrübt hat mich, dass auch Katholiken, die es eigentlich
besser wissen konnten, mit sprungbereiter Feindseligkeit auf mich
einschlagen zu müssen glaubten.«

19 DOMINUS IESUS; Nr. 22.

20 *Häring* (2009), 167-173.

21 Gemäß einem Allgemeinen Dekret der Glaubenskongregation vom 19.12.2007 zieht die versuchte[!] Ordination einer Frau für Spender und Empfängerin automatisch die dem Heiligen Stuhl vorbehaltene Exkommunikation nach sich. Für die Angehörigen einer Unierten Kirche gilt dementsprechend die *Große Exkommunikation.*

22 Der Exorzismus der katholischen Kirche. Ecclesia Catholica, Stein 2005 (Authentischer lateinischer Text nach der von Papst Pius XII. erweiterten und genehmigten Fassung mit deutscher Übersetzung); *Marcus Wegner*, Exorzismus heute: Der Teufel spricht Deutsch, Gütersloh 2009.

23 CIC 204, 212.

24 *Yves Congar*, Journal d'un théologien. 1946 - 1956. Édité et présenté par Étienne Fouilloux, Paris 2000, 242: »Rom, das ist konkret der Papst, das ist das ganze System der Kongregationen, die den Eindruck erwecken, als seien sie diese von Jesus auf dem Fels erbaute Kirche. Und das ist das ›Heilige Officium‹. Das ›Heilige Officium‹ regiert konkret die Kirche und beugt alle unter der Furcht seiner Interventionen. Es ist diese höchste Gestapo, unbeugsam, deren Beschlüsse nicht diskutierbar sind.« Später schreibt er: »Lépicier und Pizzardo sind perfekte Vertreter dieses Regimes: fromm, dem Marienkult hingegeben und glatt wie ergebene Diener.« (Einträge vom 09.02.1954; vgl. Küng, Freiheit, 146.)

25 *Heribert Wahl* (Hg.), Den »Sprung nach vorn« neu wagen. Pastoraltheologie ›nach‹ dem Konzil, Rückblicke und Ausblicke, Würzburg 2009.

Kapitel 1

»Siehe, ich bin bei Euch«
Die Medien und der katholische Körperkult

Der aktuelle Katholizismus ist ohne einen Blick auf Johannes Paul II. nicht zu verstehen, denn niemand hat ihn so nachhaltig geprägt wie der Vorgänger des jetzigen Papstes, der erste slawische Papst der Weltgeschichte überhaupt.[1] 26 Jahre lang führt er seine Kirche mit großer Energie und drückt ihr selbstbewusst seinen Stempel auf. Bei seinem Amtsantritt (1978) ist er beseelt vom Messianismus der polnischen Romantik, die Polen als den »Winkelried«, gar als die Erlöserin der Nationen preist und 1978 von einem slawischen Papst die Erneuerung der katholischen Kirche erwartet.[2] So hat er Großes vor und die weniger romantischen Konzilserwartungen aus den 1960er Jahren erhalten massive Konkurrenz. 1981, also drei Jahre später, bestätigt das missglückte Papstattentat seine Überzeugung, dass er unter dem Schutz Mariens eine besondere Mission zu erfüllen hat.[3]

So betreibt er unter anspruchsvollen Vorzeichen eine sendungsbewusste Innen-, Außen-, Evangelisierungs- und Missionspolitik: Er will die Kirche auf Vordermann bringen und vor der Welt als Lehrer der Wahrheit auftreten. Der kuriale Apparat steht ihm dafür zur Verfügung; Joseph Ratzinger sorgt als Präfekt der Glaubenskongregation für die ideologische Linie. Doch ist dem Papst kein langfristiger Erfolg vergönnt, denn die innerkirchlichen Entscheidungen führen zu unerträglichen Verhärtungen. Seinen ökumenischen Impulsen steht er selber im Weg. Der interreligiöse Dialog kommt nicht voran. Auch die konziliaren Reformprojekte, die zu propagieren schon die *political correctness* fordert, beginnen im Kokon restaurativer und autoritärer Vorgaben zu ersticken.

Dennoch gilt Johannes Paul gemeinhin als erfolgreicher Papst. Am politischen Niedergang des Kommunismus in Polen (1988/89) wird ihm ein wichtiger, wenn auch umstrittener Anteil zugeschrieben; dadurch wächst sein weltweites Ansehen enorm. Er gilt als der Prototyp des unerschrockenen Wahrheitszeugen, der allein durch sein Wort Weltmächte zu erschüttern vermag. Zudem baut der energische Charismatiker eine mediale Weltpräsenz auf, die ihresgleichen sucht. Dies geschieht in einer Phase, da die Medien selbst eine unerhörte Bedeutung gewinnen und globale Netzwerke knüpfen. Die enorme Mobilität dieses Mannes tut ein Übriges. Während seiner Amtszeit absolviert er insgesamt 104 internationale und über 70 inneritalienische Besuche. Sein aktueller Nachfolger übernimmt diese Tradition, wenn auch mit verminderter Energie.[4] Massenliturgien gehören zum Standard solcher Reisen. Im Januar 1995 feiert der Wojtyła-Papst in Manila den größten Gottesdienst, den die Welt wohl je sah. Er spricht insgesamt 482 Personen heilig und 1338 selig, um das Doppelte mehr als alle seine Vorgänger zusammen. Insgesamt elf Weltjugendtage mit bis zu vier Millionen Besuchern (1995) lässt er ausrichten; auch sie werden unter seinem Nachfolger in Köln (2005) und in Sydney (2008) fortgesetzt. So ist der »Medienpapst« endgültig in ein neues Feld kirchlicher Kommunikation vorgestoßen. Den Mythos vom Unfehlbaren löst der Mythos vom Allgegenwärtigen ab. Das ist die unerwartete Überraschung seiner Amtszeit.

Damit erzielt Johannes Paul zugleich Innen- und Außenwirkungen, die sich kaum mehr unterscheiden lassen.

Fromme, am Seelenheil interessierte Katholiken hören mit kritischer Aufmerksamkeit seine staatspolitischen Reden ebenso andächtig wie politisch interessierte Staatsbürger die Predigten bei Massenevents. Aber was für eine Stimme der Kirche ist das, die sich jetzt im selben Medium mitteilt wie Politik oder Kunst, Fußball oder Superstars? In jedem Fall hat sich die öffentliche Wahrnehmung der Kirche unmerklich gewandelt, doch die Tragweite dieses Wandels wurde kaum beachtet.[5] Was hat dieses wachsende römische Mediengewicht bewirkt?

Schon hier sollten wir festhalten: Nicht Worte oder formulierte Inhalte haben den Katholizismus verändert, sondern die visuelle, sinnliche, die körperliche Präsenz des Papstes selbst. Er hält virtuelle Kommunikationsräume besetzt. Die Intensität seiner Gegenwart steigert sich seit der Jahreswende 2004/05 erneut, bis der schwerkranke Papst am späten Abend des 2. April stirbt. Weltweit und intensiv begleiten die Medien, insbesondere das Fernsehen, seine wachsende Gebrechlichkeit, sein physisches Verstummen und seinen Tod. Jetzt kommt die Magie seiner Präsenz zur vollen Auswirkung. Die Medien greifen die Emotionen dieses Abschieds auf, verstärken und kanalisieren sie und verschaffen einem intimen und zugleich öffentlichen Geschehen eine unübersehbare Publizität. Es war öffentlich und intim zugleich, aber nicht mehr privat. Dieser Paradoxie, die das Kirchengeschehen seit Jahrzehnten schon kennzeichnet, ist kurz nachzugehen.

1. Diskrepanz von außen und innen

Die entstandene Mischung aus öffentlicher Trauer, wahrem Interesse und reiner Neugier ist nicht neu. Wie sich archaische Hofzeremonielle entfalten und welche Botschaft sich dahinter verbirgt, aus welchen Quellen die vom Weihrauch Umhüllten leben und wie wir daran teilnehmen können, das alles begünstigt eine Faszination, die unsere Welt allenfalls noch in tibetanischen Klöstern oder hinduistischen Tempeln zu bieten hat. Auch bei Lady Diana hat 1997 eine Mischung aus Mitgefühl und traumhafter Wirklichkeit zu Blumenmeeren und Tränenergüssen geführt. Jetzt aber verfolgen nicht nur Abermillionen von Zuschauern weltweit das Ereignis am Bildschirm, sondern bis zu vier Millionen junger Menschen eilen aus Polen, Deutschland oder Frankreich per Flugzeug, Auto oder Eisenbahn nach Rom. Noch nie hat Rom ein solches Trauerereignis erlebt, und dies in einer säkularisierten Epoche.

Es wäre verkehrt, den Tod des Wojtyła-Papstes als zweiten Diana-Effekt abzutun oder auf einen Medienhype für Sensationshungrige zu reduzieren. Nicht der Tiefgang der Trauer steht zur Debatte, sondern der Einfluss, den ein religiöses Ereignis über die Medien ausüben kann. Was hier geschah, ist gewiss nicht verwerflich, für viele sogar heilsam oder notwendig. Aber man muss sich nüchtern um die Zusammenhänge kümmern, die zu dieser Explosion der Anteilnahme führten und sich von langer Hand vorbereitet hatten. Allmählich entwickelte sich zwischen Papst, Medien und Menschenmassen eine so enge Interaktion, dass wir Wirkung und Ursache, Erwartungshaltung und Zielsetzung kaum mehr unterscheiden können. Die Botschaft löst sich ins Medium auf, umgekehrt wird das Medium zur Botschaft. Die Brillanz der Fernsehoberfläche interpretiert das Wort vom Kreuz, die emotionale Macht der Massenveranstaltung lässt vom liturgischen Mahlcharakter nur noch rituelle Andeutungen übrig. Hunderte edelgewandete, kostbar geschmückte Bischöfe und Kardinäle treten in Reih und Glied auf. Wie ein Cordon umschließen sie auf dem Marienfeld in Köln das Papstgeschehen: erst die Bischöfe, dann die Priester, dahinter erst versammeln sich die Jugendlichen, denen die Veranstaltung doch gilt. Die Außenfassade bestimmt und verfremdet das innere Geschehen.

So wirken diese Jugendlichen letztlich doch als Staffage und das Geschehen spricht einer jeden Erinnerung an den einfachen, menschenfreundlichen Jesus Hohn. Die versammelten Glaubensgemeinschaften mögen mit noch so viel Inbrunst beten und in sich gehen, für die Zuschauer degenerieren sie, gewollt oder ungewollt, zur jubelnden Machtdemonstration. Für die TV-Konsumenten ist der Papst nicht mehr, was er sein müsste, nämlich der Sachwalter innerkirchlicher Einheit und Kommunikation. Er tritt als triumphaler Einzelkämpfer, als der einzige Herr der Szene auf. Niemand wirft Rom Eitelkeit, Überheblichkeit oder Prahlsucht vor; es geht hier nicht um psychologische Wertungen. Aber die Effekte sind dieselben. Der Star braucht zum Existieren eben die Medien und die Medien machen den Darsteller zum Star, wenn er sich diesem Moloch nicht ebenso bewusst entzieht, wie er sich ihm anbietet. Daraus erklären sich einige bedenkenswerte Phänomene.

Greifen wir auf schon Gesagtes zurück: Rom reagierte auf die Moderne mit Verweigerung nach außen und scharf kontrollierendem Misstrauen nach innen. Der Unfehlbarkeitsspruch weist einen jeden Willen zur Selbstkritik zurück, aber der traumatisierte Katholizismus Europas lehnt sich genau an dieses römische System an, weil er von ihm eine unzerstörbare, wohlgemerkt eine veräußerlichte, Sicherheit erhofft: »Du bist Petrus, der Fels, und auf diesen Felsen will ich meine Kirche bauen!« (Mt 16,18). Dieses triumphale, im Petersdom gefeierte Motto hatte nach seiner anti-östlichen, dann anti-reformatorischen und anti-revolutionären Ausdeutung jetzt eine machtvolle anti-modernistische Stoßkraft erhalten. In den Evangelien war das zwar anders gemeint. Denn nach Matthäus 16,18 ist der Fels des wahren Gottvertrauens kein Papst, sondern das Bekenntnis zur Gottessohnschaft Jesu. Aber wer darauf aufmerksam machte, fiel aus dem Mainstream der verunsicherten Kirchenelite heraus und wurde in die Reihe der Glaubensfeinde eingereiht, um von ihnen nur müde belächelt zu werden. So gelang es Rom, immer mehr Kompetenzen an sich zu ziehen, die verbleibenden Rechte der Bistümer ebenso auszuhöhlen wie die Eigenständigkeit der Theologie.[6] Die nachkonziliare Fortsetzung dieser selbstverkrampften Linie ist bekannt. Die kurialen Eliten setzen erneut die alten Mechanismen durch. Mit der Enzyklika zur Geburtenregelung (*Humanae Vitae*, 1968) setzt ein massiver Autoritätsverfall ein. Trotz konziliaren *aggiornamento's* werden die Folgefragen für eine zeitgemäße Kirche[7] nachhaltig ignoriert; die Befreiungstheologie, kritische Theologen, Frauen insbesondere, sind konsequent ausgegrenzt.

Hat der päpstliche TV-Star diese Verluste wirklich wieder gutgemacht? Können Johannes Paul und Benedikt ihr Medienangebot glaubwürdig einer postmodernen Welt offerieren, wenn sie nach innen weiterhin antimodern und sexistisch, autoritär und rückwärtsgewandt regieren? Zur Debatte steht die Diskrepanz zwischen öffentlichen Moralansprüchen und innerem Unfrieden ebenso wie die Vertuschung massivster Innenprobleme zu Gunsten einer vorgespiegelten heilen Welt. Man spielt mit ästhetischen Bedürfnissen, um die Sehnsucht nach dem Göttlichen zu befriedigen, so vermischen sich zum Schaden der christlichen Botschaft eine diffuse Heilssehnsucht und liturgische Gigantomanie. Dies ist ein schlechter Dienst sowohl an der katholischen Kirche selbst als auch an der zivilen, weithin säkularisierten Gesellschaft.

Hier ist über die innerkirchlichen Folgen zu sprechen. Inzwischen haben wir ein Stadium massiver Polarisierungen und – schlimmer noch – massiven Kommunikationsverlusts erreicht. Seit 2005 häufen sich kleinere und größere Konflikte. Sie sind auf die Selbstisolation eines Papstes zurückzuführen, der seine Kirche immer belehrt und kritisiert.[8] Auch die Vertrauenskrise, die im Februar 2010 angesichts der verschwiegenen Missbrauchsfälle und angesichts des Falles Mixa aufgebrochen ist[9], konnte bislang nicht glaubwürdig gelöst werden, denn taub gegenüber dem Rat zahlloser Seelsorger, Christinnen und Christen vor Ort will Papst Benedikt strukturelle Konsequenzen auf alle Fälle vermeiden. In den Augen der Gesprächs- und Hilfswilligen ist die Kirche zu einer Assoziation des Nichtdialogs verkommen.

Dieser Hintergrund rückt die massive Medienpräsenz des Papstes in ein bedenkliches Licht. Sie spiegelt die massive Machtkonzentration in Rom, führt weit weg von den Gemeinden vor Ort und steuert die gesamte Kirche, als wäre sie eine Mediengesellschaft, über öffentliche und verborgene Kommunikationswege digital. Was Papst und Bischöfe von ihren Gläubigen erwarten, erfahren diese inzwischen am Fernsehapparat; dieser ist aber kein kommunikatives, sondern ein äußerst autoritäres Instrument. Antworten, Nachfragen oder Widerspruch sind weder vorgesehen noch möglich. Eine solche Medienkultur kann nur vorantreiben, wer sich umfassend und vorbehaltlos als die Verkörperung seiner Botschaft sieht. Damit ist ein erstes Fundamentalproblem der katholischen Kirche angesprochen.

2. Projektionsflächen der Erwartungen

Auch Päpste sind nicht naiv, sondern ihrer Sache hingegeben und theologisch gebildet. Die päpstliche Selbstdarstellung ist nur erklärbar durch tiefe Prägungen, die von ihrer
Theologie vorgegeben, aber nicht durchschaut, sondern
wie selbstverständlich eingeübt, übernommen und als
Gottes Wille akzeptiert sind. Bis in tiefe religiöse Schichten hinein prägen sie nicht nur das Bewusstsein der obersten Amtsträger (Papst, Kardinäle und Bischöfe), sondern
auch den Glauben katholischer Christinnen und Christen.
Das Papsttum als Schutzwall gegen eine verfallende Welt,
welch verlockende Idee! Zugleich verzaubert diese Selbstdarstellung eine Generation, die sich nicht mehr von Gedanken und Schrift, sondern von der virtuellen Welt der
Bilder und Symbole leiten lässt.

Achten wir deshalb auf das ikonische Angebot, das die
Päpste uns bieten. Manche erinnern sich an den in Farbe
und Faltenwurf überschäumenden Chormantel, in dem
der Papst zu Beginn des neuen Milleniums die Heilige
Pforte öffnete und in dem sein individueller Leib geradezu
ertrank. Rauschhaft waren oft die wallenden päpstlichen
Gewänder in Gold.[10] Monumental, geradezu pharaonen-
haft wirkte Benedikt XVI. in den Minuten seiner offiziellen
Thronbesteigung am 24.04.2005. Manche erinnern sich an
den Farbenrausch des Zinnoberrots, der sich im Februar
2001 zur Ernennung der Kardinäle gleich zweimal auf dem
Petersplatz entfaltete.[11] Im deutschen Gedächtnis bleiben
schließlich der »Papsthügel« von Köln, auf dem Papst Benedikt den Jubel entgegennehmen sollte, sowie seine Bay-
ernreise im September 2006, auf der er sich gerne feiern
ließ. Wie sind solche Papstdemonstrationen begründet?

Rom hat für diese Inszenierungen klare theologische

Gründe. Vor seinem Australienbesuch (1986), so wird erzählt, wurde Johannes Paul II. mit der Bemerkung konfrontiert, seine Reise koste mehr als die Australienreise der englischen Königin. Er antwortete, er habe eben eine wertvollere Botschaft zu verkünden. Dieses entschiedene, theologisch begründete Überlegenheitsbewusstsein ist nicht zu unterschätzen. Eine zweite, wichtige Facette kommt hinzu: Im Jahr 1979 sagt der Papst einmal in einer seltsamen Parallelisierung, er wolle den Menschen sagen, »dass Gott sie liebt und dass der Papst sie liebt«. Im Mai 1998 erklärt er den Vertretern kirchlicher Bewegungen auf dem Petersplatz, den er als Abendmahlssaal qualifiziert: »Heute spricht Christus[!] von diesem Platz aus zu jedem von euch: ... ›Seid gewiss ... ich bin bei euch alle Tage bis zum Ende der Welt‹ (Mt 28,20). Ich bin bei euch.« Mit den letzten Worten, die der Papst – als Echo seiner selbst – wiederholt, kann er (bei genauer Interpretation) nur sich selbst meinen. Er liebt nicht nur diese Worte[12], sondern kommt oft auf sie zurück. Eine polnische Förderaktion seiner Seligsprechung verwendet es als Motto. Man meint Wojtyła und dessen Beziehung zu Polen: »Ich bin bei euch.«[13] Ist es wirklich wichtig, dass der Papst sie liebt und bei ihnen ist? Ja, denn auf diese Parallelisierung kommt es ihm an. Bis zum Ende erweist sich sein Kontakt mit der Öffentlichkeit als unverzichtbares, geradezu mystisches Element seiner Amtsführung, vielleicht als Pfeiler seiner persönlichen Identität. Er darf sie nicht verlassen, weil Christus sie nicht verlässt.

Wie genau identifiziert er sich also mit seinem Amt? Hätte er es irgendwann aufgeben können? Wir wissen inzwischen: Angesichts seiner Krankheit hat Johannes Paul II. beizeiten über einen möglichen Rücktritt nachgedacht, sich darüber mit Kardinal Ratzinger ausgetauscht und

Rücktrittsbedingungen schriftlich niedergelegt.[14] Ebenso wie J. Ratzinger vermag Johannes Paul also nüchtern über diese Frage nachzudenken. In den Wochen vor seinem Tod wurde die Frage auch von Kurienkardinälen mit dem Hinweis beantwortet, darüber müsse der Papst selbst urteilen.[15]

Die Frage ist natürlich, von welchem Zeitpunkt an ein Papst zu einem solchen Urteil kommt. Wie sehr identifiziert er sich mit seinem Amt? Man erinnert sich an seine päpstliche Antrittspredigt vom 22.10.1978. Damals spricht er von Petrus, der auf eine Begegnung mit Christus hin Rom nicht verlässt und das Martyrium auf sich nimmt.[16] Und man erinnert sich an seine Antwort auf die Frage eines Bischofs, ob er, der schwer Erkrankte, nicht zurücktreten wolle: »Auch Christus stieg nicht vom Kreuz herab.« Als sich 2002 sein Gesundheitszustand verschlechtert, erklärt er, er wolle damit »ein Zeichen« setzen, und am 13.03.2005 lässt er mitteilen: »Ich biete Euch mein Leiden an, damit der Plan Gottes verwirklicht werden kann und damit Sein Wort einen Weg zu den Menschen findet.« Die Identifikation des Wojtyla-Papstes mit seinem Amt entspringt also seiner Identifikation mit Jesus Christus. Dabei fließen nicht weniger als vier Bedeutungsschichten ineinander, die in der klassischen Papsttheologie verankert sind: Die aktuellen Päpste verstehen sich als Stellvertreter Christi, als sichtbares Haupt des (mystischen) Leibes und als Träger einer unfehlbaren Definitionsvollmacht. Sie tauchen diese Ansprüche in eine sakramentale Dimension. In der mystisch gefärbten Kombination dieser Aspekte erfahren sie in sich eine geradezu körperliche Gegenwart Christi und der Kirche zugleich.

Genauer wäre das lateinische *vicarius* mit »Statthalter« zu übersetzen, denn der Titel spiegelt antike Machtstrukturen wider. Hier bringt jemand den Machtanspruch dessen zur Geltung, den er vertritt. Der Titel wird im 5. Jahrhundert aus der römischen Rechts- und Militärsprache übernommen und auf alle Bischöfe angewendet, die – in Purpur gekleidet – im Namen des römischen Imperiums agieren. In der Regel tritt der Papst bescheidener als Stellvertreter *Petri* auf. In ausschließlicher Weise Christi Statthalter zu sein beansprucht dann Karl der Große (gest. 814). Er proklamiert damit seine höchste kaiserliche, d.h. universale weltliche Macht. Und erst 400 Jahre später beansprucht Papst Innozenz III. (1198 - 1216), ein Machtpolitiker von höchsten Graden, diese Statthalterfunktion Christi zur Bekräftigung seines weltlichen Machtanspruchs auch *über* Fürsten und Kaiser.[17] Es entspricht dieser imperialen Mentalität, was sich in der Krönungsformel der Päpste bis ins 20. Jahrhundert hinein erhält. Bis 1963 empfingen sie die Tiara mit der Formel: »... vergiss nie, dass Du Vater der Fürsten und Könige bist, das Haupt der Welt und der Statthalter Jesu Christi«.[18] Bei allen frommen Zugaben, es geht abstrichlos um einen höchsten *politischen und kulturellen* Anspruch, der sich aus diesem politischen Christusbild ergibt. Christus ist der Richter und am Ende der Tage haben sich ihm alle zu unterwerfen.

Der Titel spiegelt also den Machtapparat der Kirche, der im Spiel der Mächtigen mitmischt: hier regiert Machtbewusstsein statt einer geistlichen Christusnähe. Offiziell wird der massive Geburtsfehler dieses Titels nicht reflektiert, der heute so fromm klingt und von manchen geradezu mystisch ausgelegt wird. Es hat also seine guten historischen Gründe, wenn Kritiker den Stellvertreter-Anspruch der gegenwärtigen Päpste noch heute als blasphemisch empfinden.[19]

Dennoch, der Titel wird weiterhin gehalten. Er verschafft einem Papst ein erhabenes, gewiss auch verpflichtendes Gefühl: Er signalisiert der Welt – über alle Zeiten, Kulturen und Religionen hinaus – die universale und höchste Wahrheit; päpstliche Aussagen haben Anspruch auf höchsten Respekt, auch wenn sich dieser politisch nicht mehr erzwingen lässt. Ferner ist und bleibt der Papst über alle Kontinental-, Landes-, Bischofs- und Gemeindestrukturen hinweg gemäß dogmatischer Festlegung der oberste und unmittelbare Bischof aller Getauften. Notfalls kann er in alle Strukturen, also auch in die angestammten Rechte seiner Kollegen im Bischofsamt eingreifen, auch wenn er das Bischofsamt als solches nicht aufheben kann. Wer möchte ein solches theologisch verbürgtes Privileg aufgeben und auf die Aufgabe einer universalen Statthalterschaft verzichten, auch wenn sie zutiefst gegen die christliche Botschaft verstößt?

Haupt des mystischen Leibes

Im Hochmittelalter verbindet sich dieser Titel mit der Idee des mystischen Leibes, als dessen sichtbares Haupt sich der Bischof von Rom versteht. Trennen wir uns zuerst von einem folgenreichen Missverständnis: Der Begriff des *mystischen* Leibes stammt weder aus der Schrift noch aus der frühen Kirche, sondern wurde im Hochmittelalter entwickelt. Man muss schon Paulus genau lesen: Es gibt dort weder den Begriff »mystisch« noch redet er beschreibend von »dem« Leib Christi. Nur einmal spricht er, ohne einen Artikel hinzuzufügen, von »Leib Christi« (1 Kor 12,27).

Sonst heißt es: »*ein* Leib« oder »ein Leib *in* Christus«.[20] Wie konnte der Begriff des Leibes dennoch eine so zentrale Stellung erhalten, als definiere er die Identität der Kirche? Und was bedeutet der spätere, so erbauend klingende Zusatz »mystisch«?

Paulus führt die Metapher vom Leib im Zusammenhang mit der Taufe ein, begründet also keine Amtstheologie. Es geht ihm um Einheit und Gleichheit im Geist: »Denn wir sind durch einen Geist alle zu einem Leib getauft worden, seien wir Juden oder Griechen, Knechte oder Freie, und sind alle mit einem Geist getränkt worden.«[21] Diesen demokratischen Duktus bringt der Galaterbrief noch deutlicher zum Ausdruck: »Alle, die ihr auf Christus getauft seid, habt Christus (als Gewand) angezogen. Es gibt nicht Juden und Griechen, nicht Sklaven und Freie, nicht Mann und Frau; denn ihr alle seid eins in Christus. Wenn ihr aber zu Christus gehört, dann seid ihr Abrahams Nachkommen, Erben kraft der Verheißung.«[22] Von Amtsfragen und von der Frage nach dem Haupt findet sich keine Spur.[23] Im Verständnis der Eucharistie werden die Leib- und die Brotsymbolik kombiniert: »Weil *ein* Brot, sind wir, die Vielen, *ein* Leib.«[24]

Welch ein Kontrast zu den Aussagen, die wir im 2. Jahrtausend antreffen. Aus dem »Leib« wird eine »Körperschaft«, dies schon bei Thomas von Aquin[25], dann geht der Leib-Begriff »in einen verhältnismäßig farblosen, organologischen oder juristischen Begriff«[26] über, der immer mehr hierarchischen Interessen dient. Jetzt gelten nicht mehr Einheit und Teilhabe am Geist, sondern Gehorsam und vollkommene Unterordnung unter ein Haupt; die Kirche gerät zum Kollektiv. Jetzt ist die Rede vom einen Leib mit einem Haupt und vielen Gliedern. Deshalb ist noch einmal an Paulus zu erinnern, denn nach allen Belehrungen über die eucharistische Einheit übersetzt er die Leibmetapher in eine moralische Belehrung: Ein Leib bestehe eben aus vielen Gliedern, sonst hätte er diesen Namen nicht verdient. Kein Glied könne sich vom anderen unabhängig machen oder sich vom Gesamtverband ausgliedern, wie Paulus an vielen Fallbeispielen zeigt. Aber Gehorsamsverweigerung gegenüber dem Haupt, der für unsere Kirchenverhältnisse so wichtige Testfall, kommt ihm nicht in den Sinn. Dagegen ist deutlich zu lesen: »Das Haupt kann nicht zu den Füßen sagen, ich brauche euch nicht.« Wenn ich richtig sehe, hat diesen Vers bislang noch kein Kirchenhaupt zitiert.

Warum aber spielt die Leibmetapher später eine so zentrale, ganz anders ausgerichtete Rolle? Die entscheidende Wende verdankt sich der Umdeutung des Leibes zum *mystischen* Leib.[27] Seit dem 4. Jahrhundert wird die Eucharistie ein Mysterium, ein Geheimnis genannt. Bei ihrer Feier verwirklicht sich die Gemeinschaft als Christi Leib. Aber im 11. Jahrhundert verändert sich die spirituelle Erfahrung und das Gewicht der Hierarchie erreicht innerhalb und gegenüber der Gesamtkirche einen kritischen Punkt. Die stets präsente politische Macht und die sakramentalen Vollmachten des Klerus verstärken sich massiv; die Gesamtkirche wird nicht mehr als Leib Christi erfahren und man versteht jetzt das eucharistische Brot selbst als realen Christusleib, als das objektive Resultat der priesterlichen Wandlungsworte.[28] So wird die Gemeinde ihrer höchsten Würde, die sie bislang hatte, beraubt. Die neue Frömmigkeit aber orientiert sich nicht mehr an gelebter Erinnerung und Gemeinschaft, sondern an wahrgenommenen Realitäten; sie will das Heilige nicht mehr leben, tasten und berühren.

Faktisch führte diese Verlagerung des Schwerpunkts

zu einer massiven Entwertung der Kirchengemeinschaft. Jetzt ist sie nicht mehr Christi realer Leib, der ethnische, soziale und biologische Unterschiede aufhebt. Der neue *mystische* Leib steht aber – ganz technisch, geradezu soziologisch und juridisch – für eine gegliederte, sichtbare, empirisch verfügbare Körperschaft.[29] Der Rest ergibt sich von selbst: Keine funktionierende Körperschaft ist ohne ein Leitungsorgan denkbar und die Leitung der Körperschaft Kirche ist wie selbstverständlich der Papst.

In welchem Verhältnis steht diese fassbare Körperschaft also zu ihrem Haupt? Die Metapher von den zwei Häuptern, dem unsichtbaren und dem sichtbaren, bietet sich an. So geraten alle Theorien über den Papst endgültig in den Sog des machtvollen Christusbildes, der als Haupt, König und Herrscher (*rex et imperator*) über die gesamte Welt regiert. Soweit seine hoheitlichen Eigenschaften diese Erde betreffen, bilden sie sich jetzt eins zu eins in seinem Statthalter auf Erden ab, der zugleich Haupt dieser Kirche ist.

Ganz gelungen ist diese Identifikation zwischen Christus und katholischer Korporation nie.[30] Aber seit dem beschriebenen Umschwung blieb der »mystische Leib« auf die vom Papst regierte Gemeinschaft eingeschränkt. Bis ins 20. Jahrhundert hinein verdrängte man die kritischen Fragen nach den übrigen Gliedern, nach dem aus sich wirkenden Geist, nach der Partizipation der Getauften. Seit gut acht Jahrhunderten stärkt die Korporationsmetapher also den Ordnungsgedanken sowie die Überzeugung, dass es außerhalb dieses Leibes kein Heil gibt. Die Botschaft der Enzyklika *Mystici Corporis* von Pius XII. (1943) lautet dann schlicht: Wer dem heilbringenden mystischen Leib angehören will, muss Katholik sein. Congar kommentierte: So hatte man ein dogmatisch normatives Konzept: »wahr in seinen Grenzen, aber begrenzt«; denn die gesamte anderslautende Forschung wurde ausgegrenzt. Faktisch vollzog der Oberste Hirte schon den Exklusivanspruch, bevor er nach den theologischen Gründen dafür suchte. Unter dieser Symbolik geriet die Kirchenstruktur endgültig zu einer Pyramide, deren Kraftströme von oben nach unten gerichtet sind.

Geistiger Universalanspruch

Eine weitere Überhöhung des Stellvertretungs- und Führungsgedankens erfährt der päpstliche Geltungsanspruch im Augenblick seiner schlimmsten Demütigung. 1870 werden die Titel »Statthalter Christi« und »Haupt des mystischen Leibes« in die rationalen und juridischen Denkkategorien der Neuzeit transponiert. Das Konzil schreibt dem Papst in Sachen Lehre und Leitungsgewalt formell einen Rechtsvorrang vor allen Bischöfen und Christen zu. Geradezu schwindelerregend wird jetzt der Abstand des Hauptes von seinen Gliedern. Denn ohne Bischöfe gilt das Volk als handlungsunfähig und ohne den Papst gibt es kein Konzil. Wie unter Innozenz III. erlebt das katholische Papstverständnis eine neue Überhöhung, die ihn über alle juridische Legitimität, selbst über seine eigenen Gesetze stellt. So wird der politische Papstanspruch des Mittelalters dem kulturell geistigen Anspruch der Moderne entgegengesetzt.[31]

Umso mehr setzt sich der Eindruck durch, es gebe außerhalb der Gesellschaft von Gottfernen ein eigenständiges jenseitiges Reich. Jetzt war die Stunde, da das Kirchenvolk zum willig gehorsamen Vollzugsorgan des päpstlichen Willens geformt wurde. Diskussionen und Meinungsverschiedenheiten trägt man jetzt disziplinarisch, also durch Rügen, Absetzungen und Suspendierungen aus, denn in dieser absolutistischen Ordnung fehlt die spirituell-menschliche Grundlage für eine Kommunikation, die diesen Namen verdient. In dieser dritten Stufe päpstlicher Selbstbehauptung stellt sich die Papstideologie selbst eine Falle. Denn in dieser Epoche fundamentalen Umbruchs wird ein absolut entscheidender Papst gerade dort zum unbeweglichen Papst, wo höchste Beweglichkeit gefordert wäre. Die Basis der Kirche, Sensor für Veränderungen und wichtigste Ressource kirchlicher Selbsterneuerung, kommt ihm abhanden. J. Ratzinger behauptete z.B., zur Ordination der Frau sei die Kirche »nicht ermächtigt«.[32] Doch seine Argumentation verliert sich, konkret besehen, in der Blindheit seines Arguments, das die Gegenwart nicht wahrnimmt. Die Suprematsideologie eines fürstlichen Papsttums lässt sich nur noch als das Relikt eines überholten, theologisch legitimierten Machtwahns begreifen, das in schärfstem Kontrast zur Mitmenschlichkeit Jesu steht. Diese harte und gewiss unangenehme Erkenntnis gilt es, gegenüber Rom zur Geltung zu bringen.

Sakrale Überhöhung

Der neuscholastischen katholischen Theologie (etwa 1860 - 1960) wurden ein flacher Rationalismus und eine massive Verrechtlichung vorgeworfen. Die katholische Tübinger Schule (ab 1819) hatte auf diesen Mangel schon hingewiesen. J. A. Möhler (1796 - 1838) versteht die Kirche noch als Gemeinschaft der in Liebe Glaubenden und man hat sich dieser Definition später gerne erinnert.[33] 1823 schrieb er mit ironischem Unterton: »Gott schuf die Hierarchie, und für die Kirche ist nun bis zum Weltende mehr als genug gesorgt.«[34] Trotz eines fulminanten Aufstiegs wurde dieser Denkstil aber von der aufkommenden Neuscholastik überrollt. Erst seit den 1950er Jahren mehren sich zu deren Verabschiedung wieder die Stimmen. Deshalb wurde auf dem 2. Vatikanum nachgebessert. Schon das 1. Kapitel der Kirchenkonstitution trägt die Überschrift: »Das Mysterium der Kirche«. Welches Mysterium trägt sie aber in sich? Damals lautete die Antwort eindeutig: Christus, nicht die Kirche, ist das Licht der Völker. Also nicht die Kirche, sondern das Evangelium ist zu verkünden; die Kirche ist nur »Zeichen und Werkzeug«.[35] Eine bessere Weichenstellung hätte man sich nicht denken können.

Aber in der berühmten Nr. 8 der Kirchenkonstitution beginnt jetzt ein Verwirrspiel mit unabsehbaren Folgen. Die Kirche, so der Text recht vorsichtig, sei mit hierarchischen Organen ausgestattet *und* geheimnisvoll, eine sichtbare Versammlung *und* eine geistliche Gemeinschaft, eine irdische Erscheinung *und* mit himmlischen Gaben beschenkt, also eine »komplexe Wirklichkeit, die aus menschlichem und göttlichem Element zusammenwächst«. Dies alles sprengt den juridischen Rahmen und benennt unmissverständlich eine spirituelle Kirchendimension. Aber der Text hält diesen neuen und zur Bescheidenheit einladenden Ton nicht durch. Sachgemäß hieße ja die Folgerung: Die katholische Kirche verrät ihr innerstes Wesen, wenn sie diese geistliche Seite verdrängt. Aber unversehens fällt der folgende Satz wieder in den alten, rechtlich simplifizierenden Sprachstil zurück und behauptet in aller Einfachheit, diese[?] vom Papst geleitete Gemeinschaft sei die »einzige Kirche Christi«. Jetzt sind alle dialektischen Signale wieder niedergewalzt, vom Leser aber nicht vergessen. Kardinal Ratzinger wird sich 35 Jahre später die Schwäche dieser simplifizierenden Aussage zum Nachteil aller ökumenischen Bemühungen wider zu eigen machen.

Was in den nachkonziliaren Jahrzehnten passierte, ist keine Kleinigkeit. Es kennzeichnet die Taktik des konservativen Konzilsflügels und bewirkt eine neue Qualität frommer Verbrämung, in der man spirituelle, sakral überhöhende Aussagen mit den alten juridischen Ansprüchen verschmilzt. Von der Gegenwart Christi, vom Geist und von Gottes Gnade ist jetzt oft und nachdrücklich die Rede, aber nach konservativer Lesart werden die massiv umschriebenen Privilegien von Bischöfen und Papst dadurch nicht relativiert, sondern spirituell und sakral überhöht. Die spätere Entwicklung bestätigt diesen Verdacht.[36] Auf dem 2. Vatikanischen Konzil war der Begriff des »Volkes Gottes« zu einer Metapher gereift, die für die römischen Rechtsansprüche bedrohlich wurde. In den Folgejahren versuchte Rom, dieser Entwicklung durch den Begriff des »Mysterium Kirche« entgegenzusteuern, der auf der Bischofssynode des Jahres 1985 eine zentrale Rolle spielte. Die Rede von der Institution Kirche und ihren Ämtern wird sakralisiert. Von der Rücknahme amtlicher Absolutheitsansprüche ist keine Rede und das Bodenpersonal präsentiert sich nur noch nachdrücklicher im heiligen Glanz. Faktisch identifiziert man sich mit Christus und seiner Offenbarung, interpretiert man die Schrift nach den eigenen Vorstellungen und bietet das eigene Lehramt als Sprachrohr zeitgemäßer Wahrheitsbekundung an. In diesem Sinn hat schon J. A. Möhler die katholische Kirche definiert, wenn er sie als »die andauernde Fleischwerdung« Christi beschrieben hat.[37] Der nüchterne Respekt vor dem Papst ist in der Tat einer gesteigerten Papstverehrung gewichen. Man besucht nicht mehr die Gräber der Apostelfürsten, sondern die Mittwochsaudienz Seiner Heiligkeit. Das verrät eine bedenkliche Entwicklung. Wie wir sehen werden, kann sie auf das päpstliche Selbstverständnis nicht ohne Auswirkungen bleiben.

3. Leibgewordene Autorität

In unserer intellektuell und szientistisch geprägten Kultur wird der Einfluss von Symbolen auf Glaube und Theologie unterschätzt. Die religiöse, auch die christliche Sprache lebt von ihnen und von ihnen leben die großen theologischen Themen. Zugleich bieten sie einen breiten Spielraum für die Interpretation, die in der Regel unbewusst, entsprechend den Zeitumständen und der Lebenspraxis einer religiösen Gemeinde geschieht. Das tragende Bild bleibt konstant, aber seine Interpretationsbreite erscheint grenzenlos. Dazu kommt die Interaktion verschiedenster Symbole. Sie interpretieren, bestätigen und durchdringen einander, werden zum zähen Bedeutungsmuster.

Dies gilt auch für die Symbolik von Kirche und kirchlichen Ämtern. Die Bilder vom Haupt und vom Leib, vom Statthalter und vom Hirten stammen aus neutestamentlicher, wenn nicht gar aus einer vorhergehenden jüdischen Epoche, aber flexibel sind sie geblieben. Wer den Papst das Haupt seines Leibes nennt, hat damit noch nicht entschieden, ob dieser wie ein absolutistischer Fürst regiert oder eine wohl kontrollierte Leitungsfunktion übernimmt, ob er der Gemeinschaft ein menschliches Gesicht gibt oder in ihr Gottes Willen vertritt. Ähnliches gilt für die Symbolik bischöflicher und päpstlicher Kleider. Wie bekannt, wurde der Grundton des Purpur dem byzantinischen Hofstaat entnommen; der Bischofsstab ist ein altägyptisches Herrschaftssymbol, das Pallium wurde von höheren Hofbeamten getragen und mit dem Kreuzeszeichen teilte schon der Pharao die Welt in ihre vier Windrichtungen ein. Dass der römische Bischof einen politischen Vorrang beanspruchte, bedarf keines weiteren Beweises. Vom kaiserlichen Anspruch des »Statthalters Christi« wurde schon gesprochen.

Gleichwohl behalten diese Symbole ihre Wurzeln. Bewusst oder unbewusst beleben sie die Ansprüche, die sie vermitteln, denn sie nehmen archaische Bedeutungen in sich auf. Bis heute schwingt im Titel des Stellvertreters der mittelalterliche Herrschaftsanspruch mit. Und immer noch bezeichnet »mystischer Leib« eine hierarchisch geordnete Organisation. Roms offener und latenter Unfehlbarkeitsanspruch legitimiert noch immer eine rigide Zensurpraxis nach innen, und mehr denn je blockiert er nach außen jeden Dialog. Alle genannten Aspekte sind im hierarchischen Bewusstsein zu einer Ideologie mit theologischem Anspruch zusammengewachsen.

Zum Abschluss der Überlegungen gehe ich einer letzten Spur nach, die sich bei einer Analyse des päpstlichen Verhaltens seit 1980 geradezu aufdrängt. Noch einmal komme ich auf Johannes Paul II. mit seiner enormen Medienpräsenz zurück. Da teilte sich in den Medien ein Darsteller von höchster körperlicher, geradezu magischer Intensität mit. Von schwerer Krankheit gezeichnet und mit der Frage nach einem Rücktritt konfrontiert erwiderte er, Christus sei nicht vom Kreuz herabgestiegen. Schon in der päpstlichen Antrittspredigt erinnerte er an die *Quo-Vadis*-Legende: Petrus muss am eigenen Leibe das Schicksal Jesu nachvollziehen. Dieser Mann war vom Beginn seines Papsttums an von einer geradezu leiblichen Präsentanz Christi ergriffen und beseelt. Diese Leiblichkeit hat er in den Medien ausgelebt. Die gesamte Papstsymbolik und Papsttitulatur, alle Ansprüche dieses Amtes zeigen keinerlei Beschränkung, erscheinen ohne jede Grenze nach oben. War das eine Übertreibung, ein Ausdruck der Arroganz und Realitätsferne? Ganz und gar nicht.

Auch für diese vorbehaltlose, geradezu leibliche Identifikation zwischen Person und Amt kennt die westliche

Tradition ein Modell; es ist das Modell von den zwei Körpern des Königs.

Schon das Neue Testament kennt, auf Jesus Christus angewandt, eine wichtige religiös-mystische Identitätsaussage. »Ich bin im Vater und der Vater ist in mir.« (Joh 14,10) Der Rechts- und Kulturhistoriker E. Kantorowicz zeigt in seinem höchst interessanten Buch, wie stilbildend dieser Satz für Fragen korporativer Einheit und Repräsentanz wurde.[38] Im 3. Jahrhundert formuliert Cyprian: »Der Bischof ist in der Kirche und die Kirche ist im Bischof.«[39] Athanasius entdeckt eine vergleichbare Identität zwischen dem Bild und dem Abgebildeten; ein Bild des Kaisers könne sagen: »Ich und der Kaiser sind eins, ich bin in ihm und er ist in mir.«[40] Paulus spricht in vergleichbarer Weise von Christus und seinem Leib, auch sie existieren ineinander. Und doch existieren Gott, Christus, ein bischöflicher Amtsträger, ein Papst zunächst als Personen in sich. Gewiss, Philosophie und Logik haben ihre eigenen Wege, auf denen sie solche Doppelidentitäten existenziell, dialektisch, relational oder psychoanalytisch auflösen. Zu meinem Ich komme ich nur durch ein Du. Traumatische Erlebnisse oder Kulturschocks können doppelte Identitäten schaffen; die Psychologie spricht selbst von multiplen Persönlichkeiten.

In unserem Fall geht es um ein politisches und leiblich symbolisierendes Sprach- und Rollenspiel: Wie können die Repräsentanten einer Gruppe ihre Identität – geradezu leiblich – aufgeben, ganz in die Identität ihrer Gruppe schlüpfen und doch sie selbst bleiben? Seit dem Hochmittelalter hat man über diese Frage rechts- und staatspolitisch nachgedacht. In einer Epoche blühender Monarchien versuchte man, das Verhältnis des Hauptes (Herrschers, Fürsten oder Königs) zur Korporation (Gemeinschaft,

Volk, Staat oder Kirche) zu bestimmen, den er »verkörpert«. Die Geschichte dieses Gedankens ist hoch kompliziert und hier nicht wiederzugeben. Gerade die Vielfalt der Theorien zeigt aber, wie hartnäckig sich die Grundidee einprägte, auch wenn sie immer einen irrationalen Rest in sich trug. Dabei kann man davon ausgehen: Sehr weltliche Gedanken vom mystischen Leib sind den theologischen Denkweisen vorangegangen.

So hatten auch die Theologien beim Nachdenken über das *corpus mysticum* nicht ausschließlich theologische Ideen im Kopf. Häupter gab es da und dort, in der Kirche und in jedem Gemeinwesen. Zudem tritt auch der Bischof als belebtes Werkzeug Gottes auf, wie der Leib, der als Werkzeug der Seele agiert. Später wird die Metapher noch weiter getrieben und bringt uns an den entscheidenden Punkt: In jedem Herrscher, also auch im Papst, kommen zwei Elemente zusammen. Das eine ist sein konkreter Körper, der irgendwann stirbt. Das andere sind seine Aufgabe und seine Würde, die er verkörpert, die ihn aber überlebt. Königtum und Papsttum gehen mit dem Tod ihrer Träger nicht unter. Deshalb sprechen z.B. die englischen und die französischen Staatsphilosophien von den zwei Körpern, die im König vereint sind. Das ganze Reich ist im König verkörpert. Er kann also so handeln, als wäre er der Staat, andererseits muss er den Gesamtstaat mit seinen Gliederungen konkret – sagen wir: glaubwürdig – in sein Handeln einbeziehen.

Die Parallelen mit der offiziellen katholischen Lehre sind frappant, auch wenn diese körperliche Identifikation den Mitbischöfen noch einen Raum bieten muss. Aber auch so bleibt der Papst der (letzte) Repräsentant, der im Namen der Kirche und als Kirche handelt.[41] Diese einseitige Verhältnisbestimmung gilt auch für das ganze Gottesvolk. Sie entspricht voll dem Selbstverständnis eines absolutistischen Fürsten und gilt in der katholischen Kirche noch heute. Sein absoluter Vorrang gegenüber den Bischöfen garantiert den entsprechenden Vorrang gegenüber der gesamten Kirchengemeinschaft, für die er in seiner leiblichen Präsenz steht. Man sagt Papst und meint die Kirche; wenn also der Papst spricht, hat die Kirche gesprochen. In England lässt sich dies auch beobachten: In Perioden, in denen das Parlament geschwächt ist, dem König also keine andere Instanz Paroli bietet, fällt der Begriff des politischen Körpers auf den König allein zurück. Er wird zum *pars pro toto*; man sagt ›König‹ und meint das ganze Reich.

An den päpstlichen und lehramtlichen Dokumenten des vergangenen Jahrhunderts lässt sich nun zeigen: Der Leib Christi wird immer aus der Perspektive des Hauptes betrachtet und dient immer intensiver der Sicherung von dessen Funktionen. Diese Tendenz hat sich seit den 80er Jahren verstärkt: Von den modernen Kommunikationsmitteln überrollt verliert die Korporation »Ortskirche« immer mehr an Bedeutung. Im Bild vom doppelten Körper gesagt: Der »politische« Körper des Papstes (die Kirche also und seine korporative Funktion in ihr) fällt immer unterschiedsloser auf seinen »persönlichen« Körper zurück. Wie in der Person eines absolutistischen Königs dessen privater und politischer Körper, also sein konkretes Handeln und die unvergängliche königliche Würde zusammenfallen, so fallen bei geschwächten Kirchenstrukturen die eigene Person des Papstes mit seiner korporativen Funktion zusammen. Der Papst spricht von sich und identifiziert damit sein Volk. Er wird zum *pars pro toto*, da er die Gesamtkirche körperlich repräsentiert.

Die Erinnerung an dieses Konzept wirft ein grelles Licht auf das Selbstverständnis des nachkonziliaren Papsttums. Man mag das vorbehaltlose existenzielle und religiöse Engagement unserer Päpste mit ihrem Amt bewundern, da sie dieses im besten Sinn des Wortes verkörpern. Diese Identifikation wird aber fraglich, wenn die Existenz des Kirchenvolkes vernachlässigt, vergessen und theologisch ignoriert wird. Die absolutistisch regierenden Päpste begreifen sich geradezu körperlich als die einzige Instanz, die der Kirche ihre Legitimität verleihen kann. Gegen alles paulinische Kirchenverständnis kann sich ein moderner Papst vorbehaltlos als Christi Vergegenwärtigung begreifen. Deshalb kann er ohne Schaden für die Glaubensbotschaft auf die Kommunikation mit dem Volk verzichten, denn seine Weisungen kommen von oben. Sosehr aber dieses Modell unserem modernen Demokratie- und Gemeindeverständnis widerspricht, so faszinierend wirkt es auf eine diffus suchende Öffentlichkeit, denn in einem medialen Zeitalter erhält die virtuell-körperliche Gegenwart des Papstes eine unerwartete Dichte. So gesehen hat Rom seine Chance ergriffen. Der medialen Öffentlichkeit vermittelt man den Eindruck, im Papst trete ihnen die Kirche, die christliche Botschaft oder die Offenbarung selbst gegenüber. Aber dieses Konstrukt widerspricht zutiefst dem Bild einer Gemeinschaft von Getauften, die im Geist alle dieselbe Würde empfangen haben.

Zu Jahresbeginn 2005 geht die verwaltete Medienpräsenz von Johannes Paul II. nahtlos in Berichte von seiner akuten Krankheit über. Schon zu Weihnachten sind seine Worte nur noch schwer zu verstehen. Am 2. Februar beginnt ein erster Klinikaufenthalt; auch diese Tage werden der Öffentlichkeit systematisch mitgeteilt. Sein Angelusgebet vom Fenster des Krankenzimmers aus ergreift alle, die dort verharren. Sogar seine Rückkehr in den Vatikan am 10. Februar mit Papamobil und Bodyguards wird öffentlich gestaltet. Dasselbe wiederholt sich in den ersten Märztagen. Jetzt kehrt er in einer Limousine mit erleuchtetem Innenraum zurück. Diese verbale und nonverbale Kommunikation des Stellvertreters Christi mit der Öffentlichkeit wird bis zum Tod konsequent fortgesetzt. Endgültig und wie selbstverständlich hat sich der Vatikan im Medienzeitalter einen prominenten Platz erobert. Allenthalben sieht man den kranken und schwer leidenden Papst, man leidet mit ihm. Jetzt überwiegen ehrliche Betroffenheit, Tränen, Trauer und eine kindliche Zuneigung. Die Heroisierung und Virtualisierung eines sehr menschlichen und ehrlichen Sterbens beginnt.

Wer diesen leidenden Mann sieht, muss ihm seinen Respekt zollen; daran ist nichts zu kritisieren. Weder versteckt er sein Leiden noch verdrängt er es, sondern er verleiht ihm eine öffentliche Würde und tröstet damit Zahllose, die ein vergleichbares Schicksal trifft. Unter der Wucht dieser Eindrücke verstummen auch die kritischen Stimmen, die ihm zuvor einen Rücktritt empfohlen haben. Gerade als gebrechlicher und sterbender Mann wird Karol Wojtyła endgültig zu dem, wozu ihn die 25 Jahre seiner Herrschaft heranreifen ließen. Das ist bei vielen Sterbenden der Fall. Aber noch in diesen Stunden machen ihn die Kameras zur Projektionsfläche all derer, die in ihm ein entlastendes Vorbild, einen starken Vater, eine Ordnungs- und Widerstandsfigur gegen eine feindliche Welt suchen. Nach wie vor sind Wojtyłas Leistungen, seine charismatische Ausstrahlung und seine politischen Impulse unbestritten. Aber je mehr seine Erscheinung verklärt und heroisiert wird, umso mehr wird seine Botschaft auf seine Person selbst reduziert. Eigentlich steht er nur noch für ein glanzvolles Image der Kirche nach außen, für einen harten Regierungsstil nach innen und – für sich selbst. Wie konnte es zu diesen Verkürzungen kommen oder war dies eben doch ein mediales Missverständnis?

4. Absolutistische Herrschaft? – Auswege

Wir sprechen, wie gesagt, nicht von persönlichem Verhalten, sondern von theologischen Überzeugungen, die den gegenwärtigen Papst und seinen Vorgänger wie selbstverständlich binden. Ihre Taubheit gegenüber dem Kirchenvolk ist theologisch verordnet, ihre Ablehnung einer jeden Kritik ideologisches Gesetz.[42] Ungehorsam gegenüber ihnen bedeutet für sie Missachtung des Auferstandenen. Wer die aktuelle Kirchenleitung ernst nimmt und die Gründe für die gegenwärtige Misere verstehen will, muss die Unhaltbarkeit dieser Ideologie durchschauen und ihr *wirksam* widersprechen. Deshalb wurden zentrale Elemente päpstlichen Selbstverständnisses analysiert. Ein Papst, der sich in dieser Weise und exklusiv mit Christus identifiziert, kann sich nicht auf ein genuin christliches Kirchenverständnis berufen. Im Gegenteil, ihm ist zu erklären: Er treibt die Kirchengemeinschaft in einen Ruin, den sie nicht verdient hat.

Machen wir uns also klar: Das offiziell verteidigte, auch von Benedikt praktizierte Papstverständnis widerspricht in zentralen Punkten einem biblisch geprägten, in der Tradition lange praktizierten und für die Gegenwart sinnvollen Kirchenbild. Dieses Papstverständnis widerspricht zudem dem grundlegenden *Gemeinschaftscharakter* der Kirche, einer Gemeinschaft von Getauften. Die Kirche Christi kennt keinen Statthalter Christi mit politisch gewachsenem, rechtlich festgelegtem und undifferenziert universalem Anspruch. Wenn schon nach dem Wort des

Paulus in der Kirche Menschen an Christi statt sprechen (2 Kor 5,20), dann sind es im Namen ihrer Gemeinschaft die Getauften selbst.

Dieses Papstverständnis widerspricht schließlich der paulinischen Idee von der Gemeinde als *Leib Christi*. Diese Metapher ist nicht zur Festlegung innerkirchlicher Ordnungsstrukturen zu missbrauchen, denn sie zielt auf eine gegliederte, aber kooperative Einheit. Die Dialektik zwischen sichtbarer und geistlicher Wirklichkeit darf nicht zur Festigung päpstlicher Herrschaft instrumentalisiert werden. »Leib Christi« geschieht als Gemeinschaft in Christus und benennt im ursprünglichen Sinn die Würde und innere *Vielfalt* der kirchlichen Gemeinschaft. In diesem Sinn ist die Kirche charismatisch, nicht hierarchisch strukturiert.

Der Anspruch auf die päpstliche Unfehlbarkeit und eine unmittelbare Rechtsautorität des Papstes über jeden Gläubigen (die die Bischöfe einschließt), gehört zum Sündenfall einer Kirche, die auf die Moderne in defensiver Panik reagiert. Bis heute sind päpstlicher Unfehlbarkeits- und Primatsanspruch weder biblisch noch von der Tradition des ersten Jahrtausends her begründet. Die Kirche ist gemeinsam auf der *Suche nach der Wahrheit*, d.h. unter Teilnahme aller, die an Christus glauben. Kein Christ leugnet, dass wir an einer unzerstörbaren Wahrheit Anteil haben. Aber keine Instanz kann diese Wahrheit autoritär, also ohne Beteiligung der universalen Kirchengemeinschaft verbindlich deuten.

Die sakrale Überhöhung des päpstlichen Amtes (und anderer kirchlicher Leitungsämter) entzieht dem Volk Gottes seine Kompetenz, gleichursprünglich *im Namen des Geistes* zu sprechen und mit den Leitungsämtern auf gleicher Augenhöhe zu kommunizieren. Gottes Geist, die

Erinnerung an Jesus Christus und der Ruf zu seiner Nachfolge ist bei allen Christinnen und Christen gegenwärtig. Deshalb sind prinzipiell alle zur Verkündigung des Wortes befähigt. Über innerkirchliche Funktionen ist so funktional und nüchtern zu reden, wie es das Neue Testament getan hat. Alle Theorien, die das Volk Gottes faktisch entmündigen und vor hierarchischen Thronen verstummen lassen, haben keine christliche Legitimität.

Entschiedenen Widerspruch verdient also die distanzlose *Identifikation* des Papstes mit Christus als dem Haupt des unsichtbaren Leibes. Sichtbarkeit und Unsichtbarkeit lassen sich nicht parallelisieren. Höchst fragwürdig ist die geradezu körperliche Identifikation eines zur Kirchenleitung Beauftragten mit Christus selbst, denn selbst nach klassischer Lehre ist das Papstamt kein Sakrament.

In der aktuellen Situation werden Polarisierungen und die Verweigerung christlicher Gemeinschaft nicht von unten, sondern durch eine autoritäre (hier exemplarisch beschriebene) Kirchenstruktur vorangetrieben, in die alle kirchlichen Amtsträger durch ihre direkte Abhängigkeit von Papst oder Bischöfen streng eingebunden sind. Daraus ergeben sich für die Gemeinschaft der Getauften unaufschiebbare Folgerungen.

(1) Die inneren Verkehrungen kirchlicher Autoritätsstrukturen sind nachdrücklich darzulegen und zu diskutieren.

(2) Päpste und Bischöfe sind damit offen und argumentativ zu konfrontieren, andere Amtsträgerinnen und Amtsträger in die Debatte mit einzubeziehen.

(3) Gegebenenfalls rechtfertigt die aktuelle Situation kalkulierten Ungehorsam von unten; denn die Gemeinschaft der in Christus Getauften lässt sich eine letzte Gesamtverantwortung für die Zukunft der christlichen Botschaft nicht abnehmen.

Viele Mitglieder der katholischen Kirche verfügen in Sachen Kirchenreform über eine hohe Kompetenz, und aus guten Gründen verweisen sie darauf, dass auch ihnen der Beistand des Geistes versprochen ist: »Die Salbung, die ihr von ihm empfangen habt, bleibt in euch, und ihr braucht euch von niemand belehren zu lassen.« (1 Joh 2,27). Viele von ihnen haben sich zu engagierten Gruppen zusammengeschlossen. Stellvertretend seien hier nur die »Arbeitsgemeinschaft von Priester- und Solidaritätsgruppen (AGP)«, »Wir sind Kirche«, die Initiative »Kirche von unten« oder die junge Initiative *pro concilio* genannt. Man kann sie nicht als destruktive Kritiker diskriminieren, denn je mehr sie ihre Forderungen argumentativ unterbauen, umso klarer stehen die Kirchenleitungen für ihre Ansprüche und ihr Verhalten unter Beweiszwang. Andernfalls höhlt sich ihre Legitimität ebenso aus wie die Verpflichtung der Kritik zur Loyalität. Nicht eine Revolution ist auszurufen, aber zu eigenen Wegen ist zu ermuntern, weil wir sie guten christlichen Gewissens gehen können. Die innerkirchliche Kommunikation ist zum Erliegen gekommen; Wolfgang Seibel SJ hält den Papstkult, der heute in der katholischen Kirche betrieben wird, für eines der Grundübel der katholischen Kirche.[43] Dabei geht es nicht um dessen Abschaffung, sondern darum, dass der Nachfolger des Petrus statt vielfältiger Machtansprüche endlich seine Brüder und Schwestern stärkt. Dies hätte für die gesamte Autoritätsstruktur der katholischen Kirche eine Signalwirkung.

1   *Gian Fr. Svidercoschi*, Ein Papst, der niemals stirbt, Würzburg 2010; *Stefan Samerski*, Johannes Paul II., München 2008; *Jan Roß*, Der Papst. Johannes Paul II., Drama und Geheimnis, Berlin 2000.
2   So Juliusz Słowacki (1809 - 1843), der als Nationaldichter der Romantik gilt, in seinem Drama Kordian.

3 Der Papst ließ eine der Kugeln, die aus seinem Unterleib entfernt wurden, vergolden und hinterlegte sie bei der Madonna in Fatima, von der er sich besonders geschützt glaubte.

4 Zwischen August 2005 und Juli 2010 vermeldet das Archiv der Päpste (Internet) 16 Auslandsreisen und 18 inneritalienische Reisen.

5 *Hermann Häring*, Ihm gebührt hoher persönlicher Respekt – seine Botschaft verdient aber Widerspruch. Zur Bedeutung der Medien in der katholischen Kirche, in: Offene Kirche. Ein Ökumenisches Forum 36 (August 2005), 6-12.

6 *Rudolf Lill*, Die Macht der Päpste, Kevelaer 2006.

7 *Hans Küng*, Umstrittene Wahrheit. Erinnerungen, München 2007, 35-58.

8 *Hans Küng*, Im Namen des Herrn?, in: Hermann Häring, Im Namen des Herrn. Wohin der Papst die Kirche führt, Gütersloh 2009, 7-10.

9 *Hermann Häring*, Bedingungen sexueller Gewalt in der katholischen Kirche. Zur Erneuerung von Strukturen und Köpfen, in: Michael Klöckner/Udo Tworuschka (Hg.), Handbuch der Religionen, 2010; *ders., Anne Dyer*, Sexuelle Gewalt in der katholischen Kirche. Zur Situation der Täter und ihrer Opfer, in: Handbuch der Religionen, 2010.

10 Entsprechende Bilder sind im Internet in großer Vielfalt dokumentiert.

11 Die Anlässe, die man leicht hätte zusammenlegen können, waren die getrennte Überreichung von Biretts und Ringen.

12 Man kann sie in seinen Texten gut hundertmal finden. Sie werden z.B. als Missionsworte, als Hinweis auf die Eucharistie und als Trostworte (etwa gegenüber Kranken) verwendet.

13 Im Mai 2010 begann in Polen im Blick auf die Seligsprechung von Johannes Paul II. eine neunmonatige Gedenkaktion. Jeden Monat soll an einer der neun Papstbesuche in Polen erinnert werden. Die gesamte Aktion steht unter dem Motto »Ich bin bei euch!«. Bezeichnend in seiner Doppeldeutigkeit sind auch die Sätze, die in Nürnberg auf einem Sterbebildchen zum Tod von Johannes Paul II. erschienen sind. Sie lauten: »Wir sind sehr zuversichtlich bezüglich eines neuen Papstes. Vermutlich wird die Welt sehr verblüfft und erstaunt sein. Die Zukunft wird nicht leichter werden, aber Christus hat ja gesagt, ich bin bei euch, alle Tage, bis ans Ende der Welt.« Offensichtlich geht es um die Gegenwart Christi in seinen Nachfolgern.

14 Welt-online berichtet am 27.01.2010 über die Buchveröffentlichung von *Slawomir Oder*, Perché è un santo, Mailand 2009. Der Postulator im Seligsprechungsprozess des verstorbenen Papstes legt bisher

unbekannte Details und Schriftstücke vor. Zu Bedingungen eines Rücktritts hat sich zum ersten Mal auch Papst Benedikt geäußert: *Benedikt XVI., Licht der Welt. Der Papst, die Kirche und die Zeichen der Zeit. Ein Gespräch mit Peter Seewald*, Freiburg 2010, 47f.

15 Kardinal Sodano im Februar 2005.

16 Der Papst bezieht sich auf *Henryk Sienkiewicz*, Quo vadis, der die gleichnamige Legende als Roman gestaltet hat.

17 *Hans Küng*, Die Kirche, Freiburg 1967, 549; differenzierte Hinweise zum modernen Gebrauch der päpstlichen Titulaturen: *Rudolf Lill*, Die Macht der Päpste, Kevelaer 2006.

18 *Klemens Richter*, Die Ordination des Bischofs von Rom, Münster 1976, 169.

19 Ansonsten wird nur den Gründerfiguren der Kirche ein Ehrentitel zuerkannt. Sie (Paulus und Junia [Röm 16,7] eingeschlossen) werden »Apostel« genannt und Paulus beansprucht nur einmal, »an Christi statt« zu sprechen (1 Kor 5,20). Wie bekannt, kennt das Neue Testament nur Brüder und Schwestern in Christus; vgl. Mt 23, 7-10 (*Gerhard Lohfink*, Wie hat Jesus Gemeinde gewollt?, Freiburg 1982, 57-63).

20 1 Kor 12,27; s. *Küng*, Kirche, 273

21 1 Kor 12,13. Der Brief ist 54 oder 55 geschrieben, gehört also zu den frühesten schriftlich fixierten Texten des Neuen Testaments.

22 Gal 3,27f.

23 In der Rede vom Leib laufen verschiedene Metaphern zusammen. Alle sind jetzt eins in Christus, Unterschiede werden radikal relativiert, wir ziehen sein Gewand an, werden Erben der Verheißung, sind vom einen Geist getränkt, in ihm werden wir begraben. Diese reich gefächerte Symbolwelt benennt den Bereich und den Raum, in dem die Herrschaft Christi zur Wirkung kommt (*Küng*, Kirche, 271-279).

24 1 Kor 10,17.

25 *Rudolf Sohm*, Das altkatholische Kirchenrecht und das Dekret Gratians, München 1908, 582.

26 *Ernst H. Kantorowicz*, Die zwei Körper des Königs. Eine Studie zur politischen Theologie des Mittelalters, München 1990, 213.

27 *Yves M.-J. Congar*, Das Mysterium des Tempels, Salzburg 1960.

28 Folge dieses Umdenkens ist die von Thomas von Aquin entwickelte Lehre von der Transsubstantiation.

29 Vgl. schon *Thomas von Aquin* S. Th. III, q. 8, a. 4, ad 2. Zur hochkomplizierten Geschichte der Deutungsänderungen vom 12. Jahrhundert bis zum 2. Vatikanischen Konzil: *Y. Congar*, Le Concile de

Vatican II. Son Église, peuple de Dieu et corps du Christ, Paris 1984, 137-161.

30 S. Kap. 3, S. 127-134

31 Noch immer aktuell: *Hans Küng*, Unfehlbar? Eine Anfrage, Zürich 1970; *August B. Hasler*, Wie der Papst unfehlbar wurde, München 1979.

32 Zur Problematik s. *Wolfgang Lienemann*, Bibliographie zur Frauenordination, in: Wolfgang Bock/Wolfgang Lienemann (Hg.), Frauordination. Studien zu Kirchenrecht und Theologie, Bd. III, Heidelberg 2000, 261-292.

33 Die Jesuitenzeitschrift *Civiltà cattolica* wagte im Jahr 1985 noch einen Artikel, der sich gegen einen päpstlichen Maximalismus wehrte (H. J. Stehle, Jesuiten gegen Papstvergötzung, in: ZEIT ONLINE vom 22.11.1985).

34 Theologische Quartalschrift 5 (1823), 495-502; 497.

35 Kirchenkonstitution *Lumen Gentium*, Nr. 1.

36 *Ad Willems*, Het mysterie als ideologie: De Bisschoppensynode over het kerkbegrip, in: Tijdschrift voor theologie 26 (1986), 157-171; *José Comblin*, People of God, Maryknoll, NY 2004, sieht seit 1985 eine Rückkehr zu einem vor-vatikanischen Kirchenbild.

37 Vgl. *Küng*, Kirche, 286.

38 Die komplizierte Theorie von den zwei Körpern, die sich im Mittelalter aus christologischen Wurzeln (Zwei-Naturen-Lehre) entwickelt und wiederholt modifiziert wird, ist beschrieben in: *Kantorowicz*, Zwei Körper.

39 *Cyprian*, Ep. 66, c. 8. (CSEL 3), 2, 733.

40 *Athanasius*, Oratio III contra Arianos, c. 5. PGr 26, 332 A.

41 In der *Nota praevia* zur Kirchenkonstitution heißt es: »Beim Kollegium wird sein Haupt immer und notwendigerweise mitverstanden, *das in dem Kollegium sein Amt als Statthalter Christi und hier der Gesamtkirche unverkürzt bewahrt.* Mit anderen Worten: Die Unterscheidung waltet nicht zwischen dem Bischof von Rom einerseits und den Bischöfen zusammengenommen andererseits, sondern zwischen dem Bischof von Rom für sich und dem Bischof von Rom vereint mit den Bischöfen.«

42 *Norbert Sommer, Thomas Seiterich* (Hg.), Rolle rückwärts mit Benedikt. Wie ein Papst die Zukunft der Kirche verbaut, Oberursel 2009.

43 *Wolfgang Seibel* anlässlich des Konflikts um Michael Broch, der im August 2010 sein Amt als Geistlicher Direktor des angesehenen Instituts für Publizistik (ifp) zur Verfügung stellen musste (Matthias Drobinski, Süddeutsche Zeitung vom 23.08.2010).

Kapitel 2

»Himmel und Erde werden vergehen«
Wahrheit und katholischer Dogmatismus

Beim feierlichen Amtsantritt von Papst Benedikt auf dem Petersplatz am 24.04.2005 waren einige unscheinbare Neuerungen zu entdecken. Der Papst trug sein Pallium nicht in der gewohnten römischen Form (kein aus Schafswolle gewobenes Ringband), sondern im spätantik-byzantinischen Stil: Ein langes, weit um den Hals geschlungenes, mit vier roten Kreuzen geschmücktes und bis zum Saum der Gewänder hängendes Band, das sich auf der rechten Schulter überkreuzt. Ferner wurden das Evangelium in griechischer Sprache verkündet und die begleitenden Gesänge von einer griechischen Schola vorgetragen. Man nahm das neue Pallium als Idee des Ästheten Ratzinger, das griechische Evangelium als eine ökumenische Geste gegenüber den orthodoxen Kirchen zur Kenntnis.[1] Das ist nicht falsch, und doch sollte man im neuen Papst nicht den programmatischen Theologen unterschätzen, denn diese Zeichen hatten es in sich. Der Papst feierte die Inkulturation der biblischen Botschaft in den Hellenismus der ersten nachchristlichen Jahrhunderte. Nicht in der Urkirche, sondern erst zwischen dem 3. und 8. Jahrhundert entstand für ihn die endgültige, heute noch normative Form des christlichen Glaubens. Streng genommen haben wir uns nicht nach der Schrift, sondern nach der Glaubenslehre der spätantiken Kirche zu richten.

1. Die Theologie der Alten Welt

Diese im Grunde antireformatorische, aber nicht unbedingt katholische Überzeugung legt J. Ratzinger schon 1967 in seiner Tübinger Antrittsvorlesung dar. »Die Väter sind die gemeinsame Vergangenheit aller Christen. Und im Wiederfinden dieser Gemeinsamkeit liegt die Hoffnung für die Zukunft der Kirche, die Aufgabe für ihre – unsere Gegenwart.«[2] Konsequent baut er seine These nach innen und nach außen aus, interpretiert sie immer exklusiver: Außerhalb der Väter keine Wahrheit! Diese Maxime prägt seine dogmatischen Überzeugungen ebenso wie sein Europabild, das alle Aspekte und Ereignisse an den Kriterien der katholischen Kirche misst. Wiederholt spricht er vom »Logos«, in dem die zentrale Größe der europäischen Kultur kulminiere. Er meint aber nicht (entsprechend naheliegender Übersetzung) die Rationalität, das Wort oder die Vernunft der Philosophie, sondern in großer Direktheit Christus selbst. Gewiss kann dieser Ansatz zu großräumigen und philosophiefreundlichen Erkenntnissen führen, also die Theologie und das menschliche Wahrheitswissen bereichern. Aber Ratzinger gibt ihm nicht nur eine exklusive, sondern bald auch eine allgemeinverbindliche Stoßrichtung. Er legt nicht nur aus, was für ihn Glaube und Theologie bedeuten, sondern er beginnt, den Glauben anderer an dieser hellenistischen Maxime zu messen.

Dies konnte allen bei seiner Regensburger Rede vom 12.09.2006 klar werden, als Papst Benedikt nicht nur gegen den Islam, sondern auch gegen eine dreifache Form der »Enthellenisierung« polemisierte.[3] Für Insider waren die Konsequenzen sofort klar. Zwar übte er sich noch einmal im Gestus des dozierenden Professors, aber natürlich sprach er auch mit päpstlicher Autorität und dies sollte

Folgen haben. Drei Gruppen wurden gerügt, bei denen der Theologe auf dem Papstthron eine unangemessene, den Glauben bedrohende Abkehr vom Hellenismus entdeckt. Er bezog sich auf (1) die Reformation, (2) die liberale Theologie und historisch-kritische Exegese sowie auf (3) die zeitgenössischen kontextuellen Theologien, die vor allem außerhalb Europas entstanden sind.

Wer sich in der christlichen Geistesgeschichte auch nur ein wenig auskennt, kann über solch undifferenzierte Globalurteile nur staunen. Er muss zugleich erkennen, worauf ein solches Glaubensverständnis hinausläuft: auf die klassischen spätantiken Lehren von Jesus Christus und Trinität, von den Sakramenten und der Kirche, wie sie in den klassischen Synoden der Antike entwickelt wurden. Genannt seien nur die ersten vier ökumenischen Konzilien zwischen 325 und 451[4] sowie die damit verbundenen Glaubensbekenntnisse, die in ihrer letzten Form heute noch gültig und den Gottesdienstbesuchern bekannt sind.[5] Wer aber versteht noch die hochkomplizierten Formeln zu Christologie und Trinität, die selbst schon auf eine widersprüchliche Geschichte zurückblicken? Doch anstatt für seine Überzeugung in einer neuen Sprache zu werben, stellt sich bald ein fordernder Ton ein: So muss denn, wer den christlichen Glauben heute verstehen will, erst die griechische Philosophie studieren. Im Prinzip gilt dies für die Katholiken der ganzen Welt.

Ist die katholische Kirche also eine Anstalt zur Verwaltung griechischer Weisheit, ihre griechischen Sprachregelungen eingeschlossen?[6] In erstaunlicher Selbstgewissheit scheute schon der Glaubenspräfekt Ratzinger nicht vor drastischen Schlüssen zurück. Unter dem Eindruck altvertrauter Formeln bescheinigte er andersdenkenden Glaubensgeschwistern ohne genauere Prüfung mangelnden

Glauben, wenn nicht gar Unglauben oder Häresie. Von seiner Position aus mag das verständlich sein, denn es genügt ja, das Fehlen griechischer Glaubensformeln zu konstatieren. So suchte Kardinal Joseph Höffner schon 1977 in einer Diskussion mit Hans Küng in dessen Buch *Christ sein* nur eine typisch hellenistische Formel. Die Möglichkeiten von deren aktueller Übersetzung zog er überhaupt nicht in Erwägung: »Ich habe mir einmal das Buch exzerpiert ..., aber ich finde keine einzige Stelle, wo ich sagen würde, hier finde ich mich bestätigt in dem *deum de deo, deum verum de deo vero* [›Gott von Gott, wahrer Gott vom wahren Gott‹].«[7]

2. Bedenkenlose Rechthaberei

Joseph Ratzinger ging mit seiner Neigung zu Verurteilungen schon früh einen Schritt weiter. Kennzeichnend für den Stil seines Glaubensgesprächs mit theologischen Kontrahenten ist ein Text aus dem Jahr 1992. In einer Lobrede auf Hans Urs von Balthasar erklärte er an der *Gregoriana*, dieser habe

> »die Größe der konziliaren Texte uneingeschränkt erkannt und anerkannt, aber er sah auch, wie rundherum sich viele kleine Geister angesiedelt hatten, die nun aus der konziliaren Atmosphäre Bedeutung zu gewinnen suchten, indem sie einfach am Maßstab des Glaubens vorbeiredeten mit Forderungen oder Behauptungen, die dem Geschmack der Zeitgenossen entsprachen und aufregend erschienen, weil man sie bisher für unvereinbar mit dem Glauben der Kirche gehalten hatte. Origenes hat einmal gesagt: Die Häretiker denken tiefer, aber nicht wahrer. [PG 17,133B] Mir scheint, für die Nachkonzilszeit müsse man das ein wenig abwandeln und sagen: Ihr Denken erscheint interes-

santer, aber auf Kosten der Wahrheit. Das bisher Unmögliche zu behaupten wurde als Fortführung des Geistes des Konzils ausgegeben. Ohne dass schöpferisch Neues hervorgebracht worden wäre, konnte man sich nämlich zu billigem Preis interessant machen, indem man alte liberale Ladenhüter nun als neue katholische Theologie anbot. Balthasar hat diesen Vorgang, in dem das Interessante wichtiger wurde als das Wahre, mit großer Schärfe wahrgenommen.«[8]

Es ist schwer nachzuvollziehen, wie einem so Argumentierenden der Petrusdienst der Gesamtkirche anvertraut wird. Kein einziges Argument wird diskutiert. Nur Häresie, Unwahrheit und Eitelkeit wird vorgeworfen. Wem? Selbst das ist unklar. Gemeint sind eben alle, die mit dem Zensor nicht übereinstimmen. An anderen Orten würde man das Brunnenvergiftung nennen. Aber dieser Umgangston mit seiner Relativismusangst hat dann bei der Papstwahl den Ausschlag gegeben. Das Misstrauen gegenüber Abweichlern wird als Leitmotiv römischen Handelns akzeptiert, wenn nicht gar gewünscht. Als Illustration diene eine Predigt, die Papst Benedikt am 01.12.2009 in der *Capella Paolina* vor der Internationalen Theologenkommission hielt; man darf davon ausgehen, dass ihm die Mehrheit der Zuhörer zustimmte. Zunächst bezog sich der Papst auf die Schriftgelehrten in der Kindheitsgeschichte des Matthäus. Zwar hätten sie gewusst, wo das Kind zu finden sei, aber selbst hingegangen seien sie nicht. Sie verhalten sich, so der Papst, wie es heute viele Theologen tun, die er jetzt, wenn auch mit gewählten Worten, beschimpft. Der Papst erklärt:

> »Es gibt große Gelehrte, große Fachleute, große Theologen, Lehrer des Glaubens, die uns vieles gelehrt haben. Sie haben sich zwar eingehend mit Detailfragen der Heiligen Schrift und der Heilsgeschichte befaßt, aber es ist ihnen nicht gelungen,

das Mysterium selbst zu erkennen, den eigentlichen Kern: daß nämlich Jesus wirklich der Sohn Gottes gewesen ist, daß der dreifaltige Gott in unsere Geschichte eingetreten ist, in einem bestimmten geschichtlichen Moment, in einem Menschen, wie wir es sind. Das Wesentliche blieb ihnen verborgen! Es wäre nicht schwer, einige wichtige Namen aus der Geschichte der Theologie in den letzten 200 Jahren anzuführen, von denen wir viel gelernt haben: die Augen ihres Herzens sind jedoch vor dem Mysterium verschlossen geblieben.«

Später fügt er hinzu, genau das geschehe in der Theologie:

»Man fischt in den Wassern der Heiligen Schrift mit einem Netz, das nur Fische bis zu einer bestimmten Größe fangen kann. Alles was größer ist, paßt nicht in dieses Netz hinein und darf daher nicht existieren. Auf diese Weise wird das große Geheimnis Jesu, des menschgewordenen Gottessohnes, auf den historischen Jesus verkürzt: eine tragische Gestalt, ein Gespenst ohne Fleisch und Blut, ein Mensch, der im Grab geblieben, verwest und wirklich gestorben ist. Mit dieser Methode kann man zwar einige Fische ›fangen‹, doch das große Geheimnis bleibt ausgeschlossen, da sich der Mensch zum Maß aller Dinge macht: diese Vorgehensweise trägt einen Hochmut in sich, der zugleich eine große Dummheit ist, da sie einige Methoden absolut setzt, die die großen Wirklichkeiten nicht zu fassen vermögen; sie gehört zu jener akademischen Geisteshaltung, die wir bei den Schriftgelehrten feststellen konnten, die den Heiligen Drei Königen antworten: das geht mich nichts an; ich bleibe in meiner Existenz verschlossen, die davon nicht berührt wird. Es handelt sich dabei um jene Spezialisierung, die zwar alle Details sieht, der aber der Blick aufs Ganze fehlt.«[9]

Misstrauen gegenüber Theologen, die nicht linientreu sind, wird hier zur kirchlichen Doktrin. Der Papst steht damit nicht allein, sondern repräsentiert eine weit verbreitete, teils verdeckte, teils offen vertretene Haltung.

Wie selbstverständlich leben diese Worte vom Verdacht, dass die Bedrohung aus den eigenen Reihen kommt. So ist das aktuelle katholisch-hierarchische Denken von einem Alarmismus mit Verdammungsneigung durchdrungen. Man könnte zahllose bischöfliche Äußerungen aufführen, die von dieser Angst vor Glaubensverlust geradezu leben. Bei der Weihe von drei Weihbischöfen am 29.08.2010 in Münster ruft Bischof Felix Genn nicht etwa dazu auf, zu den Suchenden zu gehen, mit ihnen zusammen die christliche Botschaft neu durchzubuchstabieren oder zu entdecken. Er bleibt in der Mentalität der Verteidiger gefangen: das fleischgewordene Wort stehe nicht zur beliebigen Verfügung, um dem Zeitgeist angepasst gestaltet zu werden.[10] Derlei hat man schon zu Zeiten Pius XII. (1939 - 1958) gehört. Weder damals noch heute hilft es auch nur einen Schritt weiter. Mit der Suche nach dem Verlorenen, von dem Jesus spricht, hat solche Mentalität nur wenig zu tun.

Die entscheidende Frage aber lautet: Wie konnte es zu einer solchen Fehlentwicklung kommen und wie kann Rom bald 50 Jahre nach dem Konzil die Welt engagierter Katholikinnen und Katholiken immer noch mit Globalurteilen überziehen, pauschal nach Gut und Böse, vor allem nach Böse, klassifizieren? Müsste Rom nicht einen Dienst gestalten, der zur Wahrung der Einheit und zur Ermutigung der Suchenden führt (Lk 22,32)? Wiederum halte ich mich nicht mit institutionellen Interessen oder psychologischen Motiven auf. Es geht um die theologischen oder, wenn man so will, ideologischen Gründe, die dieser Verweigerungshaltung zugrunde liegen. Wie der Bodensatz eines Gewässers bestimmen sie den Grundton der Mentalität und bei jeder Verwirbelung dringen sie nach oben. Es ist der Bodensatz des weltflüchtigen, geschichtsfernen, für Leid unempfindlichen hellenistischen Denkens, auf dem

Papst Benedikt so kompromisslos besteht. Das Problem lässt sich an vier Blockaden erörtern, die hellenistisches Denken gegenüber der christlichen Botschaft aufrichtet.[11] Hellenistisches Denken blockiert

* die Begegnung mit den Anfängen des Christentums,
* eine empathische Solidarität mit Mensch und Welt,
* den angemessenen Umgang mit den Ursprüngen des Glaubens,
* die Freiheit zu einer selbstkritischen und demokratisch gesonnenen Erneuerung.

Vorweg: An sich sind die Begriffe Hellenisierung und hellenistisches Denken ungenau. Deshalb ist der Zusammenhang zu klären, in dem sie hier verwendet werden. Für die Kulturwissenschaften meint Hellenisierung einen großräumigen, langwierigen und komplexen Prozess. Er erfolgt zunächst im von Alexander d. Gr. (336 - 323) eroberten Großreich, das von Sizilien bis nach Indien reicht und sich – in verschiedener Intensität und unterschiedlichen Rhythmen – der griechischen Sprache und der griechischen Kultur öffnet. Hellenisierung wird so zu einer Erfolgsgeschichte, mit der auch die jüdische Kultur konfrontiert wird und die später das weströmische Reich einschließt. Alexandrien wird zum großen Umschlagsplatz zwischen jüdischem und westlichem Schrifttum; Philo von Alexandrien (gest. 40 n. Chr.) gilt als der große Denker des hellenistischen Judentums. Intensiv beschäftigt es sich mit Problemen, die wir heute unter dem Schlagwort der Inkulturation zusammenfassen würden.[12] In einem Zeitraum von gut 300 Jahren wird die gesamte hebräische Bibel ins Griechische übersetzt.[13] Der Gesamtprozess hält bis in die Spätantike hinein an. Natürlich musste sich das junge Christentum mit dieser als universal und unüberbietbar empfundenen Kultur auseinandersetzen und sich in ihr akklimatisieren. Der Hellenismus bestimmt nicht nur die Sprach-, sondern auch die Denk- und Erfahrungswelt seiner Zeit.

3. Blockaden

An dieser Schnittstelle entsteht nun ein Problem, dem sich das Christentum schon vom ersten Jahrhundert an zu stellen hat; mit ihm beginnt die hier zu besprechende Frage. Wie bekannt, sind die jüdische Tradition (Gesetz, Propheten, Psalmen) und die jesuanische Erinnerung gerade nicht vom Hellenismus geprägt. Für eine Kirche jüdischen Ursprungs, die sich bald im hellenistischen Kulturraum explosionsartig vermehrt und sich im 4. Jahrhundert dort zur Volks- und Staatskirche entwickelt, erwachsen daraus besondere Probleme. Einerseits setzt sie sich ab von der griechischen Mythologie, von den Mysterienkulten und von großen Teilen ihrer Philosophie. Andererseits übernimmt sie neben der griechischen Sprache griechisch-philosophische Denkstrukturen, die vor allem von Platon und dem Neuplatonismus ausgebildet wurden. Unbestritten reagiert die Kirche dabei höchst kreativ und erfolgreich. Sie durchdenkt ihre Botschaft in diesen neuen Kategorien und ordnet sie in die neuen Denkstile ein. Verteidiger dieses Prozesses betonen immer wieder, wie sehr sich das hellenistische Denken durch christliche Ideen erweitert hat. Sie mögen recht haben, denn jetzt konnten auch Fragen nach Ursprung und Wesen der Dinge, nach Freiheit und personaler Identität, nach Schuld und Verantwortung philosophisch diskutiert und formuliert werden. So hat sich der griechische Diskurs enorm erweitert und ist durch das allmähliche Verschwinden der Götterwelt nicht zusammengebrochen.[14]

Es geht hier also nicht darum, das griechische Denken aus dem Raum der Glaubenssprache zu vertreiben. Im Gegenteil, der damalige Inkulturationsprozess könnte zum Vorbild für vergleichbare aktuelle Prozesse werden. Für ihre enorme intellektuelle und kulturelle Leistung braucht sich das damalige Christentum nicht zu entschuldigen; noch bis heute bilden die damals entstandenen Glaubensbekenntnisse eine umfassende Klammer der christlichen Kirchen und Liturgien. Wir fragen hier nicht, was an einer griechisch formatierten Theologie wahr oder falsch ist. Schon eher steht die Frage zur Debatte: Was ist für die Gegenwart aus dem damaligen großräumigen Hellenisierungsprozess zu lernen und welchen Wegen haben wir heute zu folgen?

Wir sprechen also nicht über den Preis, den die Kirche damals für diesen Hellenisierungsprozess bezahlt hat. Niemand bestreitet, dass die Bibel – trotz Hellenisierung – in Antike und Mittelalter ernstgenommen wurde. Nie hat man die Bibel verleugnet und immer wieder konnte sich Jesus von Nazareth – subversiv oder ermutigend – in Erinnerung bringen. Aber immer intensiver wurde die Schrift von den offiziellen Glaubensmaximen her ausgelegt, die inzwischen eben griechischen Geist atmeten. Ein Musterbeispiel dafür bietet das Johannesevangelium, dessen eigener Impuls von anderen Assoziationen überdeckt wurde. Aussagen wie »Gott von Gott, Licht vom Licht, wahrer Gott vom wahren Gott, eines Wesens mit dem Vater« sind eben meilenweit von der Botschaft entfernt, dass am Anfang das Wort war und Fleisch geworden ist. Aber auch mit dieser Verschiebung mag die Alte Kirche kreativ umgegangen sein.

Heute hat sich die innerkirchliche Fragestellung geändert, denn nach Papst Benedikt soll der Inkulturationsprozess von damals die modernen, gar die postmodernen und weltweiten Inkulturationsprozesse nicht ermutigen, sondern blockieren.[15] Jetzt sollen sie alle Griechen werden, die Christen Europas und Afrikas, Asiens und Lateinamerikas. Wer etwa die offizielle Lehre von Jesus Christus oder von der Trinität wirklich verstehen will, muss erst die Kategorien Platons und Aristoteles' kennen. Wer dagegen das Neue Testament aufmerksam liest und die aktuellen Weltprobleme kennt, benötigt für sein Glaubens- und Weltverständnis diese Umwege nicht. Dagegen nehmen sich die Fragen Luthers ebenso harmlos aus wie die Fragen von Aufklärung und Religionskritik, obwohl auch sie nach einer Neuentdeckung der Schrift und einer unverstellten Jesuserinnerung schrien, von den Herausforderungen durch Säkularisierung und interreligiöse Begegnungen ganz zu schweigen. An ihrer Loslösung von hellenistischem Denken entscheidet sich heute, ob die Kirche in andere Kulturen hineinwächst oder immer als Fremdkörper agieren wird. Es entscheidet sich ferner die Frage, ob sie sich in der westlichen Kultur weiterhin in eine Ecke manövriert, statt zu einer neuen und helfenden Gesprächspartnerin in einer hoch gefährdeten Zeit zu werden.

Abgrenzung statt Mitteilung

Worte können aufrichten und verbinden, belehren und versprechen, ausschließen und abgrenzen. Wenn ein Erstaunter fragt: wieso?, zeugt das von seinem Glauben. Wenn ihm der Mund verboten wird, weil Jesus doch wahrer Gott und Mensch zugleich sei, eines Wesens mit dem Vater, bleibt er mit seinem Denkpuzzle allein. Die katholische Kirche kennt vor allem die Sprache der Belehrung.
  Warum ist das der Fall? Das hellenistisch-philosophi-

sche Denken entspringt einem mythenkritischen Diskurs. Die Göttergeschichten überzeugten nicht mehr. Deshalb begann man, die Gründe und universalen Strukturen, die Wahrheit der Dinge auf dem Wege rationalen Nachdenkens zu ermitteln. Es sollte ein Nachdenken sein, das die empirischen Vorgaben grundsätzlich und aus eigener Kraft überschreitet: Mit meiner Vernunft und in gemeinsamer Anstrengung kann ich dem Sinn und dem Wesen der Dinge auf die Spur kommen. Dieser Grundgedanke des philosophischen Beginns in unserer Kultur fasziniert uns bis heute. Trotz aller Kritik und trotz aller empirisch wissenschaftlichen Konkurrenz hat er sich gehalten und natürlich kann er auch für überzeugte Christen gelten: Kraft unserer Rationalität und kraft rationaler Diskurse sind wir fähig, der Wahrheit auf die Spur zu kommen, sie uns zu erarbeiten oder gar zu vernehmen.

Rationalität ermöglicht eine universale Kommunikation und kann uns helfen, auch Inhalte des Glaubens anderen mitzuteilen, verstehbar zu machen. Papst Benedikt verdient für seine Hinweise Anerkennung: Mit Nachdruck betont er diese universal geltende Vernunft und unterwirft den christlichen Glauben den Anforderungen der Rationalität, die er gerne als »Logos« umschreibt. Wenn das hellenistisch-philosophische Gesamtkonzept zudem eine ganze Kultur trägt, verdient es alle Achtung. Man denke beim westlich-abendländischen Kulturraum nur an die intellektuell und zugleich theologisch genialen Leistungen eines Ambrosius von Mailand, eines Augustinus, Albertus Magnus oder Thomas von Aquin.

Allerdings verlor dieses Denkmodell an Integrationskraft, je mehr die westliche Kultur aus ihren griechischen Wurzeln herauswuchs. Dieser komplexe Weg des Auszugs ist hier nicht nachzuzeichnen. Genügen müssen Stichworte wie: Renaissance und Aufklärung, Natur- und Sozialwissenschaften, Ideologiekritik und der Eintritt des Christentums in eine weltanschaulich und religiös plurale Kultur. Methodisch, erkenntnistheoretisch und existenziell wandte sie sich weitgehend von dem ab, was man gemeinhin als Glauben an Gott umschreibt. Doch gilt es, genauer hinzuschauen: Viele Zeitgenossen wurden nicht deshalb zu Atheisten, Skeptikern oder Agnostikern, weil sie sich in ihrem Herzen von Gott abwandten. Vielmehr konnten sie die Denkformen nicht mehr nachvollziehen, in denen sie sich den Glauben und deren Weltinterpretation aneigneten. Wie geht die Kirche mit dieser Entwicklung um?

Papst Benedikt selbst eröffnete die Diskussion der letzten Jahre mit dem Hinweis auf die Rationalitätskritik der Frankfurter Schule: Die Aufklärung habe wesentliche Aspekte der Weltinterpretation abgeblendet. Dabei übersah er, dass die Frankfurter Schule auch die klassische Theologie im Visier hatte, denn ganz wie die aufgeklärte Vernunft blendet auch ihr hellenistisches Denken Teile der Wirklichkeit ab. Ihre Sprache drängt auf Ordnung. Sie prägt Begriffe und grenzt ab, sie schafft Definitionen und rekonstruiert mit ihnen die Wirklichkeit, auf die sie Wert legt. Ganz im Gegensatz zu Heraklit (520 - 460), für den alle Dinge im Fluss sind, blendet ein von Platon und Aristoteles geprägter Hellenismus geschichtliche Entwicklungen ab, denn Wahrheit ist immer überzeitlich und keiner Veränderung unterworfen.

Wir kennen die Folgen aus der offiziellen Glaubenslehre. Sie fragt nicht nach dem Handeln, sondern nach dem *Wesen* Jesu Christi, dem *Wesen* Gottes, dem *Wesen* von Heil und Erlösung. Die so »gereinigten« Antworten kristallisieren sich erst nach Jahrhunderten heraus, denn die Evangelien, die Briefe des Paulus oder die jüdischen Propheten lassen sich nicht bruchlos, nicht ohne Verkürzungen oder Überdehnungen auf das philosophische Antwortformat umpolen. Keine einzige spätere dogmatische Aussage ist ohne Weiteres biblisch gedeckt; selbst der Satz vom *Einen* Gott rückt in ein anderes Licht.[16] Schon in früheren Jahrhunderten sorgte dies für ungelöste Spannungen. Nach Yves Congar war schon in der Alten Kirche die Gefahr gegeben und fühlbar, dass kirchliche Lehre durch eine Symbiose mit der heidnisch-philosophischen Kultur rationalisiert wurde.[17]

In der Gegenwart zeigt sich diese Spannung, zugespitzt betrachtet, als Alternative zwischen Abgrenzung und Mitteilung. Die klassisch geprägte Theologie schließt ihre Wahrheiten immer wieder zu definitiven und unveränderlichen Antworten ab: So und nicht anders lautet die Wahrheit. Wer anders spricht, der sei im Banne. Ein Schritt weiter, und du wirst zum Häretiker. Allein um dem Wesen Gottes auf die Spur zu kommen, entwirft sie höchst komplizierte Theorien, die das wirkliche Geheimnis ohnehin nie lösen können. Heute wirken auch die offiziellen dogmatischen Formeln nicht mehr als Lebensäußerungen des Glaubens, sondern als Fremdkörper. Dadurch tritt die Intoleranz ans Tageslicht, die ihnen – mal sanft, mal härter – immer schon innewohnte. Im 19. Jahrhundert ermöglichte sie eine Ketzerjagd gegen vermeintliche Modernisten, Rationalisten und Exegeten. Heute stehen konziliar und kritisch denkende Gläubige unter Generalverdacht, wenn sie sich in diesem Gehäuse nicht mehr zu Hause fühlen. Nach päpstlichem Urteil haben sie keinen Sinn für das Geheimnis, obwohl ihnen gerade die klassische Kirchenlehre den Zugang zum Geheimnis versperrt.

Dabei muss doch auffallen: Dieselben Katholikinnen und Katholiken beten die Psalmen, denken über Texte der Propheten nach, berufen sich auf bestimmte Passagen der Paulusbriefe, auf Evangelientexte oder auf Gestalt und Nachfolge Jesu. Vielleicht liegt das Geheimnis dieser Texte gerade darin, dass sie berichten oder fragen, statt zu belehren, dass sie Möglichkeiten eröffnen, statt abzugrenzen, dass sie neue Sichtweisen eröffnen, statt sich gegen vermeintliche Unwahrheiten abzuschotten. Darf man den Glauben auf wohldefinierte Formeln reduzieren? Ich weiß wohl, dass sich Verteidiger des hellenistischen Denkens gegen diese Suggestivfrage wehren. Aber auch sie müssen zugeben, dass uns der kulturelle Wandel einen unmittelbaren Zugang zu dieser Glaubenssprache verstellt. Der Areopag von Athen unterscheidet sich zutiefst von einem philosophischen Institut im zeitgenössischen Paris, einer naturwissenschaftlichen Forschungsstätte in den Vereinigten Staaten, einer tibetischen Mönchsschule in Drepung oder der Frömmigkeit des peruanischen Volkes.

Nehmen wir als Alternative die Evangelien. Sie folgen einer anderen, höchst elementaren und heute noch lebensnahen Rationalität. Sie teilen mit, überliefern Informationen, die uns unser eigenes Denkvermögen nicht vermitteln kann. Sie wirken deshalb dynamisch und offen. In ihnen geschieht immer Unerwartetes, oft auch Zufälliges. Schriftzeugnisse rufen nach weiterer Erhellung, denn sie legen offen, was philosophisch reflektierte Formeln in der Regel verdecken, nämlich den Augenblick (im Griechischen ›kairos‹ genannt) und dessen verschiedene Situation. Sie sind geradezu von einer Unlust getragen, Gott, den Messias oder den Geist in ihrem Wesen fest zu umzirkeln. Mal geht Jesus auf Menschen zu, ein anderes Mal zieht er sich zurück, mal schläft er, ein anderes Mal schlafen zu seiner großen Enttäuschung die anderen. Mal heilt er Kranke, ein anderes Mal lehnt er diese Wohltat ab. In der

Schrift lesen wir Geschichten, Beispiele und Bilder statt Wesensanalysen, Symbole und Metaphern statt abstrakter Formeln. Die Verführung der Schrift besteht gerade nicht in der Verfügbarkeit ihrer Inhalte, sondern in der Herausforderung durch Zumutungen und Konfrontationen.

Als Bert Brecht 1928, wenige Wochen nach dem Erfolg der Dreigroschenoper, gefragt wurde, was seine Lieblingslektüre sei, antwortete er: »Sie werden lachen, die Bibel.« Nach den gängigen Standards der Kirche war er bekennender Atheist. Hat diese Qualifikation, so sehr sie formal auch stimmen mag, nach seinem Bekenntnis zur Schrift noch einen Sinn? Kann ein Denk- und Glaubensstil letztgültig sein, der seit dem 3. Jahrhundert bis heute immer wieder Spaltungen hervorrief und zu Häresien einlud, ausgesuchte Methoden der Ketzerverfolgung förderte, das schließlich auf dem Weg zur Neuzeit ein innerkirchliches Kontrollsystem produzierte, das im 19. Jahrhundert geradezu pathologische Züge annahm?[18] Dagegen führte die Hellenisierung im Augenblick ihrer Bedrohung zu einer inhaltlichen Definitionswut, die dem Geheimnischarakter des Glaubens fundamental widerspricht. Es ist Zeit, ein solches Ausschlussdenken nicht mehr als kirchliche Leitlinie zu akzeptieren. Zwar ist das Neue Testament griechisch geschrieben, aber nicht von der griechischen Philosophie her konzipiert. So bietet die griechische Antike keinen Glaubensmaßstab, so als wolle man keine Jünger Jesu, sondern Reproduzenten des altkirchlichen Glaubens.[19] Am 19.09.2010 sprach Papst Benedikt J. H. Newman in Birmingham selig. Es wäre zu wünschen, dass er sich auch dessen Hochschätzung des Gewissens sowie einer gegenwarts- und wirklichkeitsbezogenen Theologie aneignen würde.

Jenseitstrost statt Diesseitshoffnung

Wo ist Gott? Auf diese Frage, so eine rabbinische Auskunft, sei die Gegenfrage zu stellen, wo Gott nicht ist. Bibel und hellenistisches Denken geben durchaus verschiedene Antworten. Moses erfährt J*hve als den, der immer da sein wird. Abraham garantiert er eine Nachkommenschaft so reich wie der Sand am Meer, und das Volk Israel begleitet er als Wolkensäule durch die Wüste. Nach Jesaja 60 wird er alle Völker in Jerusalem vereinen und nach dem Johannesprolog wird er, einem Wort vergleichbar, Fleisch. Gottes Handeln, Gottes Menschennähe und sein unter den Menschen erscheinendes Reich schälen sich als zentrale Bilder und Erwartungen heraus. Die griechische Philosophie hingegen hat an ihrem Höhepunkt bei Platon und Aristoteles ganz andere Antworten gefunden. Gewiss, für beide ist Gott wesentlich einer und die Frage nach dem Weltursprung – nenne man ihn Schöpfung oder Archē – hängt eng mit Gott zusammen. Aber ansonsten tauchen ganz andere Akzente auf. Nach Platon sitzen die Menschen, mit dem Rücken zur Lichtquelle, in einer Höhle und sehen an der Gegenwand nur die Schatten der wirklichen Ideen.[20] Diese sind im Jenseits versammelt, rein geistig, überzeitlich, unveränderlich und unvergänglich. An diese Qualitäten ist eine jede Wahrheit gekoppelt. Der Mensch kann sich ihrer kraft seiner rein geistigen Seele erinnern. Gott selbst, so später der Neuplatonismus, ist das wesenhaft Eine, rein Geistige, das Schweigen schlechthin. Augustinus berichtet in seinen Lebenserinnerungen, erst durch dieses griechische Denken habe er begriffen, dass Gott reiner Geist sei. Erst in den ersten griechischen Jahrhunderten hat das Christentum seine Vorstellungen von der Auferstehung mit einer geistigen, ewig andauernden Existenz im Himmel verbunden.

Es ist unmittelbar einsichtig: Diese beiden, in ihrer Weise mythenkritischen, weil auf einen einzigen Quell von Wahrheit und Leben ausgerichteten Systeme entdeckten angesichts hellenischer Kulturdominanz erstaunliche Gemeinsamkeiten. Formal waren ja nur wenige Deutungsverschiebungen notwendig, wollte man in Griechenland die Traditionen von jüdischer Bibel und griechischem Testament miteinander versöhnen. Denn die für Griechen widerständigen Elemente meldeten sich jetzt weniger vital zu Wort. Abraham, die Stammväter und die Geschichte Israels erhielten einen geistig-metaphorischen Rang, in dem man die Grundregeln christlicher Heilsgeschichte entdeckt. Jerusalem wurde zum großen Symbol des himmlischen Friedens, die Propheten sagten Sendung und Schicksal Jesu voraus. Manches Wort deutete sich selbst um, indem man es in die griechische Sprache übertrug. »Ich bin der ›ich-bin-da‹« schreibt eine verbreitete Bibelübersetzung (Ex 3,14) angesichts des hebräischen Grundtextes. Bei Martin Buber lesen wir: »Ich werde dasein, als der ich dasein werde.« Es geht um Nähe und Versprechen für die Zukunft. Wer jedoch die griechische Septuaginta zugrunde legt, kann unbefangen übersetzen: »Ich bin der Seiende.« Er kann damit eine griechische Grundüberzeugung, sozusagen die Grunddefinition der hellenistischen Gottesdefinition bestätigt finden. Gott ist absolute, unveränderliche Gegenwart, in sich selbst begründet; seine Nähe und seine Zukunft spielen hier keine spezifizierende Rolle. J. Ratzinger betrachtet diese Septuaginta nicht einfach als eine Übersetzung, die dieses unterschiedliche Denken auf Schritt und Tritt dokumentiert. Die Septuaginta setzt die biblische Botschaft nicht nur in einen anderen Sprach- und Denkhorizont, sondern in die ihr *angemessene* Denkwelt um. »Zutiefst geht es [bei dieser Übersetzung] um die

Begegnung zwischen Glaube und Vernunft, von rechter Aufklärung und Religion.«[21]

Hier würde man sich bei Papst Benedikt mehr Gesprächsbereitschaft wünschen. Niemand leugnet, dass die konsequente Hellenisierung und hellenistische Weiterentwicklung der christlichen Botschaft für die Zukunft und die Verbreitung des Christentums ein Glücksfall war, denn die christliche Glaubensentfaltung hat hier einen exzellenten Denktest durchlaufen. Aber diese Neuinterpretation führte zugleich zu umfassenden Verfremdungen. Die christliche Botschaft nahm die biblischen Quellen nur noch durch abstrahierende Brillen wahr. Das hellenistische, bald altkirchliche Denken hat wohl deshalb eine so starke, über Jahrhunderte andauernde Wirkung erzielt, weil es auf die Überzeitlichkeit aller Wahrheit abhebt. Allerdings hat die Kirche dafür einen hohen Preis bezahlt. Die Geschichte verblasst als etwas Unstetes und Vergängliches. Gesucht wird die reine Jenseitigkeit Gottes, die Geistigkeit der menschlichen Seele, das überirdische Wesen Jesu, das himmlische Ziel allen Heils. Das Irdische gerät zum vergänglichen Vorspiel. Lange Zeit ist jeder Einfluss des Irdischen auf einen Gott verpönt, in dem es kein Werden und Vergehen gibt. Es hat seine Gründe, wenn viele gläubige Katholikinnen und Katholiken nicht mehr »an die Auferstehung glauben«. Vermutlich zweifeln sie nicht am biblischen Kern der Auferstehungshoffnung, sondern an deren hellenistisch-kirchlicher Verdinglichung. Und es verwundert nicht, dass ausgerechnet ein Atheist wie Ernst Bloch die Christen zu etwas mehr Pioniergeist und forschender Neugier nach der Zukunft auffordert.[22] Nach Rüdiger Safranskis Urteil ist das Christentum zu einer kalten Religion geworden.[23] Die offiziellen Glaubensformeln haben alle Dynamik zwischen Gegenwart und erhoffter

Zukunft, zwischen den Menschen und einem handelnden Gott stillgestellt und bis heute wird die Solidarität mit den Armen als glaubensferner Aktionismus diskriminiert.

Natürlich zwingt die Jenseitsfrage zu einer differenzierten Beurteilung. Die Spannung zwischen »hier« und »dann« lässt sich nicht einfach ausblenden. Andererseits beginnt das messianische Reich schon hier und jetzt. Auch wer jeden Dualismus ablehnt, muss sich mit Todes- und Auferstehungsfragen auseinandersetzen. Aber der Katechismus der katholischen Kirche weicht der existenziellen Zukunftsfrage aus und präsentiert ein objektives Geschehen:

> »Im Tod, bei der Trennung von Seele und Leib, fällt der Leib des Menschen der Verwesung anheim, während seine Seele Gott entgegengeht und darauf wartet, dass sie einst mit ihrem verherrlichten Leib wiedervereinigt wird. In seiner Allmacht wird Gott unserem Leib dann endgültig das unvergängliche Leben geben, indem er ihn kraft der Auferstehung Jesu wieder mit unserer Seele vereint.« (Nr. 997)

Deshalb sieht jeder Mensch zunächst einem besonderen Gericht, am Weltende einem allgemeinen, dem Letzten Gericht entgegen.

> »Das Letzte Gericht wird bis in die äußersten Folgen an den Tag bringen, was jeder während seines Erdenlebens an Gutem getan oder nicht getan hat.« (Nr. 1039) In Konsequenz liegen Hölle, Fegefeuer oder der Himmel: »Nach dem allgemeinen Gericht werden die Gerechten, an Leib und Seele verherrlicht, für immer mit Christus herrschen, und auch das Weltall wird erneuert werden.« (Nr. 1042)

Dieses Maß an Vergeltungslogik, Verdinglichung und unreflektierten Zeitkategorien ist kaum mehr zu vermitteln.

Wer darüber nachdenkt oder mit anderen Modellen sympathisiert, gerät schnell in den Verdacht des Unglaubens oder der Oberflächlichkeit. Mehr noch, zuviel Interesse am Diesseits scheint dem wahren Glauben zu schaden. Als Beispiel diene die Art, in der J. Ratzinger die Geschichte vom armen Lazarus interpretiert hat.[24] Nicht die Armut des Ausgegrenzten interessiert, vielmehr dient Lazarus als Beispiel für diejenigen, die auf Gottes Hilfe angewiesen sind. In solcher Dingmetaphysik gerät Gott immer noch zum Konkurrenten des menschlichen Freiheitswillens, und dem Glauben von vielen versetzt solches Denken einen endgültigen Todesstoß. Denn damit wollen und können sie sich nicht mehr versöhnen: Mit einem Weltbild von Himmel, Fegefeuer und Hölle, mit einem weltfern thronenden Christus, mit einem überirdischen, unendlich erhabenen Gott, mit einem ewig dauernden Himmel und körperlosen Seelen, ohne Platz für die Sorge um die Menschen, für Geschichte und Evolution. Der platonische Welt-Himmel-Dualismus blockiert eine Erneuerung der christlichen Hoffnungsbotschaft massiv. Diese Konfrontation ebnet gerade jene Eigenschaften der jesuanischen Erinnerung ein, die diese gravierenden Mängel ausgleichen könnten. Genau dies ist nicht mehr hinzunehmen.

Denkprodukte statt elementarer Erzählung

> »Aus dem Leben Christi nennt das Glaubensbekenntnis nur die Mysterien der Menschwerdung (Empfängnis und Geburt) und des Pascha Leiden, Kreuzigung, Tod, Begräbnis, Hinabstieg zu den Toten, Auferstehung, Himmelfahrt. Von den Mysterien des verborgenen und öffentlichen Lebens ist nicht ausdrücklich die Rede.«[25]

Wer die Gottesdienste einer evangelischen oder katholischen Kirche regelmäßig besucht, den wird dieses Zitat nicht sehr überraschen. In der Tat berichtet uns das

Apostolische Glaubensbekenntnis nicht über den Alltag, die Taten und die Worte Jesu von Nazareth; der offizielle Katechismus handelt diese Themen auf 15 von 717 Seiten ab.[26] Die zahlreichen und intensiven Verweise auf die Evangelien dienen nicht dem Bericht von Jesu Leben, sondern der Illustration theoretischer Aussagen. Einen Religionswissenschaftler muss das verwundern, denn alle Religionen kennen ihre Geschichten und leben von ihnen in Form von Anekdoten oder Mythen, von historischen Ereignissen oder kunstvoll komponierten Berichten. Keine andere Sprachform bringt uns so dicht an die Wirklichkeit und an die Erfahrungen dessen heran, was Menschen zutiefst bewegt, nenne man es Gott, Lebenssinn, Weisheit oder Geheimnis der Welt. Soll das beim Christentum anders sein? Natürlich nicht, denn der christliche Glaube lebt zutiefst aus den Erinnerungen an Jesus von Nazareth, wie sie in den Evangelien aufgezeichnet und in den anderen Dokumenten des Neuen Testaments interpretiert sind. Und man kann ohne Übertreibung behaupten: Alle Erneuerungsimpulse, von denen die katholische Kirche seit 45 Jahren lebt, gehen von den Evangelien, von der Erinnerung an Jesus von Nazareth aus, gleich ob man diese Erinnerung beglückend oder befreiend, tröstend oder subversiv, kritisch oder zutiefst aufbauend nennt.

Umso unverständlicher ist es, wie zurückhaltend die offizielle Kirche mit den Evangelien umgeht, so als lebe man in einer anderen Welt. Von der Unmittelbarkeit der Evangelientexte dringt in offiziellen Dokumenten kaum etwas durch. Paradigmatisch ist das Jesusbuch von Josef Ratzinger/Benedikt XVI.: In hochkomplizierten Interpretationsgängen ausgeglättet, durch die Filter antiker Theologen gepresst und damit gegenüber Gegenwartsfragen sterilisiert, gespickt mit Spitzen gegen alles, was nach mo-

dern-kritischer Auslegungskunst riecht, erscheinen hochabstrakte, metaphysisch anmutende Ergebnisse: Jesus *ist*
das Gesetz, Jesus *ist* Gottes Wille, er *ist* das Reich Gottes.
Was aber soll das heißen? Historische Rückfragen führen
uns nach Ratzinger prinzipiell nicht weiter.[27]

Summa: Diese Methode bringt uns nicht die Gestalt
von damals näher, sondern bestätigt nur die systemati-
sche Glaubenslehre, die nach offiziell katholischer Überzeugung die Zeiten überdauert. Jesus selbst hat dabei das
Nachsehen. Damit liegt J. Ratzinger ganz auf der offiziellen Linie. Das Vorwort zum verbindlichen Katechismus
erwähnt Bibel oder Neues Testament mit keinem Wort;
das katholische Lehrsystem fühlt sich ihnen ebenbürtig, wenn nicht gar überlegen. Das gern zitierte Wort der
Alten Kirche, die Schrift sei eher ins Herz der Kirche als
auf Pergament geschrieben (Nr. 113), wird drastisch relativiert: »Alles nämlich, was die Art der Schrifterklärung
betrifft, untersteht letztlich dem Urteil der Kirche.« (Nr.
119) So wird das Geschäft der Exegeten pauschal zur »wissenschaftlichen Vorarbeit« degradiert. Zu welchen Folgen
dies führen kann, zeigt manche kirchenamtliche Äuße-
rung. So hat die hellenistische Denkform die Kultur des
Erzählens zu einem gehorsamen Haustier gemacht. Man
schafft die Schrift nicht ab, macht sie sich aber verfügbar.
Die Evangelien geraten zum Erzählmaterial für die Kleinen
oder zur eingängigen Illustration der eigentlichen Wahrheit, die sich nur den Theologen erschließt.

Diese Erzählsperre zeigt sich im Großen Glaubensbekenntnis der Konzilien von Nikaia und Konstantinopel
(325/381). Von Christus enthält es drei Verweise auf sein
Menschsein, sieben abstrakte Qualifikationen seines Wesens, erst danach drei Aussagen zu seinem Leben (gekreu-
zigt, gelitten, begraben). Es folgen noch Hinweise zu seiner

Hoheit (Auferstehung, Himmelfahrt, Himmelsthron, Wiederkunft). Der Metaphysik kann dies nicht zum Vorwurf gemacht werden, denn ihre Aufgabe war es schon immer, über den Weg der Abstraktion zu universalen und allgemeingültigen Aussagen zu gelangen. Auch hat es immer ein Nebeneinander zwischen Evangelien und Glaubenslehre gegeben. Es steht mir nicht zu, den früheren Interpretationen der Jesuserinnerung ihre Legitimität abzusprechen. Aber je unwiederbringlicher das metaphysische Weltbild schwächelt, desto weniger taugt es als Interpretationsgerüst der Evangelien. Je mehr aber dieses Gerüst zerfällt, umso nervöser wurde die Reaktion auf den Versuch, die Evangelien neu aus sich selbst heraus zu interpretieren.

Das ist unverständlich, denn im Kern lebt die christliche Botschaft nicht aus konziliaren Gesetzestexten, sondern aus der Erinnerung an Jesus von Nazareth, wie sie in vielen Geschichten und Ereignissen, in dramatischen Konfrontationen und befreienden Zuwendungen berichtet wird. Diese Berichte sind da, um weiter erzählt zu werden. Sie leben von den Zumutungen und Bildern, in denen Jesus selbst das Wirken des Reiches Gottes beschreibt. Das sind Gleichnisse und prophetische Worte, Kommentare zum mosaischen Gesetz und einige wenige Gebete. Diese Worte werden uns nicht geboten, um einer Glaubenslehre als Beweis zu dienen, sondern um die Zuhörer in sie zu verwickeln, zur Nachfolge aufzurufen und so zu einer Lebenspraxis zu gelangen, die für ein authentisches, vom Geist erleuchtetes Glaubensverständnis unverzichtbar ist.

Schließlich lebt die christliche Botschaft, bis hin zu den Briefen des Paulus und anderer Autoren, von den Schlüsselerfahrungen der Begleiterinnen und Begleiter Jesu, die (wiederum in erzählender Form) Jesu Bedeutung offenlegen. Auch diese Erfahrungen werden nicht berichtet, um

Jesu Gottheit zu beweisen, sondern um uns seine messianische Bedeutung zu vermitteln. Viele Gemeinden und Gruppen, Seelsorgerinnen oder Religionslehrer haben das schon lange so verstanden. Sie lassen diese jesuanischen Erinnerungen unvermittelt zu Wort kommen und konfrontieren sie mit den aktuellen Fragen.

Gewiss ist zu warnen vor einer naiven Direktheitsromantik, die auf erhellende Eingebungen hofft. Auch die Schrifttexte überbrücken nicht mühelos eine Zeitdistanz von 2000 Jahren und mehr. Aber im sorgfältigen Umgang mit ihnen kommt nach aller Erfahrung auch die Wahrheit der Gegenwart ans Licht. Dabei sind metaphysische Vorgaben nicht ausgeschlossen, aber deren Ausschließlichkeitsanspruch schafft das Problem, als dessen Lösung sich die kirchliche Bevormundung anbietet.

Fixierungen statt Kommunikation

Die Führungseliten der katholischen Kirche (Konzil bzw. Bischöfe und Papst) beanspruchen in ihrer Gesamtheit eine von Gott gegebene, auf der Nachfolge der Apostel beruhende Lehrkompetenz, der sich die ganze Kirche zu beugen hat. Nicht die Gesamtkirche hat diese Vollmacht festgestellt oder übertragen, sondern das 1. Vatikanische Konzil hat in einem als unfehlbar präsumierten Akt diese Kompetenz für außerordentliche Fälle dem Papst zum eigenständigen Vollzug zugesprochen. Man könnte dieses höchst umstrittene Vorgehen mit einem Staatsstreich von oben vergleichen. Dieser Akt verschärfte die Wahrheitsfrage in mehrfacher Hinsicht.

Zum einen wird die Unfehlbarkeitsidee definitiv nach dem Modell eines letztinstanzlichen Richterspruchs konzipiert.[28] Wie bei obersten Berufungsgerichten gilt: Entschieden ist entschieden; weitere Änderungen können nie und nimmer statthaft sein. Die Entscheidungen sind nicht nur irrtumsfrei, sondern auch irreformabel. Angesichts dieser »Kompetenz der Kompetenz« scheitern auch alle wohlmeinenden Versuche, diese Sprengladung hermeneutisch, linguistisch oder durch institutionelle Zusatzbedingungen zu entschärfen. Was irreformabel ist, verträgt keine Nachhilfen, denn es kommt nicht mehr einfach auf Inhalt oder Intention, sondern auf den Wortlaut an und jede weitere Interpretation unterliegt erneut dem höchsten Urteil. Übersehen wird oft, dass ein päpstlicher Unfehlbarkeitsanspruch auch mit den Effekten enden muss, um deretwillen man sie erfunden hat. Petrus Olivi (1247 - 1296) nämlich, ihr »Erfinder« (1280) bezweckte mit ihr, dass ein Nachfolger auf dem Papstthron an die Beschlüsse seines Vorgängers gebunden blieb. Deshalb hat Johannes XXII. (1316 - 1334) diese neue Theorie sofort als Erfindung des Teufels, als eine »verderbliche Verwegenheit« abgelehnt.[29] Zu fragen ist also, ob und wie eine Wahrheit überhaupt unverändert bleiben kann, wenn sie in andere Kontexte eintritt.

Zum andern wird diese Vollmacht zur päpstlichen Monopolkompetenz erklärt, denn praktisch kann der Papst die Rechte des Konzils und des Bischofskollegiums nach Belieben außer Kraft setzen. Selbst gegenüber dem letzten Konzil ließ die »höhere Autorität« 1964 verbindlich erklären, der Papst als höchster Hirte der Kirche könne seine Vollmacht »jederzeit nach Gutdünken« ausüben und ohne seine Zustimmung sei kein Konzil beschlussfähig.[30] Verharmlost, verdrängt und vergessen wird dabei, dass sich das für die damalige Kirchenreform so wichtige Konzil von Basel (1414 - 1418) feierlich zur höchsten Kircheninstanz erklärte, drei Päpste absetzte, Martin V. mit Erfolg zum neuen Papst (1417 - 1431) wählte und dieser sich zur Einhaltung der Konzilsbeschlüsse verpflichtete.[31]

Dennoch erzielte die Unfehlbarkeitsdefinition für den Nimbus der katholischen Glaubensstabilität erhebliche Pluspunkte. Zwar steht auch die Klasse der Bischöfe streng unter päpstlicher Kontrolle, aber im Verein mit ihm fällt der Glanz der Unfehlbarkeit auch auf sie zurück. Wenn die Bischöfe nämlich – unabhängig von ihrem Ort – über einen längeren Zeitraum hin mit hohem Autoritätseinsatz dasselbe als verpflichtende Lehre vortragen, gilt auch diese Lehre als unfehlbar. Zwar bleibt dieses Prinzip schwammig und mehr als einmal wurde es instrumentalisiert, aber es bindet die Hierarchie zusammen und lässt eine Wahrheitsfindung durch das Gottesvolk in virtuellen Nebeln verschwinden. Es stabilisiert eine jede Inflexibilität, zu der die Kirchenführer sich motiviert wissen.

Leider haben sich viele Reformerinnen und Reformer von den Unfehlbarkeitsdebatten verabschiedet. Instinktiv finden sie solche Diskussionen unfruchtbar. Aber sie übersehen, welche dialogfeindlichen, zutiefst unkirchlichen Potenziale sie damit zementieren. Es geht nicht darum, bestimmte unfehlbare Papstsprüche zu verhindern. Wir müssen vielmehr dem Wahrheitsmodell, das darunter liegt, offen widersprechen. Dieses Modell ist nicht unschuldig. Paul VI. hat 1968 die künstliche Geburtenregelung aus Unfehlbarkeitsgründen verworfen.[32] Mit einem vergleichbaren Argument versuchte J. Ratzinger, jede Diskussion zur Frauenordination zu verbieten.[33] Man kennt die unnachgiebige römische Haltung zur Homosexualität, zur Wiederverheiratung Geschiedener, zum Opfercharakter der Eucharistie, zum unauslöschlichen Merkmal der Priester, zur Siebenzahl der Sakramente, zur entsprechenden Verdammung protestantischer Lehrabweichungen (die ihnen den Charakter einer Kirche nehmen), zum Anspruch des Papstes, höchster Lehrer der gesamten Christenheit zu sein. Das ganze Syndrom der aktuellen Verhärtung nährt sich aus diesem autoritären, demokratie- und kommunikationsfeindlichen Modell, das die Wahrheitsfähigkeit der *Gemeinschaft* von Christen zu einer virtuellen Theorie verkommen lässt, wenn nicht gar gänzlich leugnet.

Warum aber konnte sich diese Theorie in der katholischen Kirche durchsetzen? Der Grund liegt, noch einmal, im Wahrheitsmodell der spätgriechischen Philosophie, das in der Aufklärung rationalistisch verschärft wurde. Die hellenistisch philosophische Sprachwelt will nicht verändern, sondern definieren. Sie kooperiert nicht mit anderen Formen der Wahrheit, sondern degradiert sie zu Irrlehren. Wer von diesem Wahrheitsmodell überzeugt ist, kann andere Zugänge zur Wirklichkeit nur als falsch oder relativistisch ablehnen. In der Gegenwart wirkt diese Verengung besonders absurd und verheerend. Wenn die katholische Kirche nicht endlich ihre Prozesse der Inkulturation akzeptiert, stürzt sie – zusammen mit der antiken Metaphysik – in den Ruin. Aus diesen Gründen ist das Unfehlbarkeitsmodell wirksam zu überwinden.

4. Machtpolitik und verpasste Chancen

Hier ist nicht zu klären, aus welchen Gründen sich dieses Denken im politischen Großraum durchsetzt, den Alexander d. Gr. (356 - 323 v. Chr.) gebildet und mit dem er die Großmacht Roms vorbereitet hat. Dieses Denken widersteht der Vergänglichkeit und sucht das Endgültige. Es kann Großreichen eine haltbare Ideologie, eine widerstandsfähige Stabilität verleihen. So war es in der Folge auch für das religiös und ethnisch höchst vielfältige Römische Reich wie geschaffen. Der Glaube an Einen Gott, den einen Ursprung und die Ordnung der Welt waren die Schlüssel, die Übergänge zwischen Christentum und Hellenismus ermöglichten. Für das Reich war der Zusammenhalt unter einem Prinzip überlebensnotwendig. Die Worte »ein Gott, ein Kaiser, ein Reich!« wurden schließlich zur offen propagierten Losung.[34] Dieses Reich muss eine eindeutige, verfügbare Wahrheit finden, die sich mit Autorität und Gehorsam durchsetzen lässt. Deshalb ist die Metaphysik an ihrem Platz. Sie ordnet zuverlässig die Welt, denn die himmlischen Ideen lassen sich nicht narrativ variieren. Der metaphysisch reflektierte Christ weiß, woran er ist. Dies ist wohl der wichtige gesellschaftspolitische Hintergrund, der zum Siegeszug der Metaphysik geführt hat.

Erinnern wir uns deshalb: Die Mailänder Vereinbarung Konstantins (313) gestand den Staatsbürgern (also auch den Christen) die freie Religionsausübung zu. Das Edikt von Theodosius I. machte 380 den christlichen Glauben zur Staatsreligion, genauer: die gemäß dem Konzil von Nikaia »rechtgläubige« Kirche[35] zur Hüterin des Staates. Auf Konzilien beschlossene Glaubensformeln werden zum Staatsgesetz. Gegebenenfalls bekommen Zuwiderhandelnde und offen Andersdenkende den Arm des Gesetzes zu spüren. Selbst der tapfere Athanasius (298 - 373), den man als Patriarchen von Alexandrien wegen seiner Überzeugungen mindestens fünfmal ins Exil schickte, scheute im Kampf für seinen Glauben den Einsatz politischer Macht nicht. Glaubenskämpfe wurden zur Not auch mit Gewalt oder öffentlicher Bestrafung ausgetragen. Ein Glaubensbekenntnis, das wir heute gerne an seinem Potenzial zu einem vertrauenden Glauben messen, wirkte in der Antike als machtvoller Überzeugungsdruck und garantierte die Einheit des Reichs. So funktioniert die alles verbindende Metaphysik in ihrer christlichen Gestalt als Reichsideologie. Nicht ohne Grund beriefen die römisch-byzantinischen Kaiser selbst große Konzilien ein, nahmen an ihnen teil und beeinflussten deren Beschlüsse.

Seit dem 4. Jahrhundert nimmt die Kirche ihre ungeheure Chance wahr und trägt christliche Impulse in die römisch-byzantinische Öffentlichkeit hinein. Aber die intensive Verschränkung mit der öffentlichen Macht hat auch negative Auswirkungen. Ein jeder Konzilsbeschluss in Glaubensfragen führt zu Abspaltungen. So legt das Zusammenspiel von öffentlicher und kirchlich institutionalisierter Gewalt den Grundstock für eine breit angelegte Machtpolitik der Kirche. Im Mittelalter wird sie unter ganz neuen Bedingungen ausgeweitet, in der Neuzeit theoretisch verfestigt. Erst im 19. Jahrhundert kommt sie an ihr Ende. Seitdem wirken, nostalgisch unterbaut, die Machtideologien nach innen fort. In Rom werden Konflikte bis heute nicht argumentativ ausgetragen, sondern per Dekret beendet.

Die Folgen dieser überlangen Gewohnheit wirken bis heute. Sie sind verheerend und nicht länger zu dulden. Seit dem Ende der 1970er Jahre werden in Europa, Nord- und Lateinamerika, später auch in asiatischen Ländern unliebsame Theologen und Theologinnen, Seelsorger und Nonnen massiv kritisiert, wie in vorkonziliaren Zeiten zensiert und ihrer Ämter enthoben, weil sie für die offizielle Verkündigung zur Konkurrenz werden. H. Halbfas, E. Schillebeeckx und H. Küng, E. Drewermann oder Tissa Balasuriya[36], L. Boff und J. Sobrino, M. Fox und Verena Lenzen, P. Suess und Regina Ammicht-Quinn, schließlich Louis Dupuis und Roger Haight sind nur wenige Beispiele aus der Ehrengalerie der von Rom Gedemütigten.

Neue theologische Richtungen werden verleumdet und zum Schweigen verurteilt, so die Befreiungstheologie, die feministischen Theologien, die erwachenden kontextuellen Theologien verschiedenster Kulturkreise, in gewissem Maße auch die politische Theologie. Bis heute können sich die Herren dieser Sanktionen kein anderes Denken vorstellen, als das, welches sie in ihrer Studienzeit noch lernten; denn es galt ja als »rational«, klar und unveränderlich für alle Zeiten. Faktisch wird also eine vorkritische Theologie verewigt, das Bild eines metaphysisch vergöttlichten Herrn verfestigt, formal die unverrückbare Autorität eines römischen Lehramts eingefordert. Erneut preist man universale Wesensdefinitionen, die der konkreten Individualität eines Jesus von Nazareth nicht gerecht werden. Dabei wäre es schon anspruchsvoll genug gewesen, säkularen Menschen die christliche Überzeugung nahezubringen, dass uns in Jesus Gottes Wille und Zuneigung begegnen, dass er Gottes vorbehaltlose, nicht zürnende, sondern vergebende Liebe lebt.

Die meisten Theologen haben in den 1970er Jahren noch nicht begriffen, was wirklich auf dem Spiele steht. Karl Rahner etwa, der dem innerkirchlichen Diskurs seit den 1950er Jahren fruchtbare Impulse gab, versuchte mit großer Energie, sich als Vollstrecker bester kirchlicher Tradition zu präsentieren.[37] Neue Aspekte wurden so mit traditionellen Vorstellungen verkoppelt, dass wir bis heute mit den Kompromissen seiner Denkschule laborieren. Man konnte dies als einen Dienst am innerkirchlichen Frieden interpretieren. Doch bei Küngs Anfragen an die Primats- und Unfehlbarkeitstheorie von 1870[38] reagierte er im Sommer 1970 hochemotional. Mit Küng, schrieb Rahner damals, könne man nur noch wie mit einem »liberalen Protestanten« reden.[39] Vor diesem Hintergrund wirkte sein späteres Kooperationsangebot an Hans Küng nicht sehr überzeugend. Von seinem überkommenen, »katholisch« genannten Kontinuitätsideal beseelt, hatte Rahner ja eine dogmatische Grundhaltung stabilisiert, die bis heute kaum durchschaut und überwunden ist. Man lese etwa die Christologien von Walter Kasper und anderen, die das systemimmanente Denken der altkirchlichen Modelle auch keine Sekunde durchbrechen. Man studiere die hochkomplizierten Dreifaltigkeitstraktate der Spezialisten, in denen der Geist der Schrift kaum atmet. Sie alle möchten modern erscheinen, ohne ihre auf altkirchliche Formeln fixierte Identität zu verlieren. In dieser Zwangsjacke muss jede gewinnende Neuorientierung ersticken.

Peter Hünermann etwa rechtfertigt schon 1979 die Sanktionen gegen Hans Küng mit der erstaunlichen Begründung: Küng habe von Gottes Gegenwart in Jesus nur in der Vergangenheit, nicht in der Gegenwart geschrieben. Hat schon je ein Theologe aus der Vergangenheitsform der Evangelien (»und es geschah ...«) geschlossen, das in den Evangelien Gesagte gelte für heute nicht?[40] Vergleichbares geschieht 2007 mit J. Sobrino.[41] Ihm kreidet Rom an, in der Frage nach Jesus Christus weise er nicht auf die Unterschiede zwischen neutestamentlichen und späteren offiziellen Aussagen hin. Auch hier wird die Spannung zwischen Dogma und Neuem Testament nicht ertragen. Noch immer also darf die Schrift nicht offensiv aus sich selbst heraus ausgelegt und für dogmatische Aussagen eingefordert werden. J. Ratzinger/Benedikt XVI. hat in seinem Buch zur Christologie den ungangbaren Weg einer dogmatischen Schriftauslegung demonstriert (er spricht von »kanonischer Exegese«[42]) und um eine offene Reaktion geworben. Seiner These kann leider nur folgen, wer – wie in diesem Kapitel beschrieben – Sprache und Botschaft des Neuen

Testaments nicht wirklich als eine eigenständige, aus sich strahlende Quelle akzeptiert.

Die römischen Zwangshandlungen nehmen, wie gesagt, kein Ende. Vielerorts hat sich Angst, andernorts Resignation breitgemacht. Vielleicht lauten neben einer neuen Schriftnähe heute die großen Gegenbegriffe zum hellenistischen Denkanspruch Inkulturation und Kontextualität. In einer ausführlichen Besprechung des zensurierten Buches von Roger Haight[43] weist Hans Waldenfels auf den Kern des Problems hin: Es liegt, wie er schreibt, in der Diskrepanz der Kontexte, die sich selbst nicht mehr objektivieren, sondern nur noch in Beziehung setzen und besprechen lassen.[44] Er zitiert einen höchst erhellenden Text, der das Problem einer nun 40-jährigen Auseinandersetzung beschreibt:

> »Wenn das Wort Gottes sich in einer Kultur einbettet, gleicht es dem Samenkorn, das seine Nahrung aus dem umgebenden Erdreich aufnimmt und zur Reife heranwächst.« Und: »Inkulturation des Evangeliums heißt, dem Wort Gottes die Möglichkeit zu geben, im Leben der Menschen seine Kraft auszuüben, ohne ihnen dabei kulturelle Elemente aufzuzwingen, die ihnen fremd wären und eine aufrichtige Annahme des Wortes nur erschweren würden. ›Evangelisierung ist ohne Inkulturation nicht möglich. Inkulturation ist der existentielle Dialog zwischen einem lebendigen Volk und dem lebendigen Evangelium.‹«[45]

Inzwischen hat sich gezeigt: Die genannten Fragen dulden keinen Aufschub mehr. Der Paradigmenwechsel, wie ihn Küng vielfach analysiert hat, und der von Sobrino genannte »epistemologische Bruch«, den Befreiungstheologen schon seit Jahrzehnten fordern, sind ebenso ernst zu nehmen wie eine Reflexion des Glaubens aus der Sicht von Frauen und der Dialog mit anderen Religionen. Wir haben allen Grund, in diesen neuen Entwicklungen das Wirken des Geistes zu sehen. Zwar wird sich die Hierarchie weiterhin dem Wirken des Geistes versagen, aber das Volk Gottes, das sich dieser Situation bewusst ist, sieht für eine falsch verstandene Loyalität nach oben keine Rechtfertigung mehr.

Es gibt viele Erneuerungsimpulse und gegen sie ist nichts einzuwenden. Viele Profis der Glaubenstheorie, ausgewiesene Praktiker der Seelsorge und in ihren Gemeinden engagierte Männer und Frauen, Vorkämpfer der christlichen Botschaft in asiatischen, afrikanischen oder lateinamerikanischen Ländern, sie alle versuchen, innerkirchliche Reformen voranzutreiben. Sie erarbeiten Vorschläge und bitten um Gespräche. Bisweilen verzeichnen sie einen Erfolg. Aber noch niemandem ist es bislang gelungen, die offiziellen, bischöflichen und römischen Diskurse zu ändern. Wirkliche Dialoge finden nicht statt.

Der Grund liegt nicht nur in der geschlossenen, sich selbst bestätigenden Welt des höheren Klerus, sondern auch im beschriebenen Denkzwang der traditionellen, theologisch abgesicherten Glaubenslehre. Alle, die sich um die Zukunft dieser Kirche mühen, werden Bischöfe und Papst mit der Frage konfrontieren müssen: Wie haltet ihr es mit der Schrift? Und wie haltet ihr es mit dem *aggiornamento*, das sich seit Konzilszeiten nicht mehr verdrängen lässt? Wie können wir vom christlichen Glauben so sprechen, dass die Erinnerung an Jesus endlich wieder zur Geltung kommt? Kirchenleitern, denen dies keine existenzielle Frage ist, haben ihren Auftrag verfehlt und ihre Glaubwürdigkeit verspielt. Wer aber für die jesuanische Erinnerung in der Kirche eintritt, wird auch dafür sorgen müssen, dass die klassischen Strukturen der Lehr- und Amtskontrolle revidiert werden. Beginnen wir damit, dass die Glaubenskongregation dem Denunziantentum ein Ende bereitet, ihre Lehrprozesse öffentlich und nach Regeln des allgemeinen Rechtsbewusstseins führt und sie vor der innerkirchlichen Öffentlichkeit verantwortet.

5. Klerikalismus: Elite der Wissenden

Bis zur Konzilszeit galt für die katholische Kirche als Regel: Nur Priesteramtskandidaten kommen in den Genuss einer vollwertigen theologischen Ausbildung. Deshalb konnten sich »Laien« in der Regel nicht an theologischen Fachdiskursen beteiligen. So war auch unbestritten: Gegenüber dem Kirchenvolk konnten Bischöfe und Priester immer als die Fachkundigen und Wissenden auftreten. Ihnen ihre Lehr- und Belehrungsprivilegien abzusprechen, bot sich kein Grund. Die Priester, in Deutschland in der Regel gut geschult, beherrschten die Kanzeln und den Religionsunterricht. Sie wirkten als Fachleute für ethische und soziale Fachfragen, widmeten sich der Heranbildung und Führung von Jugendlichen, Frauen und Männern. In dem, was er zu sagen wusste, war der Priester nicht zu kritisieren, denn aus ihm sprach Gottes zwar oft geheimnisvolles, aber immer unveränderliches Wort. Auch der »niedere« Klerus, immer unter bischöflicher Kontrolle, konnte sich auf eine universale, gemeinsame und stabile Lehre berufen. Man kannte die Strategien der Überzeugung und der Verteidigung nach innen und nach außen. Als eine Kaste der Eingeweihten und der Wissenden agierte der Klerus in sich geschlossen und stabil; seine Kompetenz war unbestritten. Das bedeutete aber auch: Die Fragen der Moral und der Lebensführung wurden aus der Brille der Ehelosen und Wohlversorgten gesehen und behandelt.

Nach dem Konzil bekam diese Geschlossenheit Risse.

Der Kreis der Fachkundigen erweiterte sich auf nichtpriesterliche Männer und Frauen, die in verschiedener Weise die amtlichen pastoralen Aufgaben mit versorgten. Sie sind als Seelsorgerinnen oder als Religionslehrer ausgebildet, arbeiten in Krankenhäusern und therapeutischen Anstalten, an akademischen Einrichtungen in Lehre und Forschung. Sie bedeuten für die Priester eine enorme Entlastung und für das Leben der Gemeinden und kirchlichen Verbände einen großen Gewinn. In ihrer professionellen Arbeit kommen neue Lebenserfahrungen zum Tragen. Dadurch verändert die traditionelle Klerikerklasse ihr Gesicht.

Ordinierte Seelsorger haben in der Regel damit keinerlei Probleme. Überhaupt wäre der Eindruck falsch, hier fühle sich ein Klerus entmachtet, der geschlossen an seinen Privilegien festhält. Probleme entstehen eher an der Frage der ausdrücklichen Gemeindeleitung und der Sakramentenspendung, für die, wie wir noch sehen werden, höhere Ränge verantwortlich sind. Umso erstaunlicher ist es, dass Rom im August 1997 in einer Instruktion »zu einigen Fragen über die Mitarbeit der Laien am Dienst der Priester« die Predigt von nicht Ordinierten während der Eucharistiefeier untersagte. Homilien seien Priestern und Diakonen vorbehalten. Konsequent ließ sich diese Verordnung nie in allen Diözesen Westeuropas durchsetzen, denn der Priestermangel wiegt zu schwer. Aber immer wieder führt sie zu Unmut, wenn Denunzianten tätig werden, wenn ein Bischof das Verbot rigoros durchsetzen will oder wenn die Homilie zur »Statio« oder »Erwägung« umfunktioniert und formal vor Beginn der offiziellen Eucharistiefeier gehalten wird. Dabei ist die Letztverantwortung eines Gemeindeleiters für die Predigten in seiner Gemeinde unbestritten. Aber sachfremd klingt die oft gehörte, unhaltbare und elitäre Begründung, Priester und Diakone seien darauf hingeordnet, Christus gegenwärtig zu setzen. So wird in höheren Rängen erneut ein Streit um die Exklusivposition der ordinierten Kleriker ausgetragen.

Gewiss, historisch ist die Lage komplizierter, denn erst im Zuge der Gregorianischen Reform (12. Jahrhundert) – gegen Ämterkauf (»Simonie«), den Einfluss von Nichtklerikern auf die Ämterbesetzung (»Laieninvestitur«) und die Priesterehe – kommt es zum Phänomen der »Laien« als einer selbstständigen, von den Klerikern unterschiedenen, gegebenenfalls gegen sie opponierenden Gruppe. Die vielerorts gepflegte Stimmung kommt im ersten Satz der berühmten Bulle Bonifatius' VIII. von 1296 zum Ausdruck: *Clericis laicos* lautet sie: »Dass die Laien Feinde des Klerus sind, ist von alters her bekannt.« Jetzt werden die »Laien« innerhalb der Kirche nicht mehr als die Basisgemeinschaft der Getauften akzeptiert, denen wie in der Alten Kirche Mitwirkungsrechte zustehen. Es entsteht neben Klerikern und Ordensangehörigen eine separate Gruppierung, die sich gegen ihre Degradierung durch den Klerus in widerständigem Selbstbewusstsein übt.

Bemerkenswert ist allerdings: Damals führten nicht die Fragen nach sakramentalen Funktionen, sondern nach Leitungs- und Lehrbefugnissen zu Konflikten. Manche Laienbewegungen wurden als häretisch verfolgt, deshalb war über die Verlautbarungen von Laien streng zu wachen. Man achtete darauf, dass sich ein »Laie«, weil ohne Leitungsbefugnisse, nicht im Namen der Kirche äußert. 1997, also 30 Jahre nach dem 2. Vatikanischen Konzil, wird diese Unterscheidung zur Vergegenwärtigung Christi im Priester hochstilisiert, so als verkünde nur ein Kleriker Gottes Wort und als entwickle der theologisch gebildete Laie (Mann oder Frau) nur menschliche Gedanken.

Wie tief die Abwertung von »Laien« in vielen Köpfen

noch sitzt und wie sehr ein klerikales Kastendenken seine eigene Bedeutung hochstilisieren kann, zeigt ein Zitat des Kirchenhistorikers Walter Brandmüller, der inzwischen zum Kardinal ohne konkrete Funktionen kreiert wurde. Er macht aus der Sachfrage eine Ideologie:

> »Es geht um die Frage, ob die katholische Religion – und damit die Kirche – Ergebnis denkerischer Bemühungen und sozialisatorischen Tuns von Menschen ist, oder Stiftung und Organ des gott-menschlichen Offenbarers und Erlösers von Welt und Mensch, Jesus Christus. ... Ist die katholische Kirche nämlich Stiftung und Heilsorgan des Gottmenschen Jesus Christus, dann entziehen sich die Normen für ihren Lebensvollzug weitgehend menschlichem Ermessen. Das Handeln, der Selbstvollzug der Kirche, wird dann vielmehr vom Willen ihres Stifters und von ihrem durch Jesus Christus ein für allemal grundgelegten Wesen bestimmt. Wenn nun derartige Fragen wie jenes, ob Laien predigen sollen, zu entscheiden sind, so ist in erster Linie diesem Grundsatz Rechnung zu tragen«.[46]

Die Ideologie, die solchen Abgrund aufreißt, verschlägt einem den Atem. Im Laufe der Jahrhunderte geht der Streit offensichtlich hin und her. Das erste schriftlich nachweisbare grundsätzliche Predigtverbot für Laien stammt aus dem Jahre 1234, als Gregor IX. wohl gegen Laienbewegungen vorgeht, die seinem klerikalen Reformwillen zur Last werden. Er argumentiert juridisch, fragt also nach einer kirchlichen Beauftragung. Das Konzil von Trient entschärft den Konflikt, indem es 1563 für eine qualifizierte Ausbildung der Priester sorgt, die in jedem Fall die besseren Prediger waren. Man wird heute sagen können, dass qualifizierte »Laien« oft nicht die schlechteren Predigerinnen und Prediger sind. Doch bleibt noch zu fragen: Beruht die Gabe des geistlichen Wortes auf theologischer Bildung oder nicht eher auf geistlicher Inspiration?

J. Ratzinger sieht es als erste Aufgabe der Priester, die Frohe Botschaft zu verkünden, denn das Volk Gottes werde an erster Stelle durch das Wort des lebendigen Gottes geeint. Allerdings weist er darauf hin, dass »das in seiner ganzen Tiefe verstandene Wort das Umfassende und Gründende ist, das das Hirten- und Priesteramt als die zwei Artikulierungsweisen seines Vollzuges aus sich entlässt und sie zugleich ständig umgreift«.[47] Wie recht J. Ratzinger hat. Nur zieht er Folgerungen aus einer falschen, weil um acht Jahrhunderte verstümmelten Tradition. Er vergisst nämlich, was in der Alten Kirche selbstverständlich war: Unbeschadet der bischöflichen und priesterlichen Aufgaben *gegenüber* den Ortskirchen wurde das Wort Gottes von den *Gemeinden* als apostolische Aufgabe gehütet. Sie waren es, die ihre Gemeindeleiter gewählt oder angewiesen haben. Wenn die Wortverkündigung also dem Hirten- und Priesteramt zugrunde liegt, dann *darf* die Gemeinde den Dienst am Wort nicht einfach aus der Hand geben. Es ist endlich Zeit, dass sie sich in den täglichen aktiven Prozess der Wortverkündigung intensiv einschaltet. Gewiss kann nicht jeder, der gerne möchte, im Gottesdienst seine Stimme erheben, wohl aber können es diejenigen Männer und Frauen, die von der Gemeinde – von Amts wegen oder für den Einzelfall – darum gebeten oder dafür offiziell beauftragt werden.

---

1   Dieser Bericht entspricht den eigenen vom Fernsehen übermittelten Eindrücken. Leider bieten die im Internet angebotenen Bildstrecken kaum liturgische Details. Sie geben aber einen guten Eindruck von der enormen Prunkentfaltung dieses Ereignisses.
2   *Joseph Ratzinger,* Die Bedeutung der Väter für die gegenwärtige Theologie, in: Theologische Quartalschrift, 148 (1968), 257-282, Zitat am Ende des Artikels.

3 *Benedikt XVI.,* Glaube und Vernunft. Die Regensburger Vorlesung, Kommentiert von Gesine Schwan, Adel Theodor Khoury, Karl Kardinal Lehmann, Freiburg 2006.

4 Gemeint sind die Konzilien von Nikaia (325), Konstantinopel (381), Ephesus (431) und Chalkedon (451). Verhandelt wurden auf ihnen die Grundformeln zur Gottheit Christi und seiner Zeugung vor aller Zeit, zur Zweinaturenlehre und Christi Wesensgleichheit mit Gott, zur Gottheit des Heiligen Geistes und zur Verehrung der »Gottesmutter« Maria. In der Fachsprache ist die Rede vom *consensus quinquesaecularis*, dem Konsens der ersten funf Jahrhunderte, der die große Kirchenspaltung unbeschädigt überstanden hat.

5 Gemeint ist das »Große«, d.h. das Nizäno-Konstantinopolitanische Glaubensbekenntnis, das heute noch regelmäßig in den Liturgien der Großkirchen verwendet wird.

6 Bedenkenswertes formuliert *Roger Lenaers*, Der Traum des Königs Nebukadnezar. Das Ende einer mittelalterlichen Kirche, Kleve 2005.

7 Protokoll eines »Gespräch[s] der Deutschen Bischofskonferenz mit Professor Küng in Stuttgart am 22. Januar 1977«, in: Walter Jens (Hg.), Um nichts als die Wahrheit. Deutsche Bischofskonferenz contra Hans Küng, München-Zürich 1978, 225-313, Zit. 248; vgl. 254: »Wenn ich nun das ganze Buch durchsehe und frage mich, wo ist denn hier das ›Genitum non factum‹ ausgesagt, und wenn ich dann fast mit Erschrecken sagen sollte, ich finde das nicht ...«

8 *Joseph Ratzinger*, Communio – Ein Programm, in: Internationale Katholische Zeitschrift Communio 21 (1992), 454-462; Zit. 455.

9 Zitiert nach der offiziellen Dokumentation der vatikanischen Homepage.

10 Dokumentiert in der kirchensite.de.

11 Zur theologischen Einordnung der komplexen Hellenismusproblematik: *Carl-Friedrich Geyer*, Religion und Diskurs. Die Hellenisierung des Christentums aus der Perspektive der Religionsphilosophie, Stuttgart 1990; *ders.*, »so glaubt es nicht ...« (Mt 24,23-26), in: Hermann Häring (Hg.), »Jesus von Nazareth« in der wissenschaftlichen Diskussion, Berlin 2009, 211-229.

12 *David Runia*, Philon in Early Christian Literature, Assen 1993 und andere Veröffentlichungen desselben Autors.

13 *Michael Tilly*, Einführung in die Septuaginta, Darmstadt 2005.

14 *Jerome Crowe*, From Jerusalem to Antioch. The Gospel across cultures, Collegeville, Minn. 1997.

15 Vgl. die Regensburger Rede, Anm. 3.

16 *Hermann Häring*, Den Evangelien trauen. Zu einigen Missverständnissen im päpstlichen Jesusbuch, in: Häring, »Jesus von Nazareth«, 177-208.

17 *Yves Congar*, Für eine dienende und arme Kirche, Mainz 1965.

18 *Mark Schoof*, Der Durchbruch der neuen katholischen Theologie. Ursprünge, Wege, Strukturen, Wien 1969.

19 Die Hellenismusverehrung des Papstes entstammt der frühen Nachkriegszeit, insbesondere der *Nouvelle Théologie*. Deshalb gehören Henri de Lubac und H. U. von Balthasar neben R. Guardini zu seinen großen Vorbildern.

20 *Georg Picht*, Die Fundamente der griechischen Ontologie, mit einer Einführung von Hellmut Flashar, Stuttgart 1996.

21 S. Regensburger Rede (Anm. 3); vgl. schon *Joseph Ratzinger*, Einführung in das Christentum, München 1968, 108-111.

22 *Ernst Bloch*, Atheismus im Christentum, Frankfurt 1973, 286.

23 *Rüdiger Safranski*, Heiße und kalte Religionen. Der Islam verkündet Erlösung, die Christen haben den Glauben an das Jenseits verloren, in: DER SPIEGEL 3/2010, 119-121.

24 *Joseph Ratzinger/Benedikt XVI.*, Jesus von Nazareth, Teil I, Freiburg 2007, 252-258; dazu: *Ottmar Fuchs*, Hat Adorno Ratzinger gelesen?, in: Häring, »Jesus von Nazareth«, 231-349.

25 Katechismus der Katholischen Kirche, München 1993, Nr. 512.

26 Katechismus, Nr. 512-560. Zwar bezieht sich dieser Katechismus oft und intensiv auf die Evangelien. Diese Verweise dienen aber nicht dem Bericht von Jesu Leben, sondern der Illustration theoretischer Aussagen.

27 *Häring*, Den Evangelien trauen, bes. 202-207.

28 *Claude Langlois*, Die Unfehlbarkeit – Eine neue Idee des 19. Jahrhunderts, in: Hans Küng (Hg.), Fehlbar. Eine Bilanz, Zürich 1973, 146-160.

29 *Brian Tierney*, Ursprünge der päpstlichen Unfehlbarkeit, in: Küng, Fehlbar, 121-145.

30 2. Vatikanisches Konzil, *Nota praevia* zur Apostolischen Konstitution über die Kirche, *Lumen Gentium.*

31 Z.B. werden die Dokumente des Konzils von Konstanz in der offiziösen Sammlung von Denzinger-Schönmetzer-Hünermann unterschlagen.

32 Dazu *Hans Küng*, Unfehlbar? Eine Anfrage, Zürich 1970, 27-35.

33 Zum gesamten Fragekomplex: *Hermann Häring, Elisabeth Schüssler-Fiorenza* (Hg.), Themennummer Concilium 35 (1999), Nr. 3: Die Weigerung, Frauen zu ordinieren; darin *Hermann Häring*, Von

Jesus nicht ermächtigt? Eine Analyse des römischen Dokuments, 279-292.

34 *Paul Veyne*, Als unsere Welt christlich wurde (312-394). Aufstieg einer Sekte zur Weltmacht, München 2008; *Hans Küng*, Kleine Geschichte der katholischen Kirche, München 2002, 63-84.

35 Gemeint ist die Kirche, die die Beschlüsse des Konzils von Nizäa (325) akzeptiert hat.

36 Der asiatische Befreiungstheologe *Tissa Balasuriya* stammt aus Sri Lanka. Er hat Anfragen zur Jungfräulichkeit Marias und zur Unfehlbarkeit formuliert und wurde für exkommuniziert erklärt. Die Exkommunikation wurde später zurückgenommen: Mary and Human Liberation. The Story and the Text, Harrisburg 1997.

37 Diese Ambivalenz ist schon in seinen frühen Artikeln, etwa zur Christologie von Chalkedon oder zur Jungfrauengeburt, zu entdecken. Wie seine Schüler rühmen, hat er bei der Konzeption der konziliaren Kirchenkonstitution dafür gesorgt, dass ein Kompromiss zwischen den Flügeln möglich wurde.

38 *Hans Küng*, Unfehlbar? Eine Anfrage, Zürich 1970, 27-35.

39 *Karl Rahner*, Kritik an Hans Küng. Zur Frage der Unfehlbarkeit theologischer Sätze, in: Stimmen der Zeit 95 (1970), 361-377.

40 »Die These [von Hans Küng] – nämlich: Gott *war* in Jesus, Gott hat durch Jesus gehandelt, aber nicht zu sagen: Jesus Christus *ist* die *Selbst*mitteilung Gottes, er ist der menschgewordene Gott –, diese These hat Küng im ganzen Buch ›Christ sein‹ deutlich durchgehalten.« (*Peter Hünermann*, Information – Reflexion – Kritik. Zur Auseinandersetzung zwischen Hans Küng und dem kirchlichen Lehramt, abgedr. in: Ludwig Bertsch u.a., Zur Sache. Theologische Streitfragen im »Fall Küng«, Würzburg 1980, 154-171, Zit. 164).

41 Notifikation der Glaubenkongregation zu den Werken von P. Jon Sobrino S.J.: Jesucristo liberador. Lectura histórico-teológica de Jesús de Nazaret (Madrid 1991) und La fé en Jesucristo. Ensayo desde las víctimas (San Salvador 1999), unterzeichnet vom Präfekten der Glaubenskongregation am 26.11.2006.

42 *Ratzinger/Benedikt XVI.*, Jesus von Nazareth, Freiburg 2007, 17.

43 *Roger Haight*, Jesus, Symbol of God, Maryknoll, NY, 1999.

44 *Hans Waldenfels*, Wie inkulturiert sich Glaube heute?, in: Herder-Korrespondenz 63 (2009), 405-410.

45 Zitiert wird aus Dekret 4 der 34. Generalkongregation der Gesellschaft Jesu: »Unsere Sendung und die Kultur« (*Waldenfels*, 410).

46 *Walter Brandmüller*, Laien auf der Kanzel – Anmerkungen eines Historikers und Theologen zu einem aktuellen Thema, in: Franz

Breid (Hg.), Der Dienst von Priester und Laie. Wegweisung für das gemeinsame und hierarchische Priestertum an der Wende zum dritten Jahrtausend, Steyr 1991, 133-163; Zit. 133f.

47 *Joseph Ratzinger*, Zur Frage nach dem Sinn des priesterlichen Dienstes, in: Geist und Leben 41 (1968), 347-376; Zit. 369.

Kapitel 3

»Ein auserwähltes Geschlecht«
Das Heilige und der neue Sakramentenkult

»Es war zu erwarten«, erklärt Papst Benedikt zum Abschluss des Priesterjahres am 11.06.2010, »dass dem bösen Feind das neue Leuchten des Priestertums nicht gefallen würde. So ist es geschehen, dass gerade in diesem Jahr der Freude über das Sakrament des Priestertums die Sünden von Priestern bekannt wurden.« Haben wir den Satz richtig verstanden? Thomas Assheuer erklärt ihn in einem ausführlichen Artikel in der ZEIT. Papst Benedikt zieht aus den Missbrauchsfällen, die er zutiefst verabscheut, reaktionäre Tendenzen:

> »Der Papst versteht die Taten seiner Priester … als diabolischen Ausdruck der sittenlosen Moderne. Die Gewalt ihrer sexuellen Revolution, so muss man ihn verstehen, hat die alte Weltordnung in einen Sündenpfuhl verwandelt, ja schlimmer noch: Sie hat den unschuldigen Leib der Kirche mit der Teufelssaat des sexuellen Begehrens infiziert.«[1]

Nicht die Strukturen der Kirche haben also versagt, sondern die Kirche hat der Welt zu sehr nachgegeben. Dass zahllose Fälle schon aus der vorkonziliaren Zeit bekannt wurden, dass der irische Murphy-Rapport mit seinen 35.000 Opfern schon 1914 einsetzt, dass andere Untersuchungen auf Missstände aus dem 19. Jahrhundert hinweisen, das alles verunsichert seine Optik nicht. Denn für ihn ist die Kirche Christi in ihrem Wesen unsichtbar und heilig und kann deshalb nicht sündigen.

1. Kirche der Unberührbaren

Schon beim großen Schuldbekenntnis des Wojtyła-Papstes in Israel soll J. Ratzinger für die richtige Formulierung gesorgt haben: Nicht die Kirche habe Schuld auf sich geladen, sondern es waren deren »Söhne und Töchter«. Und hätte der Papst selbst gesündigt, dessen Identifikation mit der katholischen Kirche unüberbietbar ist, auch er hätte das reine Gewand der Kirche nicht beschmutzt. So ist es für Papst Benedikt keine effektvoll organisierte Show, sondern Ausdruck tiefster Überzeugung, wenn man zur Beendigung des Priesterjahres im Juni 2010 insgesamt 17.000 Priester auf den Petersplatz beordert, wo sie in weiß strahlenden Gewändern mit ihm den Gottesdienst feiern. Sie stehen für diese unantastbare Heiligkeit der Kirche. Denn für Papst Benedikt ist der Priester

> »nicht einfach ein Amtsträger wie ihn jede Gesellschaft braucht ... Er tut vielmehr etwas, das kein Mensch aus sich heraus kann: Er spricht in Christi Namen das Wort der Vergebung ... Er spricht über die Gaben von Brot und Wein die Dankesworte Christi, die Wandlungsworte sind. ... So ist Priestertum nicht einfach ›Amt‹, sondern Sakrament: Gott bedient sich eines armseligen Menschen, um durch ihn für die Menschen da zu sein und zu handeln. Diese Kühnheit Gottes, der ... Menschen zutraut, für ihn zu handeln und da zu sein, obwohl er unsere Schwächen kennt – die ist das wirklich Große, das sich im Wort Priestertum verbirgt.«

Außenstehende hören solche Worte mit Irritation oder ungläubigem Respekt. Nichtkatholische Christen halten sie schlicht für unchristlich und inakzeptabel. Katholikinnen und Katholiken erinnern sich an die Theorien, die sie einst im Katechismus gelernt haben. Was aber engagierte Kenner von Bibel und Dogmenentwicklung sehr verwundert, das ist die Souveränität, mit der Rom Schriftbefunde ebenso wie historische Kenntnisse ignoriert. Man entdeckt das antireformatorische Ressentiment, in dem sich die katholische Kirche lange als die wahre Kirche profiliert. Zum Millenniumsbeginn erklärt J. Ratzinger den Protestanten ins Gesicht, eigentlich[!] seien sie überhaupt keine Kirche, die diesen Namen verdient; 2007 lässt er diese Zurückweisung als Antwort auf vielfältigen Protest noch einmal wiederholen.[2] Der Papst verbindet ein tiefes Misstrauen gegenüber der eigenen Kultur mit einem traumatischen Antimodernismus, die Angst vor einem todeshungrigen Europa mit schärfstem Konservatismus. Er flüchtet schließlich in Platons Illusion, der das Christentum lange aufsaß: Erst und nur im Jenseits kommt die wahre Kirche zu sich und nur sie kann hier und jetzt schon etwas von diesem Jenseits verwirklichen. Die Wahrheit und das Heil kommen von oben.

Wie schon in den vorhergehenden Kapiteln geht es nicht darum, Einzelfälle zu rügen. Aber wir sollten auch nicht so tun, als stünden wir erhaben über dem Sog dieser Gedanken und dieser Realität. Den Reformern wird immer wieder vorgeworfen, sie seien einem oberflächlich aufklärerischen Schema verfallen und Spiritualität interessiere sie nicht. Dabei gibt es nichts, das anarchischer wäre als eine Spiritualität, die zu den Wurzeln der Frömmigkeit vorstößt. Selbst bei den Diskussionen um die Verstrickung der Kirche in Missbrauchsfälle war es verboten, zum Zölibat einige Fragen zu stellen: »Die Frauen meiner Pfarrgemeinde treffen sich wöchentlich einmal zum Gebet!«, antwortet mir im Rundfunk ein Zölibatsverteidiger auf meine Anfrage. Beten sie also, weil es so wenig Zölibatäre gibt? Nein, seine irrationale Reaktion kommt aus der unreflektierten Identifikation von Frömmigkeit und einer zölibatären Priesterschaft.

Die Frage nach der Heiligkeit ist hier zu besprechen, weil sich viele von uns in der Falle eines enggeführten Heiligkeitsideals verfangen haben. Die einen wagen nicht, gegen das klassisch katholische Heiligkeitsmodell anzugehen, die anderen lehnen es mit unkontrollierter Emotionalität ab. Um Missverständnisse zu vermeiden: Dieser Gefahr erliegen gerade nicht Vertreter und Vertreterinnen der Befreiungstheologie, der feministischen Theologie oder anderer emanzipatorischer Aufbrüche. Sie alle wissen nur zu gut, wo sie die Quellen ihrer oft übermenschlichen Kraft finden können. Es sind eher die Aktionisten, die sich mit den kirchlichen Verhältnissen ganz gut abfinden.

Was ist da schief gegangen? In jedem Fall liegen den offiziellen Regelungen der katholischen Kirche fundamentale Regelungen und Überzeugungen zugrunde, die von langer Hand gewachsen, theologisch verfestigt und in der katholischen Familiengeschichte verankert sind. Wenn es nicht gelingt, diese tief verwurzelten Denk- und Erfahrungsmodelle aufzuspüren, werden sie – verborgenen Familiengeheimnissen ähnlich – ihre zerstörerische Wirkung behalten. Es sind die typischen Ausformungen von katholischem Priestertum, katholischer Heiligkeit und Sakramentalität, die in der Gegenwart zu destruktiven Auswirkungen führen. Die Geschichte dieser Begriffe könnte Einblicke in eine Grundstruktur der katholischen Kirche geben, die theologisch kaum aufgearbeitet ist. Es ist eine Geschichte der instrumentalisierten, der politisierten und perfekt kontrollierten Heiligkeit. Die Erfahrung des Heiligen, die Suche nach Heil und die Bewunderung von Heiligkeit, das sind in jedem Fall Dimensionen, die tief in die Grundstrukturen der Kirche, des Christentums und unserer Gesellschaft eingreifen und sie mit großer Langzeitwirkung prägen.

2. Eine menschliche Grunderfahrung

Heiligkeit ist also nicht für virtuos Fromme oder für hoch-moralische Ausnahmegestalten reserviert, sondern be-trifft eine religiöse Grunderfahrung aller Menschen. Alle Religionen haben mit den Schrecken und der Faszination des Heiligen zu tun.[3] Die wahre Vielfalt des Heiligen und seiner Erfahrung bleiben uns meistens verborgen. Die Re-ligionswissenschaft spricht von einer (geistigen) Kraft, die sich in jedem Fall unserer Verfügung entzieht. Gemeint ist ein Unheimliches, das ich nicht greifen kann, das mich aber innerlich bestimmt. Wir erfahren es als ein undurch-schaubares Geheimnis, das uns zugleich Heimat gibt, weil es unser Begreifen umfängt. In säkularisierter Sprache zeigt es sich als Glück oder Schrecken, als Lebenssinn oder maßlose Trauer. Bisweilen raubt es uns alle Geborgenheit, jagt uns bis an die Grenzen des Erträglichen, in eine unge-schützte Welt hinaus. Mutter Teresa, deren Tagebuch ge-gen ihren Willen veröffentlicht wurde, scheint genau dies erlitten zu haben.[4] In ihrem Inneren erfuhr sie keinen Gott, gerade unter diesem Mangel hat sie gelitten. Dieses Heilige ist nicht verfügbar, kann aber Menschen in seinen Bann ziehen und im Bann halten, menschliche Leidenschaften wecken, zu außerordentlichen Leistungen anregen oder zerstören.

Erstaunlich ist deshalb, dass Mose bei seiner ersten Begegnung mit J*hwe gerade keine ekstatische Erfahrung macht, die ihn in die Knie zwingt. J*hwe zitiert ihn nicht zu sich, sondern lockt ihn. Ihm erscheint ein geheimnis-volles Rätsel, das sich in einem Versprechen zu erkennen gibt: Er, J*hwe, sei der, der immer da ist. Dies ist eine nach-haltige Definition, die aus dem Gedächtnis der monothe-istischen Religionen nie mehr verschwinden wird: Er ist der Gegenwärtige. Dies ist eine Gegendefinition zur platonischen Wahrheitsidee, die fern und über den Welten in sich ruhend droht. Die biblische Welt lebt aus einem Heiligen, das Nähe schafft. Das Bilderverbot wird diese unendliche Nähe davor schützen, dass es durch visuelle und manipulierbare Ablenkung verfremdet wird. So entwickelt Israel ein geradezu säkulares Gespür für das Geheimnis der Wirklichkeit. Denn dieses Gespür ist an eine zutiefst menschliche, nicht unbedingt religiöse Erinnerungsform gebunden: J*hwe ist immer dann gegenwärtig, wenn das Volk in Not ist. In kritischen Zeiten geht er dem Volk voraus. »Pessach« meint »Vorübergang des Herrn« (Ex 12,11). Kein Standbild, sondern die Bundeslade, überragt von zwei Seraphim, steht im Allerheiligsten des Tempels. Gottes glanzvolle Gegenwart, die »Scheckina«, ist weder in der Lade zu suchen, noch wird sie von den Engeln repräsentiert, sondern wird in dem leeren Raum zwischen den seraphischen Flügeln situiert, im Nichts also und als Unsichtbares zu umschreiben.[5] So kann Israel seine Identität auch durch eine 2000-jährige Ent-Fremdung hindurch bewahren. Diese urjüdische Grundintuition schließt andere Grunderfahrungen nicht aus. Man denke an die machtvolle Gottesvision von Jesaja (Kap 6) oder an die für die 500 Baalspriester tödliche J*hwe-Begeisterung des Elia. Elia aber wird in eine harte Schule geschickt und erfährt seinen Gott schließlich nur »im Säuseln des Windes«.[6] Schließlich vollzieht sich ein Demokratisierungsprozess des Heiligen, der für das Christentum entscheidend wird. Im Deuteronomium wird nicht mehr J*hwe, sondern das ganze Volk heilig genannt; denn schließlich ist es aus allen Völkern auserwählt. Dieser Maßstab wird dem später gedemütigten Volk durch die Jahrhunderte bleiben.

Hier liegt der Schnittpunkt zu den urchristlichen Vorstellungen, die für lange Zeit prägend geblieben sind. Natürlich hat sich das Heilige in der jüdischen und frühchristlichen Erfahrung auch zum Kampf- und Elitebegriff entwickelt; darin unterscheidet sich die biblische Tradition von den polytheistischen Religionen. Der Glaube an den Einen Gott ordnet das Gute und Heilige eindeutig J*hwe zu, während man destruktive übermächtige Erfahrungen allmählich an die Dämonen als der *bad-bank* des Heiligen überweist. Die Evangelisten schildern Jesus als den, der die bösen Mächte bezwingt und den Teufel wie einen Blitz vom Himmel fallen sieht. Diese radikal entmythologisierende Position hält das Christentum leider nicht durch, denn später wird es von Teufels- und Dämonengestalten nur so wimmeln. Dafür gibt es, wie wir wissen, psychologisch verständliche Gründe.

Schon für Ps 96,5 waren die Dämonen »Nichtse«, weshalb man sie bis heute als reine Fiktion negieren darf. Die J*hwe-Erfahrung Jesu beraubt das Böse erneut aller übermenschlichen Kraft. Das Heilige kann ohne Widerspruch erscheinen und der Geist wird über die Gemeinde ausgegossen; hier und jetzt beginnt Gottes Reich. Wir können den Pfingstbericht als eine Tauferfahrung lesen. Diese Überzeugung setzt sich schnell durch, weil Jesus von Nazareth gegen das Böse einen konsequenten Kampf kämpft und ihn nach christlicher Überzeugung trotz seines Todes gewinnt. Deshalb stehen alle, die in seine Nachfolge treten, in einem neuen, dämonenfreien Herrschaftsbereich, der Domäne des Heiligen. Im Neuen Testament erscheint »heilig« am häufigsten als Adjektiv des Geistes, der über alle ausgegossen ist, deshalb zugleich als ein Ehrentitel, der der gesamten christlichen Gemeinschaft gilt. Seitdem lebt die Kirche als Gemeinschaft in der Kraft des Geistes; die Christen werden jetzt unterschiedslos die »Heiligen«, ein

»heiliges Volk« genannt. Es bedarf deshalb keiner Mittler, keiner Tempel und Priester mehr. Der Hebräerbrief sieht und bearbeitet diesen Umbruch. Nach ihm gab es nur einen Priester, nämlich Jesus Christus, der als der endgültige Hohepriester eben kein neues Priestertum begründet, sondern das alte endgültig ablöst.[7] Die spätere christliche Priesteridee steht also auf tönernen Füßen. An anderer Stelle wird die Frage dialektisch gelöst: Wenn *alle* Getauften Priester sind, dann ist die Priesterrolle ad absurdum geführt, jedenfalls bedarf es keiner Priesterkaste mehr. Keine weiteren Instanzen schieben sich mehr zwischen die Heiligen, die zum Heil ermächtigt sind und zwischen Gott selbst.

3. Demokratisches Denken

Die Rede vom »allgemeinen Priestertum« (1 Pt 2,9) ist also keine protestantische Marotte und keine aktionistische Reformeridee. Sie meint auch keine schöne Metapher, die katholische Hierarchen als fromme Übertreibung abtun können. Es geht um einen urdemokratischen Impuls, nämlich die Überwindung von allem Standesdenken. Es geht um Ermächtigung und *Verpflichtung* zugleich. Luther hat schon 1520 die innerkirchliche Sprengkraft des Gedankens auf den Punkt gebracht: »Denn was aus der Taufe gekrochen ist, das kann sich rühmen, dass es schon zum Priester, Bischof und Papst geweiht sei.«[8] Zwar will er die kirchlichen Ämter nicht abschaffen, aber er erkennt, dass die Taufe zwischen Amtsfreien und Amtsträgern prinzipiell keinen Unterschied mehr zulässt. »Wo der Geist wirkt, da ist Freiheit.«[9] »Zur Freiheit hat uns Christus befreit. Bleibt daher fest ...« (Gal 5,1). Luthers Schrift »Von der

Freiheit eines Christenmenschen« übersetzt dieses Pathos zum ersten Mal und mit der gebotenen Dialektik in die Tonlage der aufkommenden Neuzeit. Spätestens jetzt hätte die Kirche des Westens zur Vorkämpferin eines verantworteten Christseins, spätestens im 19. Jahrhundert zur Protagonistin der Demokratie, in jedem Fall der politischen Partizipation werden müssen. Warum war das nicht der Fall?

Das neue Priestertum der Christen hat sich erst allmählich und indirekt etabliert. Angetreten war eine Gemeinde der vom Geist Beschenkten, die es nicht nötig hatte, von anderen belehrt zu werden (1 Joh 2,27). Zweifellos erinnert Paulus an ein frühes Stadium der Gemeindestruktur, die in der Regel »charismatisch« genannt wird. Ihm schwebt keine ungeordnete, aber eine elementar kooperierende Gemeinschaft vor Augen. Diese kommunikationsfreudigen Gemeinden versehen ihre Aufgaben möglichst geschwisterlich, nicht ohne Streit und Interventionen, wie Paulus erkennen lässt, aber immer im Einverständnis mit der Gemeinschaft insgesamt. Bald entstehen stabile Leitungsstrukturen, deren Ämter jedoch nicht mit sakralen Begriffen benannt werden. Vielmehr wird deren Dienstcharakter betont.[10] Autorität und Macht haben ihren Sinn nur zum Dienst und zum Wohl des Ganzen. Auch innerhalb der Gemeinde, so fromm und so christlich sie auch sein mag, ist also gegen den Strom natürlicher Machtakkumulation zu schwimmen, und die Gemeinde selbst bleibt dafür die letzte Garantin. Sogar die Binde- und Lösegewalt des Petrus wird zugleich in die Hände der Gemeinden gelegt: Will der Irrende nicht hören, dann sag es der Gemeinde (Mt 18,17). Zudem ist niemand auf Erden Vater zu nennen, »denn nur einer ist euer Vater, der im Himmel« (Mt 23,9). Der Bischof von Limburg, der erst kürzlich wieder die Ehrentitel eingeführt hat, hat keine guten Karten. Ebenso wenig zählt die Verteidigung des Wiener Kardinalbischofs Ch. Schönborn, dass in mit »Vater/Pater« angeredeten Menschen »etwas vom Geheimnis des Vaters, das Geheimnis der Vaterschaft Gottes zum Ausdruck« komme.[11] Als die ersten Gemeindeordnungen Konturen gewannen, einigte man sich auf den nüchtern säkularen Begriff der »Ältesten« oder auf den »Episkopen«. Schlichte »Aufseher« sollten es sein, wie man sie in der profanen Welt im Finanz- und Militärwesen kannte. Damit hat sich das Lebenszentrum der Gemeinde noch nicht verschoben.

Denn die Gemeinde insgesamt gehört, wie wir sahen, in Gottes geheiligtes Zukunftsprojekt und die Geheiligten sind mit *Leib und Leben* in diese neue Programmatik aufgenommen. Genau deshalb (und nicht wegen einer zusätzlichen Sondermystik) sieht Paulus in der Taufe ein »Begrabenwerden« in Christus (Röm 6,4), entdeckt er im gemeinsamen Brechen des Brotes eine Teilhabe am Leib [sprich: an der Person Christi] (1 Kor 10,16)], nennt er die Gemeinde, die in Christi Sache integriert ist, ohne Hinzufügung »Christi Leib« (Röm 12,4). Heilig sind nicht ein sakrales Geschehen oder eine herausragende Person. Das Heilige, also das Gottgewollte, letztlich Sinnerfüllende, gar Erhabene, das von messianischer Hoffnung Erfüllte ist immer die *Gesamtheit* des gemeinschaftlichen Geschehens. Es gibt nichts und niemanden mit einem sakralen »Mehrwert«. Denn das Heilige lebt und wirkt, allem Einzelnen vorausgehend, immer schon als die Gemeinschaft derer, die in der Taufe erwählt sind. So sehr wird die Heiligkeit zum ganzheitlichen Begriff, dass sie sich nicht mehr isolieren, verdinglichen oder strukturieren, zur inneren Über- und Unterordnung instrumentalisieren lässt. Heiligkeit wird zum Siegel der Gleichheit, sodass sich jede soziale und funktionale Zerstückelung verbietet:

»Ihr alle seid Kinder Gottes, ... Denn ihr alle, die ihr auf Christus getauft seid, habt Christus (als Gewand) angelegt. Da ist nicht mehr Jude noch Grieche, nicht mehr Sklave noch Freier, nicht mehr Mann und Frau. Ihr alle seid einer im Messias Jesus.« (Gal 3, 26-28)

Dieser enthusiastische Gleichheitsruf ist von Paulus noch nicht zu Ende geschrieben, sondern in einer jeden Generation fortzusetzen: Da ist nicht mehr Weißer noch Farbiger, nicht mehr Europäer noch Immigrant, nicht mehr Generalmanager noch Arbeitsloser, nicht mehr Kirchenfunktionär noch Wiederverheirateter, nicht mehr Priesterin und Bischof, nicht mehr Kleriker und Laie.

4. Entstehung von Strukturen

Steter Tropfen höhlt den Stein. Heute stehen wir in der katholischen Kirche einem Verständnis von Heiligkeit, Amt und Sakrament gegenüber, das seit dem ersten Jahrhundert ständigen Veränderungen unterliegt. Hier seien nur einige markante Grenzlinien genannt, die insgesamt zur gegenwärtigen Situation führten.[12] Änderungen treten früh ein; dem flachen Autoritätsprofil des Beginns folgen schon spätestens im 3. Jahrhundert tiefgreifende Wandlungen, denn die Gemeinden breiten sich aus, bilden Netzwerke, müssen innere Ordnung und äußeren Zusammenhalt organisieren. Im 4. Jahrhundert wird man sich der Brüche bewusst. In der frühen Kirche, heißt es da, konnte jeder unterrichten und taufen. Der Autor dieser Bemerkungen, offensichtlich ein Jurist, kann diesem Zustand keine Sympathie abgewinnen, denn »wenn alle alles tun können, ist das irrational, eine vulgäre und hässliche Angelegenheit«.[13]

Die Frage der Heiligkeit wird noch nicht berührt. Doch

in den wachsenden Gemeinden, die nicht mehr enthu-siastisch Gottes Reich, sondern die Vergebung der Sünden und einen versöhnten Tod erwarten, sucht man geregel-te Bahnen. Schon Paulus erwartet, ganz menschlich, Re-spekt vor seinen Vertretern und Nachfolgern, zu denen auch Frauen als Apostolinnen und Gemeindeleiterinnen gehören. Man kann davon ausgehen, und eigentlich ist es selbstverständlich, dass die Leiterinnen und Leiter dieser Gruppierungen in der Regel den Vorsitz bei der Eucha-ristie wahrnahmen. Seit dem 3. Jahrhundert wurden sie in allen Teilen der Kirche in einem feierlichen Ritus mit Handauflegung eingesetzt.

Beteiligung der Gemeinde

Aber das ist nur die eine Seite. Die andere Seite lautet: Kei-ne Ernennung oder Amtseinsetzung geschieht ohne aktive Beteiligung der Gemeinden. Hippolyt von Rom (gest. 235) fasst die Grundregel so zusammen: »Als Bischof wird or-diniert, wer vom ganzen Volk gewählt wurde.« Und Leo I. (400 - 461) betont wiederholt: »Wer allen vorstehen soll, soll von allen gewählt werden.« Noch im 15. Jahrhundert findet sich die Aussage, die *Wahl* einer Gemeinde mache jemanden zum Bischof.[14] Sie wirkt bei der Berufung mit, in den ersten Jahrhunderten durch direkte Wahl, später durch kompliziertere Systeme der Wahl oder Akklama-tion. Insofern kommt das Amt immer »von unten«. Dieses Geschehen als Ganzes wird als Gabe des Geistes erfahren, der immer auch »von oben her« über die Gemeinde ge-kommen ist. Dies ist das erste, für die heutige Problematik grundlegende Szenario, dass m. E. eine unbedingt norma-tive Bedeutung hat.

Daran ändert auch die Tatsache nichts, dass sich im

Verlauf des 4. Jahrhunderts das bischöfliche Leitungsamt verselbstständigt und ausdifferenziert. Die Feier des Gottesdienstes erhält öffentliches, also wachsendes Gewicht. Zugleich profiliert sich die Funktion des Eucharistie feiernden Priesters, der ansonsten Gehilfe des Bischofs bleibt. Gut augustinisch treibt die Gläubigen jetzt nicht mehr die Erwartung von Gottes Reich, sondern die Sorge um das Seelenheil.

Erwartungen der Staatskirche

An der Beteiligung der Gemeinde ändert auch die Tatsache nichts, dass die Bischöfe zu Beamten in kaiserlichem Dienst werden[15] und kaiserliche Privilegien in Anspruch nehmen. Allmählich verschieben sich die Quellen ihrer Legitimation und ihres Selbstbewusstseins. Das heidnische Religionsverständnis war nicht ohne eine staatliche Machtkomponente zu denken und dies wird auf die Bischöfe übertragen. Staatliche Macht und kirchlicher Auftrag gehen also eine Symbiose ein. Damit verändert sich auch die einzigartige Erfahrung der Heiligkeit, von der die Gemeinde ursprünglich geprägt war. Jetzt entsteht ein autoritärer und machtbezogener Heiligkeitstyp. Streng genommen beginnt hier der Sündenfall kirchlicher Amtsstrukturen, die sich allmählich von einem Vorrang gegenüber dem einfachen Volk her definieren. Selbst die innerkirchlichen Legitimationen werden von der elementaren Apostolizität der Gemeinde abgekoppelt. Die Bischöfe legitimieren sich bis heute über die Apostel, sogar die gängige Priesterliteratur geht heute wie selbstverständlich von einer Identifikation zwischen Apostel und Priester aus.[16] Der Mythos ununterbrochener Ordinationsketten wird ebenso gepflegt wie die bisweilen fiktiven Sukzessionslisten eines jeden Bischofsstuhls. So verstehen sich die Bischöfe von Rom gegen alle historische Einsicht als die direkten Nachfolger des Petrus, obwohl damals für Rom noch kein Bischof bezeugt ist.[17] Die Gemeinde gilt immer weniger als der ursprüngliche und bleibende Raum von Heiligkeit und Heil, sondern als deren Empfänger. Die Repräsentanten der Kirche leben nicht mehr aus dem Glauben der Gemeinde, sondern verstehen sich als deren Betreuer. Deshalb werden auch Frauen früh von diesen öffentlichen Ämtern ausgeschlossen.

Je mehr schließlich während des Zusammenbruchs des weströmischen Reichs die Presbyter und Bischöfe zu den zentralen, zudem politisch agierenden Figuren der Kirche werden, umso mehr verdampft die Bedeutung der Gemeinde; ihre Strukturen lösen sich allmählich auf.[18] Und je mehr die Gemeinden, von einem neuen Sakramentsverständnis geprägt, zu Empfängerinnen des Heils werden, umso mehr treten wieder Heilsvermittler in den Mittelpunkt. Die Entwicklungsgänge verlaufen gewiss nicht synchron, aber in eindeutiger Richtung.

Vom Gemeindeleiter zum Priester

Der entscheidende Umschlag vollzieht sich erst mit Beginn des Mittelalters. Die Forschung berichtet etwa in der Karolingischen Reform von Priestern, die auf Privat- und Votivmessen spezialisiert sind. Im 9. Jahrhundert nähert sich der priesterliche Lebensstil dem Mönchstum an. Der ideale Priester wendet sich von der Welt ab, lebt in ordensähnlichen Gemeinschaften und distanziert sich immer entschiedener von der Leiblichkeit, die als Ort der Versuchung und der Sünde gilt. Die Frauen werden, wie sattsam bekannt, zum Objekt der Begierden und Sünden degradiert. Je öfter der Priester am Morgen die Messe liest, umso mehr wird ihm die Sexualität zum Problem. Als verheirateter Mann in nahezu ständiger Enthaltsamkeit zu leben, macht keinen Sinn. Nach mehreren erfolglosen Anläufen wird 1139 der Zölibat schließlich mit harten Sanktionen im Erbrecht durchgesetzt.[19]

Während der Gregorianischen Reform (1075 bis ins 12. Jahrhundert) melden sich dann »Laien« kritisch zu Wort. Sie führen ihrerseits einen geistlichen Kampf und entwickeln eine eigene Spiritualität. Schließlich werden diese »Laien« zum Opfer nicht nur einer klerikalen Laienangst, sondern auch eines innerklerikalen Konkurrenzkampfs. Die Kleriker wehren sich nicht nur gegen alles »Weltliche« in der Kirche, sondern sind auch der Überzeugung, dass – Thomas von Aquin und anderen Theologen zufolge – nur die »Höheren« die »Niedrigeren« belehren können. Bald wusste man vom Laien nur noch zu sagen, was er nicht konnte. So ist die Gemeinschaft der Geistbegabten zur Gemeinschaft der sündigen Menschen abgesunken, die der geistlichen Versorgung bedürfen.

Vor diesem Hintergrund wird auch verständlich, warum im 13. Jahrhundert die Sprachregelung in Sachen Kirche umschlägt. Einerseits hat die Gesamtgemeinschaft der Kirche mit Kirchenstaat und politischen Machtspielen so sehr an geistlicher Würde verloren, dass sie nicht mehr als Leib Christi wahrgenommen wird. Sie wird – wie schon ausgeführt – zur »Körperschaft«, d.h. zum »mystischen Leib«. Andererseits sucht man das Heilige jetzt in sichtbaren, verfügbaren, zu verehrenden »Gestalten«. Reliquien werden zu magischen Schätzen des Heils und die eucharistischen Gestalten, das Brot insbesondere, zum »wahren« Leib Christi. Die Hostie wird als Schaustück in Monstranzen und Prozessionen verehrt und die Heiligung dieser Gestalten erklärt man, ebenso verdinglichend, als die innere Veränderung ihrer Substanz (*Transsubstantiation*). 1215 legt sich die Kirche auf diese Redeweise fest und spricht dem Priester eine sakramentale Vollmacht zu, die Konsekrationsworte gültig und wirksam zu vollziehen. Bald darauf wird (in Analogie zum bleibenden Merkmal der Taufe) die Theorie von einem sakramentalen, »unauslöschlichen Merkmal« eingeführt, das einen »wesenhaften« Unterschied zwischen Priestern und Laien begründet.[20] Priester können also keine »Laien« mehr sein oder werden.[21] Die Legitimation des Klerikerstands wird jetzt endgültig bestätigt; genau genommen ist er ein antireformatorisches Produkt. Dass der Priester, und nur er, *in persona Christi*, also an Stelle Christi, handelt, ist eine Vorstellung, die aller frühchristlichen Begründung entbehrt.

Wo bleibt die Gemeinde?

Gelernt haben wir bislang nur wenig. Weder nahmen wir die tiefgreifenden biblischen Entdeckungen Luthers zur Kenntnis noch integrierten wir die Ergebnisse einer wissenschaftlich verantwortlichen Exegese. Auch nahm Benedikt XVI. bislang nicht wahr, wie sehr einerseits seine hochsakralen, hochklerikalen Auffassungen vom Priestertum und andererseits sein Ideal von Alter Kirche und spätantiker Theologie einander widersprechen. Sie repräsentieren verschiedene Kirchenbegriffe. Mit Recht weist auch G. Greshake auf den grundlegenden Wandel des 12. Jahrhunderts hin, in dem die Kirche den »wahren Leib Christi« zum »mystischen« Leib umorientiert.

> »Damit wird der ursprünglich für das ›corpus Christi verum‹ [der zum Dienst an der realen Kirche] geweihte Amtsträger nun primär dem neu verstandenen ›corpus Christi verum‹, nämlich

der Eucharistie als dem ›realen‹ Leib Christi zugeordnet. Als so verstandener sacerdos vollzieht er durch die jeweilige Feier ... das Werk der Erlösung.« [22]

Aber unbeeindruckt vom Schriftbefund und den Intentionen des letzten Konzils geht Greshake später zur ideologischen Legitimierung des unauslöschlichen Merkmals über. Er erklärt diese Kategorie der Überordnung zum »Demutszeichen«. Er spricht vom Priester, der wie die Glasfenster eines Hauses der Gemeinde »die Unmittelbarkeit der Beziehung von Gott und Mensch« ermöglicht, also die »unverbrüchliche Verheißung« und den »reuelosen Willen Christi« garantiert. Er dreht die schlichte Bemerkung des Origenes über die Arroganz und den Hochmut der Kleriker zum Lob ihrer hohen Aufgabe um, so als seien die Laien über deren Vorzugsstellung neidisch. Er behauptet, ohne dieses unzerstörbare Merkmal könne sich die Kirche (jene Gemeinschaft der im Geist Getauften) auf die Zusage Christi nicht mehr verlassen.[23] Haben sich denn die Urgemeinden und die Christen des ersten Jahrtausends nicht auf die Heilszusage Christi verlassen können? Undifferenziert und in elitärer Manier wendet Greshake ein beeindruckendes Selbstzeugnis von Paulus auf seine Mitbrüder an, so als habe Paulus nicht sein eigenes Schicksal gehabt und als gäbe es nicht genug solcher, die ohne priesterliches Merkmal in Jesu Namen litten und ihr Leben in die Bresche schlugen:

> »Immer tragen wir das Todesleiden Jesu an unserem Leib, damit auch das Leben Jesu an unserem Leib sichtbar wird. Denn immer werden wir, obgleich wir leben, um Jesu willen dem Tod ausgeliefert, damit auch das Leben Jesu an unserem sterblichen Fleisch offenbar wird.« (2 Kor 4,10f.)

Diese Aneignung paulinischer Selbstanzeigen gehört zu den Grundmängeln gegenwärtiger Priesterideologie. Das alte Wort, der Priester handle »an Stelle Christi«, führt geradezu zu mystischen Interpretationen:

> »Wenn der Priester bei jeder Eucharistiefeier spricht: ›Das ist mein Leib, der für euch hingegeben wird‹, dann spricht er diese Worte ›in persona Christi‹ – ›an Christi statt‹ oder besser, Christus spricht sie durch ihn... Christi Wort vermittelt sich durch sein Wort.«[24]

Diese Fixierung auf sakramentale Aspekte, verbunden mit der Zusammenballung verschiedenster Funktionen in den ordinierten Amtsträgern, hat zu einem unauflösbaren Knoten geführt. Immer wieder wird der Priester zum Gegenmodell der gegenwärtigen Gesellschaft hochstilisiert: »Priesterliches Leben, wie es die Kirche versteht, entwickelt sich immer mehr zu einer Art Gegenkultur.« Doch schon im nächsten Satz gibt Greshake zu, dass diese Lebensform selbst innerhalb der Gemeinden zu einer Distanz führt. Das müsste Anlass zum Nachdenken geben. Stattdessen präsentiert er diese Lebensform geradezu als Zeichen des Heils:

> »Es ist noch nicht entschieden, ob durch diese Lebenskultur Impulse in die Gesellschaft gegeben werden, die Nachdenklichkeit und neue Suche nach Werten erzeugen. Oder ob dieses Zeugnis als Versuch, Altes und Ewig-Gestriges zu retten, einfach ins Abseits verdrängt werden wird.«[25]

Genau solche Gedanken bilden das Scharnier zwischen der von klerikalen Interessen besetzten innerkirchlichen und der nach außen gewandten missionarischen Ideologie. Sollte die hier als Gegenkultur stilisierte Lebensform der Kleriker zu ihrer Auswirkung kommen, hätte das nicht unbedingt moralisierende und wertschöpfende Folgen an sich. Es wäre vielmehr zu fragen, welche Werte die Oberhand bekämen. Heute würden sie nicht nur eine starke Leibdistanz, sondern auch einen massiven eurozentrischen Konservatismus, Angst vor dem Relativismus und Kritik an demokratischen Verhältnissen enthalten. Und schließlich: Mit der Gleichberechtigung der Frauen wäre es schlecht bestellt. Ihnen wäre der Zugang zur Klasse der Kleriker ein für allemal versagt, und legitimiert wären die vormodernen Vorbehalte gegenüber den Frauen als dem schwächeren Geschlecht, das Christus schon gar nicht repräsentieren kann.

5. Ausschluss der Frauen

Ungewollt demonstriert Gisbert Greshake auch dies, der in einem fingierten päpstlichen Brief an die katholischen Frauen seine scheinbar liberale, aber systemimmanente Position zu begründen versucht[26]. Er nennt insgesamt fünf Argumente. Sie lauten:

(1) *Bislang wurden nur Männer zu Priestern geweiht.* Dieses Argument ist in seiner Formulierung anachronistisch, in seiner Intention falsch, denn bekannt sind aus der Urkirche prominente Gemeindeleiterinnen und apostelgleiche Frauen (Joh 4, 1-26). Eine Frau bringt den Messiasglauben nach Samaria; Maria von Magdala, Urzeugin der Auferstehung, nennt man »Apostolin der Apostel«. Von Paulus (Röm 16) kennen wir Junia, die »angesehene Apostolin«; er nennt Lydia, Priska und andere, die sich »im Herrn mühen«. »Priesterweihe« ist eine Rechtsfigur, die erst spät entwickelt wurde und Frauen im ersten Jahrtausend nicht von der Ordination ausschloss.[27] Der Rechtsbegriff der Ordination wird erst spät auf die Funktion des Priesters bzw. Bischofs eingeengt. Problemlos konnten etwa Äbtissinnen »ordiniert« werden, wenn sie 40 Jahre alt waren.

(2) *Die Frauenordination wird von den westlichen Indus-trieländern gefordert.* Dieses scheinbar weltoffene Argument ist leicht widerlegbar, wie die Praxis in manchen lateinamerikanischen, afrikanischen und asiatischen Ländern zeigt. Von einem Eurozentrismus der Forderung kann keine Rede sein.

(3) *Frauenordination kann zu einem innerkirchlichen Schisma führen.* Dieses Argument ist reine Projektion. Es übersieht u.a. das faktische Schisma von oben, das die katholische Kirche schon heute durchzieht. Schismen entstehen in der Regel, weil die Kirchenleitungen dekretieren, statt Gespräche anzubieten.

(4) *Die Orthodoxen Kirchen lehnen die Frauenordination als häretisch ab.* Dieses Argument besagt nichts, solange sich Rom nicht intensiver um die Aufhebung des Großen Schismas von 1054 müht, indem es etwa Abstand nimmt von seinen Forderungen des römischen Rechtsprimats, Lehrprimats und dem römischen Unfehlbarkeitsanspruch.

(5) *Das Männliche und das Weibliche sind ordnende Seins-prinzipien; Gottes Transzendenz verlangt männliche Priestergestalten.* Dieses scheinphilosophische Argument ist kaum durchzuhalten. Es fällt hinter die personale Würde zurück, die Männer und Frauen gemeinsam ist. Zudem unterstellt Greshake, der Ruf nach Frauenordination komme »aus jenen Gesellschaften ..., wo der oberflächlichste Begriff von Sexualität herrscht«. Dieses Argument spiegelt einen archaischen Mystizismus, dessen Gründe hier nicht zu untersuchen sind. Im Mittelalter wurde gegen die Frauenordination »seins-mäßig« wegen deren Unterordnung und kultischer Unreinheit argumentiert. Solches Denken übersieht, dass es zumindest im Christentum gemäß Gal 3,28 zwischen

Mann und Frau keinen Unterschied mehr geben sollte.[28] Indirekt zeigt dieses Argument, wie sehr Greshake
in seiner gesamten Priesterkonzeption Mentalität und
Überzeugungen der Urkirche vernachlässigt.

Allerdings hat dieser veramtlichte, im Grunde pervertier-
te Heiligkeitskult offizielle Legitimation. Pervertiert ist er
deshalb, weil er die Nichtpriester vom Klerus, die Frauen
von den Männern trennt und die christlichen Gemeinden
den Verwaltern des Heiligen ausliefert. Ausgerechnet das
Gründungsprogramm einer im Geist getauften Kirche
wird negiert. Indem dieser exklusive Heiligkeitskult die
Kleriker zu denen erklärt, die im Namen Christi handeln,
spricht er den anderen, ebenfalls auf Jesu Namen Getauften, ihre Würde ab. Auch das 2. Vatikanum hat diese Bar-
riere noch nicht konsequent durchbrochen. Zwar wird in
der Kirchenkonstitution dem Kapitel über die Hierarchie
das Kapitel vom »Volk Gottes« vorangestellt, zwar wird
allen Getauften ein prophetisches, priesterliches und kö-
nigliches Amt zugestanden, aber ihr Priestertum üben
sie aus »im Empfang[!] der Heiligen Sakramente«. Damit
wird das, worum es geht, pervertiert. Damit ist auch klar:
Wenn die Priester die Eucharistie »in der Person Christi« und nicht »im Namen des ganzen Volkes« feiern, wird
ihnen ein Exklusivrecht zugesprochen, das die elementare
Gleichheit aller Mitglieder dieses Volkes verletzt. In dieser
Überordnung steckt eine antidemokratische Gesinnung.

6. Die römische Position

Der gegenwärtige Papst und sein Vorgänger haben diese
Kluft mit ihren Fixierungen verstärkt. Klar wird das in der
letzten Enzyklika von Johannes Paul II. (13.04.2003) mit

dem erstaunlichen Titel *Ecclesia de Eucharistia*, »Kirche aus der Eucharistie«.

> »Die Kirche lebt von der Eucharistie. Diese Wahrheit drückt nicht nur eine alltägliche Glaubenserfahrung aus, sondern enthält zusammenfassend *den Kern des Mysteriums der Kirche*. Mit Freude erfährt sie auf vielfältige Weise die beständige Erfüllung der Verheißung: ›Seid gewiß: Ich bin bei euch alle Tage bis zum Ende der Welt‹ (*Mt* 28, 20).«

Diese Aussage ist in ihrer Einseitigkeit weder von der Schrift, noch historisch von der Mehrzahl gläubiger Christen gedeckt. Die Kirche lebt von der Botschaft, der Erinnerung und nachfolgenden Praxis Jesu Christi; sie lebt aus der Kraft des Geistes. Die vorgenommene Koppelung zwischen der Gegenwart Christi und der Feier der Eucharistie verwechselt Ursache und Wirkung. Wenn Johannes Paul allerdings von der »alltäglichen Glaubenserfahrung« spricht, dann gibt er die Erfahrung eines Klerus wieder, der seine Kraft noch aus der täglichen Messfeier schöpft. Das aber ist nicht die Glaubenserfahrung des Christen. Erhellend dafür ist die beengend unmittelbare Art, in der Benedikt das wiederholt genannte *in persona Christi* in einem allgemein verbreiteten Sinn interpretiert. »Der Priester ... stellt seinen Mund und seine Stimme Jenem zur Verfügung, der diese Worte im Abendmahlssaal gesprochen hat.« Der Priester wird also mit Christus identifiziert und verdoppelt wird diese Selbstbestätigung mit der Behauptung: Jesus habe gewollt, dass diese Worte »von Generation zu Generation von all denen wiederholt werden, die in der Kirche durch die Weihe an seinem Priestertum teilhaben«. Exegetisch ist diese Aussage nicht haltbar.

Johannes Paul hätte die tiefensymbolischen Zusammenhänge zwischen der feierlichen Erinnerung an Jesus, seiner Gegenwart in der Glaubensgemeinschaft und dem

Brechen des Brotes aufzeigen können. Die vorliegenden Ausführungen wirken dagegen merkwürdig rationalistisch und flach. Zwar beschwört er in Worten ihre Geheimnishaftigkeit, faktisch aber untermauert er nur das von der Gemeinde isolierte priesterliche Eucharistieprivileg. Für diesen Papst ist das »Weihesakrament« unersetzlich, denn es ist »eine Gabe ..., die auf radikale[!] Weise die Vollmacht der Gemeinde überragt«. (Nr. 29)

Wie sehr diesem Denkstil in seiner klerikalen Verrechtlichung jeder Sinn für symbolische Tiefendimensionen abgeht, zeigen schließlich Vergleiche zwischen Transsubstantiation und der Schwangerschaft Marias: Maria, so der Text, sei eine von der Eucharistie geprägte Frau gewesen. Natürlich habe sie später an den Eucharistiefeiern der Apostel teilgenommen, aber ihren eucharistischen Glauben habe sie »bereits vor der Einsetzung der Eucharistie ausgeübt«, indem sie »ihren jungfräulichen Schoß für die Inkarnation des Wortes Gottes dargeboten hat«. Als sie Elisabeth aufsuchte, wurde sie zum ersten »Tabernakel« der Geschichte. Tag für Tag habe sie in wissender Vorbereitung auf Golgotha eine »geistliche Kommunion« der Sehnsucht und des Opfers gelebt. Und schließlich meint die Enzyklika:

> »Wie soll man sich die Gefühle Marias vorstellen, als sie aus dem Mund Petri, Johannes', Jakobus' und der anderen Apostel die Worte des Letzten Abendmahles vernimmt: ›Das ist mein Leib, der für euch hingegeben wird‹ (Lk 22, 19)? Dieser Leib, als Opfer dahingegeben und unter sakramentalen Zeichen erneut dargestellt, war ja derselbe Leib, der in ihrem Schoß empfangen wurde! Der Empfang der Eucharistie musste für Maria in etwa bedeuten, wiederum in ihrem Schoß jenes Herz aufzunehmen, das im Gleichklang mit dem ihren geschlagen hat, und das wieder zu erleben, was sie als erste Person unter dem Kreuz erfahren hatte.« (Nr. 55f.)

Diese Engführung des Eucharistiegedankens grenzt an magische Vorstellungen – nicht als ob solche Assoziationen einfach verwerflich wären, sondern weil sie aus allen historischen, symbolischen und gesamtkirchlichen Zusammenhängen gerückt sind. Man stelle sich nur einen Priester vor, der sich diese Texte aneignet: Er wird die Einsetzungsworte, die er spricht, mit der Schwangerschaft Marias identifizieren. Einer wirklich christlichen Spiritualität kann dies nicht dienlich sein.

Benedikt XVI. nimmt diese Denkwelt in seinem Apostolischen Brief vom 22.02.2007 erneut auf. Gewiss, sein Brief wirkt reflektierter. Er ist systematischer durchgearbeitet und von spätantiker Theologie durchdrungen: In der Eucharistie macht sich Christus »zur Speise für den Menschen, der nach Wahrheit und Freiheit hungert«. (Nr. 2) Sie bringt uns die Wahrheit einer Liebe, die das göttliche Gesetz zusammenfasst. Zugleich bringt die Eucharistie durch die »Wesensverwandlung« der Gaben »in die Schöpfung das Prinzip einer tiefgreifenden Veränderung ein«. Der Papst vergleicht sie mit einer Kernspaltung, die ins Innerste des Seins getragen wird, um jeder Weltverklärung näher zu kommen, in der Gott alles in allem sein wird (vgl. 1 Kor 15,28), (Nr. 11). Dies ist eine große, geradezu kosmische Vision, die von den frühen Jahrhunderten zu Teilhard de Chardin eine Brücke schlägt.

Umso erstaunlicher ist, wie schnell diese Eingangsüberlegungen abbrechen, um alle weiteren Perspektiven streng auf innerkirchliche Fragen zu konzentrieren. Die Eucharistie wird zum »Kausalprinzip der Kirche« erklärt und damit aller Jesuserinnerung, aller Verkündigung und dem Taufgeschehen vorgeordnet. Die kirchenzentrierten Metaphern überschlagen sich und stehen einander im Wege: Christus selbst habe im Kreuzesopfer die Kirche als seine Braut (?) und seinen Leib (?) gezeugt und genau dieses Opfer sei in der Eucharistie gegenwärtig. Sie schaffe die Gemeinschaft der Kirche. Bei aller kulturellen Fremdheit könnte man diesem Gedanken wenigstens als eine Reflexionshilfe zustimmen, denn der Autor legt hier zwischen Kirchengemeinschaft und Eucharistie ein enges Band. Aber im weiteren Aufbau des Dokuments setzt sich ein recht abstraktes, geradezu rigides Kirchenschema durch. Benedikt bezieht alle wichtigen Kirchenaspekte streng und unmittelbar auf die Eucharistie. Sie werden von der Eucharistie her erklärt und eingeschärft, gleich, ob es nun die einzelnen Sakramente sind oder die Eschatologie, die katholische Ehelehre oder die Evangelisierung der Kulturen, die Religionsfreiheit oder die Soziallehre der Kirche. Ein Systemzwang macht sich breit, den man als Sakramentalismus, wenn nicht gar als Eucharistismus bezeichnen kann. Kirche wird einseitig zur Anstalt des Abendmahlsvollzugs; alle anderen Aspekte rücken in den zweiten Rang.

Zielen aber nicht doch alle Aspekte auf die Bedeutung der Communio, der kirchlichen Gemeinschaft hin? Darüber würde man sich freuen, aber am entscheidenden Punkt zeigen sich wieder die autoritäre Kirchenstruktur und die autoritäre Version des Heiligen. Das Priesterprivileg ruft abrupt zur Ordnung und bricht alle Gemeinschaft. Denn genau bei der Feier der Eucharistie wird wiederum auf den Kernsatz der Gegenreformation zurückgegriffen, dass der Eucharistiefeier nämlich »der Bischof oder Priester in der Person Christi als des Hauptes vorsteht«. (Nr. 23) In bruchloser Kontinuität zu seinem Vorgänger und bestätigt von den meisten, der Exegese fernstehenden katholischen Systematikern, wird der Bischof, durch niemand anderen ersetzbar, zum Liturgen schlechthin. Die Ausführungen über Eucharistie und kirchliche Communio

(Nr. 15) vergessen die Frage nach der inneren Gemeinschaft einer jeden Gemeinde und verlieren sich in hierarchischer Selbstbespiegelung. Besprochen werden die gegenseitige Beziehung der Bischöfe, deren Verhältnis zum Papst und die prinzipiellen Grenzen ökumenischer Annäherung. So führt unter dem gegenwärtigen Pontifikat die einst vielversprechende Neuentdeckung der spätantiken Kirche zu einem beispiellosen Stillstand und zu einer beispiellosen Polarisierung innerhalb der katholischen Kirche.

Wie im Augenblick die Fronten verlaufen und wie Rom mit konstruktiven Vorschlägen umgeht, zeigt ein Memorandum zu »Kirche und Amt«, das niederländische Dominikaner im Herbst 2007 verfassten und niederländischen Pfarrgemeinden zur Kenntnis gaben.[29] Sie nahmen die dramatische Situation in den Niederlanden zum Ausgangspunkt: Angesichts des wachsenden Priestermangels können immer weniger Gemeinden die sonntägliche Eucharistie feiern. Peinliche und entwürdigende Ersatzlösungen werden praktiziert: In Christi Leib »verwandelte« Hostien werden beigeschafft, die Bezeichnung »Eucharistie« wird schamhaft durch Begriffe wie »Wochenendgottesdienst« ersetzt. Bei Hostienmangel entstehen regelmäßig Probleme. Für die Autoren des Papiers ist das ebenso ein Missstand wie für die Gläubigen. Aber statt Priesterinnen oder verheiratete Priester zuzulassen, werden jetzt die Eucharistiefeiern zu Sakralereignissen hochstilisiert, die von den konkreten Gemeinden losgekoppelt sind. Für die Priesterklasse werden Privilegien durchgesetzt.

Nachdem die Bischöfe also offensichtlich versagen, legen die Autoren einen moderaten Notplan vor: Auf Grund strenger Kriterien wählen die Gemeinden für die Leitungsaufgaben Kandidatinnen bzw. Kandidaten aus. Ob männlich oder weiblich, ledig oder verheiratet, hetero- oder homophil. Verlangt werden eine tiefe Glaubenshaltung, theologische Kompetenz insbesondere für die Predigt, liturgische Kreativität und ein gutes Organisationstalent. Die Gemeinden legen ihren Vorschlag dem zuständigen Bischof vor in der Erwartung, dass er vorgeschlagene Personen in aller Form für die Gemeindeleitung ordiniert, sodass sie auch gültig den Vorsitz bei der Eucharistiefeier übernehmen können. Dann folgt der Schlüsselsatz, der den einhelligen Widerstand von Rom und Bischöfen hervorruft:

> »Sollte ein Bischof diese Weihe bzw. Ordination mit Argumenten verweigern, die mit dem Wesen der Eucharistie nichts zu tun haben, dann dürfen die Pfarreien darauf vertrauen, dass sie dennoch echt und wahrhaftig Eucharistie feiern, wenn sie unter Gebet Brot und Wein teilen.«

Was sich dann abspielt, ist charakteristisch für ein autoritäres System. Die Bischöfe empören sich darüber, dass das Memorandum direkt an die Gemeinden geschickt wurde, als ob diese zur Beurteilung eines solchen Papiers nicht fähig wären. Dann gerät die römische Ordensleitung der Dominikaner unter Druck und ausgerechnet ein dominikanischer Mitbruder aus Frankreich verfasst eine vernichtende Kritik, die alte Auffassungen repetiert. Obwohl ein zweites Gutachten mehr Verständnis zeigt, macht sich der Ordensgeneral das erste Gutachten zu eigen, um damit seinerseits die Autoren des Memorandums und die niederländische Ordensprovinz massiv unter Druck zu setzen. Man befürchtet, das Memorandum könne zu einem Schisma führen. Verboten wurde den Dominikanern, sich an weiteren Diskussionen zu beteiligen.

7. Klerikalismus: Elite der Gottnahen

Dieses Buch handelt von den Wurzeln des Klerikalismus. Dabei ist die Rede vom in Rom zentrierten Autoritarismus, von der Fixierung auf eine unveränderliche Lehre und von der Sakralisierung jener innerkirchlichen Gruppe, die als Gemeindeleiter begannen, sich immer mehr über die Gemeinden stellten, die einen eigenen Lebensstil entwickelten und in ihrer Sakralisierung schließlich unangreifbar sakrosankt geworden sind. Seit gut 100 Jahren laufen alle Beziehungen endgültig von oben nach unten. Den Hirten kommt die einzige Leitungsvollmacht zu, die Lehrer sind im alleinigen Besitz der Wahrheit und von den Priestern hängt schließlich das Heil der gesamten Kirchengemeinschaft ab. Alle, die an diesen Vollmachten teilhaben, von den Diakonen bis zu den Bischöfen und dem Papst, bilden den Klerus. Das Gesamt ihrer Kleidung, ihrer geistlichen Verpflichtungen und ihrer gemeinsamen Lebensbedingungen, insbesondere des Zölibats, schließt sie in ihren Bistümern und darüber hinaus zu einem Männerbund zusammen, der auch geistlich gesichert ist: Sie alle sind im Besitz jenes unauslöschlichen Merkmals, das ihnen nach offizieller Lehre auch im Jenseits bleiben wird. Ihre dreifache Legitimierung, ihre Nähe zum Allerheiligsten des Leibes Christi, den sie täglich in Händen halten, ihre Verantwortung für das Gottesvolk, das von ihnen abhängt, das alles soll sie zu jener weltweiten Gruppe zusammenschweißen, die sich bisweilen auch feiern lässt, so etwa im Priesterjahr 2009/2010. Das Gemeinschaftsbewusstsein der Gruppe wird von den Kirchenleitern sorgsam gepflegt. Eine Gruppe entwickelt sich zu ihrem Vorteil unter Berufung auf den Heiligen Geist und verwechselt ihre Vorstellungen mit denen der gesamten Kirche. Die Unfähigkeit, den nichtordinierten Christen innerhalb der Kirchengemeinschaft eine positive, diese Gemeinschaft wirklich prägende Rolle einzuräumen, wurde trotz des 2. Vatikanischen Konzils noch nicht ernstlich in Angriff genommen. So gesehen ist die These erlaubt, dass der Stand der Kleriker der kirchlichen Identität der Getauften im Wege steht.

Natürlich bestehen an der Geschlossenheit des Klerikerstandes ernste Zweifel. Zwischen ihrer objektiven, rechtlich verbürgten Rollenzuschreibung und der subjektiven Identifikation damit ist wohl zu unterscheiden. Auch in die Reihen des Klerus sind die Spannungen und Fragen der Gegenwart eingedrungen und aus Einsicht in die inneren blockierenden Zusammenhänge stemmen sich viele Priester entschiedener gegen das autoritäre Lehr- und Sakralsystem als manches Gemeindeglied.[30] Der Ruf nach dem Ende des Klerikalismus richtet sich also nicht gegen die Kleriker an sich, schon gar nicht gegen diejenigen, die den unteren Rand dieser Elite bilden. Denn oft sind gerade sie die wahren Arbeiter im Weinberg des Herrn und erst auf ihren Schultern verrichten die Kern- und Top-Eliten ihr Werk. Es sind also die Kleriker selbst, die mit der unmittelbaren Kontrolle den stetigen Rollenerwartungen ihrer Vorgesetzten konfrontiert sind. Der Verwaltungsaufwand deutscher bischöflicher Ordinariate ist überproportioniert.

Bekannt sind die zahllosen Priester, die ihre klerikalen Attitüden schon längst abgelegt haben. Sie fühlen sich mehr mit den Gemeinden als mit den Leitungsgremien verbunden und zusammen mit vielen reformwilligen Mitgläubigen arbeiten sie oft an vorderster Front. Zudem bedrückt sie die sichere Erwartung, dass sie immer weniger Nachfolger finden, zu Spezialisten für Sakramentenspendung herabsinken und den Kontakt mit den Menschen verlieren, für die sie eigentlich ihren Beruf gewählt haben. Viele rechnen das Gefühl der Überlastung ihrer mangelnden Fähigkeit oder ungenügenden Opferbereitschaft zu. So arbeiten sie schließlich auf Kosten ihrer eigenen seelischen oder leiblichen Gesundheit. Sie übersehen: Diese Überlastung ist ihnen von einer verstümmelten Tradition, einer falschen Theologie und von einer Ideologie aufgeladen, die sich spirituell und mental von der Gegenwart abschottet und meint, ein »guter« Klerus könne ihr den wahren, im Grunde mittelalterlichen Glauben wieder beibringen. Deshalb setzt sich auch für die vielen, an ihrer Aufgabe leidenden Seelsorger ein, wer gegen einen Klerikalismus ankämpft, der mehr von sublimen Machtinteressen als von der Sorge um die Menschen, mehr von einem zeitlosen Wahrheitsmodell als von der Suche nach neuen Wegen, mehr von der Fixierung auf Sakramente und Christuspräsentation als von der Nähe des helfenden Wortes getragen ist.

Doch lebt in den höheren Rängen, von Jahrhunderte alten Denk- und Argumentationsformen bestärkt, noch ein Eifer für die hierarchische Elite alten Stils. Wer in ihr Erfolge verbuchen möchte, verwechselt den höheren Klerus gerne mit der Kirche. Klerikaler Erfolg scheint das göttlich legitimierte Selbstbewusstsein zu steigern. Aus Gründen der gegenwärtigen Krisenstimmung, dieser durch laufende Verletzungen vitalisierten Selbstidentifikation, hat sich der Klerikalismus von Bischöfen, römischen Kurialen und Papst verhärtet.

Gemeint ist damit die offen propagierte und innerkirchlich durchgesetzte Inanspruchnahme der politischen, doktrinalen und sakralen Autorität zum Nachteil einer gesamtkirchlichen Partizipation. Je mehr ihre Legitimität von innen bezweifelt wird, je mehr ihnen biblische und theologische Argumente aus den Händen gleiten und je mehr ihr Einfluss nach außen schwindet, umso intensiver werden die Reihen nach innen geschlossen und wird die Selbstdarstellung nach außen gestrafft. So lassen sich die Regime des gegenwärtigen Papstes und seines Vorgängers als theologisch und kirchenpolitisch gesteigerter Klerikalismus verstehen. Die Bischöfe hingegen sind von Rom abhängiger denn je und können ihr klerikales Bewusstsein nur noch als gesteigerte Identifikation mit dem Papst verwirklichen. Ob sie es wollen oder nicht, anders als noch in Zeiten des Kulturkampfs präsentieren sie sich als römische Beamte. So schließt sich der Kreis der Kern-Elite in bedenklicher Weise, weil Rom bei Bischofsernennungen die Beteiligung der Bistümer schon lange außer Kraft gesetzt hat und weil zur Papstwahl nur ein Gremium antritt, das von den Vorgängern ernannt und kraft Eides auf die Verteidigung päpstlicher Interessen eingeschworen wurde. Dass bei solchen Prozessen die Gläubigen selbst keinerlei Rolle mehr spielen, dass Außenstehende die grandiosen Selbstdarstellungen nur mit Verwunderung wahrnehmen, darüber wird nicht geredet.

Wie in allen hierarchischen Bünden spielen Rechtsansprüche, Rangordnungen und Privilegien sowie zur Schau getragene Würdezeichen eine große Rolle. Damit wird eine dem Amt zugeschriebene Heiligkeit suggeriert, deren Glaubwürdigkeit schon lange zerbrochen ist, denn sie ist von Äußerlichkeiten ausgehöhlt. Man kann von einem Missbrauch des Heiligen reden, denn es ist von den elementaren Erfahrungen abgekoppelt, die sich für Christen an der Basis, in der unmittelbaren Glaubensgemeinschaft von Brüdern und Schwestern vollziehen. In anderem Zusammenhang sprach Papst Benedikt vom Selbsthass Europas. Man könnte auch über den Selbsthass klerikaler

Mentalität nachdenken, der in bischöflichen und höheren Rängen zu Hause ist. Er lässt lieber zu, dass das ganze System der Seelsorge und der Gemeindestrukturen zusammenbricht, als dass er sich zu einer kritischen Selbstbesinnung bereitfindet. Wäre man für Änderungen und für die Rückkehr zu einer gemeindenahen Kirchenstruktur offen, man fände dafür biblische und historische, anthropologische und streng theologische Argumente zuhauf. Die Hierarchen scheinen gegenwärtig nicht einmal zu bemerken, wie sie sich selbst von den Wurzeln abschneiden, aus denen sie leben sollten.

8. Auswege

Zahllose Katholikinnen und Katholiken aus verschiedensten Berufen und Situationen, kritische Priester- und Seelsorgegruppen und andere, die in nichteuropäischen Ländern versuchten, Gottes Liebe zu den Menschen erfahrbar zu machen: Sie alle haben spätestens seit dem 2. Vatikanischen Konzil auf legalen und klugen, werbenden und argumentierenden Wegen unter Einsatz all ihrer Kräfte versucht, der katholischen Kirche ein anderes Gesicht zu geben und sie von ihren sakral legitimierten absolutistischen Strukturen zu befreien. Sie haben dafür gearbeitet und Vorschläge gemacht, auf den Erfolg der kleinen Schritte, der nachhaltigen Gespräche, der freundlich bittenden Gesten gebaut. Sie hatten keinen Erfolg außer dem einen: Mehr denn je werden inzwischen reformfreudige Kräfte mit konsequentem Misstrauen belegt, weil – in der aktuellen Hypertrophie des Klerikalismus – keine Stimme mehr nach oben dringt. Die Stimmung der Resignation wächst massiv.

Im September 2009 schrieb der ägyptisch-libanesische Jesuit Henri Boulad dem Papst einen alarmierenden Brief über den Zustand der katholischen Kirche.[31] Wie er sagt, blutet ihm das Herz, wenn er sieht, wie die Kirche dabei ist, im Abgrund zu versinken. In zehn Punkten fasst er seine Beobachtungen zusammen. Sie beginnen mit der verschwindenden religiösen Praxis und dem wachsenden Priestermangel, gehen über zur überholten und anachronistischen Sprache, der Zuwendung von vielen Gläubigen zu den Religionen Asiens und zu Sekten. »Die katholische Kirche«, so schreibt er, »die Jahrhunderte lang die große Erzieherin Europas war, scheint zu vergessen, dass dieses Europa zu Reife und Mündigkeit gelangt ist. ... Der paternalistische Stil einer Kirche als Mater et Magistra ist endgültig überholt und zieht heute nicht mehr. Unsere Christen haben gelernt selber zu denken und sind nicht mehr bereit, alles Mögliche zu schlucken.« Die katholischen Nationen von früher hätten eine Kehre um 180 Grad vollzogen und er stellt fest: »je stärker ein Volk in der Vergangenheit von der Kirche bemuttert wurde, desto heftiger ist die Reaktion gegen sie«. Zudem zeige der Dialog mit den anderen Kirchen und Religionen einen »beunruhigenden Rückgang«. Die seit einem halben Jahrhundert erzielten Fortschritte scheinen gegenwärtig in Frage gestellt. Für Boulad ist es »fünf vor Zwölf« – und damit es der Papst versteht, schreibt er diese Worte in seinem Brief auf Deutsch. »Jedes Wirtschaftsunternehmen, das ein Defizit oder Dysfunktionen feststellt, stellt sich sofort in Frage, versammelt Experten und versucht sich zu fangen und alle Kräfte zur Überwindung der Krise zu mobilisieren. Warum macht es die Kirche nicht ebenso?« Deshalb wirft er der Kirche »Faulheit, Feigheit, Stolz, Mangel an Phantasie und Kreativität« vor. Er spricht von einem schuldhaften »Quietismus in der Hoffnung, dass es der Herr schon richten wird«. Boulad fordert deshalb eine theologische, eine pastorale und eine spirituelle Reform. Sie soll auf der Ebene der Weltkirche von einer Generalsynode begleitet werden, »an der alle Christen teilnehmen können.«

Diesen Worten ist nichts hinzuzufügen. Es ist an der Zeit, den ideologischen Gründen der Verhärtungen auf die Spur zu kommen und ihnen eine entschiedene Absage zu erteilen. Hier sind keine ungeduldigen Heißsporne am Werk. Eine Theologie und Kirchenpraxis von Jahrhunderten soll nicht einfach über Bord geworfen werden. Aber es sind aus den massiven Versäumnissen der vergangenen 45 Jahre Konsequenzen zu ziehen. Das klerikale System mag im Mittelalter noch machtpolitische Triumphe gefeiert haben. Es mag sich nach der Reformation zu einem schlagkräftigen Instrument katholischer Selbstverteidigung umgebildet haben. Seit dem 19. Jahrhundert hat es sich immer hoffnungsloser in die Fallstricke blanker Verweigerung und Rechthaberei verfangen. Nach dem 2. Vatikanischen Konzil hat es seine letzte Chance vertan, nachdem es selbst die innerkatholischen Reformimpulse schmählich verriet und seine Unfähigkeit zur Reform als Treue an der Wahrheit verkaufte. Wir haben erleben müssen, dass man 45 Jahre lang das Gemeinschaftsprinzip der Kirche mit Füßen trat, die Schrift erneut unter das Joch kirchlicher Interessen spannte und die wertvollsten Elemente der kirchlichen Tradition ablöste. Wir müssen feststellen, dass Rom mit den ehrlichen Bemühungen nichtkatholischer Kirchen um Annäherung nach Belieben umspringt. Inzwischen ist man nicht einmal mehr fähig, den evangelischen Kirchen ihre Kirchlichkeit zuzuerkennen. Wir stehen sprachlos vor dem Unvermögen, auf die Impulse der Schrift und auf die Botschaft Jesu zu hören und wir können uns nicht mit der hochfahrenden Art versöhnen, mit der die römische Zentrale die Befreiungstheologie und die Anliegen feministischer Theologinnen niedergewalzt hat. Frauen werden diskriminiert, homophile Männer und Frauen als potenzielle Sünder verteufelt. Und wir haben zur Kenntnis genommen, zu welchen absurden Folgerungen dieses in sich selbst verliebte System führt. Die Liste der päpstlichen Missgriffe der letzten Jahre ist hier nicht zu wiederholen.

Vier Gründe machen diese grundlegende Reform der katholischen Kirche unaufschiebbar, die mit der Struktur und dem Verständnis der kirchlichen Leitungsämter beginnen muss.

Der erste prinzipielle Grund liegt in den Erwartungen an die christlichen Kirchen in einer sich globalisierenden Welt. Die christliche Botschaft kann ihre Wirkungen nur entfalten, wenn sie sich der jesuanischen Botschaft vom Reich Gottes erinnert, andere Konfessionen, aber auch andere Religionen als Partnerinnen des Gesprächs und der Kooperation akzeptiert und die Konfrontation mit den tödlichen Machtstrukturen aufnimmt. Dazu muss sie ihre Organisation entsprechend pluralisieren, demokratisieren und für die Bedürfnisse der Welt und ihrer Kulturen öffnen. Nur so kann sie im Sinne des Reiches Gottes über sich hinauswachsen, zum heilsamen Sauerteig verschiedenster Länder und Kulturen werden. Die weltweite Entwicklung geht immer schneller voran, deshalb ist innerhalb der Kirche keine Zeit mehr zu verlieren.

Der zweite unaufschiebbare Grund liegt in der Unbelehrbarkeit der Hierarchie angesichts der gravierenden kulturellen und sozialen Umbrüche in der Gegenwart. Die Konzilsbotschaft vom Gottesvolk wird weithin missachtet und damit der Welt ein Signal der Solidarität verweigert. Rom und Bischöfe reagieren erneut traumatisch auf eine mündig gewordene Moderne und auf eine säkularisierte Gesellschaft, statt die Kirche zu einer Vorhut der Partizipation, der Gleichberechtigung und einer weltoffenen Gemeinschaft werden zu lassen. Dazu gehören das Mitspracherecht aller Getauften in allen Belangen, die Abschaffung des Pflichtzölibats und die Zulassung von Frauen zu allen Ämtern.

Der dritte zutiefst christliche Grund liegt in der tiefen Diskrepanz zwischen den biblischen Vorgaben und der aktuellen Ausgestaltung von Kirchenstruktur und Kirchenleitung. Fundamentale Bedingungen einer christlichen Kirchenstruktur wurden vernachlässigt, im Laufe der Jahrhunderte verdrängt oder uminterpretiert. Dazu gehören die Partizipation der Gläubigen einer Gemeinde bzw. eines Bistums bei der Berufung in Leitungsfunktionen und der Vorrang der Leitungsaufgaben vor allen sakralen Aufgaben bei Eucharistiefeier und Sakramentenspendung. Für viele engagierte, der Schrift und der Geschichte kundige Christen haben die aktuellen Leitungsämter ihre Glaubwürdigkeit und Verbindlichkeit verloren. Die Schuld für diese Entwicklung liegt in erster Linie bei der Hierarchie, die die Schrift und die unverstümmelte Tradition nicht zur Kenntnis nimmt.

Der vierte aktuell alarmierende Grund liegt im teils schleichenden, teils offenen Zusammenbruch der kirchlichen Seelsorge nicht nur in westlichen Ländern. Die massenhafte Aufhebung und Zusammenlegung von Gemeinden verdrängt das Problem, denn entgegen einer jeden Sachlogik werden die Gemeinden für den Priestermangel in Haft genommen, statt den bestehenden Gemeinden vollgültige Gemeindeleiterinnen oder Gemeindeleiter zuzugestehen. Die Aufhebung des Zölibats und die Ordination von Frauen können allerdings nur eine erste Entlastung bieten. Zu leisten ist eine gründliche Neuordnung der Rechte, Pflichten und Vollmachten der Gemeinden.

Was ist zu tun?

Aus allen genannten Gründen ist die traditionelle Unterscheidung zwischen Klerikern und Nicht-Klerikern zu überprüfen. Sakramental begründete Differenzierungen, gar Wesensunterschiede sind inakzeptabel, denn die Überordnung eines übernatürlichen Heils *über* Menschheitsziele von Frieden, Versöhnung und Gerechtigkeit ist nicht im Sinne der christlichen Botschaft. Die Zeit drängt und 50 Jahre nach dem Konzil ist gegenüber den besprochenen innerkirchlichen Missständen keine Duldung mehr geboten.

Es gibt keinen Grund, prinzipiell von der Einrichtung kirchlicher Ämter und der zentralen Bedeutung des Bischofsamtes abzurücken. Aber die Ämter des Bischofs und des Gemeindepfarrers sind grundlegende Leitungsämter und von daher zu verstehen. Deshalb überträgt eine Ordination eine konkrete Leitungsaufgabe und keine abstrakten sakramentalen Vollmachten. Zudem ist Bischöfen und Priestern jede sakrale Würde abzusprechen, die sich über die unveräußerliche Würde der kirchlichen Gemeinschaft als einer Gemeinschaft der Heiligen erhebt. Ferner ist ein jedes Amt ungültig und geraubt, das sich nicht auf eine ausdrückliche Zustimmung durch die betroffene Gemeinschaft berufen kann. Dies gilt auch für die Ernennung von Pfarrern und Bischöfen und prinzipiell für die Wahl des Papstes. Deshalb muss auch deutlich sein: Prinzipiell ist eine (zur Praxis gewordene) Ernennung von Bischöfen ohne jede Mitwirkung der Gläubigen ebenso wirkungslos wie die entsprechende Ernennung von Priestern zu Gemeindeleitern.

Ferner hat niemand das Recht, den Gemeinden (als

einer Gemeinschaft von Getauften) ihre ursprünglichen Rechte und Vollmachten weiterhin vorzuenthalten. Das gilt zumal in Zeiten der Krise. Deshalb ist den Autoren des niederländischen Memorandums recht zu geben:

- Eine jede Gemeinde hat das selbstverständliche Recht, bei ihrer Zusammenkunft des Todes und der Auferstehung des Herrn zu gedenken, also die Eucharistie zu feiern. Weder der Wille eines Bischofs noch der Mangel eines ordinierten Priesters kann dieses Recht brechen.
- Prinzipiell hat eine Gemeinde das Recht, bei der Findung von Kandidatinnen und Kandidaten für das Amt der Gemeindeleitung aktiv mitzuwirken. Dies gilt zumal in außerordentlichen Situationen, wenn etwa das klerikale System zum Priestermangel führt.
- In einer solchen Situation hat der Bischof die Pflicht, auf Kandidatenvorschläge einzugehen; er darf sie nur aus triftigen und christlich zu verantwortenden Gründen ablehnen. Dazu gehören weder die Frage des Geschlechtes noch des Zölibats.
- Wenn einer Gemeinde trotz ihrer aktiven Mitsorge die Ordination eines Kandidaten oder einer Kandidatin verweigert wird, tritt der außerordentliche Fall ein, dass sie einer Person ohne bischöfliche Beauftragung oder Ordination die Leitung der Gemeinde übertragen kann.
- Eine bischöfliche Ordination sollte nach wie vor angestrebt werden.
- Wer eine Gemeinde leitet, führt eo ipso den Vorsitz in der Feier der Eucharistie.

Es ist zu befürchten, dass inzwischen an vielen Orten »priesterlose« Eucharistien gefeiert werden. Deshalb gehört es zu den dringenden Aufgaben der Bischöfe, diese ungeregelte Situation im Gespräch mit der Gemeinde und in deren Sinne zu bereinigen.

1 *Thomas Assheuer*, Nur der Himmel zählt, DIE ZEIT vom 16.09.2010.

2 Stellungnahme der Glaubenskongregation vom 29.06.2007: Antworten auf Fragen zu einigen Aspekten bezüglich der Lehre über der Kirche.

3 Immer noch lesenswert ist: *Rudolf Otto*, Das Heilige. Über das Irrationale in der Idee des Göttlichen und sein Verhältnis zum Rationalen, NA München 1971; *Berndt Hamm, Klaus Herbers, Heidrun Stein-Kecks* (Hg.), Sakralität zwischen Antike und Neuzeit, Stuttgart 2007.

4 *Brian Kolodiejchuk* (Hg.), *Mutter Teresa, Komm, sei mein Licht*, München 2007. Zur Einführung: *Jan Roß*, Keine Liebe, kein Glaube. Die Tagebücher der Mutter Teresa zeigen eine von tiefen Zweifeln erfasste Christin, DIE ZEIT vom 13.09.2007.

5 *Pnina Navè Levinson*, Einführung in die rabbinische Theologie, Darmstadt [3]1993; *Hanspeter Ernst*, Die Schekhîna in rabbinischen Gleichnissen, Bern 1994; *John G. Gammie* (Hg.), Holiness in Israel, Minneapolis 1989.

6 1 Kön 19, 1-13a.

7 *Edward Schillebeeckx*, Christus und die Christen. Die Geschichte einer neuen Lebenspraxis, Freiburg 1977, 226-281.

8 *Martin Luther*, An den christlichen Adel deutscher Nation. Von des christlichen Standes Besserung, Nr. 30.

9 2 Kor 3,17; Gal. 5,13; vgl. Mk 10,6.

10 Stattdessen benutzt man im Urchristentum einen Begriff, für den offenbar Jesus selber das Maß gesetzt hat. In insgesamt sechs Varianten wird das Jesuswort vom Ersten überliefert, der »aller Diener« sein muss (*Hans Küng*, Kleine Geschichte der katholischen Kirche, Berlin 2002, 33.)

11 Christoph Schönborn, Katechese vom 18.04.1999 (www.kirchenweb.at/schoenborn/kardinal/jahresreihe3/ katechese308.htm.).

12 Im Folgenden beziehe ich mich in der Regel auf *Edward Schillebeeckx*, Christliche Identität und kirchliches Amt. Plädoyer für den Menschen in der Kirche, Düsseldorf 1985.

13 Dieser Text aus dem Ambrosiaster wird zitiert von *Schillebeeckx*, Identität, 92, Anm. 30.

14 *Schillebeeckx*, Identität, 169.

15 *Schillebeeckx*, Identität, 172-175.

16 *Gisbert Greshake*, Priester sein in dieser Zeit. Theologie – Pastorale Praxis – Spiritualität, Freiburg 2000; *Thomas George*, Priester sein in Christus, Paderborn 2010.

17 *Hans Küng*, Kleine Geschichte der katholischen Kirche, München

2002, 87-90; *Rudolf Lill*, Die Macht der Päpste, Kevelaer 2006, 36f.; 87-90.

18 *Schillebeeckx*, Identität, 182-184; 191-193.

19 Gemeint ist nicht das Ideal der Enthaltsamkeit, sondern das ständige und ohne Vorbehalt an den Klerikerstand gekoppelte Verbot, eine Ehe einzugehen. 1022 wurde zum ersten Mal, wenn auch erfolglos, angeordnet, dass Priester nicht heiraten dürfen (Synode von Pavia). Ein wichtiger Grund für diese Bestimmung war die tägliche Feier der Eucharistie, die gemäß asketischen Regeln nicht im »unreinen Zustand« zu vollziehen war. Dementsprechend wurde 1059 – wiederum erfolglos – denjenigen Priestern die Feier der Messe verboten, die in einem »notorischen Konkubinat« lebten (1. Laterankonzil). 1139 wurde der Zwangszölibat schließlich durch eine erbrechtliche Regelung durchgesetzt: Verheiratete (oder mit einer »Konkubine« zusammenlebende) Kleriker verlieren ihre Pfründe; zugleich wird die Priesterweihe zu einem trennenden Ehehindernis (2. Laterankonzil). Bei der Entstehung des Zölibatsideals spielen also aszetische und kultische Vorstellungen eine wichtige Rolle; letztlich durchgesetzt wird er aber aus finanziell erbrechtlichen Gründen und mit den entsprechenden Zielen: Keine Nachkommenschaft sollte die kirchlichen Übertragungsrechte von Pfründen mehr beschränken.

20 So die Kirchenkonstitution des 2. Vaticanums (LG, Nr. 10): »Das gemeinsame Priestertum der Gläubigen aber und das amtliche bzw. hierarchische Priestertum unterscheiden sich zwar dem Wesen und nicht bloß dem Grade nach: dennoch sind sie einander zugeordnet: das eine wie das andere nimmt nämlich auf je besondere Weise am einen Priestertum Christi teil.«

21 Nach Edward Schillebeeckx taucht der Begriff vom »priesterlichen« oder »unauslöschlichen Merkmal« zum ersten Mal 1231 auf. Es wird in den folgenden Jahrzehnten theologisch ausgearbeitet (D 825) und erst auf dem Konzil von Trient offiziell bestätigt. (D 1767).

22 *Greshake*, 30f.

23 *Greshake*, 282f.

24 *Greshake*, 287.

25 *Hubertus Brantzen*, Lebenskultur des Priesters. Ideale – Enttäuschungen – Neuanfänge, Freiburg 1998, 25.

26 *Greshake*, 158-167.

27 *Gary Macy*, The Hidden History of Women's Ordination. Female Clergy in the Medieval West, Oxford 2008.

28 *Ida Raming*, Gleichrangig in Christus anstatt: Ausschluss von Frau-

en »im Namen Gottes«. Zur Rezeption und Interpretation von Gal 3, 27f in vatikanischen Dokumenten, Münster 2006.

29 S. dazu die Website der Kirchenvolksbewegung (www.wir-sind-Kirche.de).

30 *Ottmar Fuchs*, Im Innersten gefährdet. Für ein neues Verhältnis von Kirchenamt und Gottesvolk, Innsbruck 2010.

31 Abgedruckt unter dem Titel »SOS für die Kirche von heute« in: Im-primatur 43 (2010), 49-52.

Kapitel 4

»Mir ist alle Gewalt gegeben«
Vielfalt und katholischer Herrschaftsanspruch

Vom Petersplatz in Rom aus sah man am 10. Oktober 2010 zum Mittagsgebet unter dem päpstlichen Fenster ein neu gestaltetes, auf Samt gesticktes Papstwappen, jetzt wieder geschmückt mit einer prangenden Tiara, die von einer Weltkugel mit Kreuz überragt wird. Viele, die den Symbolwechsel entdeckten, reagierten erschrocken: Angesichts der Armen der Welt hatte Paul VI. seine Tiara für immer abgesetzt, verkaufen lassen und gleichartige Prachtstücke in die päpstliche Asservatenkammer verbannt. Will der gegenwärtige Papst in Zukunft wieder die Tiara tragen, also auch in seiner Symbolwelt hinter die Amtsführung seiner Vorgänger zurück? Wenige Tage später dementiert das Pressebüro eine jede Änderungsabsicht; bei dem neuen gestickten Papstwappen habe es sich um ein Geschenk gehandelt. Doch hatte man wohl übersehen: In Erinnerung an die drei Kronreifen der Tiara ist auch die bescheidene Papstmitra des offiziellen Wappens mit drei goldenen Bändern geschmückt. Von den alten Herrschaftsansprüchen hat sich das Papsttum also noch nicht ganz verabschiedet. Für das römische Klerikalsystem ist es offensichtlich schwer, sich konsequent aus alten Verstrickungen und Ansprüchen zu lösen: »Vater der Fürsten und Könige, Haupt der Welt, Statthalter Jesu Christi.« Dieser Glanz erleuchtet noch immer Kurie, Kardinäle und bischöfliche Ämter. Auch prägt er, wenngleich oft unbewusst, das offiziell katholische Verhalten gegenüber anderen christlichen Kirchen, dessen Bereinigung das 2. Vatikanische Konzil ebenso offiziell auf die Tagesordnung setzte. Wie sich in den ersten Kapiteln dieses Buches schon zeigte, blieb ein Großteil dieser Aufgabe noch unerledigt.

1. Geschichte der Konfrontationen

Diese Reminiszenz kann auch daran erinnern: Gewollt oder nicht, von Anfang an war der Glaube an Jesus, aus monotheistischen Ansprüchen lebend, in Forderungen und Konfrontationen verstrickt. Seine Beanspruchung des Messiastitels für Jesus von Nazareth stempelte diese neue Bewegung schon früh zur häretischen Sekte. Die paulinische Gesetzeskritik und wohl andere Dissense führten zu Zerreißproben innerhalb der Gemeinschaft und gegenüber den jüdischen Hütern der Thora. Den sozialen Folgen entkam die junge, in sich noch spontane Gemeinschaft mit ihren flachen, noch nicht vereinheitlichten Autoritätsprofilen, indem sie ihren Schwerpunkt bald in den Raum des römischen Imperiums verlagerte. Dort wuchs sie zu einem verzweigten Netzwerk heran, das von jüdisch orthodoxen Erwartungen entlastet war. Sie folgte den Handelswegen im Mittelmeerraum und stand bald einer ganz anderen, der »heidnischen« Götterwelt gegenüber. Notfalls verteidigte sie ihre Überzeugungen unter Gefahr von Leib und Leben und erwarb sich durch dieses »Zeugnis« (griechisch: *martyrion*) bei vielen höchste Autorität.

Lehre und Autorität

Allerdings, während des 3. Jahrhunderts – meist unterschätzt man die Zeitdauer des offenen charismatischen Beginns – begann sich die Stimmung zu ändern, die so lange auf die Alternative »Untergang oder Sieg« (besser gesagt: auf »Untergang und Auferstehung«) gestimmt war. Jetzt verklärte sich die Vergangenheit zur heroischen Erinnerung, die den ersten Keim eines gefährlichen Überlegenheitsbewusstseins enthielt. Im Westen wie im Osten des römischen Großreichs standen die Zeichen auf Expansion, auf Verdrängung des Judentums, das man zu »substituieren« glaubte, auf Versöhnung mit der hellenistischen Kultur, auch auf Inanspruchnahme imperialer Legitimität. Schon gegen Ende des 4. Jahrhunderts war Augustinus der Überzeugung, jetzt sei die christliche Lehre allen Menschen bekannt. So schlug die leidvolle Heilserfahrung der ersten Jahrhunderte in einen universalen Heilsanspruch um. Seit Theodosius galt die *Catholica*, also die offizielle »allumfassende« Kirche, als die entscheidende, heilsnotwendige, bald mit den politischen Mächten kooperierende und verwobene Instanz. Die universale Kampflosung »außerhalb der Kirche kein Heil«, schon 150 Jahre zuvor durch Cyprian von Karthago formuliert, schien sich jetzt in einer Erfolgsgeschichte zu bestätigen. Die wechselhafte und oft konfliktreiche Nähe zum Staat begleitete die katholische Kirche durch das Mittelalter hindurch bis weit in die Neuzeit hinein. Die Frage war immer, wie sehr die Kirche heilsam auf die politischen Mächte einwirkte und wie sehr sie sich als »geistliche« Institution des Machtspiels der Politik bediente, um ihre eigenen Interessen durchzusetzen.

Allerdings sind mit dieser politischen Erfolgsgeschichte innerkirchlich strukturelle und mentale Umschichtungen verkoppelt. Die schon besprochenen innerkirchlichen Entwicklungen nehmen ihren Anfang: Strenge Lehrabsprachen und sakral legitimierte Autoritätsstrukturen entstehen. Aus dem gemeinsamen Abendmahl ist eine hochoffizielle, öffentliche, geradezu kosmische Liturgie geworden, die die alten Götterkulte ersetzt. Damit kommt ein neues Element hinzu, das die Mentalität der katholischen Kirche bis in die Gegenwart hinein prägen wird. Es ist der Anspruch der kirchenamtlichen, mit öffentlichem Anspruch auftretenden Autorität, sie könne göttliche Wahrheit nach innen und nach außen vertreten und über sie befinden. Bei allen Vorbehalten und differenzierenden Mechanismen, die diesen Prozess begleiten· Letztlich lässt diese Autorität, von staatlicher Hoheit gedrängt und unterstützt, keinen Widerspruch und keine Abweichungen mehr zu. Wahrheit und Organisation werden zwar noch nicht monolithisch, aber schon end-gültig festgelegt und sanktioniert. Sie erhalten in einem als heilig geltenden Recht ihre Sanktion. Die Mechanismen einer sakral spirituellen und die einer politischen Ordnungsmacht verschwistern sich ebenso wie Sakralität und politische Macht. Allmählich werden andere Meinungen und abweichende Überzeugungen, die die Fülle der Wahrheit doch bereichern könnten, ausgeschlossen.

Gewiss, Entwicklungen in Mentalität und kulturellem Verhalten verlaufen nie einschichtig und auf Kommando. In Alexandrien etwa denkt man lange anders als in Antiochien, die römische Liturgie unterscheidet sich von der in Konstantinopel oder der karolingischen im 9. Jahrhundert und die Lehre von Christus geht noch lange unterschiedliche Wege. Aber seit dem 4. Jahrhundert werden die Toleranzgrenzen enger, und dieser Prozess entspricht dem wachsenden politischen Einfluss, der zugleich immer auch wachsenden Einfluss von außen bedeutet. Veränderungen kündigen sich auf leisen Sohlen, nicht sofort kirchenamtlich an. Schon im 3. Jahrhundert stritt man sich in Nordafrika um die Frage, ob frühere Opportunisten oder Verräter des Christentums ungeschoren wieder kirchliche

Ämter versehen dürfen. Erbittert geführt wurde der pelagianische Streit um die Frage der menschlichen Freiheit zwischen dem leistungswilligen Mönch Pelagius und Augustinus, bei dem Gottes Gnade alle menschliche Freiheit überwand. Konnte man nicht sehen, dass solche Differenzen – wie später im reformatorischen Streit – rational kaum aufzulösen, sondern in der Tiefenstruktur menschlicher Heilserfahrung zu schützen waren, solange man sie nicht für andere Interessen instrumentalisierte?

Erstaunlich bleibt bis heute: Beflügelt von wachsenden Lehr- und Amtseinflüssen (von Hellenisierung und Autoritätsansprüchen war schon die Rede), provozierte ausgerechnet die damals aufblühende, von Intellekt und Phantasie getragene nordafrikanische Theologie Polarisierungen und konnte sie nicht beilegen. Im Gegenteil, der große Theologe Augustinus, allenthalben als Theologe der Liebe gepriesen, verschärfte die Auseinandersetzung bis zur unversöhnlichen Gegnerschaft, so als könne – und das wird jetzt zum expliziten Phänomen – ein leidenschaftlicher Glaube ohne Feinde nicht leben. Bis in die Gegenwart hinein erzeugt religiöse Leidenschaft im Namen Christi immer wieder eine amtlich legitimierte Intoleranz.

Dies zeigt später die theologische und zugleich staatsrechtliche Verurteilung der so genannten Arianer, die – wie man allzu vereinfachend und diskriminierend sagte – die Gottheit Jesu leugneten. In Kooperation zwischen Kirche und Staat wurden sie 325 aus dem offiziellen Kirchenverband ausgeschlossen und 380 zu Staatsfeinden erklärt, als Kaiser Theodosius die katholische Kirche endgültig zur Staatsreligion erhob. 400 Jahre lang sollten die Arianer das Reich wiederholt von außen bedrohen und sich bitter für diese Demütigung rächen. Man dachte nie an eine Revision einer solchen theologisch und staatspolitisch übereilten Entscheidung. Vielmehr gewöhnten sich die staatliche und die kirchliche Amtselite gerne an den Gedanken, der wahre Glaube lebe geradezu aus diesem Gegensatz: Man muss wissen, wer man nicht ist, wenn man wissen will, wer man ist. Noch heute bringt Papst Benedikt die Frage der christlichen Identität ins Spiel.[1] Einem jeden wichtigen Konzil mit tiefgreifenden Beschlüssen folgten Abspaltungen, die teilweise bis heute andauern und von den klerikalen, zu geschichtlicher Reflexion unfähigen Gralshütern verteidigt werden.

Gewiss, bei diesen Konflikten spielten immer auch politische Machtinteressen und kulturelle Differenzen eine wichtige Rolle. Man glaube nicht, eine sanftere Autorität hätte einfach Konflikte verhindert und über Nacht Trennungen saniert. Aber der Sinn für Vielfalt und Dialog, der im Neuen Testament zu spüren ist, wurde ebenso verdrängt wie das Gespür dafür, dass man Differenzen langfristig aushalten, integrieren und für die innere Weite nutzen, dass man irreparabel erscheinende Zerwürfnisse nach einer kontaktfreien Zeit wieder beilegen kann. Wie anders hätte man die vielfältigen, bisweilen widersprüchlichen neutestamentlichen Zeugnisse zusammenhalten können? Dieser frühe Verlust von Konflikt- und Dialogfähigkeit, gleich ob von der Politik aufgezwungen oder von innerkirchlichen Interessen geschürt, ist kaum zu unterschätzen. In jedem Fall hat er sich in die spätere christliche, ganz sicher in die katholische Tradition so tief eingenistet, dass er heute noch als konstitutives Element gesunder Glaubenstreue wahrgenommen wird. Man will Recht haben und beruft sich dazu auf die göttliche Wahrheit.

Viele innerkirchliche Weichenstellungen, die hier nicht weiter zu besprechen sind, hat diese Grundhaltung mitbestimmt. Man denke etwa an

- das unselige Große Schisma (1054), das zur andauernden Trennung zwischen östlicher und westlicher Kirche führte,

- die grausamen Vernichtungszüge gegen widerspenstige Laienbewegungen im 11. und 12. Jahrhundert, die für lange Zeit einen aggressiven Klerikalismus entstehen ließen,

- das Scheitern vieler Reformansätze, etwa auf dem Konzil von Konstanz (1414 - 1418), das die innerkirchliche Vorrangstellung des Konzils und dessen regelmäßige Einberufung beschloss[2],

- die umfassende Zurückweisung aller Reformverlangen Martin Luthers und anderer Reformatoren durch Rom und die in ihrer Macht damals bedrohten Bischöfe des Reichsgebiets,

- die Ablehnung aller vermittelnden Bewegungen in den darauffolgenden Jahrzehnten,

- die destruktiven Kräfte, die dieses Versagen bis hin zum Dreißigjährigen Krieg (1618 - 1648) ausgelöst und im christlichen Raum zu den verheerenden ersten Konfessionskriegen in Europa geführt haben,

- die Selbstverständlichkeit, in der Rom auf den Verlust des Kirchenstaats nicht mit einer selbstkritischen Bestandsaufnahme, sondern mit der offiziellen Installierung des römischen Rechts- und Lehrprimats reagierte, die alle innerkirchlichen Kompetenzen zu einem monolithischen System bündelten, das in seiner Tendenz keinerlei Pluralität, keinerlei Andersheit, keinen Sinn für eine unbewältigte Vielfalt mehr zuließ. Selbst das 2. Vatikanische Konzil hat diese Problematik nur oberflächlich begriffen und den päpstlichen Unfehlbarkeitsanspruch höchstens auf die Unfehlbarkeit der Bischöfe hin relativiert.

Erweiterter Horizont

An diesem Punkt wird bis heute noch so gedacht, als nehme die kirchliche Lehrautorität eine neutrale Position ein, die über aller Wahrheitssuche, allen Sprachformen und Kontexten steht. Dabei übersehen Kirchenleitung und Theologie, dass sie mit ihren »objektiven« Feststellungen und Argumentationen immer schon handeln, in konkreten Aktionen und Reaktionen Anderes und Ungewohntes also abweisen oder bejahen. Man hat für die beiden Seiten der einen ökumenischen Frage, also für deren Inhalte und Methodik, noch kein Gespür entwickelt. Die Frage lautet ja nicht nur: Wie und unter welchen Bedingungen können wir die so divergierenden, geschichtlich und institutionell inzwischen verfestigten, in sich hochkomplexen, immer ganzheitlich verankerten Fragen einer gemeinsamen Lösung zuführen? Lassen sich z.B. das Katholische und das Evangelische, das Orthodoxe und das Anglikanische, das Freikirchliche und der Ansatz der Pfingstkirchen so einfach bestimmen? Hängen sie nicht zutiefst voneinander ab? Die Frage lautet für die katholische Kirche zugleich: Ist eine klerikal organisierte, streng von oben agierende, in objektiv überzeitlichen Modellen denkende und so vorgehende Institution fähig, diese höchst sensible Aufgabe gegenseitigen Verstehens zu leisten? Können Entscheidungen lebendige Diskurse überhaupt ablösen oder ersetzen? Kann eine von oben agierende Autorität mit Argumenten aus der Vergangenheit dort in die Bresche springen, wo die neuen, oft verwirrenden Basiserfahrungen erst allmählich zu Wort kommen, nach jahrhundertelangem Schweigen ihre Worte erst finden müssen? Wie gehe ich vor, wenn über die Schlüsselfrage einer Epoche, etwa die Rechtfertigungslehre, erst mit einer Verzögerung von 500 Jahren debattiert wird? Wie gehe ich mit anderen, unerwarteten, mir fernliegenden Positionen um, wenn ich einen wohldefinierten und irreformablen Glaubensbestand schon voraussetze?

Heute, im Jahr 2011 und 45 Jahre nach dem 2. Vatikanischen Konzil, lassen sich Basis und Horizont solcher Fragen und erhoffter Verständigungen nicht mehr auf eine innerkatholische, gar eine klerikal definierte Öffentlichkeit reduzieren. Sie sind in vierfacher Weise auszuweiten:

- Angesichts der Präsenz vieler christlicher Kirchen und da Rom eine ökumenische Führerschaft beansprucht, lassen sich diese innerkatholischen Auseinandersetzungen nur noch vor einem interkonfessionell-ökumenischen Hintergrund angemessen beurteilen.

- Die angedeuteten interkonfessionellen Gespräche lassen sich erst dann sinnvoll führen, wenn zugleich das weltweite interreligiöse Umfeld mit in den Blick genommen wird, denn die Gottes- und Heilserfahrungen anderer Religionen haben auch die Herzen von Christen erreicht.

- Aus religiöser, speziell aus christlicher Sicht lässt sich dies alles erst dann sinnvoll bearbeiten, wenn uns die allgemeinen sozialen, sexistischen und ökologischen, die macht- und friedenspolitischen Menschheitsfragen klar geworden sind.

- Für die innerkatholischen Entscheidungsstrukturen bedeutet dies: Ganz sicher kann die katholische Kirche – zusammen mit anderen Kirchen – aus diesem Fragekomplex erst dann konfliktlösende und überzeugende Folgerungen ziehen, wenn auch die klerikale Klasse mit ihren diskursfreudigen Theoretikern und ihren entscheidungswilligen Führern gelernt hat, unbefangen zuzuhören und ihr Syndrom der Überlegenheit und des unfehlbaren Besserwissens aufzugeben.

2. Mehr Sackgassen als Fortschritte

Werfen wir mit diesem Problembewusstsein einen Blick auf die ökumenische Situation: Wie stellt sie sich angesichts der aktuellen Weltsituation dar? Immerhin beendet Papst Benedikt sein neuestes Buch mit einem dramatischen Appell:

>»Wie auch immer, die Welt ist heute gefährdet wie kaum zuvor. In vielen Bereichen hat ... die Verwüstung unseres Heimatplaneten den *point of no return* erreicht. Die Situation des Glaubens ist von dramatischen Veränderungen betroffen. Glaubensbewusstsein versiegt, Kirchen müssen geschlossen werden, eine antichristliche Meinungsdiktatur wirkt nicht mehr nur subtil, sondern offen aggressiv. Hinzu kommt, dass der Mensch nunmehr das letzte biblische Tabu angreift, den ›Baum des Lebens‹, die Manipulation und Herstellung des Lebens selbst.«[3]

Diese Gefahrensignale, wenn auch vereinfachend formuliert, ließen sich beliebig erweitern, und christlichen Kirchen, die sich neu auf eine gemeinsame Identitätssuche begeben, kann das nicht gleichgültig sein. Wie stellen sich vor diesem Hintergrund und aus katholischer Sicht die ökumenischen Erfolge der vergangenen fünf Jahre dar?

Aufbruch und Stagnation

Beginnen wir unprätentiös mit einem Blick auf das Erreichte. Die Aktivierung ökumenischer Beziehungen war dem 2. Vatikanischen Konzil ein eigenes umfassendes Dokument wert, das 1964 verabschiedete »Dekret über den

Ökumenismus«. Es erkennt mit Nachdruck die Notwendigkeit ökumenischer Annäherungen an, formuliert dazu einige Voraussetzungen (innere Bekehrung, Gebet, Studium) und Prinzipien (Klarheit der Sprache, »Hierarchie der Wahrheiten«). Ferner entwirft es einen globalen Überblick über die Nähe anderer Kirchen zur katholischen. Dass man dabei die katholische Kirche, ihr Selbstverständnis und ihre Lehre wie selbstverständlich als archimedischen Punkt voraussetzt und von ihr aus die Qualität anderer bemisst, wurde damals weder angemerkt noch gerügt. Nirgendwo spricht das Dokument von der Selbstverständlichkeit, dass die Schrift, das »Volk Gottes« (in seiner Gesamtheit) und die aktuelle Weltsituation in ökumenische Gespräche und Beschlussfassungen einfließen müssen. Verteidiger des Dokuments weisen darauf hin, von diesen drei Punkten sei doch schon in der Kirchenkonstitution ausführlich die Rede gewesen. Umso nachdrücklicher stellt sich die Frage, warum man das dort Gesagte genauso schnell wieder vergessen hat.

Indirekt bestätigt dies Kardinal Walter Kasper in einer rückschauenden Erklärung zur theologischen Verbindlichkeit des genannten Dekrets.[4] Diese Erklärung ergeht sich ausschließlich in innerkatholischen Erwägungen, in der Unterscheidung zwischen faulen und intelligenten Kompromissen, in formalen Fragen innerkatholischer Verbindlichkeit und der Hochschätzung katholisch kirchlicher Tradition an und für sich. Die Schrift, die Erfahrungen anderer Kirchen oder die Globalisierung des Welthorizonts spielen keine Rolle. Aber wer konnte die spätere Entwicklung voraussehen? Würden die angemahnten Gesichtspunkte nicht aus der Sachlogik heraus in die kommenden Gespräche einfließen?

Es gab Grund zu großem Optimismus. Im Jahrzehnt

nach dem Konzil begannen verschiedenste Kommissionen zu arbeiten; das erwachte Interesse von katholischer Seite stimulierte auch andere Kirchen. So ergänzten und überkreuzten sich bald verschiedenste Dialogprojekte. Beschränken wir uns auf einige kurze Hinweise zu den Dialogen mit den großen Konfessionsfamilien: Die intensivsten Fortschritte machten die Anglikanisch/Römisch-katholischen Dialoge. Man sprach über spezifisch klerikale Fragen wie Eucharistie, kirchliche Autorität, über Amt und Ordination. Dass man sich angesichts der gemeinsamen Geschichte sehr nahe kam, konnte nicht überraschen. Bald allerdings war auch zu erkennen, dass die Gespräche regelmäßig von katholischer Seite aus scheiterten. Am Ende der Gespräche stand ja meistens ein asymmetrisches Ergebnis. Die Schwesterkirchen konnten den Maximalforderungen von katholischer Seite in Sachen Eucharistie-, Amtsoder Autoritätsverständnis nie vorbehaltlos zustimmen. Die Frage eucharistischer Gastfreundschaft wurde vom Eucharistieverständnis, das Eucharistieverständnis vom Amtsverständnis und dieses von der klerikal fokussierten Frage abhängig gemacht, ob die katholische Kirche das anglikanische Bischofs- bzw. Priesteramt überhaupt als gültig anerkennt. Doch war diese Periode der Dialoge insgesamt fruchtbar. Sie schuf eine vertrauensvolle Atmosphäre und sorgte dafür, dass man sich seitdem mit Respekt und Höflichkeit begegnet und dass der Respekt vor den unterschiedlichen Positionen gewachsen ist.

Mit den Orthodoxen Kirchen kam es – Signal sehr vergleichbarer klerikaler Ausgangspunkte – zu keinen eigentlichen Verhandlungen; der vergleichbaren Struktur der Kirchen gemäß gab man anlässlich gegenseitiger Besuche von beiden Seiten wiederholt offizielle Erklärungen ab. Immerhin gelang es durch den Einsatz von Paul VI. (1963 -

1978) und Athenagoras I.[5] schon 1965, die gegenseitige Exkommunikation von 1054 aufzuheben.

Wichtiger waren die Lutherisch/Römisch-katholischen Gespräche über das Herrenmahl und über das geistliche Amt in der Kirche. Diese vollzogen sich in einer freundlichen Atmosphäre und erreichten in der Aufarbeitung der kontroversen Geschichte eine große Annäherung. Aber auch sie erzielten, wie weithin bekannt, in den entscheidenden Fragen keine Durchbrüche. Aus Gründen der aktuellen päpstlichen Positionsbestimmung zieht man inzwischen die Annäherung an die Orthodoxie den katholisch-reformatorischen Bemühungen vor.

Bald hatte sich der Rhythmus eingespielt, der in geduldiger Arbeit erstaunlich viele Gemeinsamkeiten, ja geradezu große Nähen ergab. Das Zauberwort hieß bald nicht mehr »Übereinstimmung«, das zur entbehrungsreichen Suche genau deckungsgleicher Aussagen verleitete. Es hieß jetzt sachgemäßer »Konvergenz«, ließ also nicht mehr einfach nach bestimmten Ergebnissen und Formeln, sondern nach vergleichbaren Absichten und verständlichen Reaktionen, nach kulturellen Rahmenbedingungen und langfristigen Bewegungen fahnden. Diese Methode funktionierte im Gespräch mit Lutheranern und Reformierten besonders gut. Denn hier war das hermeneutische Geschäft zu Hause und von den Exegeten intensiv eingeübt worden. Aber »Hermeneutik«, also das Nachdenken über Übersetzungs- und Deutungsmöglichkeiten, geriet bald zum Insiderjargon. So besprach man sich über die komplizierten Rollenspiele von Schrift und Tradition, von einseitiger Deutung und einseitigen Reaktionen. Leider wurden hier die katholischen Teilnehmer von ihren höflichkeitsbewussten Gesprächspartnern nie mit direkten Fragen konfrontiert: ›Nehmt ihr an diesem Punkt die Schrift, die Erfahrung von

Menschen, die aktuelle Weltsituation überhaupt ernst?‹ Vielleicht hätte man so einen Schlüssel zur Frage finden können, wie wir gemeinsam eine neue Sprache finden und uns von den geschichtlichen Bindungen befreien, die uns schließlich seit 450 Jahren binden. Die Konfessionen tragen eben nicht nur verschiedene Sachaussagen vor, sondern leben aus verschiedenen Akzentsetzungen, Weltinterpretationen, anthropologischen Ansätzen und sträflichen Unterlassungen. Ihre Aussagen teilen nicht nur Inhalte mit, sondern schaffen Beziehungen, erkennen an oder lehnen ab, setzen also neue Realitäten. Dieses hochkomplizierte Geflecht personaler Interaktionen wurde – wie in Kapitel 2 besprochen – immer wieder in das Prokrustesbett »sachlicher« Abgrenzungen und Folgerungen hineingepresst und damit zur Unfruchtbarkeit verurteilt.

Ein herausragendes Ergebnis ist allerdings zu nennen: Gemeint ist der »Lima-Report«, ein vom Weltrat der Kirchen erarbeitetes Konvergenzdokument zu den Fragen nach Taufe, Eucharistie und Amt (BEM), das 1982 in Peru verabschiedet wurde. Natürlich hat auch dieses Dokument zu keinen definitiven Übereinstimmungen geführt, aber doch die Landschaft der Differenzen und Konvergenzen so geklärt, dass die Konfessionen besser miteinander umgehen können. Zur Taufe wurde über viele Mitgliedskirchen hin eine breite Übereinstimmung erzielt[6], zur Eucharistie und zur Amtsfrage wurden die Unterschiede in versöhnlichem Ton herausgearbeitet, wenngleich die katholische Seite ihre Zustimmung verweigerte. Die starke Nachwirkung dieses Papiers erklärt sich vielleicht dadurch, dass man von vornherein keinen Konsens erzwingen, sondern einander verstehen wollte. So dient dieses Papier heute noch als gute Orientierungsmarke. Wichtiger vielleicht als das Enddokument selbst ist aber das liturgische Formular, genannt »Lima-Liturgie«[7]. Es wurde als Nebenresultat der Verhandlungen abgefasst und als Vorschlag einer ökumenisch offenen Abendmahlsliturgie präsentiert. Viele katholische Christen können sich in ihm finden, weil sie in ihm den Verlauf der katholischen Liturgie erkennen können. So wird es oft bei ökumenischen Treffen und Versammlungen benutzt.

Im Dickicht der Fragen

Es war natürlich zu erwarten, dass der nachkonziliaren Euphorie eine Zeit der Ernüchterung folgt; auch die Ökumene erfordert nüchternes Handeln und harte Arbeit, die Bewältigung komplexer Probleme und die Fähigkeit, »dicke Bretter zu bohren«. Doch stürzte die Aufmerksamkeitskurve für die inzwischen etablierte katholische Ökumenikerwelt dramatischer ab, als zu befürchten war. Dafür lassen sich triftige Gründe nennen. So stellt sich schon Ende der 1970er Jahre der Eindruck ein, dass entscheidende Durchbrüche (gegenseitige Anerkennung kirchlicher Ämter, Interkommunion bzw. eucharistische Gastfreundschaft, Anerkennung evangelischer Gottesdienste, Mischehenfragen) blockiert sind. Seit etwa 1980 wiederholen sich die entsprechenden Argumente. Auf katholischer Seite drehen sie sich im Kreis. Zwar beschwören päpstliche und bischöfliche Dokumente eine ökumenische Zukunft, aber immer neu vertrösten sie auf kommende Antworten und auf den Heiligen Geist. Zugleich diktieren sie ihre vorkonziliaren Bedingungen. In erstaunlicher Vereinfachung und unter Vernachlässigung der großen Tradition werden alte Positionen wieder hervorgehoben, die man für überwunden hielt: Der Vorrang der Ämter wird wieder betont, »das Sakrament« undifferenziert gegen »das Wort«, die amtskirchliche Institution (meist undialektisch als Weltkirche präsentiert) wie zu Zeiten der Reformation gegen das stets neue Glaubensereignis gestellt, das in den Gemeinden der Heiligen stattfindet.

Typisch für die verbindliche Unverbindlichkeit dieser Dialogatmosphäre und zugleich erhellend für das dramatisch sinkende Interesse ist folgende Passage aus der »Erläuterung« einer anglikanisch-katholischen Kommission zu Fragen der Eucharistie aus dem Jahr 1983:

> »Manche haben sich betroffen gezeigt davon, dass wir nichts über die Frage der Interkommunion gesagt haben, trotz unseres Anspruchs, eine substantielle Übereinstimmung im eucharistischen Glauben erreicht zu haben. Der Grund liegt darin, dass wir gemeinsam der Auffassung sind, ein verantwortbares Urteil in dieser Frage könne nicht auf der Grundlage dieser Erklärung allein gefällt werden, da die Interkommunion auch Fragen bzgl. der Autorität und der gegenseitigen Anerkennung der Ämter einschließt. Es gibt noch andere wichtige Fragen, wie etwa die eschatologische Dimension der Eucharistie und ihre Beziehung zu den zeitgenössischen Fragen der menschlichen Befreiung und sozialen Gerechtigkeit, die wir entweder nicht voll entfaltet oder gar nicht ausdrücklich behandelt haben. Das sind Fragen, die nach einer gemeinsamen Beachtung von seiten unserer Kirchen verlangen; sie sind jedoch nicht eine Ursache der Trennung zwischen uns und liegen daher außerhalb unseres Auftrags.«[8]

Wie denn: Wie können plötzlich Fragen einen Konsens blockieren, die nicht Ursache der Trennung waren? Wie kann man Fragen aus dem Gespräch ausklammern, die anerkanntermaßen von großer Bedeutung sind? Man zweifelt gewiss nicht am guten Willen der Mitglieder dieser und anderer Kommissionen, aber man kann förmlich spüren, wie die offiziellen Auftraggeber ein überkomplexes Gewebe von Fragen erzeugen, weil sie die Kernfrage der Interkommunion eigentlich gar nicht lösen dürfen, als treue Sprachrohre der Kirchenleitung vielleicht selbst für unlösbar halten. Solches Sprachgebaren, das letztlich vor einer offenen Antwort ausweicht, erzeugt nur Resignation und blankes Unverständnis dafür, dass der Wille Christi zur Einheit so kompliziert sein kann. Wieder einmal setzt sich der klerikale Gestus von Besserwissenden und gnädig Vertröstenden durch.

Unter anderen, weniger enggeführten Bedingungen hätte der ökumenische Diskurs zu einem weltweit relevanten Ereignis werden können, das die Selbstdarstellung und das Handeln der Kirchen höchst positiv kennzeichnet und dem christlichen Zeugnis neues Leben einhaucht. Stattdessen degeneriert er – jedenfalls aus der Perspektive engagierter und erwartungsvoller Betrachter – zu einer deprimierenden Vergangenheitsbewältigung. Notgedrungen zogen sich die Verhandlungspartner auf Spezialfragen zurück, setzten zur Selbsterklärung und Selbstrechtfertigung immer neu zu exegetischen, theologiehistorischen und systematischen Hochleistungen an. Sie wunderten sich, dass sie nur wenig Interesse fanden. Nicht *dass* dies geschah, macht das Problem und das nachkonziliare Versagen katholischer Ökumene aus, sondern dass man dabei schließlich die großen Visionen vergaß und sich in immer kompliziertere Detailfragen flüchtete.

Man muss diese Entwicklung wohl als einen Prozess großräumiger Selbstverhüllung deuten: Aus Höflichkeit oder aus Gründen der Selbsterhaltung wagte es keine Konfession, sich genau zu erkennen zu geben. Aber alle quälte schließlich die Frage nach der eigenen Identität, die niemand offen stellte. Erst als Joseph Ratzinger den evangelischen Kirchen zum Millenniumsbeginn offiziell ihre Kirchlichkeit aberkannte und in falsch verstandenem Glaubenseifer damit ein letztes Tabu nachkonziliarer Ökumene verletzte, sprach der Vorsitzende der EKD, Wolfgang Huber, von der Ökumene der Profile.[9] Vielleicht hat er damit den Beginn einer neuen, viel interessanteren Epoche ökumenischer Selbstdarstellung signalisiert, die endlich zur Offenlegung der wirklichen Fragen führt.

3. Orientierungsmarken von oben

Wie konnte es zu solcher Unbeweglichkeit kommen? Die Gründe mögen vielfältig sein, denn es ist immer schwierig, eine Tradition von mindestens 500 bzw. 1000 Jahren hinter sich zu lassen. Aber erschwerend kommt für die ökumenische Misere sicher dies hinzu: Gemäß dem klerikalen Gesetz von ausgeprägter Autorität und Abhängigkeit (vgl. Kapitel 1) sind Sprachregelung und inhaltliche Orientierung in dieser wichtigen Angelegenheit streng von oben kontrolliert. Man beugt sich ihr nicht nur, sondern man bedarf ihrer. Dies verleiht den offiziellen, auf den Erhalt eigener Identität bezogenen Restriktionen einen unverbrüchlichen Halt. Viel wichtiger als konkrete Sprachregelungen und Absprachen sind deshalb allgemeine Orientierungen. Sie lassen sich oft wirksamer über informelle Äußerungen als über offizielle Richtlinien mitteilen.

Nur Gott kann helfen

Joseph Ratzinger, seit 1980 Präfekt der Glaubenskongregation, hat zeitig einige Bremspflöcke eingeschlagen und seitdem das Klima ökumenischer Gespräche bestimmt. Von ihnen ist er auch als Papst nicht abgewichen. Ich beziehe mich im Folgenden auf drei Äußerungen des damaligen Präfekten der Glaubenskongregation. Schon in einem

Artikel aus dem Jahr 1983[10] setzt er sich kritisch *vom an-glikanisch-katholischen* Dialog ab, der 1970 hoffnungsvoll begonnen hatte und 1981 nach allgemeiner Meinung mit fruchtbaren Ergebnissen endet. Er beschäftigt sich, wie gesagt, mit katholischen Kernfragen: Eucharistie, Amt, Ordination, Autorität in der Kirche. Ratzinger entdeckt in den Dokumenten aber keine Lösungen, letztlich deshalb, weil anglikanische und katholische Tradition insgesamt nicht miteinander übereinstimmten. Offensichtlich fordert er – ohne es deutlich auszusprechen – die vorbehaltlose Anerkennung der römischen Autorität. Darauf zielt offensichtlich auch die Aktion Papst Benedikts vom 20.10.2009, die anglikanischen Christen (Priester und Bischöfe eingeschlossen) den Übertritt zur katholischen Kirche besonders erleichtern will.[11]

In einem zweiten Artikel aus demselben Jahr[12] stellt Ratzinger das Erbe *Luthers* zur Diskussion. Luther sei von Gottesangst getrieben und schließe die Liebe aus dem Glaubensbegriff aus. Luthers *sola fide* (»allein durch Glauben«) lasse keine Liebe zu. Er habe den Glaubensakt radikal personalisiert und damit individualisiert. In katholischer Sprachregelung formuliert: Bei Luther rückt die Kirche aus dem Zentrum. Offensichtlich hat Ratzinger zu den Denkimpulsen Luthers keinen Zugang, zudem lässt er sich von einem konservativen Außenseiter evangelischer Lutherforschung leiten.[13] Geflissentlich übersieht Ratzinger bei Luther den springenden Punkt. Luther ignoriert nicht die Kirche, sondern entzieht sie dem magischen Missbrauch und aller Instrumentalisierung durch den Klerus. Damit verfestigt Ratzinger erneut ein autoritäres und vormodernes Denken. Darum aber gewinnt er auch gegenüber den reformatorischen Kirchen nicht die Freiheit, zwischen eigener Position und einem gesprächsfähigen Konsens zu unterscheiden.

Im Jahr 1986 folgt noch ein drittes, für Ratzingers Öku-
menekonzept vielleicht das interessanteste Dokument zum
Fortgang der Ökumene.[14] Wie soll sie in einer Phase der
eingetretenen Resignation weitergehen? Vieles Erreich-
bare, so der Glaubenspräfekt, sei schon erreicht; jetzt sei
ein Stillstand eingetreten. Schaffen könnten wir nur Annäherungen in wichtigen menschlichen Bereichen, doch die
Einheit selbst sei Gott vorbehalten. Aber diese Berufung
auf Gott wirkt wie ein Vorwand. Denn faktisch hält Ratzinger eine Wiedervereinigung für ausgeschlossen, weil er
die eigenen Positionen nicht auf den Prüfstand stellt.

Man mag dem langjährigen, im Verborgenen wirkenden Konstrukteur des offiziell katholischen Ökumenekon-
zepts zugute halten, dass er die konfessionellen Trennungen
durch Zeichen der Gemeinschaft entgiften will. Er handelt
nicht aus Überheblichkeit, sondern aus innerer Überzeugung. Er denkt an ökumenische Kollekten und an den ost-
kirchlichen Brauch von im Gottesdienst gesegneten Broten
(»Eulogienbrote«), die an Nichtkatholiken verteilt werden
können. Schon im Mittelalter hätten sie als eine Art Kom-
munionersatz gedient. Auch wo eine eucharistische Gemeinschaft nicht möglich ist, sei dies eine wirkliche, bis ins
Körperliche hinein reale Art, auf die man anders und doch
beieinander sei, also »kommunizieren« könne. So könne
man die Spaltung in ein gegenseitiges Geben umwandeln.

»Spaltungen müssen sein«

Dieser Vorschlag zeigt die tiefe Gespaltenheit von Ratzingers Ansatz. In ihm schlägt sich ein Rest von der Offenheit nieder, die sich in den 1960er Jahren noch ungehindert zeigt. An guten, religiös bezogten Beziehungen ist
ihm durchaus gelegen und seine Freundlichkeit gegenüber

Nichtkatholiken (und Vertretern anderer Religionen, Vertretern des Judentums zumal) ist ernst gemeint; darin kann er sich von einer großen Mehrheit des Kirchenvolks unterstützt wissen. Aber zu seinem monologisch-überzeitlichen, autoritären, auf die Kirchenväter fixierten und klerikal gefestigten Kirchenbild will und kann er keinen Abstand gewinnen. Er verteidigt es immer distanzloser und weist jede Korrektur seines Denkens zurück. In seinem letzten Buch spricht er freundlich, aber entschieden vom päpstlichen Primat; er selbst sei eben mehr als nur ein »Erster unter Gleichen«, und dies bringt ihn sogar in Gegensatz zu seinen nächsten Kollegen, den Patriarchen des Ostens. Seine Rolle sei ihm in der Geschichte »zugewachsen«, wie er wissen lässt.[15] In seinen Worten über die evangelische Kirche zeigt sich jedoch eine Aversion, die erschreckt und die frühere Kritik verstärkt. Als einzige der genannten Kirchen hätten sich die evangelischen Kirchen von der katholischen eher entfernt. Eine Vielfalt von Indizien soll dies begründen; man nimmt sie mit Erstaunen zur Kenntnis:

> »Aber auch nach Ansicht römisch-katholischer Bischöfe haben Teile der protestantischen Kirchen unter dem Druck der Moderne vieles von ihren Traditionen aufgegeben. Sie hätten sich seit den 70er Jahren zunächst sozialistisch, dann ökologisch und heute feministisch ausgerichtet, mit neuer Tendenz zum Gender-Mainstream. Der Dialog werde mit dem Ziel einer Protestantisierung der katholischen Kirche geführt, die als rückständig dargestellt werde, um sich als progressive Alternative profilieren zu können.«[16] »Man muss tatsächlich feststellen, dass der Protestantismus Schritte getan hat, die ihn eher von uns entfernen; mit der Frauenordination, der Akzeptanz homosexueller Partnerschaften und dergleichen mehr. Es gibt auch andere ethische Stellungnahmen, andere Konformismen mit dem Geist der Gegenwart, die das Gespräch erschweren.«[17]

Eine solche Sprache lässt auf keine Annäherung hoffen, zumal Papst Benedikt auf biblische und frühkirchliche Ausgangspunkte keinerlei Bezug mehr nimmt. So spaltet er seine Freundlichkeit endgültig in die Sphäre der Gesten und Gebärden ab. Im genannten Dokument von 1986 beruft er sich auf die geheimnisvolle Aussage von 1 Kor 11,19: »Spaltungen *müssen* sein.« Der Korintherbrief wendet seinen Hinweis jedoch zur Drohung: »Nur so wird sichtbar, wer von euch treu und zuverlässig ist.« Über diese Treue und Zuverlässigkeit ist nichts zu hören, obwohl er zumindest sie mit anderen Kirchen einvernehmlich besprechen müsste. Für Joseph Ratzinger schien es schon damals unbestreitbar, dass (nur) der Papst *über* den Parteiungen steht. So gesehen gibt es im Augenblick keine Instanz, die – faktisch und ideologisch – die innerchristlichen Spaltungen stärker zementiert als das Amt, das sie zu überwinden behauptet. Dass die katholische Topelite diesem *Essential* päpstlichen Selbstverständnisses unbesehen folgt, ist unbestreitbar, aber angesichts der christlichen Botschaft auch unverzeihlich. Verdrängt und vergessen ist die – jahrhundertelang akzeptierte und kirchenrechtlich verbriefte – Pflicht der Bischöfe zum Widerspruch in Fällen, da ihr Gewissen und das Wohl ihres Bistums ein anderes Handeln gebieten.[18] Der Aufruf von Hans Küng vom April 2010 hat eine unbestreitbare kirchliche Legitimation. Dabei formuliert er mit großer Vorsicht. Unter Berufung auf Paulus, der dem Petrus ins Angesicht widerstand (Gal 2,11), schreibt er: »Ein Druck auf die römischen Autoritäten im Geist christlicher Brüderlichkeit kann legitim sein, wo diese dem Geist des Evangeliums und ihrem Auftrag nicht entsprechen.«[19]

4. Guter, folgenloser Wille

So zeigt sich seit den 80er Jahren eine Stagnation, die Johannes Paul II. 1995 in seiner Enzyklika zum Stand der Ökumene fortschreibt.[20] Wieder fällt die Diskrepanz zwischen persönlicher Warmherzigkeit und offizieller Kälte auf. Er, der von seiner menschlichen Schwachheit spricht (Nr. 4), besteht programmatisch auf der »Unversehrtheit des geoffenbarten Glaubens« (Nr. 18) und bedauert in entwaffnend selbstbezogener Naivität, dass »viele Christen das Evangelium« nicht immer »in der gleichen Weise auslegen wie die Katholiken« (Nr. 68). Und ohne jede neue Akzentsetzung bringt er gegenüber den Protestanten wieder die klassischen klerikalen Differenzpunkte in Anschlag: Verhältnis von Schrift und Tradition, Eucharistie, sakramentales Amtsverständnis, oberstes Lehramt und die Lehre von Maria. Entgegen aller historischen Erfahrung beansprucht er erneut, für alle christlichen Gemeinschaften »den Vorsitz in der Wahrheit und in der Liebe [zu] führen, damit das Boot ... nicht von den Stürmen zum Kentern gebracht wird und eines Tages sein Ufer erreichen kann« (Nr. 97). Bei diesem Gesprächsprofil ist es bis hinein in die Gegenwart geblieben.

Stagnation in der Theologie

Damit ist auch die Theologie erneut zur Stagnation verurteilt. Zwei theologische Dokumente aus demselben Hause mögen das zeigen. Das erste ist ein »Memorandum zur Reform und Anerkennung kirchlicher Ämter«, im Jahr 1973 von sechs ökumenischen Universitäten (drei katholischen und drei evangelischen) erarbeitet.[21] In 23 Thesen wird der damalige intensiv besprochene und weitgehend schon einvernehmliche Diskussionsstand anerkannter Theologen zusammengefasst und in mehreren Beiträgen ausführlich begründet. Damals lautet die letzte These:

> »Da einer gegenseitigen Anerkennung der Ämter theologisch nichts Entscheidendes mehr im Wege steht, ist ein hauptsächliches Hindernis für die Abendmahlsgemeinschaft überwunden. Wo ein gemeinsamer Glaube an die Gegenwart Jesu Christi im Abendmahl vorhanden ist, ist eine gegenseitige Zulassung zum Abendmahl möglich.«

Die Thesen sind sorgfältig begründet und kein einziger Diskussionspunkt war inzwischen von der weiteren Forschung falsifiziert. Dennoch hat die katholische Kirchenleitung diese theologische Standardargumentationen nicht zur Kenntnis genommen.[22]

30 Jahre später erscheint wiederum ein Memorandum, jetzt mit dem Titel »Abendmahlsgemeinschaft ist möglich«.[23] Angesichts der prekären Gesamtsituation geht dieses Konsenspapier bescheidener vor als sein Vorgänger. Man beschränkt sich darauf, in kürzester Form den Stand der Forschung und Meinungsbildung zu referieren. Auch die insgesamt elf Thesen sind zurückhaltend, aber präzise, differenziert, mit überbordenden Literaturverweisen untermauert.

> These 7.2 lautet: »Ökumenische Dialoge haben zu einer weitreichenden Übereinstimmung in den traditionell kontroversen Themen im Verständnis des Abendmahls geführt. Deshalb hindern weiter bestehende Unterschiede eine gemeinsame Feier des Abendmahls nicht.« Es folgt These 7.3: »Trotz weiter bestehender Gegensätze in der Amtsfrage ist heute eine Annäherung im Grundsätzlichen erreicht, die eucharistische Gastfreundschaft ermöglicht.«

Diese Formulierungen zeigen in ihrer Genauigkeit auf den ersten Blick die vom Schriftbefund her erhärteten Fortschritte, auf den zweiten Blick die Verhärtung der katholischen Kirchenleitung. Wenn sich nämlich über einen Zeitraum von 30 Jahren ein ökumenischer Konsens in dieser Weise hält, ist nicht mehr zu verstehen, warum sich ihm eine Kirchenleitung verschließt. Sie ist samt ihren offiziellen Gremien öffentlich zur Rechenschaft zu ziehen – nicht weil man ihr ihre Entscheidungskompetenzen abspricht, sondern weil sie den rational verantworteten Diskurs ignoriert. Sie stellt sich immer noch über die Räume der Kommunikation und Interaktion, in denen sich Ökumene faktisch und in christlicher Verantwortung schon lange vollzieht.

Die Thesen von 2003 zeigen erneut, warum die Kirchenleitungen immer wieder ausweichen können. Aus kontroversen Geschichtsverläufen können sich zwar Konvergenzen ergeben, aber aus geschichtlichen und kulturellen Gründen können sie nie zu rechnerisch identischen Aussagen führen. Doch der eingefleischte hellenistische Rationalismus macht das Gespräch wieder zunichte[24], einen ungeschuldeten Vertrauensvorschuss lässt eine autoritäre Vollmachtslogistik nicht zu. Die Grundfrage lautet also: Will Rom sich Christen anderer Konfessionen endlich zuwenden, nicht um sie zu beurteilen, sondern um sie zu verstehen und um in den vielen erarbeiteten Konvergenzen zu einer wohlwollenden Bejahung zu kommen? Genau zu diesem letzten Schritt hat sich die katholische Kirche, in ihren Zwängen gefangen, noch nicht bereitgefunden.

Rechtfertigung und Ablass

Der neue Papst ist davon nicht abgewichen, auch wenn sich die Gesprächslage inzwischen verändert hatte, schließlich unterzeichneten am 31.10.1999 der Lutherische Weltbund und ein Vertreter der römischen Kurie eine *Gemeinsame*

Erklärung zur Rechtfertigungslehre. Über sie war ein »differenzierter Konsens« erzielt worden.[25] Auf den ersten Blick war dies ein wichtiger Schritt, denn die Rechtfertigungslehre gilt noch immer als der entscheidende Kontroverspunkt, der in der Reformation zur Kirchenspaltung führte und über den man sich – bis 1957 – trefflich streiten konnte. Jetzt endlich müssten weitere Einverständnisse möglich sein. Zumindest war zu hoffen, dass diese neue Gesprächsbasis die verkrampften Fixierungen auf Amts- und Sakramentskontroversen lösen könnte. In der Tat versucht Papst Benedikt während seiner Kölnreise im August 2005 einen breiteren Ansatz zu gewinnen:[26] Es gehe letztlich nicht um die Kirchen, sondern um die Menschen: »Die eigentliche Frage ist doch die der Weise der Gegenwart des Wortes Gottes in der Welt.« Man hört diese Perspektive erleichtert, denn jetzt endlich schiebt sich Rom nicht schon wieder zwischen den jesuanischen Impuls und eine zu belehrende Menschheit. Wäre das nicht der Anfang vom Ende der klassischen Egozentrik, aus der man sich nie lösen konnte?

Aber wieder fällt Benedikt auf die katholische Selbstschau zurück, auch wenn er sie mit Worten umschreibt, die evangelischen Christen weniger verdächtig klingen. Er spricht von der »Verflechtung von Wort und Zeuge und Glaubensregel« und meint damit: Die christliche Botschaft kann nur von offiziellen Amtsträgern und im Rahmen der katholischen Lehre gültig verkündet werden. Und nach vielen Freundlichkeiten sagt er es wünschenswert deutlich. Zwar wolle er keinen Rückkehr-Ökumenismus; Vielfalt könne in der Einheit also bestehen. Aber zugleich nennt er seine unverzichtbare Bedingung, die alle Offenheit wieder relativiert: Diese Einheit bestehe »unverlierbar in der katholischen Kirche ... die Kirche ist ja nicht überhaupt verschwunden aus der Welt«. Anders gesagt: Wenn eine Kirche existiert, dann die katholische. Konkret: Wenn eine Kirche möglich ist, dann nur in der Gestalt der römisch-katholischen Kirche und der östlich-orthodoxen Kirchen, falls sie den Rechtsvorrang des Papstes anerkennen.

So sind wir also keinen Schritt weitergekommen. Die bekannte De-facto-Politik wird fortgesetzt. Nur einen Monat nach der hoffnungsvollen Erklärung von Augsburg hat Johannes Paul II. die alte Ablasspraxis wiederbelebt, so als wäre nichts gewesen und als wäre man den evangelischen Christen dafür keine Erklärung schuldig.[27] Schon die Wortwahl des Papstes muss bei allen, die die Schrift und die Geschichte der Reformation genauer kennen, Verwunderung hervorrufen: Die Kirche, heißt es da ohne jeden Vorbehalt, stelle in der Welt die lebendige Gegenwart der Liebe Gottes dar. Durch den Dienst seiner[!] Kirche breite Gott in der Welt seine Barmherzigkeit aus »durch jene kostbare Gabe, die mit dem uralten Namen ›Ablass‹ bezeichnet ist«. So bleiben wir an dem Punkt stehen, auf den uns dann das ökumenefeindliche Dokument *Dominus Iesus* im August 2000 endgültig festlegen wird. Aber das ist nur die Geschichte einer halbierten, nämlich der klerikal von oben gesteuerten Ökumene, die das ökumenische Feuer an der Basis nicht löschen konnte.

5. Basisökumene im Aufbruch

Allerdings müssen sich die Treuhänder der offiziellen Ökumene fragen, ob sie innerhalb der katholischen Kirche ihre selbstbezogenen Ziele je erreichen können, denn faktisch hat sich die Basis ihrem Zugriff schon lange entzogen. Die ökumenischen Impulse und Versprechungen des 2. Vatikanischen Konzils wurden nicht vergessen, sondern an vielen Orten in die Tat umgesetzt. Lange übte man sich in Geduld, inzwischen ist die theologische Unhaltbarkeit der offiziellen Ökumene auch nach intensiven Gemeindeerfahrungen erkannt. Gegebenenfalls reagieren die Kirchenleitungen mit massivem Widerstand. Gemeindpfarrer werden gerügt, Pionierkräfte marginalisiert, systemkritische und vorandrängende Theologinnen und Theologen aus der offiziellen Diskussion systematisch ausgeschaltet, ihr Verhalten als »protestantisch« diskriminiert; manche werden mit direkten oder indirekten Disziplinarmaßnahmen belegt.

Elementare Kriterien

Der Grund liegt allerdings nicht darin, dass sie formal von irgendeiner Glaubensfrage abweichen, also die Rechtfertigungslehre anders auslegen, Luther oder Calvin vielleicht für einen guten Theologen halten. Es gibt dafür einen spezifischen Grund: Ökumenisch engagierte Kirchenglieder nähern sich einer anderen, etwa der lutherischen oder der reformierten Glaubensform an und legitimieren sie dadurch indirekt. Damit bedrohen sie die (vermeintliche) Identität des Katholischen, die eng mit dessen klerikaler Struktur (Autorität, Dogmatismus, Sakramentalismus) verwoben ist und keine anderen Wege der Identifikation anerkennt. Dieses Andere bedroht und gefährdet das Katholische, weil es diesem so eng verwandt ist. Die ökumenefreundlichen Gedanken und Visionen finden deshalb so viel Interesse und Anklang, weil sie in aller Regel aus der Welt der Schrift und der frühen Kirche schöpfen, gegen die sich die aktuelle katholische Kirche nur schwer wehren kann. Schließlich erhielt das katholische Lehramt in der

Neuzeit einen so hohen Stellenwert, damit es zum Schutze der eigenen Ideologie die Erinnerung an Jesus von Nazareth, an die Schrift und an die frühe Kirche zähmte.

Inzwischen misst die Basis den ökumenischen Fortschritt an elementaren Kriterien. Sie deutet die bischöflichen Dauerwarnungen und -verbote als Unfähigkeit zum ökumenischen Dialog und als Beharren auf feudal geprägten Amtsprivilegien. Die Behauptung, nur katholisch (und orthodox) geweihte Priester und Bischöfe könnten gültig die Sakramente der Eucharistie und der Buße spenden (und Gemeindeleiter ordinieren), hat jede biblische und geschichtliche Plausibilität verloren. Zusammen mit evangelischen Christen gilt dieses Verhalten als unverbesserliche »Rückkehrökumene«.[28] Dagegen etabliert sich die Basisökumene immer mehr als »Einheit in subversiver Gemeinschaft«.[29] Als eine bewusste und skandalöse Verweigerung des christlichen Heils wird das Verbot eucharistischer Gastfreundschaft verstanden: Die offizielle katholische Kirche bestreitet dem österlichen Christus das Recht, alle zum Mahl der Versöhnung einzuladen, die sich zu ihm bekennen. Im Gegenzug findet man bei Kurt Koch – inzwischen zum Kardinal erhoben und zum Präsidenten des päpstlichen Einheitsrats ernannt – die erstaunliche, ausführlich diskutierte Überschrift: ›»Christus lädt zum Abendmahl ein«?‹[30] Er wagt es doch wirklich, diese neutestamentliche Selbstverständlichkeit zugunsten klerikaler Vorbehalte mit einem Fragezeichen zu versehen. Offensichtlich kann nur eine klerikale Topelite, die sich Christus bedenklich nahe fühlt[31], diesen Satz in Verteidigung eigener Kompetenzen in Frage stellen. Seit der Reformation gibt es keinen flagranteren Testfall, in dem sich die Kirche der Kleriker erneut zwischen Christus und die Gläubigen drängt, so als hänge Gottes Gnade vom katholisch priesterlichen Handeln ab. Damit verhärtet sie die bizarre Situation einer zerstrittenen Christenheit, die behauptet, sie setze für eine friedlose Welt Zeichen der Versöhnung.

Eingedenk dieser unerträglichen Situation gehen Basisbewegungen und viele Gemeinden inzwischen ihre eigenen Wege; das römische Trennungsdiktat wird nicht mehr akzeptiert. Dagegen reagiert Rom unerbittlich. Beispiele dafür bieten in Deutschland die beiden Ökumenischen Kirchentage von Berlin (2003: Ihr sollt ein Segen sein) und München (2010: Damit ihr Hoffnung habt). Zwar war der Berliner Kirchentag als die erste offizielle ökumenische Großversammlung angekündigt und immerhin begrüßten 20.000 Teilnehmer begeistert den Dalai Lama, als stünde eine interreligiöse Begegnung im Zentrum. Aber in Sachen Ökumene wurden schließlich zwei katholische Priester, Gotthold Hasenhüttl und Bernhard Kroll, suspendiert, weil sie evangelische Christen zur katholischen Eucharistie eingeladen bzw. in einem evangelischen Gottesdienst die eucharistischen Gaben mit ausgeteilt haben. So setzt ausgerechnet ein ökumenischer Kirchentag Zeichen der Spaltung; kein einziger Bischof meldet sich zu Wort. In München hat man solche Versuche in offizieller Öffentlichkeit gleich gar nicht mehr unternommen; was am Rande dennoch geschah, drang kaum an die Öffentlichkeit. Ansonsten blieben die Positionen einzementiert. Enttäuschung und Resignation war an allen Orten zu spüren, es sei denn, man löste sich vom offiziell kirchlichen Geschehen und vertiefte seine Erfahrungen in ökumenischen Bibelkreisen und Begegnungen.

Wie lässt sich diese Basisökumene von Dissidenten rechtfertigen? Zum einen handeln sie im Sinne des 2. Vatikanischen Konzils, das der Gemeinschaft des »Gottesvolkes« seine Würde wenigstens prinzipiell zurückgegeben hat. Ein Klerus, der die Initiativen der Basis konsequent ignoriert, handelt im Sinne des Konzils schismatisch, weil er ein Schisma von oben provoziert bzw. leichtfertig in Kauf nimmt. Zum andern übersieht die Kirchenführung erneut die Zeichen der Zeit, an die das Konzil erinnert hat. Die zentralen Kristallisationspunkte kirchlicher Identität waren und sind ja nicht eine bestimmte hochabstrakte Glaubenslehre und sakramentale Übungen, sondern die konkreten und höchst widersprüchlichen Lebenswelten der Gläubigen, ihre nie abgeschlossenen oder fixierbaren Glaubenserfahrungen und die Konfrontationen mit einer ständig veränderten Lebenspraxis, die sich den gängigen Glaubensformeln immer wieder entzieht. Das alles war und ist mit dem konziliaren Schlagwort des *aggiornamento* gemeint.

Mehr noch, unter den beschriebenen klerikalen Bedingungen *kann* eine Kirchenleitung diese Welterfahrungen in ihrer Vielfalt und Dynamik nicht in sich aufnehmen, denn von vornherein schließt sie bestimmte Lebensräume (etwa die von Ehe und Sexualität) ebenso aus wie eine ebenbürtig gleichberechtigte Kommunikation, reagiert zudem in selbstbezüglichen Mechanismen. Von alters her verhält sie sich als belehrende Kontrolleurin statt als kommunizierende Begleiterin.[32] In einer demokratisch konstituierten Epoche verkennt sie so grundlegende Ausgangspunkte gelingender Menschlichkeit, die schließlich auch christlichen Kirchen aufgetragen ist.[33] Den angedeuteten

Mangel an Begegnung und Erfahrung zeigen viele Analysen von Papst Benedikt, der die gegenwärtige Welt und Gesellschaft nicht unbesorgt, aber in undifferenzierten Kontrasten zeichnet. Das Neue und Unerschlossene, die Überraschungen und Herausforderungen nimmt er kaum zur Kenntnis. Die Ökumene an der Basis hat ja nur teilweise damit zu tun, dass sich kirchliche Gemeinschaften *als solche* begegnen. In ihnen begegnen sich Menschen, Glaubende und Zweifelnde, Begeisterte und Enttäuschte, Kenner(innen) der Vergangenheit und Künder(innen) der Zukunft, Fachleute der Kulturen und der Technik. Die Basisökumene lebt vor allem davon, dass sich in dieser Begegnung religiöse Lernprozesse, neue Erfahrungen und Welten öffnen. Ökumene wird zur Erweiterung der eigenen Menschen-, Welt- und Lebenserfahrung. Die Möglichkeiten ästhetischer und existentieller Selbstverständigung steigern sich in Aktion und Besinnung, in Gespräch und Gottesdienst. Sie inkarnieren und befreien sich in anderen Welten.

Andere Welten? Während des Ökumenischen Kirchentags in München überrascht folgende Pressemeldung die Öffentlichkeit: »Mit einer orthodoxen Vesper auf dem Odeonsplatz hat der 2. Ökumenische Kirchentag die Gemeinschaft der Christen sichtbar gemacht: An 1000 Tischen teilten mehr als 10.000 Christen gesegnetes Brot.« Andere Meldungen sprachen von 20.000 Menschen. Was war geschehen?

In Erinnerung an die Speisung der Fünftausend feiern die orthodoxen Kirchen einem alten Brauch gemäß die *artoklasia* (das »Brotbrechen«) an Karsamstagen, den Vorabenden liturgischer Feste oder einfach als Abendgottesdienst. Brote werden gesegnet und zusammen mit Wasser, Olivenöl und Früchten (in diesem Fall Äpfel) in liturgischem, von Gebeten begleitetem, musikalisch gestaltetem Rahmen verteilt. Man bricht miteinander die Brote, gießt einander Wasser in die Becher, salbt einander mit Öl und reicht einander die Früchte. Die Analogie zum eucharistischen Brechen des Brotes ist offenkundig, ebenso die Erinnerung an die Agapefeiern (festliche Mahlzeiten) der Urkirche. Diese Feier wird für viele zum Höhepunkt des Kirchentags, weil sie die vorenthaltene gemeinsame Mahlgemeinschaft ersetzt. Brot wird gebrochen und geteilt, der Trank gegenseitig gereicht, Christus ist für die hier vereinten Christen in ihrer Mitte. Es bedarf schon genauer kirchenrechtlicher Interpretationskunst, will man mit dieser Situation *nicht* die Erfahrung eines gemeinsamen Abendmahls verbinden, zu dem Christus eingeladen hat. Schließlich sind im Geist getaufte und im Bekenntnis zu Jesus Christus vereinte Christinnen und Christen zusammengekommen, um der großen Heilsbotschaft zu gedenken. Hier wird sie zu einer Wirklichkeit, die Viele als ein sakramentales Ereignis erfahren.

Man erinnert sich gerne, dass Joseph Ratzinger als Glaubenspräfekt schon einmal auf diesen Ritus aufmerksam machte. Aber er versteht ihn als Ersatzhandlung, die Katholiken mit den Christen einer anderen Gemeinschaft vollziehen können, die Ratzinger gerade nicht für eine Kirche hält. In seiner klerikalen Denkwelt hat er die Tatsache verdrängt, dass es unter Getauften keine wesentlichen Unterschiede mehr gibt.

6. Wege und Auswege

Wie aber gehen wir konkret mit diesem Programmwort um? Wird dann schon alles gut und erobern wir schon dadurch eine neue christliche Freiheit, dass wir auf andere Konfessionen zugehen? Vorsicht ist geboten, denn genau besehen erliegen auch andere Konfessionen, wenn auch weniger ausdrücklich, der katholischen Versuchung. Auch die orthodoxen Traditionen sind in einer hellenistischen, längst vergangenen Denkwelt befangen, und reformatorische Traditionen verteidigen allzu oft ein altehrwürdiges, in hehre Kulturgüter eingebundenes Erbe. Im Grunde stehen sich die Dialogteilnehmer näher, als ihnen selbst bewusst ist; sie alle sind in sich selbst verliebt. Deshalb bleibt die »gegenseitige Versöhnung« immer ein unklares und instrumentalisierbares Projekt. Nach allen Erfahrungen kann sie ein unverzichtbarer, aber kein hinreichender Maßstab sein, denn sie ist nicht vor selbstgefälligen Rekonstruktionen geschützt.

Die zentrale Frage ist deshalb nicht einfach institutionell kirchlicher, sondern zugleich spiritueller und politischer Art. Für Christen muss sie lauten: Wie lassen sich die christliche Botschaft und die Nachfolge Jesu vor Ort verwirklichen? Der Weltrat der Kirchen macht es uns seit den 70er Jahren vor: Wir erreichen Fortschritte in der gegenseitigen Annäherung nur, wenn wir uns den Fragen von Mensch und Gesellschaft stellen. Religiöse Impulse sind nur wirksam, wenn sie in einer überzeugenden Praxis begründet sind und von ihr vorangetrieben werden.

- Es sind – im Kleinformat individueller Lebensorte – die Hoffnungen und die Enttäuschungen von Menschen, persönliche Orientierungsfragen und Fragen der Erziehung, des Umgangs mit den Arbeits- und Mutlosen, den Alten und denen, die ihr Leben nicht mehr meistern.
- Es sind – auf den großen Weltbühnen – die Fragen des Rassismus und des Sexismus, der weltweiten Armut

und der globalen Ungerechtigkeit, der voranschreitenden Fiskalisierung und der Ausbeutung unserer Natur.

- Es sind schließlich – im weltethischen Blick und auf religiöse Lebensentwürfe bezogen – die großen Lebensregeln, in denen sich alle Weltreligionen begegnen, seien es Lebensrespekt und Gerechtigkeit, Wahrhaftigkeit und gegenseitige Treue, das Humanitätsprinzip der Goldenen Regel.

Die Kirchen finden zueinander, wenn sie im Horizont und im Dienst dieser Fragen ihre eigenen Machtstrukturen relativieren und ihre partikulare Interessenpolitik zurückstellen, also auch ihren Klerikalismus überwinden. Es gibt ihn nicht nur in der katholischen Kirche. Biblisch gesehen ruht die Kirche nicht in sich, sondern erwartet Gottes Reich.

Deshalb ziehe ich für die christliche Ökumene zum Schluss dieses Kapitels eine politische, eine interreligiöse und eine spirituelle Konsequenz.

(1) *Politisch* bedeutet »Reich Gottes«: Zumal die katholische Kirche, eine weltweite Gemeinschaft von 1,2 Milliarden Menschen, kann sich weder den großen Fragen der Weltagenda noch der großen Utopie eines Weltfriedens entziehen. Sie lassen sich weder ignorieren noch für die eigenen Interessen zurechtbasteln oder auf klerikal inspirierte Ziele hin instrumentalisieren. In seinem jüngsten Buch wirft Papst Benedikt der Welt eine »Diktatur des Relativismus« mit dem Argument vor, sie verweigere seiner Kirche das Recht, die Frauenordination abzulehnen und Homosexualität zu verurteilen. Mit solcher Interessenpolitik kann sein Regime vor der Utopie von Gottes Reich nicht bestehen.[34]

(2) Für das *interreligiöse* Gespräch bedeutet »Reich Gottes«: Die großen Menschheitsfragen nach Herkunft

und Zukunft, nach Sinn und Ziel von Wirklichkeit und Leben, nach dem ganz Anderen, das die Wirklichkeit umfängt, sind lebendiger denn je. Sie sind so umfassend, so vielfältig und gegensätzlich, dass wir mit einer Antwort nie ans Ende kommen können. Deshalb kann es nie einfach um eine kritiklose Zustimmung zu anderen Konzeptionen gehen, wohl aber um die gemeinsame Suche, um das Gespräch sowie um die Erkenntnis, dass es wohl sinnvolle Überzeugungen, aber keine – wie die klerikale Tradition meint – »objektiven« Wahrheiten geben kann.[35] Deshalb kann eine christliche Kirche nicht von Angst und Ablehnung anderer Religionen, sondern nur von Neugier und Respekt gegenüber anderen Systemen der Sinnschaffung getragen sein. Nach gegenwärtiger offizieller Doktrin sind alle nichtchristlichen Religionen »objektiv« mit schweren Defiziten behaftet.[36] Unbeschadet aller Glaubensgewissheit ist dieser selbstsichere und klerikal genährte Überlegenheitskomplex unerträglich.

(3) *Spirituell* lebt das Christentum aus der Idee, dass Gottes Reich – als Reich der Vergebung und der Freiheit – schon Gegenwart ist und jetzt schon in der Gemeinschaft derer gelebt werden kann, über die Gottes Geist ausgegossen ist. Diesem Geist der handlungsfähigen Freiheit und der beherzten Selbstverständlichkeit widerspricht der Zaun der Hindernisse und der Vorbedingungen, den das klerikale Denken, wie oben beschrieben, ausgerechnet gegenüber den Schwesterkirchen aufgerichtet hat. Schon in Israel wusste man, dass die Netze der Fallensteller gerissen und wir frei sind (Ps 124,7). Es ist nicht nur das Recht, sondern auch die Pflicht des Gottesvolkes, diese Freiheit in Anspruch zu nehmen und möglichst viele von denen mit in die

Freiheit zu führen, die heute noch von unchristlichen Fesseln gehalten sind.

So wird die christliche Ökumene zur solidarischen Einübung in die große Ökumene der Religionen und der ganzen Welt. Nur der Abschied von ihrem selbstbezogenen Klerikalismus und nur die Wiedereinsetzung des Gottesvolkes in seine kirchengründende und kirchenerhaltende Funktion kann der katholischen Kirche wieder zu einer Nähe zu Welt und Gesellschaft verhelfen, auf die sie in den ersten Jahrhunderten stolz sein konnte. Heute könnte die katholische Kirche in und aus ihrer Begegnung mit anderen Religionen etwa neu lernen, was sie lange Zeit vergessen hatte. Es ist die Leidenschaft für die Anderen, die Empathie für die Leidenden und die Solidarität mit ihrem Leiden. Es ist die ganz unklerikale, politisch höchst effektive Lebensgemeinschaft mit einer Welt, die trotz aller Säkularität auf die Ressourcen der Religionen angewiesen ist.

Im April 2001 haben wichtige Repräsentanten europäischer Christen Leitlinien zur weiteren ökumenischen Zusammenarbeit unterzeichnet.[37] Die Charta entwirft ein umfassendes Konzept des Dialogs und eines gemeinsamen Handelns zum Aufbau eines sozial, kulturell und interreligiös integrierten Europa. Einer der Programmpunkte trägt den Titel: »Dialoge fortsetzen«. Zum Dialog, wird gesagt, gebe es keine Alternative, und bei schweren Dissensen seien die Fragen »im Licht des Evangeliums zu erörtern«. Dem guten Willen und den Absichtserklärungen der Charta ist voll zuzustimmen. Doch müssen die Unterzeichner des wichtigen Dokuments auch erkennen: An der Basis christlicher Kirchen gelten schon viele Fragen der Lehre und der Ethik als gelöst, über die in offiziellen Rängen noch keine Einigung erkennbar ist. Es wird endlich Zeit, die Prozesse des Redens und des Hörens einmal umzukehren. Denn der Geist wirkt nicht nur unter Gelehrten und Geweihten. Er wirkt ebenso dort, wo glaubende Menschen im Geiste Christi und in der Erfahrung eines christlichen Lebens zusammenkommen. Die Ökumene ist viel weiter, als man es sich in Rom und in manchem Ordinariat vorstellen kann.

1 *Benedikt XVI.*, Licht der Welt. Der Papst, die Kirche und die Zeichen der Zeit. Ein Gespräch mit Peter Seewald, Freiburg 2010, 71.

2 *Ansgar Frenken*, Die Erforschung des Konstanzer Konzils (1414 - 1418) in den letzten 100 Jahren, Paderborn 1996.

3 *Benedikt XVI.*, Licht, 212.

4 Erklärung des Präsidenten des Päpstlichen Rates zur Förderung der Einheit der Christen vom 05.12.2003 zur theologischen Verbindlichkeit des oben genannten Ökumenismusdekrets.

5 Athenagoras I. war 1948-1972 Patriarch von Konstantinopel, nach alter Tradition nach dem Papst (als Patriarchen der westlichen Kirche) der ranghöchste kirchliche Amtsträger. Unter seinem Amtsvorgänger kam es 1054 zum Großen Schisma.

6 Der »Ökumenische Rat der Kirchen« (»World Council of Churches«, 1948 offiziell in Amsterdam gegründet) umfasst im Augenblick als Mitglieder insgesamt 349 Kirchen, Denominationen und kirchliche Gemeinschaften. Aus vielfachen, hier besprochenen Gründen ist ihm die katholische Kirche nie als Mitglied beigetreten. Sie hat aber den Status eines Beobachters und arbeitet in vielen Kommissionen und Projekten mit.

7 *Frieder Schulz*, Die Lima-Liturgie. Die ökumenische Gottesdienstordnung zu den Lima-Texten. Ein Beitrag zum Verständnis und zur Urteilsbildung, Kassel 1983.

8 Erläuterung zur Lehre von der Eucharistie (Salisbury 1979) der Anglikanisch/Römisch-Katholischen Internationalen Kommission, Nr. 10, dokumentiert in: *Harding Meyer* u.a. (Hg.), Dokumente wachsender Übereinstimmung. Sämtliche Berichte und Konsenstexte interkonfessioneller Gespräche auf Weltebene, 1931-1982, Paderborn 1983; 143-148; Zit. 148.

9 *Wolfgang Huber*, Ökumene der Profile, Freiburg 2007.

10 *Joseph Ratzinger*, Probleme und Hoffnungen des anglikanisch-katholischen Dialogs, in: Communio 12 (1983), 244-259.

11 *Hans Küng,* Fischen am rechten Rand, in: Publik-Forum, Nr. 22 (2009), 52-53.

12 *Joseph Ratzinger,* Luther und die Einheit der Kirchen, in: Communio 12 (1983), 568-582.

13 *Paul Hacker,* Das Ich im Glauben bei Martin Luther, Graz 1966.

14 *Joseph Ratzinger,* Zum Fortgang der Ökumene. Ein Brief an die Theologische Quartalschrift, in: Theologische Quartalschrift 166 (1986), 243-248.

15 *Benedikt XVI.,* Licht, 114.

16 *Benedikt XVI.,* Licht, 118f.

17 *Benedikt XVI.,* Licht, 119.

18 *Hans-Jürgen Guth,* Ius Remonstrandi. Das Remonstrationsrecht des Diözesanbischofs im kanonischen Recht, Freiburg (Schweiz) 1999.

19 Der genannte Offene Brief aus Anlass des fünfjährigen Pontifikats ist u.a. abgedruckt in der Süddeutschen Zeitung vom 15.05.2010. Die entsprechende Passage beginnt mit dem Satz: »Uneingeschränkter Gehorsam allein Gott geschuldet.«

20 *Johannes Paul II.,* Enzyklika *Ut unum sint* (»Dass sie eins seien«) vom 25.03.1995.

21 *Reform und Anerkennung kirchlicher Ämter.* Ein Memorandum der Arbeitsgemeinschaft ökumenischer Universitätsinstitute, München 1973.

22 Zu den damaligen Autoren des Memorandums gehörten die evangelischen Professoren Hans-Heinrich Wolf (Bochum), Edmund Schlink (Heidelberg) und Wolfhart Pannenberg (München), ferner die katholischen Professoren Heinrich Fries (München), Peter Lengsfeld (Münster) und Hans Küng (Tübingen).

23 Centre d'Études oecuméniques (Strasbourg), Institut für Ökumenische Forschung (Tübingen), Konfessionskundliches Institut (Bensheim), Abendmahlsgemeinschaft ist möglich. Thesen zur eucharistischen Gastfreundschaft, Frankfurt 2003.

24 Das bahnbrechende Werk von *Hans Küng* (Rechtfertigung. Die Lehre Karl Barths und eine katholische Besinnung, Einsiedeln 1957) wurde schlicht ignoriert, und die Forschungsergebnisse des überragenden Werkes von *Otto Hermann Pesch* (Theologie der Rechtfertigung bei Martin Luther und Thomas von Aquin. Versuch eines systematisch-theologischen Dialogs, Mainz 1967) wurden nie richtig rezipiert. Man fragt sich, warum Pesch selbst, seitdem im ökumenischen Gespräch intensiv engagiert, das so geschehen ließ.

25 *Friedrich Hauschildt,* Rechtfertigung heute. Warum die zentrale Einsicht Martin Luthers zeitlos aktuell ist, Hannover [2]2008; *Heinz*

Echelmeyer u.a., Einig in der Mitte unseres Glaubens? Die Botschaft von der Rechtfertigung in ihrer Bedeutung für Menschen heute. Eine Arbeitshilfe für das ökumenische Gespräch, Münster 1999.

26 Im Folgenden wird zitiert aus der Ansprache, die Benedikt XVI. am 19.08.2005 bei einem ökumenischen Treffen in Köln im Erzbischöflichen Palais gehalten hat.

27 *Incarnationis mysterium* vom 29.10.1999, in der deutschen Version mit feudalem Aufwand präsentiert als »Verkündigungsbulle des Grossen Jubiläums des Jahres 2000«. Zur gegenwärtigen Ablasspraxis: *Klaus Michael Kodalle*, Sünden vergeben leicht gemacht, DIE ZEIT vom 28.10.2010.

28 *Herbert Koch*, Einheit der Kirche. Besichtigung einer Utopie, Düsseldorf 2007, 124-130.

29 *H. Koch*, 131.

30 *Kurt Koch*, Dass alle Eins seien. Ökumenische Perspektiven, Augsburg 2006, 98.

31 »Natürlich bete ich zuallererst immer zu unserem Herrn, mit dem mich einfach sozusagen diese alte Bekanntschaft verbindet. Aber ich rufe auch die Heiligen an. Ich bin mit Augustinus, mit Bonaventura, mit Thomas von Aquin befreundet.« (*Benedikt XVI.*, Licht, 33)

32 Laut römischem Erlass müssen sämtliche liturgischen Texte der Weltkirche (also aller Länder und Sprachen) im Vatikan zur letzten Kontrolle vorgelegt werden.

33 *Maximilian Liebmann* (Hg.), Kirche in der Demokratie. Demokratie in der Kirche, Graz 1997.

34 »Wenn man beispielsweise im Namen der Nichtdiskriminierung die katholische Kirche zwingen will, ihre Position zur Homosexualität oder zur Frauenordination zu ändern, dann heißt das, dass sie nicht mehr ihre eigene Identität leben darf, und dass man stattdessen eine abstrakte Negativreligion zu einem tyrannischen Maßstab macht, dem jeder folgen muss.« (*Benedikt XVI.*, Licht, 71)

35 Das Musterbeispiel einer solchen Auseinandersetzung findet sich bei *Ursula Baatz*, Erleuchtung trifft Auferstehung. Zen-Buddhismus und Christentum. Eine Orientierung, Stuttgart 2009.

36 Dominus Iesus, Nr.22.

37 Unterzeichner der am 22.04.2001 in Straßburg verabschiedeten *Charta Oecumenica* sind die Konferenz Europäischer Kirchen (KEK) und der Rat der Europäischen Bischofskonferenzen (CCE).

Schluss
Überfällige Reformen – Überfällige Umkehr

»Jetzt ist Zeit für überfällige Reformen«, schreibt die Internationale Bewegung Wir sind Kirche und unterstützt nachdrücklich den offenen Brief, den Hans Küng zum 5. Jahrestag des gegenwärtigen Pontifikats an alle Bischöfe der Welt geschickt hat.[1] Er fordert sie auf, in dieser bedrohlichen Situation nicht länger zu schweigen, Reformen zur Not kollegial und in eigener Verantwortung anzupacken, regionale Lösungen anzustreben und uneingeschränkten Gehorsam dabei nur Gott zu leisten. Zur Lösung der dramatisch aufgebrochenen Reformprobleme fordert er ein Konzil in Erinnerung an das Reformkonzil von Konstanz (1414 - 1418), das sich zu Recht über die Päpste gestellt und dessen fünfjährige Zusammenkunft beschlossen hat. Die Päpste haben sich nicht daran gehalten.

Dieser dramatische Aufruf kommt nicht von ungefähr, denn nach Jahrzehnten des Unmuts und vergeblichen Hoffens ergreift die Krisenstimmung nicht nur kritische Gruppen, sondern auch viele Gemeinden: Die klassische Seelsorge bricht zusammen. Man verweigert ihnen Gemeindeleiter bzw. Gemeindeleiterinnen oder hebt sie nach Maßgabe der fehlenden Priester einfach auf, so als seien die Gemeinden für die Priester da. Erste Reformen könnten schnell vollzogen werden, denn der Zölibat ist nur ein disziplinäres, die Ordination von Frauen nur ein vermeintlich theologisches Problem und die Mitarbeit des Gottesvolks ließe sich durch strukturelle Eingriffe problemlos aktivieren. Reformmodelle gibt es genügend.

Aber das sind nur erste Schritte. Sie könnten die ak-

188

tuelle Misere überbrücken, doch nicht ein tief verwurzeltes Mentalitätsproblem lösen, das in alte und verfestigte Strukturen einzementiert ist. In einem ersten Zugriff hat sich das vorliegende Buch mit vier zentralen Aspekten auseinandergesetzt. Es sprach der rigiden Über- und Unterordnung, die von einem autoritären, absolutistischen, geradezu monologischen Papsttum repräsentiert wird und die gesamte Autoritätsstruktur der Kirche prägt. Es beschäftigte sich mit der hellenistischen, zu Besserwisserei und Ausschluss neigenden Denkform, die jeden Dialog, jede Interaktion und Flexibilität verbietet; sie hat zu einer abgehobenen Denkwelt von Kirchenführern und Theologen geführt, die von keinem Zeitgenossen und keiner Zeitgenossin mehr verstanden wird. Man kann sie nur noch ablehnen oder mechanisch akzeptieren. Analysiert wurde die Entmündigung der Gemeinden, denen ihre ursprüngliche Würde der Geisttaufe und des Christusleibes geraubt wurde und die man zur Unterwerfung unter ein sakralisiertes System missbraucht. Schließlich wurde gezeigt: Einer so geprägten, auf sich selbst fixierten Kirche ist es schlicht unmöglich, sich dem andern, anderen Konfessionen, anderen Religionen und anderen Weltanschauungen in menschlicher Begegnung zu öffnen.

Diese Aspekte – und man könnte noch weitere nennen – sind miteinander verwoben, lassen sich nicht voneinander isolieren und haben zu einem Klerikalismus der Mentalitäten geführt, die nur noch eine Trennung zwischen Oben und Unten, zwischen Gebern und Empfängern, zwischen Wissenden und Hörenden, zwischen Weltlichen und Reinen kennen. Nicht alle Kleriker (also offiziellen Amtsträger) denken in diesem Sinne klerikal. Im Gegenteil, viele leiden unter den unnatürlichen Folgen dieses destruktiven Systems und versuchen, soviel Vernunft und Menschlichkeit wie möglich zu retten. Aber ihre existenziellen und psychischen Belastungen sind oft enorm. Sie fühlen sich wie die Bürgermeister eines besetzten Landes. Er muss sich täglich zwischen Kollaboration und Kampf für seine Anbefohlenen entscheiden; schuldig wird er immer, weil die Kollaboration zur Basis seines Einflusses wird.

Wie ich nur andeuten konnte, ist das nicht nur ein Innenproblem der katholischen Kirche. Sie agiert weltweit, umfasst mehr als eine Milliarde Mitglieder und macht ihre Einflüsse politisch, kulturell und im moralischen Weltdiskurs geltend. Ihre Innenverhältnisse haben also ihre gesellschaftlichen Vorbildwirkungen und Folgen. A. Posener analysiert in seinem lesenswerten Buch das Ausmaß der Probleme, die Papst Benedikt mit der modernen Demokratie hat.[2] Von Angst vor »Relativismus« getrieben, steht er ihr voll Misstrauen gegenüber. Er kann sich mit einer demokratischen Außenwelt nicht versöhnen, weil er sich auch die katholische Kirche nicht demokratisch denken kann. So blockiert er trotz konziliarer Vorgaben die Stärkung oder Wiedereinführung synodaler Elemente und steht der Partizipation von Nichtklerikern bei kirchlichen Entscheidungsgängen äußerst misstrauisch gegenüber. Gewiss, der christliche Glaube geht von Voraussetzungen aus, die ihm vorgegeben sind und die keiner Diskussion unterliegen. Das gilt aber auch für die Demokratie. Christen (und die Angehörigen anderer Religionen) mögen davon überzeugt sein: Ihr Einfluss kann einer Gesellschaft helfen und ihr unerlässliche Problemlösungen vermitteln.[3] Das bedeutet aber noch lange nicht, dass eine säkularisierte Gesellschaft orientierungslos durch die Wellen schlingert.

Aus christlicher Perspektive kann das Gespräch zwischen Kirche und Gesellschaft nur unter drei Voraussetzungen gelingen: Zum einen muss eine Kirche für demokratische Verhältnisse kämpfen und an vorhandenen demokratischen Bedingungen solidarisch mitarbeiten; denn angesichts der jesuanischen Botschaft ist ein Christentum ohne Menschenfreundlichkeit, ohne ein prinzipielles Vertrauen in eine Gemeinschaft und ohne aktive (verstehende, ergänzende, korrigierende) Mithilfe bei deren Versagen nicht denkbar. Zum andern kann eine Kirche ihre Botschaft nicht als besseres und belehrendes Wissen aus vergangenen Zeiten mitteilen. Sie hat – zusammen mit ihren Mitmenschen, Mitbürgern, Zeitgenossen – in gemeinschaftlicher Suche nach Sinnerfüllung, nach einer verbindenden Sprache und nach neuen Formen der Menschlichkeit zu agieren. Schließlich gelingt diese Solidarität nur, wenn die Kirche ihre Heilsversprechen, ihre inneren Motivationen und ihre Spiritualität nicht auf ein tröstendes Jenseits projiziert, sondern an den gegenwärtigen Verhältnissen erprobt.

Die Entwicklung genau solcher Qualitäten wird vom Klerikalismus der katholischen Kirche unterbunden. Sein Autoritarismus verhindert wirkliche Solidarität, sein hellenistischer Denkstil blockiert Verstehen und Empathie, sein wortferner Sakramentalismus beschädigt die Würde der Gesellschaft und seine Egozentrik fördert bloße Interessenpolitik. Der Klerikalismus reproduziert genau die feudale Welt, in der die oberen Ränge noch leben. Benedikt XVI. hat in vielen Artikeln und Ansprachen deutlich gemacht, nach seiner Überzeugung habe Europa seine moralischen Grundlagen vom Christentum, wenn nicht gar von der (katholischen) Kirche empfangen. Das ist eine diskutable These, auch wenn sie intensiver Differenzierung bedarf. Allerdings irrt er in der Meinung, die aktuelle Krise Europas habe mit dem Zustand seiner Kirche nichts zu tun und sei nur im Rückgang auf katholische Wurzeln zu bewältigen. Im Gegenteil, der aktuelle Zustand des Katholizismus ist Teil dieser Krise. Spätestens seit der Vertuschung der Missbrauchsskandale, seit den erschreckenden Enthüllungsschüben in westeuropäischen Ländern, Australien und in den USA lässt sich das kaum mehr bestreiten. Uns beschäftigt kein europäisches Problem, wie der Papst nahelegt, sondern ein Problem der globalisierten Welt. Die aktuelle Krise ist nicht deshalb so atemberaubend, weil sie nur einige Priester und einige Christen eines einzigen Landes betrifft, sondern weil sie weltweite Ausmaße hat. Die katholische Kirche kann nicht mehr anders, als Weltkirche zu sein, deshalb muss sie ihren Klerikalismus nicht mit Notlösungen vor Ort, sondern überall überwinden, um in Sachen Gemeinschaftsfähigkeit, Gerechtigkeit und Versöhnung weltweit wirken zu können. Deshalb eignet allen analysierten Problemen noch eine gesellschaftspolitische Dimension. Wer sich für die Reform der Kirche einsetzt, erweist indirekt auch der Gesellschaft einen Dienst. Der Einsatz für die Reform einer Weltkirche verleiht diesem Dienst tendenziell eine globale Dimension. Wir müssen also handeln. Ich stelle neun Vorschläge zur Diskussion:

Erstens: Die katholischen Gemeinden und Gemeinschaften üben sich in ein *neues Selbstbewusstsein* und in eine Spiritualität der geistbegabten, der offenen, nicht der opportunen Rede ein.[4] Sie trauen ihrem Wissen und den Erfahrungen, die sie als engagierte Christinnen und Christen angesammelt haben. Sie widerstehen den offenen und geheimen Relativierungen ihrer biblischen, kommunikativen und spirituellen Kompetenzen, denn sie handeln als eine Gemeinschaft von Getauften und (biblisch gesprochen) als realer und wirksamer Leib Christi. Diese Praxis wird zur selbstkritischen, aber öffentlichen Erkenntnis führen, wie intransparent und kommunikationsfeindlich die Großstrukturen der katholischen Kirche sind und wie tief Geltungs-, Macht-, Besitz- und Finanzinteressen sie bestimmen.[5] Die Gemeinden vernetzen sich mit gleichgesinnten Gemeinden und kooperieren mit reformorientierten Gruppen. Nach Möglichkeit beziehen sie die aktuellen Amtsträger und deren Mitverantwortliche (Pfarrer, Pastoralreferentinnen und -referenten) ohne Vorbehalte in diesen Diskurs ein. Gut vorbereitete Gesprächsersuchen und Gesprächsangebote werden nachhaltig unterstützt.

Zweitens: Die Kirchenleitungen (Bischofskonferenzen, Bischöfe und bischöfliche Institutionen, offizielle Organisationen und Vertretungen von Laien) werden mit dem öffentlichen Diskurs der Gemeinden mit der nachdrücklichen Bitte *konfrontiert*, auf deren Argumente auf gleicher Augenhöhe, öffentlich, mit überzeugenden und gesprächsfähigen Argumenten zu antworten. Es wird sich zeigen: Niemand möchte eine Revolution anzetteln, innerkirchliche Macht an sich reißen oder die kirchlichen Strukturen sinnlos umstürzen, aber die Reformerwartungen reichen – im Autoritätsverständnis, im Denkstil, im Umgang mit dem Heiligen und in der Dialogbereitschaft nach außen – tief, oft an die Wurzel dessen, was man gemeinhin unter katholischer Tradition und Identität versteht. Deshalb sind Gespräche nur sinnvoll, wenn auch die Kirchenleitungen, Repräsentanten des katholischen Klerikalismus zur Neubesinnung bereit sind: auf der Basis der Schrift, der frühen Tradition, der ökumenisch angemahnten Missstände und der Erfordernisse der Gegenwart. Die Zukunftsdebatte kann mit einem Rückgriff auf das 2. Vatikanische Konzil beginnen, muss angesichts einer veränderten Zeit aber weitergehen.

Drittens: Die innerkatholischen Reformvorhaben sind

nicht auf Revolution bedacht. Von sexuellen und sexistischen Einschränkungen abgesehen hat sich die Struktur der drei Ämter (Diakon – Priester bzw. Gemeindeleiter – Bischof) als sinnvoll und ökumenisch als tragfähig erwiesen. Aber gemäß altkirchlichem Vorbild sind sie wieder in die *Grundkompetenzen der Gemeinden* (Wahl-, Kontroll- und Mitbestimmungsrechte) einzubetten und von ihnen abhängig zu machen. Dies gilt unter Gefahr der Ungültigkeit auch für die Amtseinsetzung und Amtsführung von Bischöfen. Dementsprechend sind sämtliche kirchliche Gremien auf eine synodale Grundlage zu stellen, d.h. mit klugen Wahlsystemen demokratisch zu legitimieren und mit bindender Beschlusskraft auszustatten. Gemäß biblischen und altkirchlichen Regeln sind die Gemeinden erneut als die Basis aller *Apostolizität* anzuerkennen. Die unveräußerlichen Rechte der Räte und Leitungsgremien von Gemeinden sind zu stärken. Sämtliche kirchlichen Entscheidungsgremien werden gemäß dem altkirchlichen Modell auf synodale Füße gestellt, durch angemessene Formen der Wahl oder Zustimmung, der Transparenz und zeitlicher Begrenzung in die Gesamtkirche eingeordnet. Die Reform kann mit demokratischen Wahlordnungen auf Gemeinde- und Diözesanebene beginnen.

Viertens: Mehr Zeit und Geduld erfordert die Neuordnung des *kirchlichen »Lehramts«*. Doch muss es von Anfang an auch hier klare Ziele geben. Gemäß den heute ausdifferenzierten Funktionen der Verkündigung, der Lehre und der Bildung ist langfristig auch dieser Aufgabenbereich neu auszugestalten.

• Prinzipiell sind christliche Lehre und das Glaubensgespräch *Aufgaben der Gemeinden*, denn dort finden die tägliche Glaubenserfahrung und Lebenspraxis, regelmäßige Gottesdienste und Vermittlungsprozesse, eine ständige Begegnung von weltlicher und religiöser Erfahrung statt. Professionelle Funktionsträger, auch Bischöfe und Papst, können in Sachen Lehre nur aktiv werden, sofern ihr Kontakt mit diesem Alltagsleben sichergestellt und aufweisbar ist.

- Eine tragende Rolle spielen die *Lehrer und Verkündiger vor Ort*, Predigtdienst und Seelsorge, Katechese und Religionsunterricht, Bildungs- und Erziehungsangebote. Es geht um alle, die in Schulen, Gemeinden und Gruppen mit der indirekten und direkten Weitergabe des christlichen Glaubens betraut sind, die also mit Fragenden, Lernenden und Reagierenden in ständiger Interaktion stehen. Nur wenn (zusammen mit der Inspiration der Gemeinden) ihr Einfluss und ihre Inspirationen gestärkt werden, kann ein Auszug aus den hellenistisch-doktrinären Denkblockaden gelingen. Deshalb sind die Funktionsträger an der Basis als die Stimme von Lehrern und Propheten ernst zu nehmen. Sinnvollerweise kann ohne ihren Beitrag und gegen ihre mehrheitliche Überzeugung keine lehramtliche Entscheidung und Disziplinarmaßnahme getroffen werden.

- Gemäß ihrem Selbstverständnis hat die (christliche) *Theologie* den Auftrag und das Recht, die Wiedergabe der christlichen Lehre, deren Weiterentwicklung und kontextuelle Einbettung nach Maßgabe der Vernunft kritisch zu begleiten.

- Das traditionelle, im Prinzip *universale Lehramt* von Bischöfen und Papst hat die Aufgabe, die Entwicklungen der Lehre auf ihre biblischen und spirituellen Grundimpulse hin zu überprüfen. Bei internen Auseinandersetzungen hat es für eine freimütige und transparente Debatte zu sorgen und Minderheiten zu schützen. Geheim vorbereitete und argumentativ nicht unterbaute Schritte gegen Querdenker sind unwirksam. Das gilt auch für andere Verfahren, deren Durchführung vom allgemeinen Rechtsbewusstsein nicht gedeckt ist. In extremen Fällen haben synodale, demokratisch legitimierte und öffentlich arbeitende Gremien zu entscheiden. Nur unter solchen Bedingungen lässt sich die Atmosphäre der Unsicherheit und der Angst abbauen, die gegenwärtig einer offenen und kritischen Glaubensdebatte im Wege steht.

Fünftens: Vornehmste Aufgabe und wichtigstes Kriterium kirchlicher Amtsträger ist die *Gemeindeleitung,* nicht die Spendung von Sakramenten. Gemeinden haben das selbstverständliche Recht auf eine Person, die diese Funktion wahrnimmt. Deshalb steht es Bischöfen und Papst nicht zu, den Gemeinden eine Gemeindeleitung zu verwehren. Wenn die traditionellen Zugangswege (Theologiestudium, bischöflich geregelte Ausbildung, Weihe, Zuweisung durch den Bischof) versagen, hat eine Gemeinde das Recht und die Pflicht, möglichst in Kooperation mit dem zuständigen Bischof selbst für einen Leiter oder eine Leiterin ihrer Gemeinschaft oder Gemeinde zu sorgen. Den Vorsitz in der Eucharistie übernimmt kraft natürlichen Rechts die – im Regelfall ordinierte – gemeindeleitende, im außerordentlichen Fall eine dazu konkret beauftragte Person. Dementsprechend wird die Spendung von Taufe, Firmung, Bußsakrament und Krankensalbung geregelt. Die Bestellung zur Gemeindeleitung hängt weder vom Geschlecht noch vom Lebensstand einer dazu befähigten und gewählten Person ab.

Sechstens: Wie in Vereinigungen und Gremien der politischen und zivilen Gesellschaft wohnt dem Auftrag zur Leitung von Gemeinden, Diözesen oder der Gesamtkirche eine Qualität inne, die sich nicht auf äußerliche Einzelfunktionen oder auf den Wahlakt durch ein Gremium reduzieren lässt. Die zur Leitung einer Gemeinde oder Diözese bestellte Person ist nicht nur der Gemeinde oder Diözese, sondern auch der zu vertretenden Sache und damit ihrem *eigenen Gewissen* verpflichtet. Deshalb ist es sinnvoll, Amtseinsetzungen innerhalb der entsprechenden Gemeinschaft feierlich zu begehen (Ordination) und als besondere Berufung im Geist Christi zu betrachten. Dabei ist jedoch dies nicht zu vergessen: Vorgängig zu dieser Berufung ist schon die Gemeinde als ganze berufen und der Sache Christi verpflichtet. Amtsträger übernehmen und spiegeln also eine Verantwortung, die sie im Namen der Gemeinde oder Diözese ausüben. Die Berufung auf ihre eigene Verantwortung schaltet die Frage nach ihrer Glaubwürdigkeit gegenüber dem Gemeindeauftrag nicht aus. Deshalb ist das mittelalterliche Modell eines wesenhaften und sakramentalen Unterschieds gegenüber den Getauften aufzugeben.

Siebtens: Es lässt sich nicht leugnen: Auch andere kirchliche Gemeinschaften wissen sich der Nachfolge Jesu verpflichtet und glauben im Sinne der Schrift an Jesus Christus als den Messias von Gottes Reich. Deshalb gilt vorgängig zu konkreten Problemlösungen: Sie sind als *Kirchen Christi* und ihre Gottesdienste sind als christliche Gottesdienste anzuerkennen. Zu Recht gilt die Basis als die Vorhut ökumenischer Annäherung. Nach einhelliger theologischer Meinung steht deshalb einer eucharistischen Gemeinschaft nichts entgegen. Die aktuellen Probleme werden sich dort nachdrücklich entspannen, wo eine Kirchenleitung ihr sakramentalistisch isoliertes Kirchenbild aufgibt und der konkreten Interaktion christlicher Gemeinden auch über konfessionelle Grenzen hinweg den gebotenen Platz einräumt. Ihre Kooperationen sind zu stärken und ihren Erfahrungen ist innerkirchliches Gehör zu verschaffen, denn sie haben nicht nur eine moralische, sondern auch eine theologische Aussagekraft und Gültigkeit. Die ökumenische Öffnung zu anderen Kirchen kann Christen für interreligiöse Dialoge und Begegnung als Modell dienen.

Achtens: Ungeachtet der oben genannten Bedingungen bleibt in der katholischen Kirche ein stark ausgebildetes *universales Leitungsamt* sinnvoll, das von alters her in Rom situiert ist. Eine Papstverehrung ist nicht angebracht, denn auch dieses Amt wird unglaubwürdig und verliert alle Effizienz, wenn es nicht vom Netz vielfältiger synodaler und demokratisch legitimierter Gremien umgeben und gehalten wird. Das Kollegium der (vom Papst kreierten und nur ihm verpflichteten) Kardinäle erfüllt diese Bedingungen nicht. Dabei sind den Kirchen verschiedener Länder, Kulturen und Kontinente in abgestufter Weise, etwa nach dem Modell der altkirchlichen Patriarchate, eigenständige, auf ihre spezifische Kultur und Situation abgestimmte Kompetenzen zu verleihen. Im Kontext der modernen Medien dürfte eine intensive und differenziertere Kommunikation keine Schwierigkeiten bedeuten.

Angesichts der christlich ökumenischen Situation ist über den *Petrusdienst*, der für eine universale Einheit bürgt, gesondert nachzudenken. Seit nahezu 1000 Jahren nimmt der Bischof von Rom diese Aufgabe nur noch bedingt wahr und seit nahezu 500 Jahren ist er endgültig Partei. Damit hat das Petrusamt – gedacht als Repräsentation der gesamten Christenheit – seine Funktion faktisch eingebüßt. Zudem muss der Papst sich der Tatsache eingedenk sein, dass sein Amt heute das entscheidende Hindernis für offizielle ökumenische Annäherungen bildet. Deshalb fällt dem Papst und »seiner« Kirche die Aufgabe zu, zusammen mit anderen Kirchen eine neue Form des Petrusdienstes zu erarbeiten oder sich auf seine innerkatholische Funktion zu beschränken. Beides ist nur möglich, wenn er auf besondere Privilegien, insbesondere auf den Anspruch des Rechtsprimats und der besonderen Unfehlbarkeit verzichtet. Nur so können auch ein entspanntes Verhältnis zum Weltrat der Kirchen und ein geschwisterlicher Austausch mit anderen Konfessionen wieder zustande kommen.

Neuntens: Nicht nur die Kirchen des Westens sind mit einer *säkularisierten Gesellschaft*, wenigstens mit säkularisierten Gruppen innerhalb ihrer konfrontiert. Das bedeutet nicht das Ende von Christentum und Religionen, aber eine ganz neue Gesprächsbereitschaft und neue Übersetzungsleistungen gegenüber Menschen, die auf der Ebene ihrer existenziell menschlichen, sozialen, lebensweltlichen Fragen anzusprechen und ernst zu nehmen sind. Ein klerikal geprägtes Christentum kann diese Aufgabe nicht mehr leisten. Weiter helfen nur noch Verhaltensweisen und eine Religiosität, die von einer politisch bewussten, weltethisch informierten und empathischen Haltung geprägt sind. Alle Reformforderungen erhalten aus dieser Perspektive ihre entscheidende Dringlichkeit.

Fassen wir zusammen: Aus innerkirchlichen und aus global gesellschaftlichen Gründen sind Reformen überfällig. Die Basis wird den Weg der Reformen unbeirrt, mit Klugheit und Entschiedenheit, gegebenenfalls mit offenem Widerspruch und kalkulierter Regelverletzung weitergehen. Die Kirchenleitung würde uns aber kostbaren Zeitverlust und viele Frustrationen ersparen, wenn sie Einsicht zeigte und sich selbst in die große Reformbewegung der Gegenwart stellen würde. Sie könnte ein Konzil einberufen, das die breit gestreuten biblischen, spirituellen und emanzipatorischen Impulse aufnimmt. Ort des Konzils könnten Konstanz oder Medillín, Chennai oder Harare sein.

Überwindung des Klerikalismus in der katholischen Kirche bedeutet nicht die Abschaffung einer stabilen, gut ausgebildeten und effektiven kirchlichen Ämterstruktur in der Kirche. Nicht alle Kleriker sind im beschriebenen Sinne klerikal und viele Laien tragen klerikale Züge. Auch lässt sich der beschriebene Klerikalismus nicht durch Strukturreformen allein überwinden. Zur Debatte steht eine Mentalität, die – aus den beschriebenen Gründen – autoritär, doktrinär, sakramentalistisch und egozentrisch geprägt ist. Zur Debatte steht also die Frage einer zeitgemäßen katholischen Spiritualität. Deshalb wird auch den zur Reform entschlossenen Gemeinden eine neue und starke Spiritualität abverlangt, die geschwisterlich und kommunikativ gesonnen ist, auf das Wort der Schrift hört und die Menschen innerhalb und außerhalb der Kirche ernst nimmt. Nur so lässt sich konstruktiv und ohne Bitterkeit zeigen, wie sehr auch die Kirchenleitungen, von ihren Aufgaben ständig überfordert, Opfer eines Konzepts sind, das sich schon längst überholt hat.

1 *Internationale Bewegung Wir sind Kirche,* Wir sind Kirche zum 5. Jahrestag der Wahl von Papst Benedikt. »Jetzt ist die Zeit für längst überfällige Reformen«, in: Imprimatur 3/2010, 150-152.
2 *Alan Posener,* Benedikts Kreuzzug. Der Angriff des Vatikans auf die moderne Gesellschaft, Berlin 2009.
3 *Jürgen Habermas,* Glauben und Wissen. Friedenspreis des Deutschen Buchhandels 2001 / Laudatio: Jan Philipp Reemtsma, Frankfurt 2002.
4 2 Tim 3,14f.: »Du aber bleibe bei dem, was du gelernt und wovon du dich überzeugt hast. Du weißt, von wem du es gelernt hast; denn du kennst von Kindheit an die heiligen Schriften ...«
5 *Friedhelm Hengsbach,* Kirche am Abgrund, in: Publik Forum vom 23.04.2010, 30-33.

Ulrike Halbe-Bauer

Margarete Steiff

»Ich gebe, was ich kann«

Biografischer Roman

BRUNNEN

VERLAG GIESSEN · BASEL

*Gewidmet den Kindern des Petö-Vereins »Fortschritt Freiburg e.V.«,
die in ihren Sommerkursen das Unmögliche möglich machen
(www.bundesverband-fortschritt.de).*

© 2007 Ulrike Halbe-Bauer
1. Auflage 2007 Brunnen Verlag Gießen
www.brunnen-verlag.de
Lektorat: Eva-Maria Busch
Umschlagbild: dpa, Frankfurt
Umschlaggestaltung: Ralf Simon
Satz: DTP Brunnen
Druck: GGP Media GmbH, Pößneck
ISBN 978-3-7655-1965-9

Inhalt

Das Fieber

1848

Kind, was ist denn nur los mit dir?« Langsam machte die Mutter sich wirklich Sorgen. Heute Morgen hatte sie die kleine Margarete im Bett gelassen, weil sie so schlapp wirkte, gar nicht wach werden wollte und sich ein bisschen heiß anfühlte. Sollte sie schlafen und das Fieber ausschwitzen! Aber jetzt war das Kind glühend heiß. Als sie ihm die Hand auf die Stirn legte, begann es zu wimmern.

»Schscht. Ruhig, ganz ruhig. Komm, Gretle, trink.«

Nur mit Mühe konnte sie dem Kind ein wenig Tee einflößen, den sie mit Kamillenblüten gekocht hatte. Kurz darauf spuckte die Kleine alles wieder aus. Und nun fing sie an, am ganzen Körper zu zucken und mit den Zähnen zu knirschen. Dazu schwitzte sie ungeheuerlich. Sie würde dem Mädchen ein trockenes Hemd anziehen, frische Laken ins Bett legen. Und Windeln brauchte das Kind, das war nicht zu übersehen. Offensichtlich konnte es nichts bei sich behalten. Als die Mutter Margarete das Hemd abstreifen wollte, begann das Mädchen zu schreien, was in ein Wimmern überging, bei jeder Berührung aber wieder panisch anschwoll.

Da meldete sich auch der kleine Friedrich fordernd in seiner Wiege. Maria Margarete Steiff wandte sich vom Bett der Tochter ab und nahm den Säugling hoch, um ihn zu stillen. Aber auch er war unruhig, spuckte die Hälfte wieder aus und schrie noch eine ganze Zeit, bis seine Mutter ihn mit in die Küche nahm, wo Pauline ihm etwas vorsang.

Am Abend war das Fieber bei Margarete noch höher gestie-

5

gen. Unter heftigem Gebrüll wurden ihr kalte Wadenwickel angelegt. An Schlaf war nicht zu denken.

Die Mutter lag nachts in ihrem Bett und verbot sich den Gedanken an das, was passieren könnte. Wenn die Krankheit sich ausbreitete … Der Säugling, die beiden Mädchen … Nein! Das durfte Gott ihr nicht antun. Er hatte ihr schon genug genommen. Dieses Kind musste er ihr lassen! Sie war so ein kluges Mädchen. Verstand fast alles, was man ihr sagte und plapperte ständig. Begann auch schon zu laufen. Vor drei Tagen hatte sie zum ersten Mal die Hand der vierjährigen Marie losgelassen und – noch ein wenig wacklig, aber mit ziemlicher Geschwindigkeit – das Zimmer durchquert, bis sie sich am Stuhl wieder festhalten konnte. Beim zweiten Mal war sie hingefallen, ziemlich hart aufgeschlagen, hatte aber nicht geheult, sondern sich nur den Kopf gerieben. Dann war sie entschlossen bis zum Stuhl gerutscht, um sich daran hochzuziehen. Und sie hatte so gestrahlt! Sollte dieses kleine Leben jetzt schon ein Ende haben? Bitte, Herr, erbarme dich! Dieses nicht!

Quälend langsam verging die Nacht. Ein paar Mal fiel Maria Margarete in einen leichten Schlaf, aus dem sie aufschreckte, wenn vom Kinderbett erneutes Stöhnen zu hören war. Den kleinen Fritz hatte sie neben sich liegen, um ihn beim leisesten Geräusch hochnehmen zu können. Der Vater brauchte schließlich seinen Schlaf.

Im Morgengrauen stand sie noch vor ihm auf, verbrannte sich die Finger, als sie den Zunder in den Herd warf – warum wollte der denn heute einfach nicht ziehen? Endlich erfasste das Feuer die Holzscheite, sie blies noch ein wenig, dann konnte sie den Mehlbrei aufsetzen, für ihren Mann Malzkaffee kochen und ihm ein Butterbrot schmieren. Murrend erschien er mit der Wasserkanne, die leer neben der Waschschüssel gestanden hatte, in der Küche. Ach ja, die hatte sie gestern Abend in der Aufregung zu füllen vergessen.

Als er sich für den Tag verabschiedete, ihr beruhigend über die Schulter strich, musste sie sich zusammennehmen, um nicht loszuheulen. Aber sie sagte nichts. Das würde nichts helfen und es ihm nur schwerer machen.

Am zweiten Tag sank das Fieber schon wieder – Gott sei Dank! Aber vorsichtshalber schickte Maria Steiff die beiden größeren Mädchen zu den Großeltern nebenan. Marie war verständig genug, auf die kleine Pauline aufzupassen, dass sie nicht in die Brenz fiel oder unter ein Fuhrwerk geriet.

Das Kind im Bettchen blieb matt. Die Mutter ging ihrer Arbeit nach, unterbrach sie aber häufig. Sie hatte einfach keine Ruhe. Immer wieder schaute sie nach den Kindern. Fritz blieb gesund. Er lag in der Wiege, schlief, trank und schrie, wenn er nass oder hungrig war.

Margarete schlief fast den ganzen Tag. Füße und Hände fühlten sich trotz dicker Wollsocken und Decken kalt an. Sie aß nur mit Mühe, behielt jedoch wieder alles bei sich. Auch der Durchfall legte sich.

Nach ein paar Tagen versuchte die Mutter das Mädchen im Bett aufzusetzen, aber es fiel kraftlos zurück. Schlaff hingen Beine und Arme an dem kleinen Körper herunter. Mit jedem Tag wurde es den Eltern unheimlicher. Margarete sah längst wieder gesund aus, ließ sich füttern, plapperte drauflos. Das konnte doch nicht mehr die Fieberschwäche sein.

»Morgen gehst du mit ihr ins Spital«, entschied der Vater.

Dort musste Maria Steiff lange auf einem kalten Flur warten, bevor sie in einen Behandlungsraum gerufen wurde. Der junge Arzt schaute bedenklich, betastete den Körper, streckte und beugte die Gliedmaßen des Kindes. Margarete bekam einen ganz roten Kopf, so sehr strengte sie sich an, Beine und Arme zu bewegen. Sie konnte diese mit seiner Unterstützung ein wenig hochziehen, aber nicht wieder strecken. Nur im linken Arm schien sie etwas mehr Kraft zu haben, und als der

Arzt ihr einen Finger vor die Hand hielt, griff sie zögerlich danach.

»Offensichtlich eine Lähmung. Immerhin, sie scheint nicht endgültig. Zumindest der linke Arm lässt sich kräftigen. Aber woher die Lähmung rührt, ob von dem Fieber oder ob sie rachitischen Ursprungs ist, das kann ich Ihnen nicht sagen.« Er zeigte der Mutter, wie sie das Kind hochziehen sollte, um die Muskeln zu stärken, die beim Sitzen halfen.

»Helfen Sie ihr ein wenig, aber sie muss sich selbst anstrengen. Merkwürdig ist allerdings, dass das Kind außer der Lähmung kerngesund scheint, sogar kräftig. Trotzdem, wir sollten es mit Lebertran versuchen.«

»Aber der ist teuer«, wagte die Mutter einzuwerfen.

»Ja, teuer ist er. Und ob der Aufwand sich lohnt … bei einem so kleinen Kind, von dem man nicht weiß, ob es durchkommt? Haben Sie denn noch andere Kinder?«

»Drei«, antwortete sie leise.

»Na ja, dann«, lautete die Antwort. Der Arzt ließ offen, was er damit meinte.

Der Vater kaufte den Lebertran und seine Frau war ihm dankbar dafür. Er roch und schmeckte scheußlich, doch Margarete schluckte ihn tapfer. Und als ob sie die Worte des Arztes verstanden hätte, probierte sie immer wieder, mit den Händen zu greifen und die Beine anzuziehen. Sie konnte inzwischen wieder sitzen und so stellte die Mutter das Kinderstühlchen neben sich auf die Bank, während sie am Tisch Teig knetete. Margarete schaute ihr zu, wobei ihr Mund keinen Augenblick stillstand.

»Was ist das?«, fragte sie und deutete auf die Mehlschüssel.

»Eine Schüssel«, erklärte die Mutter.

»Schüs-sel«, wiederholte das Kind und patschte mit dem linken Händchen auf den Tisch. »Schüssel, Schüssel. Schüssel – und das?«

»Mehl.«

»Meeel! Schüssel, Meel, Schüssel, Marie, Pauli, Mutter, Rrret.« So ging es unermüdlich, bis die Mutter die Geduld verlor.

»Jetzt bist du still! Ich kann dir nicht jedes Wort sagen. Hier, nimm den Löffel zum Lutschen.« Aber das brachte nicht den gewünschten Erfolg.

»Schtill, schtill, Löff-fell, Meel«, erklärte die Kleine bestimmt, wobei sie mit dem Löffel zu jedem Wort gegen den Topf schlug.

Mit einem unsicheren Seitenblick auf die Mutter begann Marie, die bereits beim Teigausrollen helfen durfte, zu singen. Margarete krähte gleich mit. Sie lernte die einfachen Melodien rasch und patschte den Takt dazu. Auch die Mutter sang mit.

Wenn der Vater heimkam, begann Margarete in ihrem Stühlchen zu ruckeln und streckte ihm das gesunde Ärmchen entgegen. Meistens hatte sie Erfolg. Er nahm sie hoch und lief mit ihr durch die Küche, ließ sich alle neuen Wörter aufsagen und setzte sie schließlich auf der Bank ab, sodass das Kind ein wenig hin und her rutschen konnte. Doch wenn er seine Tochter auf dem Fußboden absetzen wollte, griff die Mutter ein: »Verwöhn sie nicht. Sie wird es schwer genug im Leben haben.«

»Aber irgendwie muss sie sich bewegen. Sieh nur, wie geschickt sie den ganzen Körper mit dem gesunden Ärmchen vorwärtszieht. Das gibt ihr Kraft.«

»Auf dem Boden leben nur Tiere. Meinst du, ich kann ihr ständig neue Kleider nähen, damit sie sie auf dem Fußboden im Dreck zerreißt?« Und mit einem vorwurfsvollen Blick auf seine Stiefel fügte sie hinzu: »Jeder trampelt hier mit dreckigen Schuhen herein, an denen der Straßenkot klebt. Darin soll mein Kind nicht aufwachsen.«

»Ist schon gut, Maria. Ich will dir doch das Leben nicht noch schwerer machen.« Schuldbewusst setzte Friedrich Steiff die kleine Margarete in ihrem Kinderstuhl ab. Wütend fing sie an zu heulen.

»Da siehst du's«, seufzte die Mutter. »Sie ist ein solcher Sturkopf. Den ganzen Tag lässt sie mir kaum Ruhe. Und ich hab doch wahrlich genug zu tun. Wie oft geb ich ihr nach, weil ich's einfach nicht mit ansehen kann. Da musst du ihr nicht noch mehr Flöhe in den Kopf setzen.«

1850

Die Mutter stand mit Margarete auf dem Arm oben an der Treppe, neben ihr Fritz, während Marie und Pauline den Wagen für die kleine Schwester unten aus der Werkstatt zogen.

»Bleib hier oben stehen und rühr dich nicht vom Fleck, Fritz«, erklärte die Mutter ihrem Jüngsten. »Ich muss erst Gretle die Treppe hinuntertragen und in den Wagen setzen. Dich hol ich gleich.«

Aber Fritz wollte nicht warten. Auf eigene Faust machte er sich daran, die enge, steile Treppe hinunterzusteigen.

»Bleib stehen, sonst brichst du dir noch den Hals! Marie, nimm den Fritz, die Gret ist grad schwer genug. Mach schon, der ist nicht zu halten.«

Marie überließ den Wagen Pauline und stürzte die Treppe hoch, schimpfte mit Fritz, fasste den Buben fest an der Hand, hob ihn aufatmend neben die Gret in den Wagen. Pauline hatte derweil den begehrten Platz am vorderen Griff des Wagens gepackt und verkündete stolz: »Ich bin der Ochse.«

»Meinetwegen, dann schieb eben ich«, meinte Marie, die merkte, wie sehr die Mutter in Eile war. Dann hatte sie für die Streitereien der Schwestern wenig Sinn.

Weit war es nicht bis zum Haus der Großeltern. Als diese

den kleinen Wagen heranrumpeln hörten, traten sie vor die Tür. Die Mutter nahm wieder Margarete auf den Arm, während Fritz allein aus dem Wagen kletterte, ins Haus lief und die Schwestern den Leiterwagen im Hof abstellten.

Auch hier bei den Großeltern war Margaretes Platz auf der Bank. Der Großvater hatte extra für sie ein Kissen dick ausgestopft, auf dem die Mutter ihre Last absetzte. Dann stand sie wieder an der Tür. »Es kann heute länger dauern«, sagte sie im Hinausgehen. »Die beiden Mädchen nehme ich mit. Es hat lange nicht geregnet, und auf dem Feld muss gehackt werden. Ich bring euch dann am Abend Bohnen.«

»Geh nur. Die beiden sind bei uns gut aufgehoben und machen uns viel Freude«, meinte der Großvater und lachte Fritz an. »Komm mit in den Hof, ich habe die Hühner noch nicht gefüttert.«

Die Großmutter hatte inzwischen eine Schüssel mit Knöpfen auf den Tisch gestellt, die Margarete vorsichtig umkippte. »Ach, meine lieben kleinen Häschen, wie schön, euch wiederzusehen«, freute sie sich. »Ihr dürft jetzt ein Weilchen in den Wald, während ich euch ein Haus baue«, sagte sie und suchte die fünf kleinen braunen Knöpfe heraus. »Im Wald könnt ihr Wurzeln suchen und süße Früchte. Was, was sagst du da, Hoppel? Du möchtest frische Möhren? Aber die wachsen nur in den Gärten, da darfst du nicht rein. Du meinst, eine ganz kleine Möhre würde niemandem auffallen? Du bist ein böser Hase, nein, das muss ich dir verbieten. Lass die Quengelei, das ist ja nicht zum Aushalten. Ich muss schaffen. Das Haus muss fertig werden. Wo sollt ihr denn bleiben, wenn es heute Abend regnet? Nun nimm deinen kleinen Bruder und stör mich nicht bei der Arbeit.«

Margarete suchte etliche weiße Knöpfe zusammen und begann sie in einem großen Viereck auszulegen. »So, hier ist der Eingang, der Flur, die Küche und am Herd ein warmes Plätzchen für euch in einer schönen Kiste.«

Inzwischen war Fritz zu ihr auf die Bank gerutscht, ließ die Hasen immer weiter in den Wald laufen. »Zappel, diese Beeren schmecken ganz wunderbar. Hier, nimm. Süß. Saftig. Aber was ist denn das? Da kommt der Fuchs!«

»Oje, habt ihr die Warnungen der Mutter nicht gehört? Das ist der große Fuchs, der will euch alle fressen. Rennt, rennt um euer Leben!« Margarete hatte den großen roten Knopf gefunden, der nun drohend auf die kleinen Hasen zulief.

Fritz schob die kleinen Hasen einen nach dem anderen auf das Haus zu. Doch das war ein weiter Weg. Die Schwester half ihm. »Lauft, lauft! Du kannst dich jetzt nicht umschauen. Aber zickzack laufen, das tun Hasen, um den Fuchs zu täuschen.«

»Er hat so eine fürchterlich große Schnauze.«

»Hoppel, du hast jetzt keine Zeit, um Angst zu haben. Du musst rennen. Da hinten ist schon das Haus. Du schaffst es!«

Alle gleichzeitig, sich schubsend, rutschten die Hasen unter großem Geschrei ins Haus.

»Sie sind gerettet! Sieh nur, wie der Fuchs draußen schimpft und tobt. Er beißt sich vor Wut sogar in den Schwanz. Und die Hasen hüpfen vor Freude. Sie müssen sich jetzt im Kreis aufstellen und tanzen. Komm, wir singen dazu.«

Brav folgte Fritz den Anweisungen der Schwester, bis die Großmutter vom Herd rief: »Jetzt hat es sich ausgetanzt. Das Mittagessen ist fertig. Ihr könnt die Teller decken.«

Mit einer raschen Bewegung schob Margarete die Knöpfe zusammen und ließ sie in das Schüsselchen plumpsen, das Fritz unter den Tischrand hielt. Dann nahm er die Teller von der Großmutter entgegen.

Spätzle und Gemüse! Das gab es auch zu Hause fast jeden Tag. Aber der Großvater kochte anschließend noch seinen Zichorienkaffee, und dazu schmierte die Großmutter den Kindern ein Butterbrot. Das gab es zu Hause nur für den Vater. Wie das schmeckte! Margarete biss vorsichtig hinein, ließ die glatte, kühle Butter langsam am Gaumen entlanggleiten, bevor sie zu kauen begann und Brot und Butter miteinander vermischte.

»Erzählst du uns etwas von früher, Großmutter? Bitte, bitte.«

»Ja, wartet nur, ich muss mein Strickzeug noch hervorholen.« Die alte Anna Maria Hähnle setzte sich zu den beiden und erzählte von dem Gasthaus, in dem von früh bis spät die Arbeit nicht aufhörte und in dem manch seltsamer Gast einkehrte. »Einmal, es war draußen bereits dunkel, klopfte es dreimal laut an der Tür. Wir bekamen alle einen gehörigen Schreck. Die Tür öffnete sich jedoch nicht, es blieb ganz still. Wer sollte öffnen gehen? Jeder hatte eifrig etwas zu tun und schaute von seiner Arbeit nicht auf. Schließlich …«

Während die alte Frau erzählte, blickte Margarete fasziniert auf ihre Hände. Fünf Nadeln ragten aus dem Strumpf heraus, die alle ständig in Bewegung schienen. Ganz gleichmäßig, ohne aufzuhören, ohne neu anzufangen. Die Großmutter hatte die Enkelin auch schon an das Strickzeug gewöhnen wollen, sogar Maschen für sie aufgenommen. Aber Margarete konnte mit der rechten Hand die Nadeln kaum halten. Fast alle Versuche, durch die Masche auf der linken Nadel durchzustechen, waren ihr missglückt. Einen Faden mit der Nadel zu fassen und durchzuziehen – daran war gar nicht zu denken.

»Aller Anfang ist schwer«, hatte die Großmutter tröstend gesagt. Aber sie wusste genau: Es würde ihr nie gelingen. Dagegen bei der Großmutter! Wie von selbst wuchs der Strumpf – sie musste nicht einmal hinschauen. Niemals verhedderten sich die verschiedenfarbigen Fäden, aus denen Muster entstanden, oder gar eine Schrift mit den Namen der Leute, die bei der Großmutter die Socken bestellt hatten.

Selbst die Mutter bewunderte diese Arbeit. »Kaum jemand in Giengen strickt so gleichmäßig wie die Großmutter. Und so schnell. Wenn ihr das so gut lernt wie sie, Marie und Pauline, werdet ihr immer ein schönes Zubrot haben.«

Gerade als Fritz sich das letzte Stück von seinem Butterbrot in den Mund stopfte, öffnete sich die Tür und Tante Ursche trat herein. Die blieb wie erstarrt stehen. »Ach, die beiden werden wieder einmal mit Leckerbissen vollgestopft. Und wo sollen die herkommen? Es reicht nicht, wenn ihr die Kinder so verwöhnt, das habe ich euch schon oft gesagt. Sie sollten beizeiten lernen zu sparen.«

Die Großmutter war verstummt. Der Großvater schaute schuldbewusst. Das durfte Tante Ursche nicht!

»Immer wenn etwas gut ist, heißt es, ihr verwöhnt«, schimpfte Margarete. »Jetzt hast du die beiden ganz traurig gemacht. Sie haben uns die Brote gerne gegeben.«

Tante Ursche zog den Mantel aus, brachte ihn in den Flur. Dann setzte sie sich zu ihnen an den Tisch. »Ist schon gut, Gretle«, meinte sie versöhnlich. »Vielleicht hast du recht. Aber es herrscht große Teuerung. Da reicht das Geld hinten und vorne nicht.«

Sommertage

1855

Margarete saß an einen Baum gelehnt am Rande des Feldes, während der Nachbar und die übrigen Steiff-Kinder das Heu zusammenrechten und auf den Wagen schichteten. Ein flirrend heißer Sommertag, strahlend blau und windstill, aber die Luft bereits drückend. Ein Gewitter kündigte sich an.

Pauline, Marie und Fritz rann der Schweiß über die rotglänzenden Gesichter. Zuerst hoben sie die Heugabeln mit Kraft hoch, aber dann ermüdeten sie und die Arme bewegten sich nur zögerlich. Hin und wieder blieb eines der Kinder stehen, um tief Luft zu holen.

Jetzt fühlen sich ihre Arme an wie meine, dachte Margarete. Schwer, als zöge eine unbekannte Kraft sie dem Erdboden zu. Nachher werden sie sich großtun, über die harte Arbeit schimpfen und der Schwester erklären, wie froh sie sein könne, dort im Schatten zu liegen und ihnen zuzuschauen. Aber das war nur Gerede. Sie wussten alle genau, wie viel Margarete darum gäbe, bei der Ernte mittun zu können.

Der würzige Geruch des Heus stieg bei der Arbeit auf; es duftete nach Blumen und Wiesenkräutern, die der Sense zum Opfer gefallen waren. Alle Sehnsüchte, die das Mädchen bedrängten, steckten darin. Sie schloss die Augen, versuchte, die Kräuter vom Heu zu unterscheiden und den Duft jedes einzelnen Krautes mit dem Atem durch ihren Körper hindurchrinnen zu lassen.

Es war so wunderschön hier draußen. Am liebsten wollte sie hier liegen bleiben, tagsüber in der Hitze und abends, wenn die

Wärme nachließ und die Luft samtig wurde. Aber Onkel Esis hatte gesagt, dass sie sich beeilen müssten, da ein Unwetter aufzog. Der Gedanke schreckte sie nicht. Selbst wenn das Gewitter auf sie herunterkrachte, würde sie sich freuen. Wilde Blitze und grollende Donner … sie fürchtete sich nicht davor, sie würde schreien vor Vergnügen über den kühl herabrauschenden Regen. Als ob ein Donner ihr etwas anhaben könnte! Aber nein! Bis zum Ausbruch des Unwetters würde sie längst wieder in der Stube sitzen. Nie durfte sie ein richtiges Abenteuer erleben … Schade!

Sie spürte, wie ihr Tränen aus den Lidern drängten. Nachher würden die Geschwister über die Wiese zu ihr gerannt kommen, auf zerkratzten Beinen, die mühelos laufen, springen oder hüpfen konnten. Und alle Anstrengung wäre vergessen. Warum war sie nicht ein Vogel, der beim Fliegen keine Beine brauchte und sich vom Wind in den Himmel hinauftragen, im Sturzflug hinunterfallen ließ oder über die Erde dahinglitt, mühelos, nur hin und wieder mit den Flügeln schlagend. Ach, Kraft in sich zu verspüren, die trug! Nicht immer nur Müdigkeit und nutzlose Anspannung!

Wenn die Mutter ihre Gedanken hören könnte! Die würde schimpfen. Margarete hörte bereits ihre Stimme: »Siehst du, nie bist du zufrieden. Da nimmt dich Onkel Esis, der wahrlich anderes zu tun hat, mit aufs Feld – und du, anstatt dich zu freuen … Ich hätte mir auch vieles anders gewünscht, das kannst du mir glauben.«

Mit aller Kraft biss Margarete sich auf die Zähne. Sie wollte doch nicht immer die böse Gret sein.

»He, Gretle, was hast du denn? Mir ist langweilig. Erzähl mir was, dann winde ich dir einen Kranz.« Die fünfjährige Bärbel, die von den Arbeitenden auf dem angrenzenden Feld weggeschickt worden war, stand vor ihr und hielt ihr eine Schürze voller Blumen hin.

Margarete zog die Nase hoch, damit die Tränen verschwanden, und wischte sich über das Gesicht. »Na gut. Warte mal. Kennst du die Geschichte von dem kleinen Adler, der grässliche Angst vor dem Fliegen hatte?«

Bärbel schüttelte pflichtschuldig den Kopf.

»Weißt du, die Adlerfamilie wohnte im Gebirge, auf einem hohen Felsen …«

»So hoch wie unsere Kirchtürme?«

»Viel höher. Da hockte das Adlerjunge nun im Nest und traute sich kaum, über den Rand zu gucken. Wie tief es da hinunterging! Obwohl die Welt da unten schön aussah: Dunkelgrüne Wälder zogen sich den Berg hinunter, dazwischen erstreckten sich hellbraune Felder und grüne Wiesen, auf denen merkwürdige winzige weiße Tiere herumspazierten …«

»Das waren Schafe. Aber die sind doch nicht winzig.«

»Von so weit oben schon. Eines Tages kam nun der Adlervater und sagte zu dem Kleinen: Du bist jetzt groß, musst in die weite Welt hinausfliegen und dir ein eigenes Nest bauen. Wir haben genug Frösche, Mäuse und anderes Getier für dich gefangen. Das reicht. – Da fing der kleine Adler an zu jammern: Ich weiß doch gar nicht, wie man fliegt. Ich werde abstürzen und dann werden die weißen Tiere mich fressen.«

»Der war wirklich dumm. Als wenn Schafe Vögel fressen!«

»Na ja, das konnte er schließlich nicht wissen. Und außerdem wollte er nur davon ablenken, dass er nicht wusste, wie man fliegt. Da führte ihm der Vater ein paar Mal vor, wie er mit den Flügeln schlagen muss, dann schubste er den Kleinen an den Rand des Nestes. Der kleine Adler weinte vor Angst. Gleich würde er in die Tiefe stürzen und fallen … fallen … fallen. Doch dann kniff er die Augen zusammen und sprang. Er sauste der Erde entgegen, aber er prallte nirgends auf. Hektisch begann er, mit den Flügeln zu flattern – und plötzlich trug ihn die Luft.

Er blinzelte mit dem linken Auge, dann öffnete er auch das rechte, streckte die Flügel, wurde ruhiger. Es war sehr anstrengend, die Flügel taten weh, wurden mit jedem Schlag schwerer. Aber nach und nach fand er die richtige Haltung: wenn er sich etwas vorbeugte, segelte er ruhig dahin; mit jedem Flügelschlag wurde er etwas schneller. Er lernte nach rechts zu steuern, nach links, ein wenig auf, ein wenig ab. Er hörte den hellen Pfiff der Mutter, schließlich den Vater weit unten, der schon ärgerlich war, weil der Kleine gar nicht nach Hause zurückkehren wollte. Aber ich muss mir die Erde doch genauer anschauen, rief er. Das kannst du auch morgen noch. Für heute ab ins Bett!«

»Den Rest musst du morgen erzählen. Und schönen Dank«, rief Bärbel aufspringend, denn sie hatte bereits mehrmals ihren Vater pfeifen hören, der ein anderes Stück Wiese mähte. Dafür kamen jetzt Marie, Pauline und Fritz auf Margarete zugelaufen.

»Wir sind fertig. Onkel Esis sagt, wir dürfen beim Heimfahren oben im Heu sitzen. Seine Kühe sind stark genug. Und dich kriegen wir auch hinauf.«

Tatsächlich, Marie nahm sie auf den Rücken und lud sie auf dem Wagen ab, wo der Esis sie von oben entgegennahm und hochzog, während die Geschwister von unten schoben.

»Hier, leg dich in die Mitte und halte dich an der Kette fest, die ich über das Heu gespannt habe.«

Margarete nickte, steckte die Nase ins Heu, atmete den Geruch tief ein und schaute sich um. Hoch über der Landschaft thronte sie, der Blick reichte links zum Bruckersberg und über die Wiesen rechts bis zur großen Bleiche, wo die Weber ihre Leinwände nach der Wäsche zum Aufhellen in die Sonne legten. Weiter links die Klingelmühle, gerade außerhalb der Stadtmauer, und vor ihr die beiden Türme der Stadtkirche – der eine etwas schmächtiger, als hätte ihm der andere, mit einer dicken Zwiebel obendrauf, immer alles weggegessen.

Der Wagen ruckte an. Die Geschwister hatten sich inzwischen an den Seitenstangen zu ihr hochgehangelt, lagen kichernd neben ihr im Heu und wurden von Onkel Esis immer wieder ermahnt, die Ladung nicht zu verrutschen. Das Gefährt holperte über die Wiese in die ausgefahrene Spur der Straße hinein und dann durchs Spital-Tor. Bei jedem Straßenloch, jedem Spurwechsel schwankte und ächzte der Wagen, sodass die Kinder tüchtig durchgeschüttelt wurden.

»Festhalten, es geht um die Kurve«, rief Onkel Esis warnend.

»Heidenei!« Sie hörten ihn fluchen, spürten, wie der Wagen nach links auswich und zu kippen begann. Wie auf einer Rutschbahn, dachte Margarete noch, bevor sie das Wasser der Brenz um sich spürte. Sie hörte das Wasser rauschen, fühlte es kalt in ihre Kleider eindringen, schließlich über ihrem Kopf zusammenschlagen.

Einen Augenblick, eine Ewigkeit, dann brüllten die Kühe los. Stimmen schrien durcheinander. Ein dunkler Stoff lag auf ihrem Gesicht, durch den sich ein paar helle Blumen abzeichneten. Angst hatte sie nicht und es tat auch nichts weh. Jetzt einfach losschwimmen, mühelos wie ein Fisch durch das Wasser gleiten. Bis zur Klingelmühle hinunter, in der Tante Apollonia wohnte, ihre Patin. Die würde staunen, wenn der Wassermann prustend dort auftauchte!

Noch während sie versuchte, ihre Schürze vom Gesicht zu ziehen, wurde sie hochgehoben und ans Ufer weitergereicht.

»Ach, Gott«, zeterte die Nachbarin. »Das arme Kind. Den Tod wird es sich holen.«

»So schnell sterb ich nicht«, antwortete Margarete trocken. »Mir ist gar nichts passiert. Im Gegenteil, ich wollte schon immer in der Brenz schwimmen lernen. Aber das erlaubt mir ja keiner. Jetzt würde ich gern wieder etwas sehen. Wenn du mir die Schürze aus dem Gesicht ziehen könntest?«

»Du bist ein merkwürdiges Kind. Ein Krüppel, aber nie um eine Antwort verlegen. So, jetzt kannst du die Bescherung anschauen. Ein Spaß ist das nicht. Das Heu verdorben und alle vier Kinder triefnass. Was hätte nicht alles passieren können!«

»Ist aber nicht. So ein bisschen Wasser schadet nicht. Nicht dem wilden Wassermann.«

»Wild bist du, da hast du recht. Was meinst du, was deine Mutter sagt, wenn wir euch vier abliefern.«

»O weh, die wird sich aufregen …«

»… und uns so bald nicht wieder erlauben, beim Heumachen dabei zu sein«, konstatierte Fritz, der allein das Ufer hinaufgeklettert war. »Dabei kann Onkel Esis nichts dafür. Der Johann kam uns mit seinem Karren entgegen, da hat er versucht, auszuweichen.«

Marie wurde gerade von zwei Männern die Böschung hochgereicht. Pauline war nicht einmal richtig nass geworden, da das Heu sich unter und auf ihr getürmt hatte. Doch beide Mädchen heulten verschreckt.

Auf der Straße waren die Nachbarn zusammengelaufen. Die Kühe hatte bereits jemand ausgeschirrt, nun wurde mit kräftigen Hau-ruck-Rufen der Wagen aufgerichtet und auf Schäden hin untersucht. Einige Seitenstangen waren den Kindern in die Brenz gefolgt, hatten aber niemanden verletzt.

Sie zeigten sich gegenseitig ihre kleinen Blessuren. »Das gibt morgen einen tüchtigen blauen Flecken«, meinte Fritz, während er Spucke auf seinem Knie verrieb. Pauline klaubte sich das Heu aus den Haaren, Marie schluchzte immer noch, der Bauch tue ihr weh. Endlich trat Onkel Esis auf sie zu. Er hinkte ein wenig und über dem Ohr hatte sich bereits eine dicke Beule gebildet.

»Jetzt müsst ihr heim, bevor ihr euch noch erkältet. Eure Mutter wird sich Sorgen machen.«

»Erkälten«, schnaubte Margarete. »An einem warmen Sommerabend?«

»Jetzt sei endlich still«, mahnte Pauline sie. »Immer weißt du alles besser.«

Als der Nachbar mit Margarete auf dem Arm in die Stube trat, erstarrte das Gesicht der Mutter.

»Uns ist nichts passiert«, riefen die Mädchen aufgeregt. »Wirklich nicht.« Dann begannen sie wieder zu weinen. Die Mutter stand am Tisch, den Mund zu einem schmalen Strich verzogen. Ihre Hände krampften sich um die Tischkante. Niemand rührte sich.

»Es tut mir wirklich leid«, murmelte der Nachbar.

»Es war der Karren vom Johann. Wir haben nicht geruckelt oder sonstwie Blödsinn gemacht«, erklärte Marie leise.

»Ist schon gut.«

»Dann will ich mal gehen.« Mit hängenden Schultern verließ der Nachbar die Wohnung der Steiffs. Doch auch nachdem die Tür hinter ihm zugefallen war, sagte keiner etwas. Die Mutter starrte durch die Kinder hindurch, während sich auf dem Fußboden vier kleine Wasserlachen bildeten.

»Das kann doch mal passieren«, flüsterte Pauline.

»Passieren, passieren! Was wisst ihr schon? Alle vier auf einmal. Zwei Kinder bereits gestorben, eines ein Krüppel. Und dann … Ihr wisst nicht, was für Angst ein Mensch hat, wenn ihm schon mal ein Toter ins Haus gebracht wurde und das Leben plötzlich zu Ende ist. Vom Dach gefallen ist der Mann. Niemand kann dafür. Es ist auch nicht viel passiert. Nur tot ist er.«

Zum Glück kam der Vater herein, der draußen schon gehört hatte, was passiert war. »Geht, zieht euch um. Und vergesst eure Schwester nicht.« Er trat auf die Mutter zu, legte den Arm um sie. »Diesmal ist alles gut ausgegangen«, hörten die Kinder ihn im Hinausgehen sagen.

Die Mutter antwortete nicht, ließ es sich aber gefallen, dass ihr Mann ihren Kopf an seine Brust zog.

Abends konnte Margarete lange nicht einschlafen. So ein aufregender Tag! Davon könnte sie viel mehr gebrauchen. Sonst saß sie meistens in ihrem Leiterwagen vor der Tür. Stundenlang. Aber das war immer noch besser, als drinnen zu sein. Dort passierte ja rein gar nichts – außer dass die Mutter in der Küche den Spätzleteig rührte oder die Schwestern Gemüse putzten.

Heute dagegen war alles anders. Zuerst hatte ihr Nachbar Edelmann sie der Mutter abgeschwatzt: »So ein schöner Sommertag und das Gretle sieht nichts davon … Es kann sich doch so freuen!« Dann mit dem großen Wagen durchs Tor aus der Stadt hinaus, die Wiesenblumen, die Sträucher am Wiesenrand, der endlose blaue Himmel, der Bruckersberg, die Schafe …

Schließlich die abenteuerliche Fahrt zurück. Sssst um die Kurve und weiter – richtig geflogen war sie, in hohem Bogen in die Brenz. Ach, zu baden: das erlaubten sich höchstens die großen Buben weit außerhalb der Stadt, wo niemand es ihnen verbieten konnte. An einer Stelle, wo sich der Fluss etwas gestaut hatte, sprangen sie mit Schwung hinein, taten sich in der Schule damit groß: Anlauf, Absprung mit angezogenen Beinen, klatschend, die Kameraden am Ufer nassspritzend; auf dem Wasser aufkommen und in die Tiefe sausen, sodass ihnen die Ohren wehtaten. Die ganze Zeit über mussten sie den Atem anhalten. Trotzdem blieben die Mutigsten lange unter Wasser, ließen sich sogar vom Strom mitziehen, bevor sie heftig nach Luft schnappend wieder auftauchten. Die Mädchen trauten sich das nicht, sahen aber heimlich zu und berichteten ihr davon. Und ausgerechnet sie, die Gret, der Krüppel, war von hoch oben in den Fluss hineingestürzt.

Wenn nur die Mutter nicht so erbost wäre. Die verdarb ihr jedes Vergnügen, würde sie in Zukunft bestimmt nicht mehr mit aufs Feld lassen … Bloß wegen ihrer ewigen Angst. Wenn sie sich nur wehren könnte! Weglaufen, in die weite Welt hinein, wie es in den Geschichten immer hieß, um Abenteuer zu bestehen, ihr Glück zu machen und dann stolz zurückzukehren! Oder um nach Amerika auszuwandern wie Jakobine im letzten Jahr, die mit einem großen Schiff von Hamburg aufgebrochen war. Sie hatte bunte Karten geschickt und von einer riesigen Stadt mit turmhohen Häusern berichtet.

Ja, die Mutter. Margarete wusste, dass sie ungerecht war, wenn sie mit ihr haderte. Sie sprach nie davon, aber Margarete wusste von den Großeltern, dass ihre Mutter mit 26 Jahren bereits Witwe gewesen war. Zuerst waren ihre beiden Kinder gestorben. Dann fiel ihr Mann vom Dach, der Maurermeister Johann Georg Wulz. Oben auf der Kannenbrauerei hatte er gestanden; was genau geschehen war, wussten auch die Leute nicht, aber es kam immer wieder vor, dass beim Dachdecken jemand hinunterfiel, abrutschte, eine Latte einbrach oder sonst etwas. Das war die ständige Angst der Mutter. Darum wurde sie unruhig, sobald der Vater etwas länger ausblieb als gewöhnlich. Oder wenn mit den Kindern etwas passierte.

Sie, Margarete, fühlte sich böse, wenn sie der Mutter vorwarf, dass sie ihr nichts gönnte. Sie musste Gott um Verzeihung bitten und die Mutter auch. Aber das war schwer, denn Margarete hatte keine Angst, sondern war neugierig auf die Welt. Gut, dass der Vater, der Geselle Friedrich Steiff, die Mutter damals zur Frau genommen hatte und das Baugeschäft weiterführte. Mit dem Vater ging es ihnen allen gut. Der konnte auch die Mutter beruhigen, selbst wenn sie sich über Margarete geärgert hatte.

»So, hier bleibst du. Glaub ja nicht, dass ich dich in einer Stunde wieder hochschleppe. Ich habe wirklich anderes zu tun. Und dass du ja nicht vergisst zu häkeln!«

Die Mutter setzte die Tochter in ihrem Wagen ab und schob ihn aus der Werkstatt auf die Ledergasse hinaus. Sie hielt sich noch einmal kurz den Rücken, dann war sie wieder im Haus verschwunden.

Mit der war heute nicht zu spaßen. Am liebsten hätte die ihre lahme Tochter gleich am Morgen oben in der Stube sitzen lassen. Aber dann war der Vater noch einmal zurückgekommen, um sie in den Hof hinunterzutragen.

Immer war sie nur im Weg. Zuerst hatte der Vater sie irgendwo auf einem Stuhl abgesetzt, den aber hätte das Schwein fast umgerannt, als es wild an dem Strick zerrte, mit dem es festgebunden war. Margarete konnte zwar sehen, wie der Metzger kurz darauf seinen Hammer niedersausen ließ, und hören, wie das Quieken plötzlich erstarb. Doch auf alles Weitere hatten ihr die Rücken der anderen die Sicht versperrt.

Am Abend würde Pauline erzählen, dass ihr fast schlecht geworden sei, als das arme Tier abgestochen wurde. Fritz wäre stolz darauf, dass kein Tropfen Blut neben seinen Eimer geflossen war, obwohl Marie sofort angefangen hatte, das Blut zu rühren. Aber auch die war irgendwann müde geworden, hatte Gret die Schüssel mit Blut hingestellt. Sie hatte sich so angestrengt. Aber es war halt keine Kraft in ihren Armen. Aus Leibeskräften hatte sie gerührt – sie musste schließlich auch aufpassen, dass es nicht spritzte –, war aber immer langsamer geworden, bis ihr jemand den Löffel aus der Hand gerissen hatte.

»Du lässt das Blut ja gerinnen. Dann kann man es nicht mehr gebrauchen.«

Sie hatte sich gewehrt, geschimpft; schließlich war das Blut noch nicht geronnen und sie hätte auch wieder kräftiger gerührt, wenn sie nur einen Augenblick hätte ausruhen können. Aber da hatte die Mutter sie schon nach draußen befördert. Die besten Stücke der Metzelsuppe würde ihr heute Abend wohl niemand zuteilen.

Jetzt saß sie hier. Margarete nahm ihren Lappen hervor, der reichlich krumm und schief aussah.

Diese Häkelei! Mit links bekam sie nichts zustande und der rechte Arm tat immer gleich weh. Es war so mühselig ihn anzuheben. Mit der Häkelnadel zu arbeiten ging ja noch – wenigstens besser als mit der Stricknadel. Eine Schlinge fassen und zurückziehen, das schaffte sie so einigermaßen, aber dann … die Schlinge halten, eine zweite machen, eine dritte durchziehen … es dauerte ewig. Trotz aller Mühe und Schmerzen sah der Lappen hinterher unmöglich aus.

Sie hasste das Häkeln. Den anderen gelang es mit Leichtigkeit. Manchmal häkelten Pauline oder Marie rasch ein paar Reihen für sie. Doch das durfte die Mutter nicht merken. Es war schließlich das Einzige, wozu sie nach Ansicht der Mutter einigermaßen taugte. Und die machte sich Sorgen um ihre Zukunft.

Sie konnte wirklich fast nichts. Den Brotteig kneten und rollen, Hühner rupfen und ausnehmen, Bügeln – bei allen Hausarbeiten war sie keine Hilfe. Draußen im Garten oder auf dem Feld erst recht nicht. Sie konnte ja nicht einmal in den Stall hinuntergehen und die Hühner füttern oder Eier einsammeln. Und wenn die Mutter rasch etwas Petersilie in der Küche brauchte, konnte sie ihr keine vom Beet zupfen. Immer mussten die anderen ihr helfen. Wenn sie doch einmal etwas tun könnte, für das sie gelobt würde, der Mutter etwas abnehmen könnte!

Heute war ein grauer, windiger Herbsttag, doch Margarete war nicht empfindlich. Auf der Gasse gab es immer etwas zu sehen und zu hören. Das Klappern des Mühlrades, das sich in der Brenz drehte; zwei Frauen kamen mit zwei großen Taschen die Steige herunter.

»Na Gretle, immer fleißig? Das ist brav.« Sie nickte zustimmend, obwohl sie ihnen lieber eine lange Nase gezeigt hätte. Aber das traute sie sich nicht.

Ein Mann zog mit seinem Pferd, das ein wenig lahmte, an ihr vorbei und grüßte.

»Wird es in der Schmiede beschlagen? Da würde ich gern einmal zuschauen.« Der Mann schüttelte wortlos den Kopf, verschwand mit dem Tier hinter dem großen Tor der Schmiede. Margarete sog die Luft ein. Wenigstens der Geruch des Pferdes stand ein paar Augenblicke in der Gasse. Ein wenig später entdeckte sie vor dem Nachbarhaus die Katze des Schusters. Margarete lockte, aber auch die Katze war anderweitig beschäftigt. Gespannt starrte sie auf ein Loch unten an der Mauer. Das Mädchen schaute ihr eine ganze Zeit lang zu, obwohl sich keine Maus zeigte. Schließlich schlich die Katze davon.

Vielleicht sollte sie ein bisschen rechnen, um sich die Zeit zu vertreiben. Acht mal neun weniger dreißig. Zweiundvierzig. Das war zu einfach. Das hätten die anderen in der Schule auch gekonnt. Jedenfalls die, die rechnen konnten. Siebenundzwanzig mal fünf weniger neunundvierzig. Sechsundachtzig. Hoffentlich stimmte die Zahl. Zur Probe konnte sie es ja andersherum noch einmal rechnen.

Endlich kamen drei Mädchen die Straße entlang. »Wieso bist du allein?«, fragten sie. »Wo sind denn deine Schwestern?«

»Hinten im Hof. Bei uns wird heute geschlachtet.«

»Und da musst du hier draußen sitzen? Vielleicht können wir etwas spielen? Ich sehe was, was du nicht siehst?«

»Wer fängt an?«

»Du hast immer die besten Einfälle. Und kennst hier jeden Fleck.«

»Also gut, ich sehe was, was du nicht siehst und das ist grau.«

»Oh, das ist schwer. Hier gibt es so viele Dinge, die grau sind. Steine?«

»Nein.«

Es dauerte ziemlich lange, bis die beiden die Katze entdeckten, die sich inzwischen in eine Hausecke zurückgezogen hatte.

Wenigstens ihr grauer Schwanz war noch zu sehen. Schließlich verloren die Mädchen die Lust.

»Die Buben sind sicher wieder am Stadttor. Vielleicht sollten wir mal nach denen sehen.« Weg waren sie.

Margarete nahm ihren Häkellappen in die Hand. Der blieb ihr immer.

Eine Nachbarin kam die Gasse entlang – mit ihrem Säugling im einen und der Hacke im anderen Arm. »Ich muss noch mal schnell aufs Feld. Hab was vergessen. Kann ich den Karl bei dir lassen?«

»Gern. Leg ihn nur zu mir in den Wagen.«

Die Frau legte das steif gewickelte Kind neben Margarete in den kleinen Leiterwagen. Als der Kleine die Stimme der Mutter nicht mehr hörte, gab er ein paar unzufriedene Gluckser von sich.

»Na komm«, flüsterte Margarete. »Hier liegst du doch gut. Mir fällt schon etwas ein, was du magst.« Sie begann zu summen. Das Kind wandte ihr den Kopf zu und stieß einen gurrenden Laut aus. Sie gurrte zurück. »Möchtest du in der Vogelsprache reden? Das kannst du haben.« Sie führten ein langes Gespräch, glucksten, krächzten und brummten abwechselnd, bis das Kind leiser wurde und einschlief, in seinen Träumen bewacht von Margaretes Summen.

Als die Geschwister Margarete zur Schlachtsuppe hereinholen wollten, war die Nachbarin noch nicht zurück. Erst kurz nach dem Abendläuten hetzte sie atemlos die Straße herauf, bedankte sich bei Margarete und lobte sie vor der Mutter.

An diesem Abend war Maria Margarete Steiff mit ihrer Tochter zufrieden, auch wenn der Häkellappen nur um wenige Reihen gewachsen war.

Die Reise nach Ludwigsburg

1856

Das ist viel zu teuer für uns. Sie ist doch noch ein Kind …
Und bislang hat gar nichts geholfen, obwohl wir schon zu
mehreren Ärzten, ja bis nach Ulm, gereist sind und dort viel
Geld gelassen haben.«

»Auch Kinder werden erwachsen. Das Gretle muss doch
irgendwie leben.«

»Aber wir sind arm.«

»Nein, Maria, das sind wir nicht. Die Zeiten sind besser geworden. Als wir uns kennen lernten, da hast du recht, da konnte man noch nicht abschätzen, ob das Baugeschäft zu halten
war. Viele Geschäfte sind den Bach runtergegangen, seit überall die Maschinen laufen. Die Lodweber, Siebmacher und Rot-
gerber haben fast alle schließen müssen, weil die Fabriken billiger herstellen. Aber wir haben einen Vorteil durch die neue
Zeit. Giengen ist zwar durch Napoleon keine Reichsstadt
mehr, aber es hat doch auch Gutes, zum Königreich Württemberg zu gehören. Stuttgart investiert in die Wirtschaft und wir
haben einen sicheren Stand. Die neuen Manufakturen brauchen große Hallen, es wird also weiterhin gebaut werden.«

»Du meinst, wir sollten wirklich fahren? So eine weite Reise?«

»Ja, das meine ich. Ich habe bereits mit dem Klingelmüller
gesprochen. Er will uns helfen. Der Giengener Stiftungsrat ist
gut bei Kasse. Für irgendetwas muss er sein Geld schließlich
ausgeben. Und unsere Tochter ist beliebt.«

»Aber die Hähnles haben im Augenblick andere Probleme.
Ihre Mühle läuft nicht gut.«

»Die Mühle der Hähnles hat mit dem Geld des Stiftungsrates nichts zu tun.«

»Davon verstehst du mehr. Meinst du, die Gret hat Aussicht auf Heilung?«

»Ich habe gehört, dass Doktor Werner große Erfolge haben soll. Er nimmt fast nur gelähmte Kinder in seine Klinik auf und operiert sie. Das ist etwas anderes als die ewigen Einreibungen mit irgendwelchen Tinkturen.«

»Ist das nicht gefährlich? Und die Fahrt bis Ludwigsburg … mit dem Kind?«

»Mit der neuen Eisenbahn soll das ganz einfach sein, bequem und schnell. Sie schafft mindestens zwanzig Kilometer in der Stunde. Wenn die Gegend nicht zu bergig ist.«

»Versuchen wir's! Unsere Tochter ist es wert.«

Aufregende Tage folgten: Papiere mussten besorgt werden, der Bericht des Spitals, Wäsche wurde durchgesehen und gepackt. Die Mutter besprach mit Tante Ursche, die den Haushalt in der Zwischenzeit versorgen sollte, worauf zu achten sei. Am Abend vor der Abreise brachte der Vater seinem Gretle eine große Haarschleife mit. Das Kind war sprachlos vor Freude.

In der Früh um zwei Uhr mussten sie bereitstehen für den Pferdeomnibus. Margarete wurde in eine Decke gewickelt und schlief gleich wieder ein. Schlaftrunken nahm sie in Söhnstetten im Gasthof ihr Frühstück zu sich. Und weiter ging es. In Süßen sollten sie in die Eisenbahn umsteigen. Der Kutscher hatte ihnen bereits am Tag vorher die nummerierten Fahrkarten besorgt. »Zweiter Klasse«, hatte die Mutter entsetzt gemurmelt, aber der Vater hatte ihr das Wort abgeschnitten: »Auf dem Stehwagen willst du mit dem Gretle auf dem Arm ja wohl nicht durchgeschüttelt werden.«

Obwohl Margarete sich fest vorgenommen hatte, keine Angst vor dem Maschinenungetüm zu haben, lief es ihr kalt über den

Rücken, als es sich dampfend und zischend von weit her ankündigte. Dann stampfte das Ungeheuer in die Station ein. Ein rotgrüner Riese, schnaubend, mit großen Eisenrädern und dicken Eisenarmen darüber, die sich unablässig mitdrehten. Pustend, kreischend, Blitze schleudernd und alle Fahrgäste in dichten Rauch hüllend, kam die Lokomotive langsam zum Stehen.

Der Dienstmann, an seiner blauen Schildmütze zu erkennen, trug ihre Taschen noch ein Stück weit den Bahnsteig entlang, bevor sie in ihren Wagen einsteigen durften. Er hatte auch angeboten, Margarete die Stufen hochzutragen, aber die Mutter wollte sie nicht hergeben. Sie atmete schwer, als sie ihre Tochter auf der Holzbank absetzte.

Mit einem Ruck fuhr der Zug an und presste die Fahrgäste gegen die Rückenlehne. Die Mutter schlug die Hände vors Gesicht und begann leise zu beten. Auch Margarete zitterte ein wenig. Aber schließlich wagte sie doch einen Blick aus dem offenen Fensterloch und glaubte ihren Augen nicht zu trauen. Wiesen, Bäume, Dörfer, Kirchtürme zogen in atemberaubender Geschwindigkeit an ihr vorbei.

»Mutterle, schau, die ganze Welt tanzt! Das geht so schnell!«

»Schau nicht hin, sonst wird dir schwindlig.«

»Aber nein, es ist wunderschön. Wenn ich das in der Schule erzähle. Die lahme Gret ist mit dem Zug nach Stuttgart geflogen. Sieh nur, die Kühe. Schon wieder vorbei. Da ist es nichts mit ›ich sehe was, was du nicht siehst‹. Bevor einer was geraten hat, ist es längst weg und ein neues Bild vorm Fenster. Schau mal, auf der Straße stehen Leute, die winken uns zu.«

Margarete winkte aufgeregt zurück, lehnte sich ein wenig vor, um die Menschen länger sehen und winken zu können. Die Mutter hielt sie von hinten fest und schimpfte ein bisschen über die Unvorsichtigkeit der Tochter. Aber auch ihr gefiel die Reise, das hatte das Mädchen längst gemerkt.

Vor jedem Bahnhof pfiff der Zug. Sie mussten sich beim Bremsen festhalten, um nicht von der Bank zu fallen. Menschen stiegen aus, Gepäck wurde ausgeladen, neue Fahrgäste kamen herein. Margarete ging das alles viel zu langsam. Sie wollte weiterfahren.

Ein Schaffner in blauer Uniform betrat das Abteil, kontrollierte sorgfältig die Billets. »Bis Ludwigsburg reisen die Herrschaften. Da können Sie in Stuttgart auf Ihren Plätzen sitzen bleiben. Aber nicht erschrecken, mein Kind, vorher fahren wir über die Neckarbrücke und dann durch den großen Tunnel unter dem Schloss Rosenstein durch. Da wird es ganz dunkel.«

»Ich habe doch keine Angst«, entrüstete sich Margarete.

Als der Zug hinter Cannstatt mit einem schrillen Pfiff in das dunkle Loch hineinraste, schwoll sein Stampfen und Schnauben zu einem Unwetter an, während das Abteil sich mit Rauch füllte. »Mutterle, bitte, halt mich fest«, flüsterte Gret und suchte nach der Hand der Mutter. Andere Fahrgäste beteten laut. Eine Frau flehte zu Gott, sie nicht dem Teufel zu überlassen. Doch genauso plötzlich wie das Dunkel sie verschluckt hatte, übergoss sie wieder gleißendes Licht. Blinzelnd starrte Margarete auf das Häusermeer um sie herum, das gar nicht enden wollte. Dann vermehrten sich die Schienen rechts und links, wieder ertönte der Bahnhofspfiff und schließlich hielt der Zug, von einer Menschenmenge erwartet, neben einem lang gestreckten Gebäude. Fast alle Reisenden verließen den Zug, Menschen fielen sich um den Hals, andere riefen nach Trägern oder strebten umgehend dem Ausgang zu. Gleichzeitig schoben und drängten neue Fahrgäste in den Zug hinein.

Einige Stunden später saßen sie im Sprechzimmer des Arztes. Er hatte ein rundes, freundliches Gesicht und Lachfalten um die Augen. Merkwürdig, dachte Margarete, der Vater und fast alle Männer in Giengen hatten schmale Lippen wie ein Strich;

seine Stimme tönte jedoch aus einem Mund mit breiten, roten Lippen. Aber das sagte sie natürlich nicht. Die Mutter sollte sich für ihre Tochter nicht schämen müssen.

Doktor Werner begrüßte sie freundlich. »Keine Angst. Ich werde dich jetzt untersuchen. Aber es tut nicht weh.«

»Angst hab ich nicht«, meinte Margarete. »Untersuchungen kenn' ich.«

Der Arzt lachte. »Schön, da haben wir ja eine erfahrene Patientin.«

»Sie ist manchmal ein wenig vorlaut«, erklärte die Mutter verlegen.

»Ach was, so ein geöltes Mundwerk kann die Margarete im Leben gut gebrauchen. Und frech bist du ja nicht, oder?«

»Manchmal schon.« Jetzt war Margarete verlegen.

»Aber offen und ehrlich … Na, dann wollen wir mal.« Zu ihrem Erstaunen schaute sich der Arzt nicht nur die Beine und den Arm an, hob sie hoch, bewegte sie hin und her, sondern er fragte auch nach der Schule, den Geschwistern, ihrem Leiterwagen und den Spielen. Margarete erzählte gern, wenn sie auch spürte, dass es der Mutter nicht recht war.

»Jetzt ist es genug, Gret. Der Herr Doktor hat noch andere Patienten, die will er auch heute untersuchen.«

»Lassen Sie nur, Frau Steiff. Ich muss möglichst viel über das Kind wissen. Und es ist ja schön, wenn eins so aufgeweckt ist.«

»Werden Sie sie operieren?«

»Da muss ich sie erst ein paar Tage beobachten. Ich denke, ich nehme Ihre Tochter als Hausgast zu mir in Pension. Da sehe ich sie regelmäßig, und meine Kinder freuen sich über eine Spielgefährtin.« Und zu Margarete gewandt fuhr er fort: »Jetzt müssen wir erst mal einen Rollstuhl für dich finden. Du musst auch noch gewogen und gemessen werden. Dann kann eine der Wärterinnen dich in meine Wohnung fahren. Das Gepäck lasse ich später hinbringen. Es ist nicht weit. Ich hoffe,

Frau Steiff, Sie fahren jetzt beruhigt heim. Wir kümmern uns um Ihr Kind.«

Mit einem so raschen Abschied hatten freilich weder Mutter noch Tochter gerechnet.

Margarete versprach brav und tapfer zu sein. »Mutterle, du brauchst dir keine Sorgen zu machen«, versuchte sie die Mutter zu trösten. »Ich hab es gut hier.« Aber als die Mutter endgültig durch die Tür verschwand, spürte sie doch einen Kloß im Hals.

Vorsichtig strich Margarete mit der gesunden Hand über den glänzenden rosa Stoff. Die Wärterin hatte sie hier in Werners guter Stube auf dem gepolsterten Sofa einfach abgesetzt. Niemals hätte die Mutter zugelassen, dass man sie auf ein so vornehmes Möbelstück setzte. Margarete zog die Hand erschreckt zurück, besah ihre Finger und schnupperte. Der schwarze Rauch der Eisenbahn war noch da. Und bestimmt saß der dunkle Staub auch in ihrem Kleid. Wenn das einen Fleck gab! Aber sie konnte nicht weg.

Frau Werner reichte ihr zur Begrüßung die Hand, die Margarete mit ihrer schmutzigen Hand nur zögerlich ergriff. Sie wollte wissen, wie sie heiße und woher sie komme, ob sie Hunger oder Durst habe. Als sie die Verlegenheit des Mädchens bemerkte, fragte sie, ob Margarete sich auf den Fußboden hinunterlassen wolle.

Sie nickte, blieb aber kerzengerade sitzen.

»Nur zu, hier ist es blitzesauber. Auch unsere Kinder spielen am liebsten auf dem glatten Holzboden. Dort rutscht es sich gut.«

Inzwischen hatten sich die Töchter der Familie um sie versammelt, streckten ihr Hände hin und nannten ihre Namen: Maria, Martha, Debora und Lydia. Der kleine Bruder, Hermann, holte sogar sein Holzpferd auf Rädern und zeigte, wie er es an einer Schnur ziehen konnte. Auf dem Boden saßen noch zwei Buben, Hans und Ludwig. Hans hatte einen Klumpfuß; was Ludwig fehlte, war auf den ersten Blick nicht zu erkennen.

Die älteste Tochter, Maria, brachte ihr ein Glas Wasser. Martha, die etwas jünger sein mochte als Margarete, meinte, sie hätten gerade angefangen, mit ihrem Piratenschiff den Ozean zu überqueren. Aber heute sei Windstille, und die Seeleute müssten rudern. Verstärkung könnten sie also gut gebrauchen.

Margarete blickte unsicher von den Mädchen zu Frau Werner, die aufmunternd nickte. »Ich kann nicht rudern, mein rechter Arm ist auch lahm«, erklärte sie.

»Dann bist du der Steuermann. Da kannst du hinter den anderen herrutschen. Nach meinen Kommandos ziehst du das Ruder nach links oder rechts, das heißt, du richtest die Beine etwas nach rechts oder links aus. Das geht doch?«

Margarete nickte. Der Ozean, in den sie sich vorsichtig hineingleiten ließ, war eine riesige hellglänzende Fläche, die sich über zwei große Zimmer erstreckte. Ein offener Durchgang verband die Räume. Die anderen Kinder saßen bereits im Schneidersitz hintereinander, hoppelten und rutschten geschickt vorwärts, wobei sie sich im Takt der Ruder auch mit den Händen abstießen. Margarete musste sich anstrengen, um mitzukommen. Sie zog sich mit dem linken Arm durchs gesamte Zimmer, durch die Meerenge von Gibraltar, wie Martha kommentierte, sogar um gefährliche Riffe herum – das waren der Tisch und die Stühle. Bis Ludwig plötzlich rief, ein Sturm komme auf das Schiff zugerast und sie würden alle über Bord gehen. Die Kinder fingen sogleich an zu stöhnen und zu klagen, ließen sich seitwärts vom Schiff rollen, strampelten in der bewegten See herum und schrien laut um Hilfe.

»Ruhe!«, forderte Kapitän Martha. »Keine Panik. Ich sehe Land am Horizont. Wir werden dorthin um die Wette schwimmen. Aber Achtung: Alle müssen sich genauso bewegen wie die Gret. Nur der linke Arm darf zum Ziehen benutzt werden. Wer zuerst an der Chaiselongue anschlägt, hat gewonnen. Achtung, fertig, los.«

Margarete fühlte, wie ihr die Röte ins Gesicht stieg. Die *Schäslon* – das musste das vornehme rosa Sofa am Ende des Zimmers sein. Das konnte sie schaffen.

Alle hatten verschwitzte, rote Köpfe, als Martha und Margarete fast gleichzeitig am Sofa anschlugen. Margarete vielleicht einen Augenblick früher. Die Kinder klatschten. Auch Maria, die bereits den Tisch deckte. Sie rief zum Essen, klopfte Margaretes Kleid ein wenig aus und hob sie mit Martha zusammen auf einen Stuhl. Dann reichte Maria ihr ein nasses Tuch, mit dem sie sich die Hände abwischen sollte, während sie die anderen Kinder zum Händewaschen hinausschickte. Auch Hans und Ludwig machten sich humpelnd auf den Weg. Es gab eine Suppe und sogar ein kleines Stück Fleisch zum Gemüse, anschließend noch einen Apfel. Ein Festtagsessen!

Am Abend im fremden Bett konnte Margarete nicht schlafen. Du liebe Zeit, wo war sie nur hingeraten? Die Werners waren merkwürdige Leute, über die man in Giengen nur den Kopf schütteln würde. Ihre Schleife fiel ihr wieder ein. So ein schönes Geschenk … und sie hatte nicht darauf aufgepasst. Ob die Mutter sie auf der Heimreise finden würde?

Ganz allein war sie noch nie irgendwo gewesen. Was die Mutter jetzt wohl machte? Ob sie schon in Süßen auf den Omnibus wartete? Was hatte sie nicht alles an diesem einen Tag erlebt – mehr als sonst in einem ganzen Jahr. Erst die Fahrt mit der Bahn! Wenn sie die Augen schloss, konnte sie das Ruckeln noch im ganzen Körper spüren. Sie hörte die Pfeife der Lokomotive, roch den Qualm. Wenn sie die Augen öffnete, verschwand der Spuk. Dann roch es nach dem fremden Haus der Werners – irgendwie schien jedes Haus seinen eigenen Geruch zu haben. Sie hörte Geräusche, die sie sich nicht erklären konnte: ein Knacken, manchmal ein Zischen in der Wand und den Atem von Lydia und Maria, in deren Zimmer sie lag. Arme und Beine taten weh, eigentlich auch der Bauch, der Rücken, die Schultern … Wenn die Eltern wüssten, dass sie hier den ganzen Tag auf dem Boden herumgerutscht war! Ach, die Eltern! Sie wartete auf das Heimweh, das sich nicht meldete. Sie war zu müde und zu aufgeregt.

Spaziergang im Park

Doktor Werner atmete tief durch. Nach der täglichen Sprechstunde in der Strafanstalt fühlte er immer die gleiche Erleichterung, diesen Ort wieder verlassen zu dürfen. Kahle Wände, endlose Gänge, überall bewaffnetes Wachpersonal, Schlüssel, die sich im Schloss drehten, Türen, die sich öffneten, aber hinter ihm wieder abgeschlossen wurden. Schmutz, Gestank, graue Hässlichkeit, eine Verwahrlosung des Gebäudes, die allein schon unerträglich war.

Seine Schritte hallten auf den Gängen; aus den Arbeitshallen, in denen die Einsitzenden bis zu vierzehn Stunden arbeiteten, hörte er das endlose, immer gleiche Klappern der Webstühle. Manchmal auch Schreie, wuterfülltes Kreischen, dumpfe Tierlaute, Beschimpfungen, gottlose Flüche und die scharfen Kommandorufe der Aufseher, die oft genug einen der Häftlinge, der sein Soll nicht erfüllte oder laut schimpfte, ergriffen und wegschlossen. Die hier einsaßen, waren zum Teil Sträflinge, brutale Kerle, deren gemeine Stimmen ihn verfolgten. Man konnte froh sein, dass sie eingeschlossen waren, die Bevölkerung vor ihnen geschützt war. Aber es gab auch Menschen hier, deren Vergehen darin bestand, dass sie ohne Arbeit und Wohnrecht durchs Land gestreunt und von den Ordnungsbehörden aufgegriffen worden waren. Vielleicht hatten sie auch etwas zu essen gestohlen. Wie sollten die sich hier bessern? Er atmete auf, wenn er das Treppenhaus passiert hatte.

Die Kranken, die in sein Zimmer schlurften oder im Krankensaal lagen, waren apathisch, stierten ihn an, verstanden oft nicht, was er von ihnen wollte. Immer in Abwehr, sofort bereit zuzuschlagen. Alles, was Menschen ausmachte, schien ihnen zu fehlen. Aber er hatte verstanden, dass sie gefühllos und grausam waren, weil ihnen das Leben nichts anderes entgegengebracht hatte. Viele waren schon als Kinder für Verbrechen abgerichtet worden, halbtot geschlagen von Eltern, die im Suff zu vergessen suchten, was das Leben ihnen antat. Der Pauperismus, das Massenelend – es zog immer weitere Kreise. Die Straßen waren voller Bettler, Obdachloser, Menschen ohne Arbeit, Haus und Heimatrecht. Gott? Von dem hatten die meisten wenig gehört. Höchstens von einem Gott der Reichen und Erfolgreichen.

Die Freundlichkeit des Arztes war ihnen völlig fremd, erzeugte Misstrauen. Mancher hielt sie für einen besonders abgefeimten Hinterhalt. Dann blitzte es beängstigend in den stumpfen Augen auf. In solchen Augenblicken würde er sich am liebsten in ein Mauseloch verkriechen. Er fürchtete, sich in diesen Abgrund von Schlechtigkeit und Verworfenheit zu verlieren. Wie konnte Gott so etwas zulassen? Waren die Gefangenen nicht auch seine Geschöpfe?

Doch wenn er sich zusammenriss, von den eigenen Zweifeln abließ, dann spürte er zuweilen, dass auch diese Menschen eine Seele hatten und dass er diese Seele einen Spalt weit öffnen konnte.

Er seufzte erleichtert. Für heute war er diesem Sumpf entronnen, die hohen Mauern blieben hinter ihm. Wenn ihm jetzt nicht noch ein Trupp von Straßenarbeitern auf ihrem Heimmarsch in die Anstalt begegnete. Männer, die sich nach den Kommandorufen der bewaffneten Aufseher bewegten, gleichzeitig das rechte Bein hoben und wieder absetzten, dann das linke. Ein Trupp entkräfteter Gestalten, die jede Schlacht verloren hatten.

Bevor Doktor Werner sich seinen übrigen Tagespflichten widmete, brauchte er einige Augenblicke für sich. Er wollte einige Schritte durch den Park gehen, sich besinnen. Gottes Schöpfung konnte so schön sein!

Hinter der schmiedeeisernen Eingangspforte empfing ihn eine andere Welt. Die hohen alten Bäume ließen reine Luft auf ihn herabrieseln. Wie Säulen strebten die Stämme hoch, das Blattwerk wölbte sich schützend über ihm und bot Vögeln, Eichhörnchen und anderen Tieren Lebensraum. Am Boden Büsche, Gras, Blumen, Farne. Er sog den würzigen Geruch von Pilzen ein. Es roch nach Leben und Verwesung.

Rasch schritt er aus. Heute suchte er den Anblick einer Buche, die am Ende des Parks allein auf einer Wiese stand. Ungeachtet allen eitlen Treibens der Menschen stand sie da, breit ausladend, hochstrebend und doch fest in der Erde verankert. Verlässlich, jeden Tag. Sonne und Wind, Schnee und Hitze konnten ihr Aussehen verändern, aber ihr nichts anhaben. Sie strahlte Gelassenheit aus, fast so etwas wie Vollkommenheit; in ihrem Schatten glaubte er Gott nahe zu sein.

Der alte Herzenszwiespalt, der Unglaube in ihm, der ihn bekümmerte, gegen den er jedoch nicht ankam. Hatte Gott ihn nicht immer geleitet und ohne sein eigenes Wirken Wege angewiesen, ihm eine Lebensaufgabe geschickt, die seinem Dasein Sinn und Ziel setzte? Allein diese größere Aufgabe befähigte ihn, die Stunden im Arbeitshaus auszuhalten, mit denen er sich und seine Familie ernährte.

Warum musste er sein Verhältnis zu Gott immer wieder in Frage stellen? Sich selbst in Kümmernis stoßen, obwohl er wusste, dass auf jede Nacht ein Tag folgte? In seiner Jugend hatte er Landmann werden wollen, dann Pfarrer. Schließlich war ihm durch die Krankheit seiner Schwester bewusst geworden, dass er Menschen heilen wollte. Gott hatte ihm die Liebe zu den Menschen und zur Natur eingepflanzt, was beides für den Arzt oft so viel wichtiger war als die Arzneien, die er verschrieb.

In seiner Jugend hatte er viel erleben dürfen, war in der freien Natur gewandert, hatte mit seinen Kameraden lange Gespräche über den Sinn des Lebens geführt, sich zum Missionar berufen gefühlt. Doch dann hatte er von den kranken Kindern der unteren Schichten gehört, um die sich niemand kümmerte, und sofort gewusst, was seine Lebensaufgabe war.

Von Anfang an hatte er für seine Kinderheilanstalt viel Unterstützung gefunden, Freunde, die Geld liehen, Spender. Schwierig war es jedoch gewesen, ein passendes Haus für die Kinder zu finden. Kranke Kinder waren den Leuten suspekt, die wollte niemand sehen. Die meisten glaubten, jeder Mensch müsse nützlich sein, selbst fürs tägliche Brot arbeiten können. Aber warum hatte Gott die bunten Schmetterlinge und Blumen geschaffen? Zu seiner Freude? Dann hatte auch das Leben dieser kranken Kinder einen Sinn. Denn wenn man sich um sie kümmerte, ihnen zeigte, dass man sie als Geschöpfe Gottes annahm, blühten sie auf. Bei den meisten war nicht nur der Körper krank, sondern auch die Seele hatte Schaden genommen; sie fühlten sich minderwertig und schuldig an ihrer Krankheit.

Das Kind gestern Morgen, die kleine Margarete, führte ein jämmerliches Leben. Und trotzdem steckte sie voller Kraft und Lebensfreude. Er hatte sie am Abend beim Spiel mit seinen Kindern genau beobachtet. Die hatten Erfahrung mit fremden Kindern, aber so schnell hatte sich selten eines eingelebt. Ihre Fröhlichkeit steckte an und dazu hatte sie einen Blick für die Nöte der anderen. War sofort da, als der kleine Hermann stolperte! Er hatte sich rasch von ihr trösten lassen, obwohl er sonst gern jämmerlich weinte. Margarete würde eine gute Ärztin werden, wenn ... ja, wenn ... Ach, die Leute hatten schon recht, er war ein Träumer! Das Kind war krank, ungebildet, ein Mädchen, stammte aus einer einfachen Familie ... In dieser Welt waren ihr alle Wege verschlossen. Vielleicht konnte er ihr ein wenig helfen. Viel konnte er nicht tun. Aber er würde es versuchen.

Doch wenn es misslang? Wenn sie genauso krank heimkehrte, wie sie hergekommen war? Würde sie es dann nicht noch schwerer haben? Würden die Eltern ihr Vorwürfe machen, weil die Behandlung so viel Geld gekostet hatte? Trotzdem. Es lag in Gottes Hand. Ihm musste er die Entscheidung überlassen. Er würde sie weiter beobachten. Vielleicht war eine Operation möglich.

Vielleicht würde auch einer dieser monströsen Apparate helfen, die er im letzten Jahr als große Neuheit auf der Weltausstellung in Paris gekauft hatte. Sie hatten zwar viel Geld gekostet, aber so ganz traute er ihnen nicht. Die ganze Ausstellung war voller technischer Neuheiten gewesen. Maschinen, Geräte, die für alles und jedes gut sein sollten. Die Welt schien einem technischen Fortschrittsglauben zu verfallen, der an Wahn grenzte und dazu überheblich war. Die Eisenbahn ließ er sich ja gefallen, aber bei seinen Kindern vertraute er doch mehr auf Liebe, Verständnis und gute Pflege. Schon mit besserer Kost oder ein paar guten Schuhen war manchem geholfen.

Freude am Leben, die wollte er weitergeben. Und dazu gehörte auch das Wort Gottes, das er den Kindern nahezubringen versuchte. Manche Kollegen lachten über seine Erbauungsstunden, doch ihn störte das nicht. Wenn die Kinder erfuhren, dass Gott sich auch um sie kümmerte, begannen sie sich selbst zu trauen. Deswegen ließ er sie unterrichten. Medizinische Hilfe musste auch immer Lebenshilfe sein.

Er hatte bald gewusst, dass das Heim in Ludwigsburg nicht reichte und sich nach einem zweiten im Schwarzwald umgesehen. Die häufigen Transporte der Kinder nach Wildbad waren zwar etwas umständlich, brachten den Kindern jedoch Abwechslung. Und – er schmunzelte – sie gaben auch ihm die Gelegenheit, häufig aus Ludwigsburg herauszukommen. Das Baden tat ihnen allen gut. Das Wasser war heilkräftig und das Herumtollen wirkte wahre Wunder. Was gab es Herrlicheres auf der Welt als ein Kinderlachen?

Die Operation

Vor der Operation hatte sie eine Heidenangst. Dass der Wundarzt an ihrem Fuß herumschneiden würde, machte ihr weit weniger aus als die Ankündigung, dass sie mit Chloroform zum Schlafen gebracht werden sollte. Chloroform – wie sich das anhörte.

Als man ihr ein Tuch, das mit dieser merkwürdigen Flüssigkeit getränkt war, vors Gesicht hielt, hätte sie am liebsten geschrien. Das Zeug stank furchtbar, und während Margarete es einatmete und dabei zählte, stach es ihr wie Messer in Nase und Hals. Sie wollte sich wehren, konnte sich aber nicht mehr bewegen. Jetzt war sie am ganzen Körper gelähmt!

Danach wusste sie nichts mehr. Von der Operation hatte sie nichts gespürt, aber hinterher war ihr so scheußlich zumute, und zwei Tage lang konnte sie das Essen nicht bei sich behalten.

In den folgenden Tagen tauchte immer kurz vor dem Einschlafen der Chloroformgestank wieder auf und erfüllte sie mit Angst. Wenn sich im Schlaf die Lähmung doch weiter ausbreitete? Die Pflegerinnen versuchten sie zu beruhigen, gaben ihr schließlich einen Saft, der sie ruhiger schlafen ließ.

Nun hieß es geduldig sein, denn Margarete sollte das Bett hüten, bis die Operationswunde verheilt war. Aber Doktor Werner sorgte für Abwechslung: Eine der Wärterinnen sprach Englisch, und der Arzt hatte sie angewiesen, die Kinder darin zu unterrichten. Wer mit den Beinen schlecht zurecht sei, müsse mit dem Mund umso geschickter werden, hatte er erklärt.

Wie merkwürdig die Engländer sprachen! An dem »R« und dem »Th« verrenkten sich die Kinder fast die Münder und lachten, bis die Lehrerin sie zur Ordnung rief. Margarete beherrschte die Laute als Erste. Kein Wunder, denn die anderen Kinder waren alle jünger als sie und viele von ihnen hatten ständig Schmerzen. Bald konnte sie ein paar Sätze und Reime sagen und damit die anderen wieder zum Lachen bringen, wenn sie abends ihr Heimweh in die Kissen weinten. Dann verschwand auch ihre eigene Angst. Sie übte die Worte und Sätze häufig noch spät unter der Decke, wenn die Kleineren längst eingeschlafen waren.

> *Kate's new doll has curly hair,*
> *Face and hands so pink and fair;*
> *Bluer eyes you've never seen,*
> *And her name is Clementine.*

Clementine, Clementine. Sie stellte sich die Puppe vor: mit langem blondem Haar, das sie mit einer silbernen Bürste kämmte; ein Gesicht aus feinem Porzellan, in einem hellen rosa Gesicht mit roten Apfelbäckchen. Ein gelbes Kleid mit Rüschen und Schleifen. Und die blauen Augen strahlten. Kein Wunder, sie waren aus Glas und so hellblau wie die Glasmurmel, welche die kleine Wilhelmine im Nachbarbett für die Reise geschenkt bekommen hatte. Eine Zaubermurmel, die ihr abends im fremden Bett die Angst nehmen sollte. Manchmal legte sie die Murmel neben sich ins Bett, und wenn sie gerade besonders guter Laune war, reichte sie die kleine Kugel auch zu den anderen Betten hinüber: »Vorsicht, lass sie bloß nicht fallen!« Aber dann war sie schrecklich aufgeregt, und niemand traute sich, sie lange zu behalten.

Manchmal erzählte Margarete Geschichten – sie wunderte sich selbst, was ihr alles einfiel – oder sie beschäftigten sich mit Ratespielen. Trotzdem waren die Tage im Bett unendlich lang. Und das, nachdem sie bei den Werners so viel hatte herumrutschen dürfen.

Endlich waren die Wunden der Operation verheilt. Doch mit dem Laufen wurde es immer noch nichts, jedenfalls nicht sofort. Das operierte Bein kam erst einmal in einen Gips. Der freundliche Doktor Werner verlangte viel Geduld von seinen kleinen Patienten.

Wieder gab es einen nächtlichen Aufbruch. Eine Reise war angesagt: Die Kinder sollten sich im Schwarzwald erholen und zu Kräften kommen. Wie das klang: *Schwarzwald*. Dunkel, geheimnisvoll, unheimlich. Die kleineren Kinder weinten, als sie aus dem Schlaf geholt und in den Wagen verladen wurden. Margarete tröstete die kleine Sophie, die Schmerzen in den Hüften und hohes Fieber hatte. Vertrauensvoll legte die Fünfjährige ihre Hand in Margaretes. »Bald geht es uns besser«, flüsterte diese.

Fast alle Kinder waren wach, seit es hell geworden war und die Berge hoch um sie aufragten. Schließlich tauchten sie in dunkle Wälder ein mit weit ausladenden Tannen, deren Spitzen irgendwo weit über ihnen endeten.

Margarete hielt sich mit der linken, gesunden Hand an dem Griff neben ihr fest. In Wildbad, im Haus Herrenhilfe, sollte sie ihre Beine stärken – die ungeübten Muskeln, die nach der Operation zwar bewegt werden konnten, aber völlig kraftlos waren. Der Wundarzt habe einige Sehnen durchtrennt, die den Fuß in die falsche Richtung zogen, hatte Doktor Werner ihr erklärt. Der Gips war bereits ab, das Bein steckte allerdings noch in einer unförmigen Schiene, um es in die richtige Haltung zu bringen. Sie fühlte sich wie angebunden in dem Ding.

Vor Kurzem hatte die Mutter ein Kleid geschickt – das gute, neue hatte sie beim Rutschen auf dem Boden zerschlissen. Frau Werner, die den Kindertransport begleitete, saß neben ihr, über das Kleid gebeugt. Mit Nadel und Faden versuchte sie zu retten, was zu retten war. Das neue Kleid war in Wirklichkeit ein altes, wahrscheinlich von Christine Klingelmüllerin, und an den Ärmeln viel zu eng.

Bestimmt hatte sich die Mutter über den Brief von Frau Werner, dass Margarete ein neues Kleid brauche, aufgeregt. Wenn die wüsste, was mit dem alten geschehen war! Aber Werners fanden es selbstverständlich, dass die Kinder auf dem Boden herumrutschten. Sie waren in vielen Dingen ganz anders. Manchmal zog der Herr Doktor seinen dicken, mit schwarzem Wollpelz gefütterten Schlafrock falsch herum an, brummte wie ein gewaltiger Bär und jagte die Kinder auf allen vieren durch das Zimmer. Der kleine Hermann durfte dabei auf seinem Rücken reiten. Dann schrien alle vor Vergnügen. In Giengen würden die Leute sagen: »Närrisch!«

Weil ich Jesu Schäflein bin,
freu ich mich nur immerhin
über meinen guten Hirten,
der mich schön weiß zu bewirten …

Die Lieder, die bei Familie Werner gesungen wurden, wollten Margarete nicht aus dem Kopf. Der Tag begann dort regelmäßig mit einer Andacht. Frau Werner begleitete die Lieder auf dem Harmonium, die älteren Kinder lasen einen Abschnitt aus der Bibel, dann wurde gebetet.

Bei den Steiffs zu Hause wurde auch nach dem Abendläuten gebetet: Es waren in Reime gefasste Bitten, die man gemeinsam aufsagte, zum Schluss noch das Vaterunser. Margarete hatte sich bis jetzt nie viel dabei gedacht. Beten gehörte einfach zum täglichen Leben, Gott war so etwas wie ein gestrenger Herr, der von oben aufpasste, ob die Kinder brav waren.

Hier war das anders. Beim Beten erzählte der Herr Doktor manchmal von seinen eigenen Kindern; gestern hatte er von Gottes Sohn gesprochen, der auf der Erde als Mensch gelebt habe, als Sohn eines Schreiners, dem er in der Werkstatt geholfen habe, wie Kinder ihren Eltern eben helfen. Auf einer Reise nach Jerusalem war er plötzlich verschwunden, und seine Eltern hatten ihn erst nach langem Suchen im Tempel wiedergefunden, wo er unter den Schriftgelehrten saß und Fragen stellte. Als die Mutter ihm Vorwürfe machte, gab er eine seltsame Antwort: »Wisst ihr nicht, dass ich sein muss in dem, was meines Vaters ist?« Diese Antwort verstanden auch die Eltern nicht, denn niemand wusste, dass dieses Kind einen besonderen Auftrag von Gott hatte. Als Erwachsener zog er predigend durchs Land, und am Ende wartete das Kreuz auf ihn. Aber er habe Angst davor gehabt wie jeder Mensch und sich dieser Angst nicht geschämt.

Auf einmal erwähnte der Herr Doktor Margarete. Sie erschrak. Was hatte ihr Name in der Andacht zu suchen? Verlegen senkte sie den Kopf.

Doktor Werner erklärte, sie sei ein mutiges, tapferes Mädchen und habe einen schweren Weg vor sich. Dafür brauche sie Gottes Hilfe ganz besonders. Gott tue es weh, wenn ein Mensch leide. Aber er nehme trotzdem das Leid nicht immer weg, sondern verfolge damit besondere Absichten. Was Gott mit ihr, Margarete, vorhabe, das müsse sich noch zeigen. Aber *dass* er etwas mit ihr vorhabe, sei sicher. Deswegen wollten sie jetzt gemeinsam um seine Hilfe für sie bitten.

> *Indessen muss sich alles dulden,*
> *auch manches ohne sein Verschulden;*
> *dafür erlangt es Herrlichkeit.*
> *Die Welt wird paradiesisch blühen*
> *und lauter Sonnenkraft anziehen*
> *wie aus dem Meer der Seligkeit.*

Während alle sangen, spürte Margarete Tränen über ihr Gesicht laufen. Plötzlich heulte der kleine Hermann laut los.

»Was ist denn?«, fragte Frau Werner und nahm ihn auf den Schoß.

»Gretle weint auch«, schluchzte er und zeigte auf sie. Da mussten alle lachen – auch Margarete. Mitten in den frommen Gesang hinein.

Sie sollte mit den anderen Kindern ins Heilbad, ins Katharinenstift, der Badeanstalt für die einfachen Leute! Jeden Tag! Oh, war das herrlich. Und sie würde im Haus Herrenhilfe wieder mit Maria Werner das Zimmer teilen dürfen.

Die Kinderheilanstalt Herrenhilfe lag am Ortsrand von Wildbad, ein lang gestreckter Bau mit bunten Fensterläden. Im Garten wurde an einer Seite Gemüse angebaut, sonst blühten überall viele Blumen und eine Obstwiese bot Platz zum Spielen. Das hinterm Haus sanft ansteigende Gartengrundstück wurde weiter oben vom Wald begrenzt.

Zum Abendessen gab es eine Gemüsesuppe und dann einen Pfannkuchen, dazu Salat. Margarete hatte einen Riesenhunger – kein Wunder: Reisen im Pferdewagen und die frische Luft machten hungrig. Und wie das schmeckte! Fast noch besser als bei Werners. Als sie ihren Teller leer gegessen hatte, kam eine der Küchenfrauen mit einem Berg Pfannkuchen in den Saal und fragte, wer noch einen möchte. Bevor Margarete irgendetwas sagen konnte, hatte sie bereits ein dickes, fettes Ungetüm auf dem Teller liegen.

»Du siehst so aus, als ob du noch einen vertragen könntest«, lachte die Frau. »Schön, dass sie euch gut schmecken. Da macht das Kochen Spaß.« Der Pfannkuchen duftete herrlich und war goldgelb gebacken, so viele Eier waren darin. Margarete leerte den Teller bis auf den letzten Rest.

Nach dem Essen durften alle Kinder noch hinter dem Haus

die Wiese hoch bis an den Waldrand laufen. Keines konnte das ohne Schwierigkeiten, etliche humpelten, manche krabbelten auf allen vieren. Margarete und vier andere wurden im Wagen hochgeschoben und oben ausgeladen, während der Eichelhäher die Bewohner des Waldes mit wüstem Gekrächz vor den Eindringlingen warnte. Ein wenig erschrocken lagerten die Kinder auf der frisch gemähten Wiese, eingehüllt von der warmen Sommerluft, die nach Heu und Tannen duftete.

Irgendwann beendete der Eichelhäher sein warnendes Krächzen, die Amseln schetterten noch ein wenig weiter, dann begannen sie in süßen Tönen zu flöten. Aus den Büschen am Ende der Wiese stieg der Gesang einer Grasmücke auf, die atemlos, sich fast überschlagend, schnabbelte und trillerte. Die Kinder lauschten. Schließlich begann Maria Werner zu singen, was die Amseln noch weiter ansporte. Alle lachten und gaben sich Mühe, mit ihren Stimmen dagegenzuhalten.

Irgendwann rieselte vom Wald her kühlere, würzige Luft auf sie herab. Als die Kinder aufblickten, hatten sich die schattenspendenden grünen Tannen in dunkle Riesen verwandelt. Einige fürchteten sich, ein ganz kleiner Bub fing an zu weinen und wollte nach Hause. Maria nahm ihn auf den Arm und stimmte vor dem Heimweg ein letztes Nachtlied an. Als sie endlich ins Haus zurückkehrten war es schon fast dunkel.

Es dauerte eine ganze Weile, bis alle Kinder im Bett lagen, denn etliche konnten sich nicht allein ausziehen und waschen. Im Schlafraum bekam Margarete das Bett neben Maria zugeteilt, die noch ein paar Mal aufstehen musste, weil die kleine Sophie weinte.

»Bist du gern als Pflegerin für uns mitgekommen«, fragte Margarete flüsternd, als die Ältere endlich in ihrem Bett lag.

»Doch, schon«, antwortete sie. »Aber ich habe auch ein wenig Angst. Ich bin noch nie allein für die kranken Kinder verantwortlich gewesen.«

»Mich kennst du ja schon.«

»Ja, das ist schön. Und jetzt gute Nacht.«

»Mutter! Mutter!«

»Ist gut, ich bin ja bei dir.«

Die weinende Stimme der kleinen Sophie und die tröstende von Maria holten Margarete aus ihrem Schlaf. Auch Dorle wurde wach und fragte, ob sie schon aufstehen müssten.

»Schlaft weiter. Es dämmert gerade mal. Auch du, Sophie. Deine Mutter liegt jetzt zu Hause im Bett und träumt von ihrer lieben Sophie, die im Schwarzwald gesund wird.«

»Ich will zu ihr.«

Dorle fing jetzt an zu weinen. »Hinter den Fensterläden, da sitzt etwas Schreckliches. Ein Gespenst.«

»Hier gibt es keine Gespenster. Das ist nur ein Schatten … der schmilzt bald, wenn die Sonne aufgeht. Nachher, wenn ihr im Garten spielt, bist du wieder froh. Eure Eltern denken an euch. Sie freuen sich, dass es euch hier so gut geht und ihr gesund werden könnt.«

»Auch der Heinrich?«

»Natürlich. Auch dein großer Bruder.« Die Stimme von Marie wurde unsicher. Sie zögerte einen Moment. »Wenn ihr nicht brav schlaft, dann spüren das eure Eltern und sind traurig.«

Sophie flüsterte zitternd: »Ich will brav sein und meinen Eltern Freude machen. Das habe ich versprochen.«

»Siehst du. Du bist ein braves Mädchen.«

»Das will ich auch sein.« Dorle schluchzte noch einmal auf, bekam ein Taschentuch zum Naseputzen. Dann strich Maria beiden über den Kopf. »Ich gehe jetzt in mein Bett zurück und singe noch ein wenig das Schlaflied von gestern. Und wenn ich fertig bin, seid ihr eingeschlafen. Versprochen?«

»Versprochen«, flüsterte es zurück.

Erst jetzt spürte Margarete, dass auch ihre Augen nass waren. Verstohlen wischte sie sie mit dem Hemdsärmel trocken. Das durfte Maria nicht merken. Sie war hier schließlich die Große.

Am Morgen war Margarete früh wach und ausgeschlafen. Durch die Fensterläden drang warmes, gelbes Sonnenlicht und Vogelgezwitscher. Es würde wieder einen herrlichen Tag geben. Sie musste noch warten, bis alle aufstanden, aber solange würden ihr die Vögel schon die Zeit vertreiben. Sie kannte recht viele Vogelstimmen, hörte ihnen gerne zu. Sie hatten etwas Tröstliches, weil sie einfach drauflossangen. Wenn sie die Mutter gefragt hatte, warum die Vögel sangen, hatte sie nie eine Antwort bekommen.

Endlich hörte sie Maria Werner leise ein Gebet sprechen. Dann begrüßte sie freundlich die Mädchen und hob das Dorle aus dem Bett, um ihm am Waschtisch zu helfen. Der war also erst einmal besetzt. Die kleine Sophie hatte nur flüsternd auf den Gruß geantwortet, begann erneut zu weinen und bettelte um Wasser.

»Gretle, kannst du dich um Sophie kümmern? Ich kann jetzt hier schlecht weg.«

»Gern.« Margarete wälzte sich vorsichtig aus dem Bett, rutschte auf den Boden und kroch zu Sophie hinüber. »He, he, was ist denn? Hast du schlecht geträumt?«

»Ich will endlich nach Hause«, schluchzte Sophie. »Zu meinem Bruder und meiner Mutter. Hier bin ich so allein.«

»Ich bin doch bei dir und die Maria und das Dorle. Draußen scheint die Sonne. Wir dürfen bestimmt gleich in den Garten. Und du hast doch versprochen, dass du brav sein willst.« Sie wischte Sophie mit ihrem Ärmel über das heiße Gesicht.

»Warte, ich hole dir Wasser.« Margarete rutschte zum Tischchen hinüber, auf dem eine Karaffe mit Wasser stand. Vorsichtig richtete sie sich auf. Wenn sie mit der rechten Hand das

Glas hielt, konnte sie mit der linken ausschenken. Sie schaffte es, ohne etwas zu verschütten. Aber wenn sie das Glas jetzt mit der linken Hand hinübertrug ... Doch auch das gelang. Sie hoppelte aufrecht sitzend über den Boden, stützte sich ein wenig mit der rechten Hand ab, konnte es schließlich an Sophie übergeben, die gierig trank, während Margarete mit ihrer linken Hand den Kopf des Kindes stützte.

Nach dem Frühstück durften die Kinder im Garten herumtoben. Margarete blieb lieber auf der Terrasse. Bereits gestern Abend hatte sie einen Grasfleck auf ihr Kleid bekommen, und der Garten war noch feucht vom Tau.

Für die Fahrt ins Bad wurden die Kinder auf kleine Wagen geladen, jeweils von zwei Wärterinnen gezogen. Die Wagenkolonne erregte Aufsehen. Manche Leute blieben stehen und schauten sich den Zug an, andere drehten sich um und hasteten davon. Zuerst schämte Margarete sich, aber dann war ihre Neugierde auf die Menschen in diesem Ort stärker. Denn die sahen völlig anders aus als die Leute, die sie aus Giengen kannte.

Da ging ein Herr auf der anderen Straßenseite, steifer hoher Hut, eine braune kurze Jacke mit langen Schößen daran, gelbseidene Kniehosen mit dunkelbraunen Stiefeln. Und ein Kugelbauch, der wie ein Ball unter der Jacke hervorquoll. Als sie ihn überholten, kicherten zwei Kinder los – trotz Marias strafender Blicke.

Rasch schaute Margarete nach vorn. Eine Dame kam ihnen auf einem der schmalen roten Steinbänder entgegen, die durch das dunkle Pflaster der Straße zum Kurbad führten. Sie trug ein hellgrünes Kleid ... Aber nein, niemals hätte jemand in Giengen das als Kleid bezeichnet! Es war ein Stück dünner Stoff, der an ihrem Körper entlangfloss und dessen Formen nachzeichnete. Die Schuhe konnte man nicht sehen, denn der Stoff reichte bis zum Boden, aber oben war der Hals ganz nackt – bis zur Brust hinunter. Auch die Arme waren nackt, oben herum jedenfalls. Unten trug die Frau weiße Handschuhe, die bis zu den Ellbogen reichten. Und der Hut! War es ein Hut? Das Gebilde auf dem Kopf konnten auch zwei weiß und grün ineinander verschlungene Schals sein. Vorne hatte sie einen glänzend bunten Federbusch hineingesteckt.

Maria knuffte sie in die Seite. »Starr die Dame nicht so an«, flüsterte sie. Aber da waren sie schon an dem vornehmen Kurbad vorbeigefahren. Ihr Ziel war das Katharinenstift, ein Bad für die einfachen Leute. Während die Kinder abgeladen wurden – Margarete musste noch einen Augenblick warten, bis sie hineingetragen wurde –, hörte sie plötzlich ihren Namen rufen. Hatte sie sich getäuscht? Aber nein, schon stand Herr Link, der Orgelbauer aus Giengen, vor ihr und reichte ihr die Hand.

»So was, auch das Gretle Steiff kurt in Wildbad. Da sind wir ja schon zwei Personen aus Giengen. Das ist schön. Na, hat es dir die Sprache verschlagen? Damit hast du wohl nicht gerechnet, in der Fremde gute Bekannte zu treffen? Aber meine alten Knochen können das Wasser hier gut vertragen. Jetzt wirst du wohl ins Bad getragen? Nun, da will ich nicht stören. Weißt du, ich komme dich einfach heute Nachmittag besuchen. Du bist doch in der Kinderheilanstalt Herrenhilfe, ja? Dann kannst du mir erzählen, wie es dir geht. Und ich bringe dir meinen Nachtisch mit. So viel süßes Kompott, wie ich im Gasthaus bekomme, kann ich gar nicht essen.«

Ich bin ein Fisch. Die Nixe, von der uns Maria gestern vorgelesen hat. Mein Element ist das Wasser. Wenn ich mich hineinlege, kann ich mit meinem Fischleib paddeln, den ganzen Körper aus der Hüfte schwingen, mit dem schuppigen Schwanz schlagen, nach rechts und links, oben und unten. So gleite ich durch das Wasser, mühelos, die Arme treiben dahin, ich lasse sie auch ein wenig paddeln oder spreize die Finger und spüre, wie mir Fischhäute wachsen. Aber ich bin nicht traurig wie die Nixe aus dem Märchen, ich will nicht das Leben der Menschen führen, ich bin ein Wassertier, leicht und geschmeidig. Und ich lerne jetzt Englisch. Dies ist mein Arm, das ist mein Bein. *This is my arm. That is my leg.* Das hört sich gut an.

Das Wasser ist warm und riecht ein wenig faulig, aber das macht nichts. Es ist der Geruch des Ozeans, auf dem ich allein dahintreibe, ohne Hilfe, denn ich brauche keine Hilfe, das Meer mag mich, es will mir nichts Böses tun, sondern mich tragen und mich wiegen. Ich schwimme. Es gibt keine kranke Gret, keine lahmen Beine. Die Beine sind stark. Sie werden immer länger.

I am a good girl.

Ich lege mich auf den Rücken, es genügt, mit den Füßen im Wasser zu patschen, um vorwärtszukommen. Bis eine Welle über mein Gesicht klatscht, ich Wasser schlucke, huste und pruste. Die anderen Kinder lachen. »Komm, Gretle, wir wollen spielen. Du kannst im Wasser auch laufen.«

Ich richte mich auf, der Holzring, in dem ich stecke, hält mich. Die Beine wollen nicht tun, was ich will, sie wollen zur Wasseroberfläche zurückkehren, aber ich schiebe sie mit den Händen nach unten. Schließlich berühren meine Füße den Sandboden. Sie stehen! Ich stehe im Wasser, recke mich einen Augenblick, aber die Beine steigen wieder nach oben an die Wasseroberfläche zurück. Langsam setze ich mich in Bewegung, rudere mit den Armen, lasse die Beine auf dem Wasser schwimmen. Es ist mühsam, die Arme beschweren sich, doch es geht vorwärts. Dass Wasser so schwer ist! Ich lege mich in den Ring, dort kann ich ausruhen. Er liegt sicher auf dem Wasser. Bis ich den Beckenrand erreiche und alle Kinder lachen und sich freuen.

»Du kennst doch alle Spiele, Gretle. Los, sag schon.«

Wieder daheim

Herbst 1857

W ieso hast du deine Arbeit nicht gemacht? Du hast höchstens zehn Reihen gehäkelt.«

»Weil dir meine Arbeit sowieso nicht gefällt.«

»Wenn du schon so schlau bist, solltest du besonders sorgfältig arbeiten.«

»Besonders sorgfältig reicht dir nicht.«

»Du liebe Zeit, hätten wir dich doch nicht in die Kinderheilanstalt geschickt. Und dann gleich zwei Sommer lang. Ein Wildbad und gutes Heilwasser haben wir in Giengen schließlich auch. Die letzte Reise hat dir gar nicht gutgetan. Seitdem ist nichts mehr recht und deine Leute passen dir auch nicht mehr. Wie kann man nur so unzufrieden sein? Du wirst aber in Zukunft mit uns vorliebnehmen müssen. Ich kann dir kein Leben im vornehmen Kurort bieten mit Fürsten und Kaisern, die Brezeln und Spielzeug verteilen.«

»Kein Kaiser, die Kronprinzessin Olga und die Fürstin von Galizien.«

»Du musst doch immer das letzte Wort haben. Woher du nur dieses Mundwerk hast?«

»Good morning, ladies and gentlemen. I have a big mouth. Vielleicht habe ich das zum Ausgleich für meine verkrüppelten Füße bekommen. My arms and legs.«

»Wenn du mit diesem Englisch anfängst, ist gar nicht mehr mit dir zu reden. Warum haben sie euch da nur solche Flausen in den Kopf gesetzt? Hier in Giengen ist das für rein gar nichts gut.«

54

»Sag's gleich: Das gute Geld des Stiftungsrats ist weg. Und gebracht hat's nichts. Ich bin immer noch ein Krüppel und hab' dazu noch Flausen im Kopf.«

»Gret, bitte, fang nicht so an. Sie haben es doch gern gegeben. Dass du enttäuscht und mutlos bist, ist ja verständlich. Aber wenn du so unzufrieden und frech bist, frag ich mich halt, ob wir dich nicht besser hierbehalten hätten. Sie haben euch dort so verwöhnt und Dinge erlaubt … Ich versteh das einfach nicht. Und jetzt noch die Idee, Zither spielen zu lernen. Du hast solches Glück, dass es die Nähschule gibt, wo du alles lernen kannst, was du wissen musst. Und das auch noch umsonst.«

»Doktor Werner hat gesagt, ich wäre musikalisch. Und mit der Zither könnte ich die Geschicklichkeit meiner Finger verbessern. Das käme auch dem Häkeln zugute.«

»Verbessre du die Geschicklichkeit deiner Finger nur mit der Häkelnadel. Wie sich der Herr Doktor das vorstellt … Der scheint sich um Gelddinge keine Sorgen machen zu müssen. So teuer, wie die Kur war.«

»Mutterle, das stimmt nicht. Das Haus, die Fahrten, das gute Essen, das Baden, das hat doch schrecklich viel Geld gekostet. Der Herr Doktor versorgt in der Strafanstalt in Ludwigsburg die Kranken, damit das Geld für die Herrenhilfe reicht. Die Werners arbeiten alle für die kranken Kinder, auch Frau Werner und die Töchter. Ich hab Frau Werner mehr als einmal klagen hören, dass ihr Mann alles Geld für seine Kranken ausgibt. Und bei fast allen anderen Kindern hat die Kur angeschlagen. Bei einem Mädchen war die ganze Krankheit weg, einfach so weg. Das war nicht alles unnütz, was die mit uns gemacht haben. Und dann die teuren Apparate. Aus Paris. Die haben krumme Füße gerade gemacht. Nur eben nicht bei mir.«

»Ist schon gut, ich will ja gar nichts gegen die Werners sagen. Nur musst du lernen, dass das Leben in der Heilanstalt und dein Leben hier verschiedene Dinge sind. So ein Doktor lebt in anderen Kreisen. Der hat andere Vorstellungen vom Leben. Aber du musst jetzt an deine Zukunft denken und die liegt hier im Nähen und Häkeln.«

»Und genau das kann ich nicht. Wenn du doch nur einmal am eigenen Leib spüren müsstest, wie mühselig das für mich ist. Wie schnell mir der rechte Arm schmerzt und wie mühsam es mit links geht. Ich bin eben zu nichts nütze. Du weißt nicht, wie es ist, wenn man den ganzen Tag über etwas tun muss, was man nur falsch machen kann.«

»Niemand kriegt etwas geschenkt, Gret. Auch die anderen nicht. Glaubst du, die Marie wird sich freuen, wenn sie nach der Konfirmation in Stellung muss? Aufs Härtsfeld, ganz allein bei fremden Leuten schaffen, von morgens bis in den Abend, solange Arbeit anfällt? Meinst du, die lass ich gern gehen? Jetzt versuch's noch ein Stündle.«

»Wenn es denn sein muss. Kann ich dann morgen zu Tante Apollonia?«

»Was du nur an der Mühle für einen Narren gefressen hast? Aber gut, wenn du über dem Geratsche mit deiner Base deine Häkelei nicht vergisst.«

»Die Marie muss auch nähen. Zu zweit schafft es sich besser.«

»Ich geh noch kurz aufs Feld. Wenn ich zurückkomme, bist du hoffentlich fertig.«

»Ja, sicher.«

Dieser blöde Häkellappen. Als wenn ihr Glück davon abhinge! Hässlich und krumm wurden die Dinger und was konnte man schon damit anfangen? Wenn sie dagegen an die Kleider der feinen Damen und Herren in Wildbad dachte … Wer wohl etwas so Kunstvolles nähen konnte? Selbst das Leinenzeug, das die Herzogin Henriette von Kirchheim und Teck ihnen in die Anstalt gebracht hatte! Weich und kühl war es gewesen. Sie hatte ein eigenes Bett gehabt und eines dieser Leintücher ganz für sich allein.

Die Herzogin hatte ihnen erzählt, dass sie das Tuch von armen Leuten weben und nähen ließ, die so ihren Unterhalt verdienten. Den Kindern schärfte sie ein, sie sollten jede Gelegenheit zum Lernen nutzen. An solche Häkellappen hatte sie dabei aber sicher nicht gedacht!

In Wildbad war immer etwas los gewesen. Im ersten Sommer hatte der nette Herr Link ihr des Öfteren seinen Nachtisch gebracht, zu all dem guten Essen noch dazu. Sie hatte ihn mit den anderen Kindern in ihrem Zimmer geteilt. Köstlich war das gewesen. Und diesmal, in ihrem zweiten Sommer dort, war doch wahrhaftig der Onkel Steiff aus Tübingen zu Besuch gekommen und hatte ihr ein goldenes Fünffrankenstück geschenkt. So ein Geschenk hatte noch nie jemand bekommen, den sie kannte. Der Vater hatte ihr erlaubt, die Münze in ihren Sparstrumpf zu stecken. Jetzt besaß sie einen Schatz!

Es war so langweilig zu Hause, so öde. Sie war bei allem und jedem auf Hilfe angewiesen. Keinen Meter konnte sie allein zurücklegen. Der Mutter fiel es inzwischen sehr schwer, sie zu tragen. Die durfte sie nicht unnötig rufen. Sie machte ihr schon Ärger genug. Auf dem Boden zu rutschen, traute sie sich erst recht nicht. Das würde die Mutter ihr nicht verzeihen. Die Mutter verstand nicht, warum sie ihre kraftlosen Beine bewegen musste. Das hielt sie für Zeitverschwendung. Wenn sie wenigstens so eine Bank die ganze Wand entlang hätten wie in der Klingelmühle! Auf der konnte sie von der einen Seite des Raumes bis zur anderen rutschen. Und wieder zurück. Die Tante schimpfte nur selten.

Den Rollstuhl hatte sie aus der Kur mitnehmen dürfen. Fritz konnte sie darin den Berg hinauf zur Schule viel besser schieben als mit dem Leiterwagen. Aber in die Wohnung konnten sie ihn nicht hochtragen, dazu war die Treppe viel zu eng und steil. Die Räder waren natürlich auch verdreckt, sodass die Mutter den Rollstuhl schon deshalb nicht in den

Zimmern geduldet hätte. Er war ja auch wirklich ein sperriges Ungetüm.

Ach hier ... Sie seufzte. Die Mutter kannte nur Arbeit, egal was für eine. Alles andere, das vielleicht einfach nur lustig war und das Leben schön machen konnte, duldete sie nicht. Die Werners dagegen – bei denen hatte sie ein gutes Leben gehabt. Es war so ein schöner Sommer gewesen. Spiele, Gesang, der Unterricht, auch die Erbauungsstunden – alles war spannend, immer hatte es etwas Neues gegeben. Sie hatte gelernt, der Natur zu lauschen, den Vögeln, dem Rauschen der Tannen, den Käfern auf der Blumenwiese. Wie oft war sie gelobt worden. Das kam der Mutter nie in den Sinn. Für die war alles immer selbstverständlich. Nur wenn etwas misslang, dann war die Hölle los.

> *Humpty Dumpty sat on a wall,*
> *Humpty Dumpty had a great fall.*
> *All the King's horses and all the King's men*
> *Couldn't put Humpty together again.*

Doch trotz allem hatte auch diese zweite Kur nicht angeschlagen. Doktor Werner hatte ihr immer wieder Geduld abverlangt. Geduld! Geduld! Das ganze Jahr nach der ersten Kur hatte sie darum gekämpft. In diesem Sommer war sie in Wildbad wieder im Wasser geschwommen, hatte die Beine angehoben, die Füße bewegt – nichts hatte genutzt. Fast alle anderen Kinder waren geheilt worden oder es ging ihnen wenigstens besser. Der kleine Gottfried hatte auch zwei gelähmte Füße und konnte jetzt gehen. Der Herr Doktor hatte ihr zu erklären versucht, dass bei ihm die Nerven im Rücken entzündet waren; das konnte geheilt werden. Bei ihr jedoch waren die ganzen Beine ohne Kraft. Dafür gab es wohl keine Stelle im Rücken!

Sie hatte gemerkt, dass auch Doktor Werner ihretwegen be-kümmert war. Er hatte oft für sie gebetet und weiter auf Gott verwiesen.

Aber Gott war ungerecht. Da konnte der Herr Doktor sagen, was er wollte. Sie hatte doch nichts Böses getan. Im Gegenteil: Sie betete jetzt jeden Abend im Bett und flehte ihn an, ihr zu hel-fen. Doktor Werner hatte gemeint, auch bei ihr könnten sich in den nächsten Jahren noch Muskeln bilden. Sie dürfte nur nicht verzagen.

Und sie würde es schaffen. Irgendwie weiter mit den Beinen üben. Etwas lernen. Und dann eines Tages ... Es musste mög-lich sein! Sie hatte Kraft. Und wollte.

»Wie-er-fah-ren-wir, was-Gott-von-uns-will?«

»Got-tes-Wil-le-wird-uns-schon-in-un-serm-Ge-wis-sen-be-zeugt: deut-lich-und-voll-kom-men ...«

Das Lineal von Lehrer Grundler knallte bei jeder Silbe auf das Pult. Wie jeden Tag übten die Kinder die Antworten des Katechismus, die es auswendig zu wissen galt. Der Raum war mit Mädchen und Buben zwischen acht und zwölf Jahren ge-füllt, die Mädchen links, die Buben rechts. Sie saßen auf Bän-ken zusammengequetscht jeweils zu dritt an einem Tisch. Mar-garete hatte die Bänke gezählt, sechzig Kinder fanden darauf Platz, der aber nicht reichte. Meist hockten noch einige auf den Fensterbänken oder standen hinter der letzten Reihe.

Die Kinder saßen gerade und angespannt in den Bänken, vor sich die Hände flach auf den Tisch gelegt – unter dem Tisch die Füße ebenfalls parallel aufgestellt. Die Gesichter waren nach vorne ausgerichtet, die Münder öffneten sich weit, auch wenn kein Wort daraus zu hören war. Denn wenn der Lehrer merk-te, dass man im Text nicht weiterwusste, kam er von seinem Pult herunter und ließ das Lineal auf die Finger der Missetäter hinunterfahren.

Religion war das wichtigste Fach in der Schule. Katechismus und Bibeltexte wurden satzweise vom Lehrer vorgelesen, die Schüler wiederholten das Gehörte im Chor. Manchmal kamen dadurch merkwürdige Wortentstellungen heraus.

Käthe war müde. Sie war bereits seit fünf Uhr auf den Beinen, hatte Ziegen gemolken und die Hühner gefüttert. Beim ersten Lesen des Herrn Lehrers hatte sie die Frage des Katechismus und die Antwort darauf verstanden. Aber je öfter sie den Text aufsagten, umso unklarer wurde alles. »Wissenbe«, was sollte das sein? Nur jetzt die Augen nicht zufallen lassen! Und weiter den Mund öffnen und schließen. Wie schwer die Zunge war. Die Silben wurden zu einem Brei, der sich zäh im Mund hielt.

Der Nacken tat so weh. Wenn sie den Kopf doch mal zur Seite drehen könnte! Denn Margarete, die neben ihr saß, sprach immer noch laut. Die kannte jeden Satz. Wenn sie nicht neben ihr säße, würde sie viel häufiger das Lineal zu spüren bekommen.

Wildes, klapperndes Aufschlagen des Lineals auf den Pultrand ließ alle zusammenzucken. »Na, na, wo bleiben eure Stimmen? Nicht einschlafen, auch wenn ihr heute früh schon daheim geschafft habt.« Lehrer Grundler seufzte. »Ja, ich weiß. Ihr seid schon lange auf den Beinen. Und auch fleißig gewesen. Aber seine Pflicht muss der Mensch erfüllen. So wird das nichts. Wir werden die ganze Frage noch einmal wiederholen. Gretle, sprich ein wenig lauter, dann können die anderen dir folgen.«

Endlos ging es weiter. Nach dem Katechismus kam die Bibel dran; wieder Worte, die Käthe einfach nicht behielt und mehrmals wiederholen musste. Anschließend gab der Lehrer Anweisungen für das Aufnehmen des Lesebuches. Beim ersten Zeichen mussten die Kinder möglichst geräuschlos ihre Schiefertafeln hochheben, beim zweiten Zeichen wurde das Lesebuch mit der anderen Hand ergriffen, beim dritten Zeichen die Schiefertafel abgelegt, beim vierten das Lesebuch darauf niedergelegt. Dann nannte der Lehrer die Seite, auf der das Buch aufgeschlagen werden sollte. Was mit dem sechsten Zeichen alle durchzuführen hatten. Nur wenige Kinder konnten flüssig lesen; die anderen buchstabierten die Wörter zusammen, ständig bedroht von dem Lineal, das sie zu fehlerfreiem Lesen zwingen sollte. Aber auch das hatte einmal ein Ende.

»Bis zum Zwölfuhrläuten ist Pause«, erklärte der Lehrer den Kindern, die den Klassenraum rasch eins nach dem anderen verließen. Käthe hätte am liebsten in der Bank geschlafen. Aber das durfte man nicht.

»Soll ich bei euch vorbeigehen, Gretle, und dir etwas zu essen mitbringen?«

»Ja, das ist nett.«

»Ist dir nicht langweilig hier allein?«

»Ganz bestimmt nicht. Ich habe einiges verpasst in den letzten Wochen und will noch ein wenig üben.«

»Ach, du Arme.«

»Nein, das macht Spaß.«

»Wie gut, dass dir das Lesen und Rechnen so leicht fallen. Wenn der Lehrer wüsste, wie oft du mir hilfst!«

»Das mache ich gern. Du hilfst mir ja auch.«

»Dann bis nachher.«

»Bis nachher.«

Margarete blieb auf ihrem Platz neben der Tür sitzen und wartete auf Herrn Grundler. Bevor er hinausging, blieb er bei dem Mädchen stehen.

»Gut, dass ich dich hier habe, Gretle. Wir haben dich während des Sommers sehr vermisst. – Aber die Kur hat wohl auch diesmal nicht viel gebracht?«

Margarete schüttelte den Kopf. »In der Bibel haben wir viel gelesen. Wir hatten morgens und abends eine Andacht. Da durften wir gemeinsam mit dem Herrn Doktor oder Frau Böhringer aus der Bibel vorlesen. Ich habe die Geschichten so viel besser verstanden und die Kinder, die noch nicht richtig lesen konnten, haben es dabei gelernt. Könnten wir das nicht auch so halten?«

»Es ist doch immer das gleiche Lied mit dir, Gretle. Lob kannst du nicht vertragen. Dann schlägst du gleich über die Stränge. – Du willst allen Ernstes behaupten, dass dort für jedes Kind eine Bibel vorhanden war?«

»Nicht für jedes, aber immer eine für drei zusammen.«

»Das ist bei siebzig Kindern wohl nicht möglich. Woher sollte das Geld für über zwanzig Bibeln kommen? Und was glaubst du, wie die nach ein paar Wochen aussehen würden? Nicht alle Kinder gehen mit den Büchern so achtsam um wie du, Gretle.«

»Es gibt so schöne Geschichten darin.«

»Ja, aber heute lass ich dir die Rechenfibel hier. Die Zwölferreihe sitzt bei dir noch nicht richtig. Du hast ein paar Mal lange gezögert.«

Margarete senkte den Kopf. Dass der Herr Lehrer aber auch so genau war. Konnte er nicht einmal irgendetwas überhören? »Ich werde die Reihe noch ein paar Mal durchgehen«, flüsterte sie.

»So ist's recht, Gret, so ist es recht. Wer viel fehlt, muss extra arbeiten.«

Am Nachmittag stand Singlehre auf dem Plan, dazu kam der Musiklehrer in die Klasse. Auf den Musikunterricht freuten sich die Kinder immer. Der Lehrer übte mit ihnen die Kirchenlieder, wie es vorgeschrieben war, und dazu brachte er ihnen noch weltliche Frühlings- oder Sommerlieder bei. Merkwürdig: Diese Texte konnten sie sich ohne langes Wiederholen merken. Die Buben, die ein Instrument in der Musikschule lernten, konnten seine Fragen meist beantworten, während die Mädchen oft nicht weiterwussten. Aber selbst wenn der Musiklehrer unzufrieden war, schlug er nie mit dem Lineal um sich. Wenn die Schüler einen Ton verfehlten, hielt er sich in gespielter Verzweiflung die Ohren zu und rief: »Ihr beleidigt die Vögel! Bei allen Amseln, die auf dem Schulhof mit euch um die Wette singen, die machen es wunderschön und das sogar ohne meinen Unterricht. Hört ihnen nur zu, dann klappt es auch bei euch.« Sie mussten dann eine Weile schweigend dasitzen und den Amseln lauschen.

Manchmal brachte der Musiklehrer seine Geige mit und spielte ihnen etwas vor. Da konnten selbst die Amseln etwas lernen! Margarete weinte fast, wenn sie sah, wie schnell seine Finger über die Saiten sprangen und wie geschickt der rechte Arm den Bogen strich. Wie machte er das bloß, dass er die Töne richtig traf? Gab es da Striche auf den Saiten, wo die Töne saßen? Aber das konnte nicht sein, denn er schaute häufig gar nicht auf die Geige, sondern lächelte in die staunenden Kindergesichter.

Nach dem Unterricht trug er Margarete in die Nähschule zur Frau Schelling hinüber. Er sprach dann auf Englisch mit ihr und erwartete, dass »the young lady« ihm auf Englisch antwortete. Leider verstand sie kaum etwas von dem, was er sagte, und versuchte sich höflich mit »thank you« und »oh, yes« zu retten.

Die Freundinnen folgten ihnen kichernd. Wenn Gret auf der Treppe ihren Kopf zu ihnen umdrehen konnte, rollte sie mit den Augen. Dann glucksten die anderen los und der Musiklehrer rief mit dunkler Stimme: »What happens there behind my back?« Jetzt lachten sie erst recht. Er war wirklich ein bisschen verrückt.

Auch morgens war es häufig der Musiklehrer, der Margarete ins Haus trug, wenn die Freundinnen oder auch Fritz und seine Freunde sie in ihrem Rollstuhl draußen stehen ließen. Beim Zuspätkommen half den anderen keine Entschuldigung.

Sie bekamen das Lineal zu spüren oder sogar den Riemen. Deswegen nahm Margarete es den Kindern nicht übel, dass sie davonstürzten. Sie wartete gelassen – irgendjemand würde sie wohl sehen und in die Klasse tragen. Lehrer Grundler war dann zwar verärgert, weil der Unterricht gestört wurde, aber er schlug sie nie.

Eigentlich sollte eine Frau aus dem Nachbarhaus Margarete hinauftragen. Der Vater hatte sie darum gebeten, doch der Musiklehrer war oft schneller. Wenn er sie vom Fenster aus erblickte, schickte er ein paar Helfer oder kam selbst, weil er wusste, dass sie dann pünktlich zum Unterricht erschien und nicht ausgeschimpft wurde. Leider blieb er nicht lange in Giengen, sondern zog bald nach München um. Er hätte eine weit bessere Stelle an einer Musikschule dort bekommen, hieß es.

Die Nähschule dauerte bis fünf Uhr. Der Besuch war freiwillig, aber Margarete war tausendmal lieber hier, als sich zuhause zu langweilen und dem Häkellappen ausgeliefert zu sein. Das Sticken fiel ihr leichter, und die Lehrerin drängte auch nicht, wenn sie nicht fertig wurde. Die Mädchen lernten bei ihr sogar Hohlstich in verschiedenen Formen und wie man die Spinnen an der Ecke fertigkriegte. Aber bei so etwas machten Margaretes Finger nicht mehr mit und sie tauschte rasch ihren Stoff mit ihrer Schwester Pauline, der auch Kompliziertes leicht von der Hand ging. Die Lehrerin hatte nichts dagegen einzuwenden, nur Pauline beschwerte sich manchmal, wenn es ihr zu viel wurde, neben dem eigenen Stoff auch den ihrer Schwester zu bearbeiten.

Frau Schelling erklärte den Schülerinnen, welchen Stoff man für Laken nehmen musste, welcher sich besser für Tischdecken eignete, wie man Handtücher mit Namenszügen bestickte. Alles, was man für die Aussteuer brauchte. Denn um zu lernen, was man dabei bedenken musste – dazu kamen die meisten Mädchen in die Nähschule.

»Schaut her, diese aufwändige Hohlsticharbeit eignet sich nicht gut für ein Kopfkissen, obwohl es gerade in Mode ist, Kissenbezüge so zu besticken. Mit schönen Sprüchen, wie zum Beispiel: ›Wo die Schwalben nisten, wohnt das Glück.‹ Aber stellt euch vor, euer Ehemann hat eine Nacht lang auf diesem Muster gelegen, das die ganze Fläche unter seinem Kopf bedeckt. Dann juckt es ihn am anderen Tag nicht nur am Hinterkopf, sondern er trägt einen Abdruck von eurer Stickerei auf der Backe bis ins Geschäft, weil er manchmal auf der Seite im Bett liegt und dann können die Schwalben nisten, wo sie wollen, Glück bringen sie nicht ins Haus.«

Die Mädchen prusteten los. Auch Margarete lachte, obwohl sie ein merkwürdiges Knäuel im Bauch spürte. Was die Lehrerin da erzählte, das galt für die andern. Sie selbst würde nie heiraten können, würde keinen Ehemann, mit oder ohne Kissenmuster, neben sich im Bett liegen haben. Ihre Finger wollten plötzlich nicht mehr und die Arme blieben müde auf dem Schoß liegen.

Frau Schelling sah, dass Margarete erschöpft war und erlaubte ihr, die Arbeit zur Seite zu legen. »Magst du den anderen etwas vorlesen oder möchtest du lieber vom Schwarzwald erzählen?« Im Nu leuchteten Margaretes Augen wieder. Von der Fahrt mit der Eisenbahn erzählte sie zu gern. Aber diesmal war sie rasch damit fertig und begann die vornehmen Gäste in Wildbad im Schwarzwald zu beschreiben, ihre Kleider, Hüte, Schuhe und Täschchen, welche Form sie hatten und sogar die Muster konnte sie noch beschreiben. Wie sie über den rot eingefärbten Weg auf der Straße zum Bad trippelten. Dafür interessierte sich auch Frau Schelling. Sie fragte häufig nach und ließ sich einen Stoff oder eine Farbe noch genauer beschreiben.

1859

Margarete und ihre Base Marie saßen wie so oft in der oberen Stube der Klingelmühle. Die vier Jahre jüngere Marie strickte Strümpfe, während Margarete mit Kreuzstichen Namen aufstickte. Die beiden waren gute Freundinnen. Zusammen machte die Arbeit Spaß, manchmal arbeiteten sie konzentriert, aber meistens gab es so viel zu erzählen, dass sie die Werkstücke aus der Hand legten.

Häufig blieb Margarete sogar über Nacht; Marie bettelte immer so lange, bis Tante Apollonia nachgab. Was ihr nicht schwerfiel, denn sie mochte ihr Patenkind sehr und wusste, wie dankbar ihre Schwester war, wenn ihr Sorgenkind bei ihnen gut untergebracht war. Nach dem Essen gab es für die beiden Mädchen heute besonders viel zu reden.

»Gut, dass die beiden Herren wieder weg sind.«

»Puh, wenn deine Brüder beim Essen dabei sind, ist immer dicke Luft, Marie!«

»Die tun schrecklich wichtig«, seufzte Marie und fuhr mit tiefer Stimme fort: »Hast du eine Quelle aufgetan, Melchior, wo wir die Wolle günstig beziehen können? Wir müssen von Anfang an international konkurrenzfähig sein.« Marie kicherte, steckte Margarete an.

»International konkurrenzfähig, was soll denn das nur?« Erneut gackerten sie los, konnten kaum aufhören. Schließlich holte Marie tief Luft und fuhr fort: »Wenn wir in Österreich produzieren könnten, würden wir gewaltig Steuern sparen. – Und die Mutter brät ihnen einen extra Pfannkuchen mit Speck und ist von ihren Plänen, im alten Wildbad eine Manufaktur aufzubauen, ganz begeistert.«

»Die beiden sind so furchtbar ernst. Als der Hans uns ein Stück von seinem Pfannkuchen angeboten hat, hat er mich so merkwürdig angesehen, als ich den Kopf geschüttelt habe.«

»Dabei war der Pfannkuchen richtig lecker. Hans kann überhaupt sehr nett sein, wenn er will. Früher durfte ich manchmal auf seinen Schultern reiten. Die Mutter hat immer geschimpft, weil er es so wild trieb und kein Ende finden konnte. Aber jetzt … jetzt findet sie alles wunderbar, was der Hans sich ausdenkt. Der Vater schüttelt nur den Kopf. Er leiht den beiden zwar Geld, aber manchmal knurrt er auch, die brächten uns noch alle ins Arbeitshaus. So viel Schulden hätten sie gemacht. Manchmal kriege ich richtig Angst. Ständig ist jetzt vom Sparen die Rede. Selbst die Mutter spart an ihrem Kaffee.«

»Was stellen die beiden eigentlich her?«

»Filz.«

»Kann man damit viel verdienen?«

»Hans behauptet, dass er Hüte und Schuhe daraus machen will.«

»Hüte? Aber Filz ist doch kein richtiger Stoff.«

»Hans meint, sie würden die ersten sein, die Filz mit Maschinen herstellen. Guten Filz aus Wolle. Und er sagt, dass Fäden, wenn man sie im Wasser zusammenpresst, einen guten Stoff abgeben.«

»Ohne sie zu weben?«

»Sie werden gewalkt wie die gewebten Stoffe. Wieso die Fäden zusammenhalten, weiß ich auch nicht. Aber Wolle verfilzt im Wasser eben. Die beiden brauchen viel Wasser, deshalb haben sie auch das alte Bad gekauft.«

»Stehen denn da nicht Badezuber?«

»Die gibt es auch. Und die Wirtschaft. Aber einige Räume haben sie geschlossen für ihre Filze.«

»Merkwürdig. Wird das nicht ein arg schlampiges Zeugs?«

»Der Vater hat das auch gesagt. Aber Hans und Melchior haben erklärt, dass beim Loden der Stoff ja auch in eine Art Filz verwandelt wird, der dann gewalkt, gekämmt und zuletzt geschoren wird. Allerdings erst nach dem Weben. Loden ist ein sehr guter Stoff – das weiß auch der Vater. Hans glaubt, sein Filz würde nicht schlechter. Er ist sehr stolz, dass vor ihm noch niemand darauf gekommen ist, Filz mit Maschinen herzustellen.«

»Woher hat er bloß die Idee?«

»Hans hat als Geselle in Österreich in einer Filze gearbeitet. Dann hat er den Eltern ständig in den Ohren gelegen, die Heimweberei sei am Ende. Färber wie er würden nicht mehr gebraucht. Er behauptet, dass es in Amerika und Indien Wolle gibt, die an einem Strauch wächst. Und in England würden jetzt Maschinen zum Spinnen und Weben gebaut – die Maschine zum Spinnen heißt Spinning-Jenny. Aber er glaubt auch, dass die Leute hier diese Strauchwolle nicht mögen werden, auch wenn sie billiger ist.«

»Großvater sagt, Schafe gibt es kaum noch, weil es keine Weber mehr gibt, die die Wolle kaufen. Als ich klein war, waren überall Schafe auf den Wiesen. Wie weiße Flecken haben die auf der grünen Wiese ausgesehen.«

»Wenn sie durch die Stadt zogen, haben sie dauernd ihre Küttel hinterlassen, überall konntest du reintreten …«

»Diese Spinnmaschine … Spinning-Jenny … Hört sich gut an. Fast wie der Name eines Mädchens. Können Maschinen denn so gut spinnen und weben wie Menschen?«

»Besser, sagt Hans. Viel schneller und ohne Fehler. Und die Maschinen werden Tag und Nacht nicht müde. Manchmal bekomme ich richtig Angst, wenn Hans redet. Er behauptet, dass sich alles ändert. Die alten Handwerke würde es bald nicht mehr geben, sagt er, und die Menschen müssten dann in bitterer Armut leben. Auch wenn sie wie wir Mühlenbesitzer sind … Er meint, wir müssten mit der Zeit gehen und etwas Neues anfangen.«

»Von der neuen Zeit redet mein Vater auch immer. Dass viel

gebaut wird und er gut zu tun hat. Jetzt baut er für Hans und Melchior einen Anbau.«

»Eine Maschine zum Häuserbauen gibt es wohl nicht.«

»Zum Glück! Stell dir die mal vor ... groß wie ein Haus.«

Sie mussten so lachen, dass Margarete ein Strumpf aus der rechten Hand fiel. Marie nahm ihn vom Fußboden hoch. »Lass uns mal die Strümpfe tauschen. Bei dir fangen die Buchstaben wieder an schief zu werden.«

Neidisch schaute Margarete auf den Strumpf, den Marie bearbeitete. Obwohl sie um einiges jünger war, sah der Name gerade und ordentlich aus. »Bis bei euch alle verheiratet sind, können wir noch viele Strümpfe besticken. Bei uns werden noch keine Aussteuern genäht.«

»Wie gefällt es denn deiner Schwester in ihrer Stellung?«

»Sie ist Kindermädchen bei der Frau Oberamtsrichter in Neresheim. Die Jungen sind ziemlich wild und sie muss oft bis in die Nacht hinein ihre Kleider ausbessern.«

»Hoffentlich geht es ihr nicht wie der Liesel. Die ist aus Nürnberg zurück und bekommt ein Kind.«

»Oh je. Aber jetzt heiratet sie?«

»Die heiratet nicht.« Marie senkte die Stimme. »Christine hat sich mit der Mutter darüber unterhalten. Sie wussten nicht, dass ich nebenan saß. Liesel behauptet irgend so was wie, der Herr des Hauses habe ihr Gewalt angetan. Deswegen ist sie rausgeworfen worden.«

»Und, stimmt es?«

»Das weiß doch keiner. Aber in jedem Fall ist es schrecklich, eine ledige Mutter zu sein.«

»Hoffentlich passiert so etwas meiner Schwester Marie nicht.«

»Was soll der Marie nicht passieren?« Plötzlich stand die Klingelmüllerin im Raum. Die beiden Mädchen schauten so schuldbewusst, dass die Tante gleich ahnte, was sie beschäftigte.

»Ihr solltet euch schämen, euch über andere das Maul zu zerreißen, statt zu arbeiten. Wie viel Strümpfe habt ihr fertig? Das ist nicht euer Ernst. Fast nichts geschafft. Nur mit dem Mundwerk. Ich gönne euch ja immer euren Spaß, aber hier hört es auf.«

Den Rest des Tages arbeiteten sie schweigend, auf ihre Strümpfe konzentriert. Aber die Gedanken drehten sich immer wieder um die Liesel. So etwas Furchtbares. Und jetzt musste auch noch Pauline in Stellung nach Augsburg!

Das erste selbst verdiente Geld

1860

Wenn es doch überall so wäre wie in der Schule. Da war sie nicht die böse Gret, die ungeduldige, nicht die lahme Gret, die den anderen zusätzliche Arbeit machte. Natürlich musste sie auch in der Schule getragen werden, aber da gab es genügend Freundinnen. Die Mädchen waren froh, dass es Margarete gab, weil sie die Fragen des Lehrers beantworten konnte und ihnen weiterhalf, wenn sie selbst ins Stottern gerieten.

»Da möchte ich die Zahlen zusammenrechnen, aber es geht einfach nicht, die Zahlen bleiben an der Tafel stehen. In meinem Kopf finden sie nicht zusammen«, sagte Käthe kleinlaut.

Margarete lachte. »Genauso geht es mir mit den Füßen. Denen kann ich sagen, was ich will, sie bewegen sich einfach nicht.«

»In deinem Kopf ist aber nichts lahm.«

»Zum Glück. Da ist oft einiges los. Aber ich bin auch nicht so müde von der Arbeit zu Hause oder auf dem Feld wie ihr.«

»Du erzählst viel schöner als der Herr Stadtpfarrer.«

»Vielleicht weil ich viel Zeit habe, mir die Geschichten aus der Bibel vorzustellen.«

Margarete mochte den Stadtpfarrer und er mochte sie. Er freute sich, dass sie den Konfirmandenunterricht so ernst nahm und sie freute sich, dass er sich Zeit für ihre Fragen nahm. Einmal hatte er sich in der Pause noch etwas mit ihr unterhalten. Da hatte sie sich getraut, ihm zu gestehen, dass sie oft in Zorn geriet, weil Gott ihr diese Krankheit geschickt hatte.

Der Pfarrer verwies sie auf den Katechismus und das Evangelium. *Des Menschen Sohn ist nicht gekommen, dass er sich dienen lasse, sondern dass er diene und gebe sein Leben zu einer Erlösung für viele.* Sie stehe Jesus in ihrem Leiden besonders nahe, tröstete er sie. Und sie wisse nicht, was er noch mit ihr vorhabe.

Die Fragen und Antworten des Heidelberger Katechismus sagte sie sich oft in ihrem Innern vor und versuchte dabei den Sinn der Worte zu verstehen: *Was ist nun dein einziger Trost im Leben und im Sterben? Dass ich mit Leib und Seele, beides im Leben und im Sterben, nicht mein, sondern meines getreuen Heilandes Jesu Christi Eigen bin, der mit seinem teuren Blut für alle meine Sünden bezahlt und mich aus aller Gewalt des Teufels erlöst hat.*

Mit ihrer Ungeduld war es ein wenig besser geworden, auch mit den raschen Widerworten, die sie der Mutter gab. Aber innerlich rechtete sie noch immer mit Gott. Alle sagten, sie sei ein schlauer Kopf. Aber was konnte ihr das helfen? Ihr Leben blieb das eines Krüppels, der zu nichts nütze war.

Auf ihre Konfirmation freute Margarete sich und doch war sie voller Furcht. Denn mit der Konfirmation endete die Kindheit. Dann warteten die Pflichten des Lebens. Marie und Pauline waren in Stellung gekommen. Was würde mit ihr passieren? Sie konnte noch eine Zeit lang zur Schule gehen, aber dann? Keine Schulfreundinnen mehr, die sie herumfuhren; irgendwann würde auch Fritz in das Geschäft des Vaters eintreten. Ihr würde wohl nichts anderes bleiben, als mehr schlecht als recht zu nähen. Aber würde jemand ihr Gewurstel kaufen?

Die Mutter hatte wehe Füße und konnte sie nicht mehr herumtragen. Die Arbeit wurde ihr sauer. Oft legte sie sich früh zu Bett. Und Margarete musste sich bedienen lassen, daran hatte sich bis jetzt nichts geändert. Sie schämte sich deswegen. Zum Glück kam sie abends noch manchmal zu einer Mondscheinpromenade. Dann holten die Freundinnen sie ab und brachten sie nachher auch ins Bett. Sonst hätte die Mutter sie schon um sieben Uhr abends für die Nacht zurechtgemacht.

Es war ein feierlicher Augenblick, als Margarete, geschoben von zwei Freundinnen, zum Konfirmationsgottesdienst mit den anderen in die große helle Stadtkirche einzog. Sie trug ein nagelneues Kleid, das extra für sie genäht worden war, also kein Erbstück von den Schwestern oder von der Base Christine. Ganz vorne stellten sich die Konfirmanden auf und wiederholten ihr Taufgelöbnis. Dann knieten die anderen nieder, um den Segen des Pfarrers zu empfangen. Zu Margarete musste der Pfarrer vortreten, um seine Hand auf ihren Scheitel zu legen. Er ließ sie eine Zeit lang dort ruhen, als ob er für Margarete einen besonderen Segen von oben erbäte.

Lass dir an meiner Gnade genügen, denn meine Kraft ist in den Schwachen mächtig.

Das sollte ihr Konfirmationsspruch sein? Hieß das, dass sie doch noch Hoffnung auf Heilung haben durfte? Oder sollte sie, wie es der Pfarrer öfter gesagt hatte, ihr Leiden hinnehmen, annehmen als eine Möglichkeit, mehr als andere Buße zu tun? Wenn er im Gespräch so etwas angedeutet hatte, war sie immer zornig gewesen und hatte sich zusammennehmen müssen, um nicht loszuschimpfen. Aber so etwas durfte man natürlich nicht. Doch alles in ihr sträubte sich. Sie war ein Kind wie alle anderen, die laufen und springen konnten. Sollte sie die Schuld von anderen tragen? Warum? So ungerecht konnte Gott nicht sein. Als die Orgel den weiten Kirchenraum mit Musik erfüllte, hätte sie fast zu weinen begonnen.

Zur Konfirmation bekam Margarete vom Stadtpfarrer eine Bibel, ein wertvolles und teures Geschenk. Ein dickes Buch mit unendlich vielen Geschichten, von denen sie etliche schon im Unterricht auswendig gelernt hatte. Aber es waren noch soo viele ungelesene Seiten übrig! Die konnte sie lesen, wann immer sie wollte. Das würde sie auch tun, na klar. Sie hatte ja viel Zeit.

Als Familie Steiff von der Kirche nach Hause kam, war eine lange Tafel gedeckt. Die Großeltern, Tante Ursche, die Eltern, sogar Marie und Pauline hatten Urlaub bekommen. Marie war gewachsen, rundlicher geworden und sah überhaupt sehr erwachsen aus. Während Pauline, blass und schmal, recht unglücklich dreinschaute.

Alle gratulierten Margarete. Aus der Küche wehte Bratenduft.

»Nehmt doch Platz!«, rief Pauline endlich. »Wir wollen euch das Essen servieren.« Dann erschien sie mit einer Bratenplatte, die sie auf der linken Hand und dem Unterarm balancierte, während sie in der rechten einen Löffel und eine Gabel hielt. Sie trug eine weiße Schürze und hatte sich ein ebenso weißes Häubchen auf den Kopf gebunden. Sie ging um den Tisch herum, um jeden einzeln zu fragen, was sie ihm vorlegen dürfe. Gabel und Löffel benutzte sie dabei geschickt wie eine Zange.

Der Großvater schüttelte den Kopf, die Mutter schaute unwillig, Margarete und Fritz antworteten ganz ernsthaft, auch wenn sie sich das Lachen kaum verkneifen konnten.

Schließlich griff der Vater ein. »Was soll denn dieser Unsinn, Pauline? Wir sind hier, um ein ernsthaftes Ereignis zu feiern. Margaretes Konfirmation. Das ist hier nicht das württembergische Schloss. Und dann dieses Häubchen.«

»Aber so habe ich es bei meinen Herrschaften gelernt. Meistens mache ich noch einen Knicks dazu. Ich wollte euch doch mal zeigen, wie gut ich mich benehmen kann.«

»Das hast du ja nun getan. Jetzt hol die Spätzle und den Kartoffelsalat und setz dich hin.«

»Und nimm das Häubchen ab«, erklärte die Mutter.

»So was muss ich zum Glück nicht tragen. Die Frau Oberamtsrichter nimmt es nicht so genau.«

»Aber du hast gestern gesagt, dass du oft bis in die späte Nacht nähen musst«, erklärte Pauline spitz.

Marie wurde rot. »Die Arbeit ist schon hart. Oft schlepp ich mich kaum noch bis ins Bett. Manchmal geben die Jungen überhaupt keine Ruhe und kichern und lachen, auch wenn es gar nicht passt. Dann hab ich immer Angst, weil in solchen Fällen immer ich die Schuld bekomme. Vor allem, wenn der Herr Oberamtsrichter redet und sich bei Tisch beklagt, über wen er alles zu Gericht sitzen muss. Letzte Woche waren es zwei arbeitslose Weber, die Äpfel gestohlen hatten.« Maries Stimme wurde unsicher. »Ist das wirklich so schlimm, dass einer dafür ins Arbeitshaus muss?«

»Sich an fremdem Eigentum zu vergehen ist eine schlimme Sache«, erklärte die Mutter. »Dafür gibt es keine Entschuldigung.«

»Ja, aber sie werden wohl vom Hunger getrieben gewesen sein«, lenkte der Vater ein.

»Sag ich ja immer, seitdem Napoleon uns an diesen Württemberger verschachert hat, ist das Handwerk ruiniert. Die Menschen hungern und die Ersparnisse der Stadt sind weg.« Der Großvater nickte heftig mit dem Kopf.

»Bitte heute nicht, Schwiegervater. Sonst bist du gleich bei Kaiser Barbarossa gelandet, wie er Giengen das Stadtrecht verliehen hat. Ich kann das Thema nicht mehr hören. Man kann über den Verlust der Giengener Freiheitsrechte sagen, was man will, aber der Wirtschaft geht es zurzeit insgesamt gut. Nur muss man sich umstellen auf die neue Zeit. Die Weber hätten auch in der Reichsstadt ihre Arbeit verloren.«

»Wenn nur dein Baugeschäft gut läuft. Aber andere, die müssen ihr Bündel schnüren und nach Amerika ziehen. Dieses Jahr sind schon wieder ein paar Dutzend Familien weg.«

»Die neue Baumwollweberei, die mit amerikanischer Baumwolle arbeitet, macht gute Geschäfte. Und auch die braucht Arbeiter.«

»Pah! Ausländischer Schund. Seit wann wächst Wolle auf Bäumen?«

»Baumwolle wächst an einem Strauch.«

»Auch nicht besser. Jedenfalls gibt es deswegen bei uns die vielen Arbeitslosen und harte Vorschriften in den Manufakturen. Sogar die Prügelstrafe ist von höchster Stelle wieder eingeführt worden. Vor ein paar Jahren haben wir noch geglaubt, damit wäre nun endgültig Schluss.«

»Sagt bloß, das Prügeln war früher verboten?« Obwohl es nicht erlaubt war, in das Gespräch der Erwachsenen hineinzureden, konnte Fritz sich nicht zurückhalten.

Doch der Großvater antwortete ihm. »Nach der Revolution im Jahre 1848. Gerade als du geboren wurdest.«

»Großvater, bitte, warum müsst ihr immer über die Politik streiten. Und jetzt denkt der Bub, hier hätten mal Zustände geherrscht, wo die Schulbuben nicht erzogen wurden.« Die Mutter konnte ihren Ärger nicht mehr zurückhalten. »In der Schule ist das Prügeln immer nötig gewesen, Fritz, das wird sich auch niemals ändern.«

Fritz zog ein langes Gesicht. Die Mutter wusste, dass der Großvater zu dem Thema noch eine Menge zu sagen hatte. So fragte sie rasch: »Nun lasst die Marie zu Ende erzählen – wo wir sie so selten sehen. Behandeln dich deine Leute denn gut?«

»Ja, meist schon. Aber die Frau hat oft Kopfweh und zieht sich dann am helllichten Tag in ihr Schlafzimmer zurück. Da bleibt alles an mir hängen.«

»Bei meinen Bezirksdirektorsleuten, da kannst du das Sparen so richtig lernen«, platzte Pauline dazwischen. »Dagegen leben wir hier verschwenderisch. Um das Servieren, die richtigen Teller und Bestecke machen sie viel Aufhebens, aber alltags gibt es ständig Mehlbrei und nach den Fettaugen darin kannst du suchen. Fleisch gibt es nur an hohen Festtagen. Wie man es serviert, das hab ich mit dem leeren Geschirr hundertmal geübt.«

»So, jetzt möchte ich etwas sagen«, erklärte plötzlich der Vater. »Ich habe nämlich noch ein Geschenk für die Konfirmandin.«

Margarete wurde rot. Damit hatte sie nicht gerechnet. Sollte der Vater …?

»Also, das ist so … Der Herr Sautter hat bei mir noch immer Außenstände, und letzten Monat hat er mich wieder um Aufschub gebeten. Da hab ich mir gedacht: Bevor ich das Geld nie bekomme, frag ich ihn, ob er meinem Gretle nicht das Zitherspiel beibringen will. Er hatte zwar einige Bedenken, aber er hat zugestimmt.«

»Oh, Vaterle, das ist wunderbar. Das ist das schönste Geschenk für mich. Wann geht es los?«

»Du sollst diese Woche noch bei ihm vorbeischauen.«

»Und die Zither?«

»Die wird dir Tante Ursche erst mal leihen. Die spielt ja schon länger nicht mehr.«

Die Musikstunden waren so lange Margaretes heißester Wunsch gewesen, aber sie hatte fast nicht mehr daran geglaubt. Als sie früher einmal dem Musiklehrer ihren Wunsch anvertraut hatte, hatte dieser seine Zweifel geäußert, ob das etwas für sie sei.

Sie eigne sich sowieso für nichts, hatte Margarete geantwortet, und trotzdem müsse sie dauernd häkeln. Warum denn diese wunderbare Musikschule in Giengen sei, von welcher der Stadtpfarrer behaupte, so etwas gebe es nirgendwo sonst, schon gar nicht auf der Alb? Kostenlosen Musikunterricht für jeden Knaben. Nun ja, für die Mädchen gab es die Nähschule, aber wenn eines nun ein Instrument lernen wollte ... Das konnte sie sich so sehr wünschen, es nützte nichts.

Als der Lehrer die Tränen in den Augen des Mädchens sah, lenkte er ein. Vielleicht würde das Zitherspielen wirklich ihren Fingern helfen. Er würde sich erkundigen. Dann hatte der Vater bei der Musikschule angefragt, der Herr Musiklehrer das Ersuchen unterstützt, darauf hingewiesen, dass sie Sinn für Musik habe – aber nein. Man wollte keine Ausnahme machen. Die Statuten legten fest ... Es war zum Verrücktwerden.

Und jetzt hatte der liebe, liebe Vater doch einen Weg gefunden. Wenn er die Stunden auch nicht mit Geld bezahlte, so doch mit seiner Arbeit. Das hätte bestimmt kein anderer Vater in Giengen gemacht. Für seine nutzlose Gret Musikstunden zu bezahlen! Nun musste sie es schaffen – und sie würde es auch.

Als Margarete mit Fritz zur verabredeten Zeit bei Herrn Sautter ankam, hörte sie bereits von draußen ein krächzendes, schräges Violinspiel und darauf die unwillige Stimme des Lehrers. Kurz darauf verließ ein Junge rasch das Haus, hielt den beiden gerade noch die Tür offen und wünschte im Weglaufen grimmig viel Vergnügen.

Das Zimmer des Lehrers war fast ausgefüllt mit einem Klavier, auf dem Stapel von Noten lagen und eine Violine. Am Fenster stand ein Tisch, von dem der alte Herr vor sich hin brummelnd Noten wegräumte. Trotzdem musste Fritz genaue Arbeit leisten, um zwischen Klavier und Papierstapeln hindurch seine Schwester zum Stuhl zu tragen, ohne irgendetwas umzuwerfen. Ob er während der Stunde zuhören dürfe, wollte er wissen. Herr Sautter zeigte auf den Hocker am Klavier und ermahnte Fritz, sich nur ja ruhig zu verhalten und nichts anzufassen. Er beobachtete Margarete misstrauisch, legte zögernd das Instrument vor sie auf den Tisch und begann ihr zu erklären, wie man es benutzte.

»Du musst die Zither etwas schräg hinlegen. Mit der linken

Hand greift man die Melodie. Wenigstens diese Hand sieht ganz ordentlich aus. Kannst du damit normal zupacken?«

»Die linke Hand ist ganz gesund.«

»Na, wenigstens das. Du musst sie etwas durchbiegen, so. Hier kannst du sehen, wie das Griffbrett durch Bünde in halbe Tonstufen eingeteilt ist. Die wirst du dir zuerst einmal merken müssen. Und solltest du wirklich über längere Zeit dieses Instrument spielen, greifst du die Tonstufen ganz selbstverständlich.«

Er legte die Zither zur Seite und wollte ihr nun allgemein etwas über die Musik erklären. Noten kannte sie zum Glück, aber es gab furchtbar viele musikalische Bezeichnungen, die ihr fremd waren. Der Lehrer hielt einen langen Vortrag darüber, bei dem er die Anwesenheit seiner Schülerin zu vergessen schien: dass es verschiedene Tongeschlechter gebe, Moll und Dur, dass sie Tonarten bildeten … die gebräuchlichsten Taktarten seien der 4/4- und der Alla-breve-Takt, die man durch ein C darstelle, das beim Alla-breve-Takt durchgestrichen sei … dazu gebe es acht Intervalle, die alle italienische Namen trügen …

Margarete brummte der Kopf. Plötzlich erinnerte sich der Lehrer doch an sie und befahl ihr, das Gesagte zu wiederholen. Sie zögerte mit der Antwort, wusste nicht, ob sie alles richtig verstanden hatte. Aber dann war es doch eine ganze Menge, was sie wiederholen konnte. Schließlich hatten sie jahrelang in der Schule memoriert.

Herr Sautter staunte. »Wenigstens mit deinem Kopf scheint alles in Ordnung«, knurrte er anerkennend.

Der würde sich noch wundern. Doch als er die Zither erneut vorholte, ihr vormachte, wie sie die Finger der rechten Hand spreizen sollte, damit sie den kleinen Finger auf den Saitenhalter »zur Stütze« legen konnte, während sie mit dem Zeige- und Mittelfinger die vielen Begleitungssaiten, mit dem Goldfinger die Bass-Saiten anschlagen sollte, sank ihr Mut. Es klappte überhaupt nicht. Und dann sollte sie auch noch den Zitherring mit dem Daumen der rechten Hand fassen.

Herr Sautter, der zwar geduldig mit ihr übte, behielt seinen skeptischen Blick. Nach einer Stunde erklärte er seufzend: »Das gibt ein hartes Stück Arbeit. Und ob es überhaupt etwas wird? Irgendwie werden wir da etwas vereinfachen müssen.«

Da schossen Margarete die Tränen in die Augen.

Zu Hause übte sie verbissen, bis die Mutter sich beschwerte, sie könne die schrägen Töne im Kopf nicht mehr aushalten. Margarete, die oft selbst ganz verzweifelt war, weil es mit der Geschicklichkeit der Finger einfach nicht vorwärtsgehen wollte, war den Tränen nahe. Aber sie durfte wegen der Zither keinen Streit mit der Mutter bekommen. Doch wenn die ihr dann das Nähzeug hinlegte, während Margarete ihre geschundenen Finger kaum noch bewegen konnte, hätte sie am liebsten losgeheult. Zum Glück war die Tante in der Klingelmühle weniger empfindlich. Wenn sie dort war, durfte sie in einem der oberen Zimmer üben, solange sie wollte.

Es dauerte lange, bis sie kleine Fortschritte machte. Immer wieder probierte sie die Griffe mit einer Hand, und wenn diese ermüdet war, bekam die andere etwas zu tun. Dann beide zusammen. Die Akkorde hinauf und hinab. Es ging so furchtbar langsam. Immer wieder verrutschten die Töne. Es klang scheußlich. Am besten würde sie aufhören und die Zither in die Ecke werfen.

Erschöpft legte Margarete die Arme auf den Tisch und ließ den Kopf hängen. Nein! Wenn sie das Zitherspielen nicht lernte, würde sie nie etwas können, was ihr selbst wichtig war. Sie musste es allen zeigen. Sie war nicht einfach ein Krüppel, immer und ewig auf die Hilfe der anderen angewiesen! Irgendwann würden die Muskeln der rechten Hand ihr gehorchen, zu wachsen anfangen, greifen können und tun, was sie, Margarete, ihnen befahl.

Noch ein paar Augenblicke Pause. Tief Luft holen, die Arme

ruhen lassen, sie ein bisschen schütteln. Dann noch einmal die Akkorde, trotz der Schmerzen, der wunden Finger, der Steifheit im Arm. Ihr Zorn trug sie voran, sie probierte erneut, heulte manchmal vor Wut dabei und begann von Neuem.

Der misstrauische Blick des Lehrers wandelte sich in Erstaunen. »Wer hätte gedacht, dass das Fräulein einen so starken Willen hat? Und Musikalität. Ich bin beeindruckt. Kannst du eigentlich auch singen?« Ihre Stimme gefiel ihm. »Die Zither hinkt zwar noch ein wenig nach, aber das wird schon.«

Leider hatte Herr Sautter irgendwann seine Schulden abgearbeitet. Von da an musste sie ohne ihn weiterüben.

»Es ist besser, wenn Gretle heute zu Hause bleibt. Was soll sie denn auf dem Festplatz?«

»Wenn jedes Kind in der Stadt heute zum Kinderfest geht, wieso soll ausgerechnet ich daheim bleiben? Gönnst du mir die Freude nicht?«

»Red nicht so daher. Das ist zu anstrengend für den Fritz, dich bis auf den Schießberg hinaufzuschieben.«

»Der kann noch ganz andere Dinge.«

»Jetzt bist du still.«

»Aber Mutter, wir schieben sie doch auch den steilen Weg in der Stadt zur Schule oder zur Musikstunde hinauf. Der Ranz und ich, wir sind kräftige Kerle. Was ist denn das für ein Fest, wenn unser Gretle nicht dabei ist? Und meine Schwester muss schließlich sehen, wenn ich beim Preistanzen gewinne.«

»Und den Rollstuhl mal wieder als Rennwagen gebrauchst. Wie oft höre ich diese Geschichten. Wann seht ihr endlich ein, wie gefährlich das ist? Für den teuren Wagen, für Gretle, aber auch für die anderen Leute, die euch begegnen! Und der Weg vom Schießberg ist steil. Wenn ihr nicht versprecht, Gret und ihren Wagen gesittet heimzuschieben, erlaube ich nicht, dass sie mitkommt.«

Natürlich versprachen sie das. Außerdem wussten sie, dass die Mutter froh war über den Tag Ruhe im Haus, sodass sie am Nachmittag die Beine ein wenig hochlegen konnte.

Zuerst ging es in den Festgottesdienst, danach sammelten sich die Schulkinder vor dem Rathaus, um die eingeübten Lieder dem Rat vorzutragen. Die Blasmusik spielte, der Bürgermeister hielt eine Ansprache, lobte den schönen Gesang, bewunderte die Stängelein, die die Kinder geschmückt hatten und die von den Besten der Klasse vorangetragen wurden. Man ging nach Schulklassen getrennt, immer zuerst die Buben, dann die Mädchen, wobei Fritz und Ranz die Erlaubnis hatten, zwischen den beiden Blöcken Margarete zu schieben.

Auf dem Weg zum Schießberg wurde weiter gesungen und viel gelacht. Vom blauen Himmel strahlte die Sonne, oben waren Buden aufgebaut, es gab Backwerk, Brezeln und andere Leckerbissen. Die Lateinschüler führten ein Theaterstück auf, auch andere Schüler trugen etwas vor. Margarete durfte die Mädchen ihrer Klasse bei ein paar Liedern mit der Zither begleiten. Es gab Ringkämpfe und andere Wettbewerbe.

Doch der Höhepunkt des Tages war das Preistanzen. Schon seit Wochen tuschelten Fritz und Ranz miteinander und Margarete wusste, dass es um die Wahl der Tanzpartnerin ging. Gegenüber seiner Schwester hatte Fritz sein Geheimnis gehütet: Sie wusste nicht, wer seine Auserwählte war. Endlich durften die Paare den Tanzkreis betreten und sich zum Umgang aufstellen. Eine Zundel glühte auf, die Musikkapelle setzte ein und der Oberstadttaglöhner gab den Glücksstab aus. Der Stab ging von Paar zu Paar, bis die Zundel verlöschte und die Musikkapelle verstummte. Das Paar, das in diesem Augenblick einen Stab hielt, durfte sich einen kleinen Preis abholen, manchmal Papier und Stifte oder eine Brezel.

Margarete saß in ihrem Rollstuhl ein wenig am Rande und sah dem bunten Treiben zu. Fritz hatte beim Preistanzen kein

Glück gehabt, aber an der Wurfbude des Messerschmiedes ein kleines Schnitzmesser gewonnen. Er war außer sich vor Freude.

Hin und wieder kamen die Freundinnen zu ihr – es war ein schönes Fest. Bislang war es selbstverständlich gewesen, dass sie bei allem dabei war, auch wenn sie nur zuschauen konnte. Aber heute fühlte sie die Beklommenheit stärker. Dies war das Giengener Kinderfest, auch wenn fast alle Altersgruppen dabei vertreten waren. Für viele ihrer Mitschülerinnen war es in diesem Jahr ein Abschiedsfest: Sie hatten bereits eine Stellung gefunden, würden in ein paar Tagen die Stadt verlassen und fürchteten sich davor. Sie selbst fürchtete sich, wenn auch verschwommen, vor einer Zukunft, in der sie keinen Platz für sich sah.

Das Zitherspielen machte Spaß, sie spielte bei jeder Gelegenheit, vor allem mit Fritz und seinem Freund Ranz zusammen. Der hatte nämlich ein genaues Gefühl für den Takt, klatschte gern zu ihrer Musik und hatte auch ihren Sinn dafür geschärft, sodass sich ihr Spiel inzwischen ganz gut anhörte. Mit Fritz und Ranz verbrachte sie überhaupt viel Zeit. Aber das würde nicht mehr lange so bleiben. Dann würde Fritz im Baugeschäft des Vaters anfangen. Wer sollte sie dann tragen?

Fritz und Ranz ließen sich natürlich auch von einem Stadttagelöhner in der großen Gondel schaukeln, was für alle kostenlos war. Als sie jedoch Margarete mit hineinheben wollten, winkte dieser ab. Das sei zu gefährlich.

Auf dem Nachhauseweg hielten sich Fritz und Ranz diesmal an ihr Versprechen und bremsten Margaretes Rollstuhl den ganzen Weg über ab. Nur ein paar Mal ließen die Buben, weil Margarete zu sehr bettelte – »Ihr habt die ganze Zeit über getanzt und geschaukelt, ich musste mit dem Rollstuhl herumstehen. Steht mir nicht auch ein wenig Vergnügen zu?« –, den Rollstuhl für ein paar Augenblicke los. Sobald er an Fahrt gewann, hielten sie ihn aber wieder an. »Es ist zu voll hier«, erklärte Fritz. »Und wir haben es der Mutter fest versprochen. Wenn wir den Kalk auf dem Weg aufwirbeln, merkt sie es sofort an unseren Hosen.«

Doch nachdem sie die steile Strecke hinter sich hatten, zog Fritz pfeifend auf der gepflasterten Straße vor dem Rathaus ein paar schnelle Runden mit Margarete, tanzte mit dem Rollstuhl im Kreis, schob eine Acht auf das Pflaster, drehte und wendete das Gefährt schneller und immer schneller, wie sie es gern hatte.

»Und jetzt Achtung!«, rief Fritz. »Halt dich fest! Jetzt machen wir das Karussel.« Geschickt stemmte er den Wagen auf die Hinterräder, Margarete ließ sich mit einem genießerischen Seufzer nach hinten fallen. Und dann ließ Fritz die Räder und den Wagen auf der Stelle kreisen, hüpfte immer schneller mit ihm herum, bis sich den beiden der Platz und seine Häuser vor den Augen drehten. Um ein Haar wären sie mitsamt dem Wagen umgefallen, aber Ranz' kraftvolles Eingreifen verhinderte das im letzten Augenblick.

Margarete erklärte ihn daraufhin feierlich zu ihrem Muskeltier. »Das ist so eine Art Ritter in Frankreich.«

»So'n Quatsch«, meinte Fritz. »In den Kreuzworträtseln heisst der Musketier, weil er mit einer Muskete bewaffnet ist.«

Margarete grinste. »So passt es aber besser, weil der Ritter stark ist. Ich bestehe auf meinem L.« Ranz war es recht. Er kniete nieder, um den Ritterschlag entgegenzunehmen.

Ein paar Leute waren stehen geblieben. Kopfschüttelnd sahen sie dem ausgelassenen Treiben zu. »Irgendwann wird das mal bös ausgehen«, prophezeiten sie, wie schon so oft.

»Ach, was«, beruhigte sie das Mädchen. »Der Fritz ist viel zu geschickt. Und ein bisschen Spaß braucht der Mensch. Auch wenn er nicht laufen kann.«

Den Rest der Strecke, die steile Gasse hinunter nach Hause,

fuhren sie ganz gesittet, damit ja die Mutter nichts merkte. Hoffentlich verriet keiner der Zuschauer ihr etwas.

Tante Apollonia, die Klingelmüllerin, ließ Margarete ausrichten, bei ihnen sei in nächster Zeit wieder furchtbar viel zu nähen. Mindestens zwei Aussteuern müssten gefertigt werden, da könnten sie jede Hand brauchen. Eine alte Frau aus Memmingen sei auch noch da, die könnte mit Gretle zusammen Federn putzen. Margarete habe Kost und Logis frei und solle 42 Kreuzer die Woche bekommen.

Das erste selbst verdiente Geld im Sparstrumpf! Und sie durfte es behalten! Der Vater hatte der Mutter erklärt, dass er gut verdiene und sie kein Kostgeld von ihren Kindern annehmen müssten. »Pauline und Marie können das Gesparte für ihren späteren Hausstand einmal gut gebrauchen; und für Gretle ist es erst recht wichtig, etwas auf der hohen Kante liegen zu haben. Irgendwann wird sie sich ja ohne uns zurechtfinden müssen. Wir zwei leben nicht ewig.«

Als er das erschreckte Gesicht seiner Tochter sah, schüttelte er den Kopf: »Ich mein' ja nicht heute oder morgen. Aber irgendwann sind wir alte Leute. Und du bist dann eine erwachsene Frau.«

»Du hast ja recht. Aber was sollen die Leute sagen? Die Jugend muss lernen, dass das Leben kostet.« Mutter Steiff war von dem Vorschlag ihres Mannes nicht sehr angetan.

»Das lernen sie doch dabei. Sie sollen das Geld ja nicht verjubeln. Und meine Aufträge bringen mehr als genug ein. Dem Anbau im Wildbad wird bald der nächste folgen und woanders wird auch gebaut. Du solltest dir eine Hilfe im Haushalt nehmen. Das wird alles zu viel für dich. Und dann machst du auch noch die Abrechnungen fürs Geschäft.«

Aber in dieser Hinsicht blieb die Mutter unnachgiebig. »Nein, das geht zu weit. Da müsste ich mich schämen.«

Jetzt schämte Margarete sich. War es nicht auch ihretwegen so, dass die Mutter ständig erschöpft war und Rückenschmerzen hatte? Zwar trug die Mutter sie nicht mehr die steile Treppe hinunter – da musste sie immer auf jemand anderen warten; und oben gab es inzwischen einen Holzstuhl, an dem der Schreiner ein paar einfache Räder befestigt hatte –, die Mutter musste sie aber weiterhin häufig heben: auf den Abortstuhl, am Waschtisch, ins Bett. Wie gut, dass sie wenigstens dünn war und wenig wog.

Die Familie sollte sehen, dass sie das Geld in der Klingelmühle zu Recht verdiente. Allerdings nähte sie immer noch alles andere als perfekt, vor allem, wenn niemand da war, der an ihrem Stoffstück zwischendurch etwas herumbesserte. Und natürlich nähte sie langsamer als andere, es ging alles viel mühsamer.

Das durfte nicht so bleiben. Die rechte Hand war vom Zitherspielen etwas gestärkt und mit den Beinen … Sie gab die Hoffnung nicht auf. In der Klingelmühle blätterte sie regelmäßig die Zeitungen durch, die Hans sich bestellt hatte. Irgendwann würde dort etwas stehen, von einer neuen Behandlung für lahme Füße. Aber bis dahin …

Frauen, die in den Haushalten nähten oder daheim strickten und stickten, wurden überall gebraucht. Aber es gab auch mehr als genug, die solche Arbeit suchten. Beim letzten Besuch in der Klingelmühle hatte sie allein drei Frauen an der Tür gehört, die um Arbeit bettelten – jede Arbeit sei ihnen recht … Es waren Frauen aus der Webergasse mit mehreren kleinen Kindern an der Hand oder auf dem Arm. Denen war die Not anzusehen, in der sie lebten, seitdem ihre Webstühle stillstanden. Würde sich für sie unter diesen Umständen immer Arbeit finden? Zum Glück war da die Verwandtschaft. Tante Apollonia würde sie nicht im Stich lassen. Vor allem, seitdem sie Zither spielen konnte, denn die Tante sang für ihr Leben gern. Die konnte mit den Mädchen richtig ausgelassen werden. Meistens jedenfalls. Wenn sie es nicht zu toll trieben.

Die Filzmanufaktur

»Tante Ursche, wieso hast du nicht geheiratet?« Margarete saß mit der Tante in der Gaststube der Badeanstalt, die Tante Ursche seit ein paar Monaten versorgte. Margarete stickte langsam mit Kreuzstichen den Namen des späteren Besitzers in einen Strumpf, während Tante Ursche mit ihren Händen in raschem Rhythmus Filzenden zusammenknotete.

»Das hast du schon ein paar Mal gefragt. Es hat sich halt so ergeben.«

»Aber du hast nie richtig geantwortet. Ist es schlimm für dich?«

»Ich weiß nicht. Manchmal schon. Ach Gretle, der Mensch gewöhnt sich an vieles, und ich hab es nie anders gekannt. Es bringt doch nichts, darüber nachzudenken.« Tante Ursche gefiel das Gesprächsthema nicht.

»Was machst du da mit dem Filz?«

»Aus den Filzresten knüpfe ich kleine Teppiche, die sind recht haltbar, behauptet wenigstens Hans.«

»Du kannst wirklich aus allem etwas machen. Hast du mit Nähen immer genug verdient, dass es zum Leben reichte?«

»Irgendwie reicht es immer, und der Vater hat ja auch ein wenig Geld. Falls du dir Sorgen machst: Du bekommst sicher etwas von daheim, da ist einiges vorhanden. Und dein Vater ist großzügig.«

»Als du so alt warst wie ich, wusstest du da schon, dass du nicht heiraten würdest?«

»Du gibst wohl nie auf. Nein, natürlich nicht. Aber ich war

ein wenig kränklich und merkte bald, dass die jungen Burschen die kräftigeren Mädchen vorzogen. Besonders hübsch war ich auch nicht. Und dann brauchten die Eltern Hilfe. Alle haben von Anfang an erwartet, dass ich bei ihnen bliebe. Das ist doch überall so, dass eine der Töchter bei den Eltern bleibt.«

»Hast du manchmal Angst gehabt vor der Zukunft?«

»Zuerst schon. Aber dann … Meine Freundin Bärbel war fast jedes Jahr in gesegneten Umständen. Der ging es immer schlecht. Eins nach dem anderen hat sie geboren und wieder verloren. Dann fand der Mann, der Garnsieder war, kaum noch Arbeit. Da blieb er jeden Tag lang im Wirtshaus und nie war Geld da. So hab ich schnell aufgehört sie zu beneiden. Wenn du es nicht weitersagst: Inzwischen find ich, dass das Alleinsein auch seine Vorteile hat.«

»Wieso denn das?«

»Schau, ich mache meine Arbeit, denk mir meinen Teil und mach jedes Jahr eine Reise. Eine Geschäftsreise. Alle loben mich, weil ich für meine Arbeit solche Strapazen auf mich nehme.«

»Ist es denn nicht anstrengend? Letztes Jahr bist du den ganzen Weg bis Augsburg zu Fuß gegangen. Die Frau Schelling in der Nähschule war ganz begeistert. Von dir sollte ich mir was abschauen, hat sie gesagt. Du bist die Einzige in Giengen, die Perlchmisetten machen kann. Sie will dich übrigens fragen, ob du mal wieder in die Nähschule kommst, um den Mädchen deine Künste zu zeigen.«

»Wenn ich bei den Leuten, die ich besuche, nichts Neues lernen würde, könnte ich mir das Reisen wohl kaum erlauben. Geld kosten darf das nicht, aber das macht nichts: Mir reicht ein Stück Brot zu Mittag, und ein Apfel dazu findet sich meist. Ich gehe zu Fuß wie die männlichen Gesellen auch. Die jungen Kerle teilen sogar meist ihre Vorräte mit mir, weil sie erstaunt sind, so eine Alte auf der Straße zu treffen. Und manchmal nimmt mich ein Wagen mit. Aber das Wandern ist für mich das Schönste. Nur deswegen mache ich mich auf den Weg. Es ist so herrlich in einen hellen Morgen hineinzuwandern, ganz allein meinen Gedanken nachzuhängen, zu singen oder den Vögeln zu lauschen.«

»Ich bin auch gern nach Ludwigsburg und Wildbad gefahren. Man sieht so viel und die Leute sind anders. Jetzt bauen sie ja schon an der Eisenbahn nach Heidenheim. Vielleicht komm ich dann auch ein wenig herum. Kann ja sein, dass ich bei Verwandten außerhalb nähe.«

»Du hast viel dazugelernt in der letzten Zeit.«

»Ich weiß jetzt, dass ich es muss. Was man will, schafft man, sagt Mutter immer. Aber die weiß nicht, wie weh der Arm mir tut.«

»Deine Mutter hat selbst genug Schmerzen. Ich übrigens auch. Das Rheuma zieht durch alle Finger und Knochen. Doch das nützt nichts, geschafft werden muss. Seitdem Hans und Melchior den Vater und mich hier im Wildbad wohnen lassen, steige ich manchmal in einen der Zuber, wenn er nicht gebraucht wird. Das tut gut.«

»Meinst du, ich könnte auch mal ein Bad nehmen? Die Bäder im Schwarzwald waren so angenehm.«

»Heute sind mehrere frei. Ich kann dir warmes Wasser einlassen.«

»Hast du viel Arbeit mit den Gästen?«

»Es kommen nicht mehr viele. Hier neben der Fabrik ist es ja viel zu laut. Aber der Hans plant ein neues Badgebäude.«

»Ich weiß. Der Vater sitzt schon über den Bauplänen.«

»Warte, ich schiebe dich hinüber. Kannst du dich selbst ausziehen?«

»Das Leibchen musst du mir hinten aufknöpfen. Und dann musst du mich ein Stück hochheben, damit ich das Kleid hinunterstreifen kann.«

»Das macht deine Mutter jeden Tag?«

Margarete bekam einen roten Kopf. »Beim Anziehen ist es noch schwieriger. Aber wenigstens haben wir jetzt einen Abortstuhl für mich zu Hause. Da muss ich nicht ständig in den Hof hinuntergetragen werden. Die Treppe ist so schmal und steil, das schafft die Mutter nicht mehr. Ich kann nur hinunter, wenn Fritz daheim ist oder jemand mich holen kommt. Die Mutter ist meist so erschöpft, dass sie sich schon um sieben Uhr hin legt. Oft bringen mich meine Freundinnen ins Bett. Ein paar Mal sind wir erst nach dem Läuten der Betglocke heimgekommen.« Sie schmunzelte. »Aber es hat uns niemand erwischt.«

Im warmen Wasser fühlte Margarete sich wieder leicht, so wie damals in Wildbad. Die Wanne war zwar viel kleiner als das Becken dort, aber sie konnte die Beine, die oben auf dem Wasser trieben, ganz ausstrecken. Tante Ursche hatte ihr ein Badehemd übergestreift, ein Stück Stoff mit einem Loch für den Kopf in der Mitte. Der Stoff schwamm auf dem Wasser, sodass ihr Körper verdeckt war. Vorsichtig schob sie ihn ein wenig zur Seite, damit sie ihre Beine sehen konnte. Gehorchten sie ihrem Willen nicht doch ein wenig? Hatten sie sich nicht gerade bewegt? Die große Zehe? Wenn sie über die Haut strich, war die nicht gefühllos. Auch Schmerzen konnte sie empfinden. Da musste es doch noch Hoffnung geben!

Wenn sie nur fest darauf vertraute. Eine ganz neue Art der Operation. Sie sah die ungläubigen Gesichter ihrer Familie vor sich, wenn sie allein die Straße entlanglief, in der Küche stand, die Treppe hinunterlief. Wie Tante Ursche würde sie sich auf Wanderschaft begeben …

Irgendwann spürte sie Tränen auf ihrem Gesicht. Dabei weinte sie eigentlich nie. Aber jetzt quollen sie unter ihren Lidern hervor, flossen über die Backen und das Kinn. Sie legte sich zurück und ließ ihnen freien Lauf. Das tat gut. Es war so angenehm warm im Wasser. Nur durfte sie nicht anfangen zu schluchzen. Wenn das jemand hörte! Sie schaute noch einmal an sich herab. Die Beine waren schon lange nicht mehr gewachsen, es waren Kinderbeine, dünn, ohne Muskeln. Fast war es, als gehörten sie nicht zu ihr. Nur dass die Haut empfindsam war, das passte nicht dazu. Doch da müsste schon ein Wunder passieren, wenn mit diesen Beinen ihre Träume in Erfüllung gehen sollten. Und von Wundern hatte sie in Giengen noch nichts gehört.

Es war so schön hier zu liegen. Sie ließ den rechten Arm durch das Wasser gleiten. Ach, tat das gut. Es ging so leicht. Sie raffte das alberne Badehemd ganz zusammen. Beide Arme konnten die gleichen Bewegungen machen, schwammen aufeinander zu, trieben wieder zur Seite, tauchten ab, auf. Zwei Schwäne auf der Brenz, die sich trafen, mit ihren langen Hälsen nahe kamen und mit den Schnäbeln die Federn reinigten.

Fast hätte sie den Schwamm vergessen und die Seife, die Tante Ursche ihr bereitgelegt hatte. Die war in der Gaststube verschwunden, weil dort jemand nach dem Bad etwas zu trinken verlangte und dann noch ein Vesper bestellte. Sie konnte die Stimmen durch das Treppenhaus hören, auch das Klicken der Bälle aus dem Billardzimmer.

Während sie sich langsam einseifte, kam die Tante in ihr Badekabinett zurück. »Du bist ja noch nicht fertig.«

»Es tut so gut, in der Wanne zu liegen.«

»Ich lass dir nóch mal heißes Wasser ein. Kommt ja ohne meine Hilfe aus den Röhren. Wenn ich mir vorstelle, ich müsste das Wasser den Badegästen aus dem Badofen in Eimern herbeischaffen wie bei den Leuten zu Hause! Dagegen ist dieses neumodische Röhrensystem mit den Kränen ungeheuer praktisch. Aber rutsch ein bisschen zur Seite, sonst verbrennst du dich.«

Sie musste wirklich aufpassen, als das heiße Wasser in breitem Strahl in die Wanne rauschte. Tante Ursche brachte ihr noch ein Glas Most, sodass Margarete sich fühlte wie eine der feinen Damen in Wildbad. Aber als die Tante ihr aus der Wanne helfen wollte, wurde es schwierig. Sie musste sich weit hinunterbücken, bekam ganz nasse Ärmel und atmete heftig, als sie Margaretes Körper aus dem Wasser wuchtete. Sie setzte sie auf einer der Liegen ab, um ihr beim Abtrocknen zu helfen.

»Der Fußboden ist ganz nass«, meinte Margarete kleinlaut.

»Das ist nicht weiter schlimm«, erwiderte die Tante. »Wischen muss ich nach jedem Badegast. Aber deine Mutter braucht schleunigst eine Hilfe. Du bist inzwischen fast erwachsen und ziemlich schwer.«

Margarete protestierte. »Mein Bruder findet mich leicht.«

»Ja, so ein junger Kerle. Aber deine Mutter ist fast eine alte Frau. Ich werde mal mit deinem Vater reden. Vielleicht kann eine deiner Schwestern heimkommen.«

Es dauerte eine Zeit, bis das Leibchen richtig saß und zugeknöpft war, die Beine der Unterhose zusammengebunden waren, Strümpfe angezogen und der Unterrock übergestreift war, die Bluse, schließlich das Kleid. Immer wieder musste Tante Ursche Margarete an den Schultern heben, während die mit der linken Hand das Kleidungsstück herunterzog. Endlich fiel der Kleiderrock gleichmäßig um den Körper herum, sodass der Gürtel durchgezogen werden konnte. Es fehlten noch die Schnürschuhe, die natürlich auch von der Tante angezogen und gebunden werden mussten.

»Jetzt die Haare.«

»Kämmen kann ich sie selbst. Aber nicht richtig aufstecken.«

»Das mach ich dann. Jetzt lass ich schon mal das Wasser ab und schrubbe die Wanne für den nächsten Gast. Zum Glück ist das nicht mit jedem so ein Geschäft.«

»Es tut mir leid, Tante Ursche.«

»Ach was, das braucht dir nicht leidzutun. Was sein muss,

muss sein. Wenn du fertig bist, schieb ich dich in die Gaststube ans Fenster. Der Großvater ist inzwischen von seinem Mittagsschlaf aufgewacht, der freut sich, wenn du ihm ein wenig Gesellschaft leistest.«

Der Großvater hockte in einem Sessel am Fenster. Er war klein geworden in der letzten Zeit, das Gesicht eingefallen, vor allem um den Mund herum, in dem keine Zähne mehr Platz beanspruchten. Aber die Augen blickten noch wach und wie immer freundlich.

»Schön, dass du da bist, Gretle. Bist so ein liebes Kind.«

»Aber ich bin fast erwachsen, Großvater.«

»Ja, ja.« Er nahm ihre rechte Hand und streichelte sie. Ob er sie verstanden hatte, blieb unklar. »Bleib nur hier. Ist schön, wenn wenigstens die Kinder ein wenig Zeit für die Alten finden. Die Eltern sind ja immer geschäftig. Deinen Vater seh ich manchmal dort unten auf der Baustelle.«

Großvater und Enkelin schreckten zusammen, als plötzlich die Fanfare einer Trompete erscholl.

Auch Tante Ursche trat ans Fenster. »Das ist der Turnverein«, meinte sie. »Die haben ihren Übungsplatz hinter dem Garten.«

Margarete blickte gespannt hinunter. Auf dem Turnplatz hinter der Gartenhecke marschierte eine Reihe junger Männer auf. Alle trugen blaue, weite Hemden und weiße Hosen. Eine Zeit lang hoben sie nach den Kommandorufen des Ersten in der Reihe ihre auf Brusthöhe angewinkelten Arme, streckten sie, winkelten sie wieder an. Nachdem sie das etliche Male wiederholt hatten, kamen die Beine dran. »Hoch, runter, hoch, runter, eins, zwei, eins, zwei«, im gleichen Rhythmus schleuderten sie die gestreckten Beine von sich und nahmen wieder Haltung an. Dann lief der Erste los, auf das Gerüst zu. Einer nach dem anderen kletterte nach drei Kommandorufen hinauf und sprang beim vierten ab. Margarete seufzte unwillkürlich. Denen gehorchten die Beine aufs Wort.

Zum Schluss stellten sich drei Männer ein wenig breitbeinig nebeneinander und hielten sich fest an den Armen. Zwei weitere sprangen an ihnen hoch, wobei andere ihnen Hilfestellung leisteten, indem sie ihre zusammengelegten Hände als Trittstufe anboten. Das Mädchen hielt den Atem an. Ein dritter kletterte über die Trittstufe hinaus, fand auf den Knien, Schultern und Armen der unteren Reihe Halt und stand schließlich allein ganz oben.

»Die Pyramide«, meinte Tante Ursche. »Die übt jetzt auch die Feuerwehr.«

»Das ist geblieben von der Revolution«, krächzte der Großvater, der ganz aufgeregt geworden war. »Ansonsten sind wir ja wieder Untertanen.«

»Aber Großvater, es gibt doch so viel Neues. Die Eisenbahn, die Manufaktur vom Vetter …«

Sie hatte den warnenden Blick von Tante Ursche übersehen, denn damit hatte sie etwas gesagt, was den Großvater in Rage brachte.

»Was sollen die Maschinen schon Gutes bringen? Der Mensch geht dabei zugrunde. Alles wird schneller. Keiner findet mehr Ruhe. Sogar ich kann den Krach aus der Filzmanufaktur bis hierher hören. Und schon wird wieder gebaut. Der Mensch ist unersättlich.«

Verlegen schaute Margarete den Großvater an, der einen ganz roten Kopf bekommen hatte. Was sollte sie dazu sagen? Aber der Großvater wartete nicht auf eine Antwort. Er nickte mit dem Kopf, wie um sich selbst recht zu geben, und lehnte sich zurück. Die Augen fielen ihm zu. Dann fing er an zu schnarchen.

»Großvater wird jeden Tag schwächer. Schon die kleinste Aufregung ermüdet ihn.«

»Bin ich jetzt schuld?«, fragte Margarete kleinlaut.

Tante Ursche fasste sie beruhigend an der Schulter. »Ach was, wenn du es nicht gewesen wärst, wäre es die Fliege an der Wand gewesen. Er ist einfach alt. Nachmittags schläft er die meiste Zeit. Ob er noch lange lebt? Lass uns für ihn beten.«

1864

An den Stammtischen im »Rössle«, in der »Kanne« und im »Karpfen« war heute einmal nicht der Tod König Wilhelms I. von Württemberg das Thema. Auch nicht die Frage, was von dem neuen König zu erwarten sei, ob Karl I. die Pressezensur endlich aufheben würde und die Verordnungen, die das Vereinsleben beschränkten. Denn der Turnverein und die Sänger des Liederkranzes mussten immer noch damit rechnen, als Orte demokratischer Gedanken von der Polizei schikaniert zu werden. Nein, heute redeten alle von der Dampfmaschine, die Hans Hähnle für seine Woll-Filz-Manufaktur bestellt hatte.

Ganz Giengen war auf den Beinen gewesen, als die Wagen durch die Stadt fuhren, die das Wunderwerk der Technik vom Bahnhof in Heidenheim nach Giengen transportierten. Allzu viel war leider nicht zu sehen gewesen, denn die Maschine war in Einzelteile zerlegt und in Kisten verpackt. So waren die Handwerker und Ladenbesitzer bald enttäuscht an ihre Arbeitsstellen zurückgekehrt, verärgert, weil sie sich so unsinnig von der Arbeit hatten ablenken lassen. Die Jugend war johlend bis zum Wildbad hinter den Wagen hergelaufen. Beim Abladen hatten sie gestaunt, denn die Kisten schienen so schwer zu sein, dass man sie mit einem eigens gebauten Kran von den Wagen hieven musste. Mit Menschenkraft ließen sie sich nicht heben.

Die Männer fachsimpelten. Sie hatten so etwas wie eine

Lokomotive erwartet; einige wussten, dass es in einer Dampfmaschine einen Dampfkessel gab, Wasser über einem Ofen er-
hitzt und in Kolben geleitet wurde.

»Das Prinzip ist das gleiche wie beim Kochtopf. Dort hebt
der Dampf auch den Deckel an, wenn das Wasser kocht«, erklärte jemand großspurig. »Wenn man diesen Druck mithilfe
von Zahnrädern über Transmissionsriemen auf ein Rad überträgt, dann bewegt sich dies.«

»Heidenei, das ist ja was ganz Neues. Der Hähnle hat doch
längst ein Mühlrad, das sich bewegt. Dazu verhilft ihm die
Brenz. Wasser ist genug da. Was braucht er da so ein Eisen-
ungetüm?«

»Was dazu noch mit Feuer angetrieben wird. Er verbrennt
klafterweise Holz. Ein teurer Spaß.«

»Ich hab gehört, er will den Eichenhammer, der im Walk-
loch auf die Wolle einschlägt, mit so einer Maschine antreiben.
Und auch beim Spülen und Waschen des Filzes will er die Maschine einsetzen. Aber frag mich nicht, wie das gehen soll.«

»Das weiß der Hähnle wohl selbst noch nicht.«

»Aber eines ist sicher: Er wird viel Dampf machen. Dafür
hat er ja schon einen riesigen Schornstein gebaut. Und ob wir
über Giengen dann weiterhin die Sonne scheinen sehen, ist
fraglich.«

Das hielten viele für einen Witz, andere hielten die ganze
Sache für Wahnsinn und prophezeiten den baldigen Untergang
der Filze. Doch es gab auch Leute, die an den Fortschritt glaubten. »Der Hähnle ist ein schlauer Kerle, der weiß schon, was er
tut. Wartet nur ab. Der macht euch allen noch etwas vor.«

»Wenn wir etwas brauchen in Giengen, dann ist es Arbeit.
Vor allem jetzt, da die Gewerbefreiheit die Zünfte nicht mehr
schützt.«

»Ja, mit der alten Heimweberei ist es zu Ende. Und es können ja nicht alle Weber nach Amerika gehen. Die Filze ist un-

sere einzige Hoffnung. Gnade uns Gott, wenn der Hähnle sich verschätzt.«

Margarete hatte die Woche über in der Klingelmühle geschafft. Aber an diesem Abend durfte sie ihre Zither nicht hervorholen, denn niemandem war nach Singen zumute.

Beim Aufstellen der Maschine war einiges schiefgegangen. Entweder passten nicht alle Teile zusammen oder Hans war mit der Technik doch weniger vertraut, als er behauptet hatte. Er war gar nicht erst zum Essen nach Hause gekommen, sondern saß wohl mit einem Freund im Wildbad noch über den Bauplänen der Maschine.

Der alte Klingelmüller schaufelte seine Spätzle ohne ein einziges Wort in sich hinein. Tante Apollonia schaute ihn alle paar Augenblicke beunruhigt an und schenkte ihm heute ein besonders großes Bier ein. Christine, Marie und Margarete starrten auf ihre Teller.

Plötzlich stand der Alte auf. »Ich geh mal rüber ins Wildbad und schau nach.«

»Bitte Johann, tu das nicht. Es gibt nur wieder Streit.«

Das Gesicht Johann Jakob Hähnles lief rot an. »Gibt es dafür nicht Grund genug? Wie viele Felder hab ich bereits verkauft, um meinen Herren Söhnen ihre neumodischen Ideen zu finanzieren. Und wozu? Um mich zum Gespött der Stadt zu machen!«

»Wieso vertraust du Hans nicht? Der ist herumgekommen in der Welt. Wir leben halt in einer neuen Zeit.«

»Ach was. Was musst du deine Hände immer über den Hans halten? Wo er doch nur dein Stiefsohn ist. Neue Zeit! Ein Luftikus, der seine verrückten Ideen auf meine Kosten umsetzen will. Aber ich sag dir, keinen Heller werd ich ihm erlassen. Jedes Jahr verlang ich pünktlich meinen Zins, das verspreche ich dir. Jahr für Jahr!«

»Er wird schon pünktlich zahlen.«

»Die Klingelmüllers sind, seitdem sie ihr Lehen von Kaiser Maximilian verliehen bekommen haben, sorgsam damit umgegangen.«

»Ja, das weiß auch Hans. Und Melchiors Buchführung ist genauso ordentlich wie die aller Klingelmüllers zuvor. Du kannst sie dir jederzeit ansehen.«

»Melchior hat eine feine Schrift und Papier ist geduldig. Aber sieh dir den Filz an. Der taugt gerade mal für Pferdedecken und solche Teppiche, wie Ursche sie zusammenknüpft. Während unsere Mühle kaum Aufträge hat.«

»Das liegt an der schlechten Ernte, nicht am Hans. Der Filz wird jeden Tag feiner.«

»Jetzt kann ich nicht mal mehr meinen Zorn im Rössle herunterspülen. Würde mich nur zum Gespött machen.«

»Zu Hause schmeckt das Bier genauso gut. Mein schöner Zwetschgenschnaps ist auch nicht zu verachten. Der beruhigt. Ich bring inzwischen das Gretle ins Bett.«

An jedem anderen Abend hätten die beiden Mädchen protestiert, aber heute war es ihnen recht, der dicken Luft in der Stube zu entkommen. Marie wünschte dem Vater furchtsam eine gute Nacht, während sie an guten Tagen zärtlich ihre Arme um seinen Hals legte. Was sich der Alte von seiner jüngsten Tochter brummelnd gefallen ließ.

»Wenn nun Hans und Melchior ihr Geschäft ruinieren und der Vater kein Mehl mehr zum Mahlen bekommt, was wird dann aus uns?«, fragte Marie flüsternd die Base, als sie nebeneinander im Bett lagen.

»Das wird schon nicht passieren. Ihr habt noch so viele Felder. Ihr seid reich. Und glaubst du, Hans würde bei meinem Vater ein neues Gebäude in Auftrag geben, wenn Gefahr bestünde, dass aus der Filzproduktion nichts wird?«

Das leuchtete ein, aber beruhigt war Marie nicht. Sie schlief unruhig, trat mit den Beinen um sich, sodass auch Margarete nicht schlafen konnte. Zum ersten Mal wäre sie lieber zu Hause gewesen.

In der folgenden Zeit verbrachte Margarete viel Zeit mit ihrer Zither. Es war inzwischen mehr als nur Spielerei, und das hatte sie dem netten Herrn Link zu verdanken, der sich regelmäßig nach ihr erkundigte. Seit er ihr damals in der Kinderheilanstalt seinen Nachtisch aus dem Gasthof gebracht hatte, hoffte er mit ihr auf die Heilung ihrer Glieder. Nachdem er die neue Orgel für die Stadtkirche gebaut hatte, hatte er sich fest in Giengen niedergelassen. Zusammen mit seinem Bruder betrieb er eine Orgelbaufirma, die viele Aufträge bekam.

»Was macht die Zither? Kommst du voran?«, fragte er.

»Wenn ich ehrlich bin, nicht so richtig. Ohne Unterricht nützt das Üben wenig. Aber ich spiele einige Lieder recht sicher, und da freuen sich alle, wenn wir zusammen singen.«

»Das ist nicht gut, immer nur das Gleiche zu spielen. Wenn du dir die Musikstunden nicht leisten kannst, so vielleicht doch ein Buch. Es gibt jetzt Bücher zum Selbstunterricht für verschiedene Instrumente. Wenn du willst, kann ich dir eine solche Zitherschule bestellen.«

Margarete nickte begeistert. Zum ersten Mal nahm sie etwas Geld aus ihrem Spartopf. Anfangs verwirrten die Erklärungen und Zeichnungen im Buch, aber dann merkte sie, dass es Übungen waren, die ihr halfen. Es ging offensichtlich nicht nur ums Üben, man musste auch wissen, wie.

Eines Tages bestellte Herr Link sie mit der Zither zu sich und ließ sich etwas vorspielen. Er schien zufrieden. »Ich hab mich nicht getäuscht«, erklärte er schmunzelnd. »Weißt du, ich habe dir die Zitherschule nämlich nur besorgt, damit ich eine gute Lehrerin für meinen Sohn und meinen Neffen bekomme.«

»Wie? Ich … Sie wollen, dass ich den Buben Unterricht gebe?«

»Ja, und hoffentlich noch vielen anderen. Für die Orgel sind die beiden noch zu klein, aber mit der Zither können sie ruhig beginnen. Und bei dir sind sie in guten Händen.«

Als er ihr den Lohn nannte, den sie bekommen würde, starrte sie ihn ungläubig an. »Ja, ja, das ist schon richtig. Die Musiklehrer an unserer Musikschule bekommen einen weit höheren Lohn.« Es war mehr, als sie mit Nähen verdiente, und so freuten sich die Eltern mit ihr über den Erfolg.

Mit den Buben umzugehen war jedoch nicht ganz leicht. Anfangs waren sie begeistert und wollten unbedingt ein Instrument spielen lernen. Aber als sie merkten, dass sie jeden Tag üben mussten und trotzdem nicht sofort so herrliche Töne entstanden, wie ihre Väter sie auf der Orgel erzeugen konnten, verloren sie die Lust. Aber da waren sie bei Margarete an die Falsche geraten.

»Wenn eure Väter es so gut mit euch meinen, dass sie ihr Geld dafür ausgeben, euch Zitherspielen lernen zu lassen, dann solltet ihr dankbar sein und eifrig üben.«

Das zeigte Wirkung. Die beiden begriffen schnell, auch dass bei Margarete keine Entschuldigungen und Ausflüchte galten. Sie wussten: Wenn sie ordentlich geübt hatten, wurden sie gelobt und mit der Zeit machte es richtig Freude, gemeinsam zu musizieren. Die anfängliche Unsicherheit der Lehrerin, ob sie mit den Buben fertigwerden würde, war verflogen. Schon in der Schule hatten die anderen getan, was Margarete wollte, da war es doch nicht weiter verwunderlich, wenn das mit den fremden Kindern auch gelang.

Als Tante Susanna heiratete, zog sie ein paar Dörfer weiter die Brenz hinunter nach Bergenweiler. In einem jungen Haushalt gab es natürlich viel zu nähen, da lag es nahe, dass Onkel Joos Margarete für ein paar Wochen holte. Eine kleine Reise nur, aber immerhin: ein kleines Abenteuer. Mit dem Pferdewagen an der Klingelmühle und der Filzmanufaktur vorbei zur Stadt hinauszufahren, immer an der Brenz entlang. Die Geschichte vom Adlerjungen, das fliegen lernte, fiel ihr wieder ein, die sie als Kind der Bärbel erzählt hatte. Nur dass sie selbst keine Angst davor hatte, ihr Nest zu verlassen.

Die Welt öffnete sich vor ihr, sie konnte weithin in die Landschaft schauen, sah die Wolken über sich, die hier draußen viel mehr in Bewegung schienen als über der Stadt, sich an einzelnen Stellen zusammenballten, so dunkel wurden, dass Onkel Joos das Pferd antrieb, weil er mit einem kräftigen Regenguss rechnete. Aber die Wolken waren schneller. Einmal konnten sie in der Ferne sehen, wie sie sich entluden, der Regen einen Vorhang über der Landschaft bildete, der die Sonne abschirmte. Ihr hätte es gefallen, wenn das Wasser über ihnen heruntergegangen wäre und der Wind an ihren Haaren und Kleidern gezerrt hätte. Wind, der in die Wagenräder fuhr und die Pferde antrieb; Wasser, das ihre Haut und das Fell der Pferde peitschte. Selbst Blitz und Donner hätte sie nicht gefürchtet. Aber auf ihrem Weg blieb es trocken. Schade.

Tante Susanna und Onkel Joos waren jung und lustig. Margarete hatte viel zu tun und musste der Tante alle Ereignisse der letzten Zeit in Giengen haarklein beschreiben. Was die Schwestern schrieben, wie es Pauline gefiel, die jetzt in Neresheim als Zimmermädchen in der Spinnerei arbeitete, und dass es Pläne gab, sie wieder nach Hause zu holen, um der Mutter zu helfen.

»Verlobt hat sich noch keine?«

»Pauline meint, sie habe in Augsburg ziemlich viel gelernt, was sie in der Spinnerei nur vergesse und einen passenden Mann würde sie als Dienstmädchen sowieso nicht finden. Der würde sie auch in der Ehe nur für eine Dienstmagd halten. Pauline weiß, was sie will. Die lässt sich nichts gefallen.«

»Da kenne ich noch andere Mitglieder aus der Familie Steiff.« Onkel Joos war ins Zimmer gekommen. Er lachte.

»Eine, die nicht weiß, was sie will, wird nur ausgenutzt. Wenn ich nicht ein wenig unverfroren wäre, käme ich zu gar nichts. Dann säße ich nur bei uns in der Stube herum. Die Hähnles wissen übrigens auch genau, was sie wollen.«

»Das habe ich bereits bemerkt.« Er schaute seine Frau vergnügt an.

Die war rot geworden. »Aber so schlimm bin ich nun wirklich nicht.«

»Wie man's nimmt.«

»Wenn die Männer auch danach beurteilt würden, ob sie ihren Frauen gehorchen, dann kämen die meisten ziemlich schlecht weg.«

»Holla, Gretle, wer hat dir denn solch aufrührerische Gedanken ins Hirn gesetzt?«

»Die braucht niemand da reinzusetzen, die springen von ganz allein heraus.«

Alle drei lachten.

»Ich glaub, ich geh lieber noch mal in die Werkstatt runter, sonst lasst ihr Weibsbilder gar nichts von mir übrig.«

Als er gegangen war, flüsterte Tante Susanna: »Ich glaub, du solltest dein Mundwerk ein wenig besser hüten.«

»Aber das war doch nur Spaß. Onkel Joos hat auch gelacht.«

»Trotzdem … Du hast noch nichts von Marie erzählt und wie die beiden ihre Stellen überhaupt gefunden haben?«

»Über die Frau Vikar. Die kennt überall Leute und hat sie empfohlen. Ich glaube, Marie will auch heim, und die Mutter braucht dringend Hilfe. «

Die Tage vergingen wie im Flug und am Abend wurde musiziert. Wenn das Leben doch immer so unbeschwert wäre!

Nach ihrer Heimkehr las Margarete in einer Zeitschrift, die sie von Tante Apollonia bekommen hatte, einen Artikel über einen Arzt, Ludwig Seeligmüller. Der hatte eine Krankheit untersucht, die er »spinale Lähmung« nannte. Er beschrieb den plötzlichen Beginn der Krankheit, das Fieber, die Empfindlichkeit der Kranken. Er behauptete, nach Abklingen des Fiebers könnten die Kinder sich nicht mehr aufrichten. Das gebe sich meistens wieder, auch könne in der ersten Zeit der Besserung die Kraft in die gelähmten Glieder zurückkehren. Wenn sich die Muskeln in den Beinen aber einmal zurückgebildet hätten und diese Glieder nicht mehr wachsen würden, gebe es keine Aussicht auf Heilung mehr. Anders sehe es bei den Armen aus. Oft seien nur einzelne Muskeln von der Lähmung betroffen, sodass Teile der Hand durchaus gebraucht werden könnten. Nach ein paar Jahren bliebe der Zustand unveränderlich. Die Patienten wären ein Leben lang gelähmt, auffällig sei jedoch, dass sie sich ansonsten einer stabilen Gesundheit erfreuten.

Margarete las den Artikel mehrmals. Das war eine andere Krankheit. Nicht ihre. Bei ihr war das nicht so gewesen. Sie war lange krank gewesen. Das hatte ganz anders ausgesehen. Sie würde die Mutter fragen, die würde ihr das bestätigen. Doch in der Nacht weinte sie und blieb in den nächsten Tagen merklich still.

Es dauerte ein paar Tage, aber schließlich gestand sie sich ein, dass die Beschreibung genau auf ihre Krankheit passte. Sie brauchte die Mutter nicht mehr zu fragen. Das Fieber, das sie als Kind befallen hatte, war bei ihr genauso plötzlich gekommen, wie gegangen. Sie hatte die Geschichte oft gehört. Zuerst hatte sie auch nicht sitzen können. Wenn sie ihre Beine und den rechten Arm anschaute, wusste sie, dass die sich nicht mehr verändern konnten. Im Stillen machte sie Gott täglich Vorwürfe.

Doch dann ertappte sie sich dabei, dass sie fröhlich vor sich hin summte, mit ihren Zither-Schülern lachte, mit Fritz eine steile Gasse herabsauste und sich freute, als Onkel Joos sie wieder einmal mit dem Wagen holte. Die Felder, die Blumen, die

Tiere, die Wolken, der Sonnenschein, das alles war auch für sie da. Sie hatte eine Familie, die für sie sorgte, Arbeit und die Musik, die sogar Geld einbrachte. Sie war ein Krüppel, aber nicht nutzlos. Sie würde nie laufen können, aber dafür hatte sie ein Mundwerk, das sich gewaschen hatte. Sie würde ihre Hoffnung nicht mehr auf die Ärzte setzen. Das machte sie nur unglücklich. Sie würde ihr Leben in die Hand nehmen. Wer wusste, was es noch bringen würde. Und so sagte sie sich: »Gott hat es für mich so bestimmt, dass ich nicht gehen kann. Es muss auch so recht sein.«

Neue Zeiten, neue Wege

1868

»Marie, hilfst du mir zum Waschtisch?«

»Pscht. Lass Pauline schlafen. Ihr seid doch eben erst ins Bett gegangen.«

»Stimmt, wir haben wirklich fast die ganze Nacht durchgearbeitet. Bis in den Morgen hinein. Die Vögel haben uns mit einem herrlichen Konzert belohnt. Alle Aufträge sind erledigt. Heute, am Feiertag, können sich alle unsere Kundinnen in neuen Kleidern zeigen. Es war bereits hell, als wir zu Bett gingen, aber trotzdem kann ich nicht länger schlafen.«

Marie half Margarete auf ihren Stuhl und schob ihn vor die Waschschüssel. »Ich komm gleich wieder. Wenn du fertig bist, kannst du an die Wand klopfen. Der Kaffee zieht bereits auf dem Herd. Und heute gibt es ein Butterbrot dazu.«

Als Margarete angezogen am Tisch saß, bat sie ihre Schwester Marie, sich zu ihr zu setzen. »Du siehst schlecht aus. Du arbeitest viel zu viel. Der Haushalt, die Mutter, die Arbeit mit mir … und dann hilfst du auch noch Pauline und mir beim Nähen. Gestern Abend hatte der Nachtwächter Jonathan bereits die Mitternachtsstunde ausgerufen, als du endlich ins Bett gegangen bist.«

»Ihr habt doch noch viel länger durchgehalten.«

»Das wäre ja auch noch schöner, wo du den ganzen Haushalt machst.«

»Manchmal schaff ich es wirklich kaum. Aber wenn ihr zwei so unermüdlich seid …«

Die Tür ging auf und Pauline betrat gähnend und noch ein

wenig zerzaust und käsig im Gesicht das Zimmer. »So eine Kraft wie unser Gretle haben wir beide nicht. Die ist ein richtiges Nachtgespenst, während ich nur müde werde. Und heute Morgen kann ich zwar nicht mehr schlafen, aber ich fühle mich ganz elend.« Sie ließ sich auf den Stuhl fallen. »Für mich nur Kaffee. Essen kann ich jetzt nichts«, erklärte sie Marie, als diese Anstalten machte, ihr das Frühstück zu richten.

»Du hast recht, Pauline. Unkraut ist halt widerstandsfähig. Krank werde ich nie. Ich weiß gar nicht mehr, wann ich die letzte Erkältung hatte. Kopfschmerzen, Mattigkeit, das ist mir alles fremd. Aber mir reichen auch die schlimmen Beine und der Arm. Und besonders schnell geht bei mir nichts.«

»Aber das machst du mit deiner Ausdauer wett.«

»Wenn man einen Auftrag annimmt, muss man ihn zu Ende bringen. Da gibt es keine Entschuldigung.«

»Ich bin vom Klopfen an der Tür wach geworden.«

»Das war die Käthe, die ihr Kleid abgeholt hat. Sie hat es noch mal anprobiert. Es passte wunderbar.«

»Bei aller Liebe, aber das hätte ich heute nicht wieder aufgetrennt.«

»Habt ihr eigentlich in die neue Modenwelt geschaut? Die liegt hier schon seit vorgestern.«

»Wo sind denn die Eltern und Fritz?«

»Noch in der Kirche. Aber dafür ist es jetzt zu spät.«

Die drei Schwestern breiteten das Modeblatt vor sich auf dem Tisch aus. Auf den ersten Seiten wurden die neuesten Modelle aus Paris vorgestellt: Kaiserin Eugénie und ihr Gefolge trugen Krinolinen, Kleider mit einem unglaublich weiten Rock, von zwölf Metern Stoff war die Rede. Sie wurden von einem Drahtgestell gehalten, für das neunzig Ellen Draht verarbeitet werden mussten. Die allerneueste Kleiderform stand nach hinten besonders weit ab. Auf der ersten Seite war die Kaiserin in solch einem Kleid dargestellt, was die Mädchen ungläubig staunend in wildes Lachen ausbrechen ließ. Pauline blätterte weiter. Hier wurden schon etwas weniger aufwändige Modelle abgebildet, für die eine Fabrik in Sachsen die Gestelle lieferte. Dazu wurden geschnürte Korsetts empfohlen, die durch Fischbeinstäbe in Form gebracht wurden. Ausdrücklich wies die Verfasserin des Artikels darauf hin, dass eine Krinoline nur dann vorteilhaft aussehe, wenn sie sich aus einer Wespentaille entfalte und dazu mit Volants, Biesen und Litzen verziert sei.

»Meine Güte, diese Mode gibt es offenbar auch schon in deutschen Städten. Ob man das überlebt, in so ein Fischbeinkorsett eingeschnürt zu sein?«

»So ein Kleid muss sündhaft teuer sein. Wenn wir solche Aufträge bekommen, können wir unser Geschäft schließen. Solchen Aufwand schaffen wir nie.«

»Aber schau mal hier, das Hutmodell. Das ist für Pauline ein Kinderspiel. Und da ist auch wieder ein Stickmuster für mich.«

»Ja, den Hut werde ich nacharbeiten. Der Filz von den Klingelmüllers ist inzwischen so gut, dass er sich ideal für Hüte eignet. Mal sehen, eine Straußenfeder, wie man sie in Paris trägt, passt dazu nicht, aber mit einer Entenfeder lässt er sich auch in Giengen verkaufen.«

»So einen solltest du für dich selbst machen. Wenn du mit Fritz Röck wieder zum Tanzen gehst … Hat er dir inzwischen einen Antrag gemacht?«

Pauline war ganz rot geworden. »Lasst eure Sticheleien. So weit sind wir noch lange nicht. Fritz hat an einer technischen Schule in Stuttgart studiert und muss erst eine Arbeit finden. Das ist alles ziemlich schwierig. Er weiß selbst nicht, wo es hingehen wird. An der Schule haben sie den Studenten immer wieder gesagt, dass sie gute Chancen für die Zukunft hätten, aber die Zukunft hat wohl noch nicht angefangen. Es gibt noch nicht viele Fabriken, die Ingenieure suchen. Er war jetzt beim Militär, da musste er gleich gegen die Preußen ziehen. Zum

Glück ist ihm in der Schlacht bei Tauberbischofsheim nichts passiert.«

»Was lernt man eigentlich auf so einer Schule?«

»Weiß ich auch nicht so recht. Ich glaube, wie man Maschinen baut und repariert.«

»Dann kann ihn sicher der Hans in der Filzmanufaktur gebrauchen. Mit der Dampfmaschine hat es wohl eine Katastrophe gegeben. Jetzt hat er eine neue bestellt. Aus England.«

»Und einen englischen Ingenieur dazu.«

»Fritz meint auch, dass englische Maschinen viel besser sind als unsere. Dort sind sie ja auch erfunden worden. Aber seht mal da unten in der Modenwelt. Da wird auch eine Maschine angeboten. Eine Nähmaschine. Einfach zu bedienen, steht da. Wenn wir so eine hätten, könnten wir auch Krinolinen nähen.«

»Du bist verrückt. Das können wir uns niemals leisten.«

»Unser Spartopf ist voll. Und Fritz sagt, wer es zu etwas bringen will, muss neue Wege gehen. Warum nicht auch wir? Wenn wir nicht damit zurechtkommen, kann uns Fritz vielleicht helfen.«

Alle drei waren ganz aufgeregt. Eine eigene Maschine. Wie Hans Hähnle. Viel kleiner zwar, aber immerhin: eine Maschine.

»Wie wird die denn angetrieben? Doch wohl nicht mit Wasser oder Feuer? So etwas Gefährliches würde uns die Mutter nie erlauben.«

»Nein, hier steht: Mit der Hand wird eine Kurbel gedreht, welche die Maschine antreibt. Die Stiche werden gleichmäßig und die Nähte gerade. Ganz einfach und sauber. Auch für junge Mädchen geeignet. – Vielleicht kann auch Margarete damit nähen.«

»Das glaubst du doch selber nicht. Das wäre ... wenn es wirklich so leicht wäre.«

Sie sprachen von nichts anderem mehr, mit Fritz Röck, der

die Idee wunderbar fand, mit ihrem Bruder Fritz und dem Vater, die beide ein wenig skeptisch waren, es aber auf den Versuch ankommen lassen wollten. Schließlich bestellten die drei jungen Damen die Maschine, die mit der Bahn von Frankfurt nach Heidenheim geliefert wurde. Von dort mussten sie das schwere Eisenteil mit einem Wagen abholen lassen. Die erste Nähmaschine in Giengen!

Die Maschine war wirklich nicht schwer zu bedienen. An Geschick fehlte es Pauline nicht. Nach ein paar Tagen fädelte sie den Faden in die Nadel, als hätte sie nie etwas anderes getan – obwohl die Nadel nicht ganz leicht zu erreichen war und der Faden leicht riss, wenn sie zu stark an der Kurbel drehte. Überhaupt musste das Drehen der Kurbel geübt werden, damit die Naht gleichmäßig geriet. Ein paar Mal verhedderte sich der Stoff, für den sie ja nur noch die linke Hand frei hatte.

Für Margarete war die Maschine eine Enttäuschung, denn für die Handkurbel brauchte man Kraft. Und die hatte sie in der rechten Hand nicht.

1871

Margarete konnte nicht einschlafen. Jetzt ging es also los mit dem Heiraten. Davor fürchtete sie sich schon seit geraumer Zeit. Mit den Schwestern zusammen hatte sie sich immer sicher gefühlt. Pauline war geschickt und einfallsreich und traute sich vieles zu. Sie selbst, Margarete, war unverwüstlich; Marie erledigte den Haushalt. Das hatte alles gut zusammengepasst. Die Nähstube der drei Schwestern hatte einen guten Ruf und an Aufträgen fehlte es nicht.

Dabei hatte sie immer gewusst, dass es so nicht bleiben würde. Es war nur ein Aufschub. Irgendwann würden ihre Schwestern andere Wege gehen und sie würde allein zurückbleiben. Und dann?

Pauline hatte sie bereits im letzten Jahr verlassen, als ihr Mann eine Anstellung in einer Fabrik für Holzschleifmaschinen bekam, die ihn zuerst nach Österreich und dann weiter nach Schweden schickte. Unendlich weit weg – und doch jetzt mit der Eisenbahn in wenigen Tagen zu erreichen.

Die Eltern hatten sich furchtbar aufgeregt: Schweden, ein Land außerhalb ihrer Welt, von dem man wenig wusste, außer dass es dort schrecklich kalt war und im Winter meterhoch der Schnee lag. Vor wenigen Jahren wäre die Reise dorthin ein gefährliches Abenteuer mit ungewissem Ausgang gewesen, wochenlang hätten die Reisenden mit Kutschen und Schiffen unterwegs sein müssen. Eine Reise, ähnlich ungewiss wie die nach Amerika, wenn auch nicht ganz so weit. Und eine schwäbische Firma hätte ihre Leute niemals dahin geschickt. Was hätte eine deutsche Firma dort zu tun gehabt? Aber jetzt war das anders.

Pauline schrieb viele Briefe nach Hause. Sie hatte schon viel erlebt. Zuerst die Reise zum Meer mit der Eisenbahn, nur wenige Tage vor Ausbruch des Krieges zwischen Preußen und Frankreich, in den nun auch die süddeutschen Staaten verwickelt waren. Ein paar Tage später wären die Schwester und ihr Mann als Zivilpersonen gar nicht mehr befördert worden. Dann überquerten sie das Wasser mit einem Dampfschiff und mussten mit Koffern und Kisten noch einmal in die Eisenbahn umsteigen und durch ein Land fahren, das ihr nur aus Wasser zu bestehen schien.

Als sie angekommen waren, verstanden sie die Sprache nicht, das Essen war fremd, es gab dauernd Fisch – frisch, geräuchert oder getrocknet. Und was das Schlimmste war: Sie fühlte sich als Deutsche von den Schweden verachtet. Wie kamen diese Menschen nur darauf, die Deutschen für rückständig, ja geradezu barbarisch zu halten?

Zwischen den Zeilen las Margarete Paulines Heimweh. Aber das nützte nichts: Wenn die Firma Fritz nach Schweden schickte, blieb den beiden nichts anderes übrig, als zu gehen. Dass man heutzutage so einfach nach Schweden geschickt werden konnte! Pauline würde ihr erstes Kind im fremden Land bekommen. Man konnte nur hoffen, dass sie irgendwann zurückkommen durften.

Die nächste, die heiratete, war Margaretes Base Marie. Die Freundin würde ihr genauso fehlen wie die Schwestern, selbst wenn sie in Giengen bleiben sollte. Aber die gemeinsamen Tage beim Aussteuernähen waren dahin. Natürlich würde Marie sie zum Nähen brauchen. Doch auch Marie konnte sie nicht ein Leben lang zu sich nehmen. Ob genug andere Leute ihr Aufträge geben würden? Und würde sie die allein bewältigen? Sie konnte ja nicht einmal die Nähmaschine bedienen.

Marie war eine so gute Freundin. Alles, alles konnten sie sich erzählen. Mit Marie zusammen zu arbeiten war immer ein Vergnügen. Sie lachten, sie sangen zusammen, und zu zweit ging ihnen die Arbeit gut von der Hand. Das würde so bleiben, da war Margarete sich sicher. Auch wenn Marie sich in der letzten Zeit verändert hatte, ein neues Gefühl in ihr entstanden war. Sie hatte sich in Adolph Glatz verliebt und war inzwischen mit ihm verlobt. Doch nun konnte sie es kaum ertragen, dass er als Soldat in den Krieg gegen Frankreich eingezogen war und sie in Giengen allein zurückbleiben musste. Sie fürchtete um sein Leben, um seine Gesundheit, um ihre gemeinsame Zukunft und weinte sich bei Margarete aus.

Während des Krieges hatte Margarete fast die ganze Zeit über in der Klingelmühle gewohnt, weil Marie sie darum gebeten hatte. Es gelang ihr, die einsame Braut zu trösten und darüber ein wenig die dunklen Wolken am Horizont ihres eigenen Lebens zu vergessen. Ob Marie ihre Sorgen überhaupt spürte? Sie lebte im Augenblick ganz in ihrer Verliebtheit und der Sorge um ihren Verlobten, den sie zum schönsten, tüchtigsten und liebenswertesten Menschen von ganz Württemberg erklärte.

Margarete beobachtete staunend, wie Marie dabei erwachsen wurde. Aus dem über alles und jedes giggelnden Mädchen wurde eine junge Frau. Das Gesicht verlor die kindlichen Rundungen, wurde ein wenig straffer, die spitzbübischen Augen schienen dunkler, leuchteten von innen heraus, obwohl sie ernster in die Welt blickten.

Sie begann sich für den Hintergrund des Krieges zu interessieren. Die Franzosen hatten Preußen den Krieg erklärt – wieso mussten da württembergische Soldaten mit den Preußen ziehen, die bislang Württembergs Feinde gewesen waren? Die beiden jungen Frauen verstanden das nach wie vor nicht. Aber sie wussten, dass der Krieg gefährlich war. Adolph hatte bereits im 66er Krieg gegen die Preußen gekämpft. Er kam aus einer Soldatenfamilie und war daher ganz selbstverständlich in die württembergische Armee eingetreten, hielt inzwischen aber nicht mehr viel vom Kriegsdienst. 1866 hatte er sich in einer Proviantkolonne hinter der Front herumgedrückt. So durfte man hoffen, dass er auch diesmal nicht die Gefahr suchen würde.

Marie holte häufig eine von Hans' Zeitungen hervor. Vom französischen Erbfeind aller Deutschen war da die Rede, den es ein für alle Mal zu besiegen gälte. Die kriegerische Sprache machte ihnen Angst. Aber zum Glück berichteten die Zeitungen meistens von deutschen Siegen.

Fritz hatte seine Schwester wieder einmal den Schießberg hochgeschoben, damit sie die Siegesfeier nicht verpasste. Fahnen, eine Musikkapelle, Uniformen, blinkende Helme und Degen. Acht große Löcher waren in einem weiten Kreis ausgehoben worden, acht Lindenbäume wollte man zur Feier des Sieges über Frankreich pflanzen. Ein feierlicher Augenblick.

Der Bürgermeister lobte die Tapferkeit der Giengener Soldaten, die im Elsass und in Paris unter der Führung des preußischen Kronprinzen gekämpft hatten. Als dessen Name fiel, ging ein Raunen durch die Festversammlung. In die anschließenden Hochrufe auf das Deutsche Reich, zu dem auch Giengen und ganz Württemberg nun gehörten, fielen manche Anwesenden nur zögernd ein. Ein Deutsches Reich ... Wo war das so schnell hergekommen?

Der Norddeutsche Bund und die süddeutschen Staaten waren zusammen gegen Frankreich gezogen und jetzt plötzlich geeint. Im Spiegelsaal von Versailles war ein Deutsches Reich ausgerufen worden, was den Württembergern völlig unerwartet einen preußischen Kaiser bescherte. Und eine neue schwarz-weiß-rote Fahne.

»Wenn das der Großvater sehen würde«, murmelte Fritz vor sich hin. »Ein Deutsches Reich ohne seine geliebte schwarz-rot-goldene Demokratenfahne.«

Inmitten ihrer Geschwister stand Base Marie, die immer wieder zärtlich zu ihrem Verlobten hinüberschaute. Adolph Glatz hatte den Krieg unbeschadet überstanden. Zehn Jahre älter war er als Marie, ein hochgewachsener Mann, mit gerader Haltung und guten Manieren. »Den schönen Adolph« nannten ihn Maries Brüder, wenn sie die kleine Schwester ärgern wollten. Damit hatten sie recht, das musste Margarete zugeben. Adolph war ein ungewöhnlich gut aussehender Mann, dem die bunte Uniform prachtvoll stand. Er war ein Freund von Hans, Kaufmann von Beruf und in der Papierfabrik Voelter in Gerschweiler angestellt.

Nun löste sich Adolphs Blick von dem Redner und wanderte über die Zuschauer zu Marie. Sein Gesicht veränderte sich. Das Lächeln, das er zu seiner Verlobten hinüberschickte, versetzte Margarete einen Stich. Einen solchen Blick würde ihr niemals ein Mann zuwerfen. Verstohlen schaute sie nach Marie, deren Gesicht rot übergossen strahlte. Margarete biss sich auf die Lippen. So also sah das Glück aus, von dem sie höchstens ein Schatten streifen würde. Rasch blickte sie wieder zu dem Redner hinüber. Hoffentlich war niemand ihren Blicken gefolgt. War sie etwa auch rot geworden?

Am Abend saßen sie alle zusammen um den Tisch in der Klingelmühle. Die Männer erhoben ihre Gläser.

»Auf den Frieden«, sagte Adolph Glatz. »Das soll der letzte Krieg gewesen sein, in dem ich die Uniform getragen habe.«

Sein Neffe Julius fragte erstaunt: »Wieso? Einen Sieg zu feiern, ist doch immer schön.«

»Aber nicht in Eilmärschen durch Frankreich zu ziehen, in Kälte, Regen und Wind. Immer wieder kleinere Schlachten und Geplänkel. Oft genug mussten wir mit dem Bajonett dreinstechen, weil uns in den Dörfern beim Konfiszieren der Kühe, die uns ein wenig den Hunger nehmen sollten, die Dorfbewohner mit Mistgabeln entgegentraten. Die Franzosen wussten eigentlich genauso wenig wie wir, warum wir aufeinander losgingen.«

»Aber Bismarck, der preußische Fuchs, wusste es. In der Allgemeinen Deutschen Zeitung stand, dass er auf diesen Krieg gehofft hat. Es wurde sogar vermutet, dass er während der diplomatischen Auseinandersetzungen Preußens mit Frankreich Öl ins Feuer gegossen habe.« Hans Hähnle wusste natürlich wieder einmal besser Bescheid als alle anderen.

»Das kann doch wohl nicht sein?« Julius war perplex. Er war wie alle anderen überzeugt, dass Frankreich den Krieg gewollt hätte. Aber Hans Hähnle las auch auswärtige Zeitungen. Da wusste man es vielleicht besser.

Hans wiegte zweifelnd den Kopf. »Wer weiß. Die Preußen waren im Gegensatz zu Frankreich verdammt gut für den Krieg gerüstet. Und spätestens nach der Gefangennahme Louis Napoleons war die Monarchie am Ende.«

»Müssen wir das in Anwesenheit der jungen Damen diskutieren?«

»Hast ja recht, Adolph. Das Ergebnis ist vermutlich nicht schlecht. Dass wir jetzt ein geeintes Deutsches Reich haben, ist für unsere wirtschaftliche Entwicklung sicher von Vorteil. Nur werden die Preußen versuchen, uns über den Tisch zu ziehen.«

»Das Gewicht Preußens in diesem Reich wiegt schwer.«

»Was ist denn aus Napoleon III. und seiner Kaiserin Eugénie geworden?«, fragte Julius dazwischen.

»Die haben sich nach London gerettet. Allerdings in ihrem Lebensstil ein wenig eingeschränkt.«

»Und was ist aus ihren Kleidern geworden?«, platzte Margarete heraus. »In den Modezeitschriften wurde Kaiserin Eugénie immer wieder als die Frau mit den meisten und teuersten Kleidern Europas beschrieben.«

»Die sind wohl in Paris geblieben«, schmunzelte Adolph. »Die Zeiten für solch fürstlichen Luxus sind vorbei. Als ich auf meinen Reisen vor dem Krieg in Paris war, haben sich die Franzosen genug darüber aufgeregt und trotzdem diese Kleider …«

»Krinolinen«, ergänzten Marie und Margarete unisono.

»Also diese Krinolinen mit dem Riesenhintern getragen. Soweit die Damen sich das leisten konnten.«

»Dann wird es sie in Giengen – vermutlich in einer kleinbürgerlichen Variante – auch bald geben. Es wird aufwärtsgehen. Der Herr Bismarck lässt sich diesen Krieg fürstlich bezahlen. Die Reparationen, die die Franzosen leisten müssen, sind beträchtlich. Und da muss auch etwas für Württemberg abfallen. Kommt, lasst uns auf die guten Zeiten und unsere Geschäfte anstoßen! Auf dass bei der nächsten Weltausstellung in Wien die Woll-Filz-Manufaktur aus Giengen erfolgreich vertreten ist!«

»Na, ob du das hinkriegst?« Adolph Glatz schaute Hans zweifelnd an. »Trinken wir lieber auf das Wohl der Damen.

Ganz besonders auf das meiner Verlobten …«, er schaute Marie tief in die Augen, »meiner geschätzten zukünftigen Schwiegermutter und aller anderen in diesem Zimmer.« Er hob sein Glas und prostete auch Margarete zu, die wieder einmal befürchtete rot zu werden.

»Da wir beim Thema sind«, Hans holte tief Luft, »möchte ich hiermit ganz offiziell anfragen, Adolph und Marie, ob ihr bereit wäret, mit mir zusammen eine Doppelhochzeit zu feiern?«

Alle starrten ihn an. »Meine Verlobte würde zu diesem Anlass natürlich nach Giengen kommen. Sie stammt übrigens aus Tübingen und ist eine entfernte Verwandte, somit aus bester Familie, hübsch, intelligent und – mit Verlaub, ohne jemanden der Anwesenden beleidigen zu wollen – das interessanteste Frauenzimmer Württembergs. Ihr werdet staunen.«

»Seit wann bist du denn verlobt?« – »Und wie heißt die Glückliche?« – »Diese ganzen Geschäftsreisen – ein reines Täuschungsmanöver: Du warst schlicht auf Brautschau!« – »Du bist vielleicht einer. Wie hast du denn die aufgelesen?« Alle redeten durcheinander.

»Ich muss doch sehr bitten. Ich habe meine Braut nicht aufgelesen, sondern mit Bedacht ausgewählt.«

Alle staunten, nur die Klingelmüllerin lächelte wissend in sich hinein.

Adolphs Neffe Julius, der Adolph während des Krieges in seinem Betrieb vertreten hatte, grinste verschwörerisch zu Margarete hinüber, begann mit den Augen zu rollen und flüsterte ihr zu, er sei nicht sicher, was die Qualitäten dieser aus dem Hut gezauberten Braut angehe, denn Verliebte pflegten ihren gesunden Menschenverstand gründlich zu verlieren. Solche Turteltäubchen wie Marie und sein Onkel! »Gut, dass wenigstens wir beide normal geblieben sind.«

Margarete lachte verlegen mit ihm, wechselte dann rasch

das Thema, fragte nach seinem Geschäft, ob er in Giengen bleiben wolle, jetzt endlich eine gescheite Wohnung gefunden habe.

Er beantwortete ihre Fragen ausführlich und begann dann vom Leseverein zu erzählen, der gerade in Giengen entstand und dessen Mitglied er geworden war. »Das wäre doch auch etwas für dich.«

»Dafür werde ich wohl kaum Zeit haben«, erwiderte Margarete. »Aber interessant wäre es schon. Dürfen denn auch Frauen Mitglieder werden?«

Das wusste Julius nicht, aber er wollte sich genauer erkundigen.

Obgleich sie auch aus Schwaben stammte, schien die Braut Lina Hähnle von einem fremden Glanz umgeben. Sie war eine junge Frau voller Selbstbewusstsein, die Margarete gleich beim ersten Sehen ihre Bücher zum Lesen anbot. »Falls du dich für Botanik interessierst …«

Marie und Margarete hatten dieses Wort beide noch nicht gehört, fragten jedoch nicht nach. Sie würden schon früh genug erfahren, worum es sich da handelte. Und ob mit Lina auszukommen war. Denn dass sich Hans eine ungewöhnliche Frau aussuchen würde, hatten sie erwartet.

Die Doppelhochzeit im September wurde ein rauschendes Fest. Zwei Brüder trugen ein ellenlanges Gedicht vor, in dem Hans' und Adolphs Verdienste gewürdigt wurden. In der Tat: Hans' Woll-Filz-Manufaktur war inzwischen ein Erfolg!

Julius, der neben Margarete saß, schimpfte ein bisschen vor sich hin, weil Marie in dem Gedicht nicht erwähnt wurde.

»Lina doch auch nicht«, meinte Margarete.

»Ach was, die kennt ja auch keiner. Aber Marie …«

Margarete grinste in sich hinein. Julius, der während des Krieges täglich in der Klingelmühle aufgetaucht war und mit seinen lustigen Geschichten und Scherzen Margarete und Marie von der Arbeit abgehalten hatte, schien diesen Festtag nicht sonderlich zu genießen.

»Du hättest Marie wohl selbst gern zur Frau genommen?«, fragte sie mitfühlend.

Julius seufzte und schaute sie traurig an. »Aber ich hätte keine Chance gehabt. Schau mich doch an. Dazu bin ich nicht schön genug. Und wirtschaftlich noch ganz am Anfang.« Er lächelte verlegen. »Gut, dass ich hier wenigstens eine gute Freundin habe, die mich tröstet.«

Er musterte Margarete eindringlich. »Das tust du doch, oder? Wir beiden Übriggebliebenen müssen zusammenhalten.«

Margarete wusste nicht, ob sie lachen oder weinen sollte. Julius bemerkte es wohl. »Kopf hoch«, meinte er. »Für dich hat das Leben auch noch was zu bieten. Warte nur ab.«

Die Musik setzte ein. Alles strömte auf die Tanzfläche. Auch Julius, der es plötzlich sehr eilig hatte. Margarete blieb, wie immer in solchen Situationen, am Rande zurück. Sie durfte sich am Anblick der Paare, die sich auf der Tanzfläche drehten, erfreuen. Manche bewegten sich dabei recht ungeschickt und reizten Margarete zum Lachen.

Ob Julius ihr unter anderen Umständen, wenn sie nicht ein Krüppel wäre, einen Antrag gemacht hätte? Sie passten gut zusammen, würden gut miteinander auskommen, auch wenn er ein paar Jahre jünger war. Aber so … besser nicht darüber nachdenken. Er würde schon eine andere finden.

Auf sich selbst gestellt

Die folgenden Wochen waren nicht leicht für Margarete. Ihre Schwester Marie war plötzlich so vergnügt und aufgekratzt – auch sie hatte sich verliebt. Natürlich turtelten Marie und ihr Michael nicht so verliebt herum wie die Hähnles, aber das hätten die Eltern Steiff auch nicht geduldet. Eine Ehe war schließlich eine ernste Sache. Es ging darum, ein Leben lang zusammenzustehen, nicht um zärtliche Gefühle …

Hans Hähnle behielt recht: Die französischen Zahlungen überschwemmten Württemberg, sodass die Schienenstränge sich rasch ausbreiteten. Es gab zwar Verzögerungen, irgendwelchen politischen Ärger mit Bayern, doch der Bahndamm nahm bereits Gestalt an. Marie und Michael wollten zusammen in der Nähe des Bahnhofs ein Geschäft gründen. Marie war eine tüchtige Frau, und zusammen würden die beiden schon zurechtkommen.

Was würde nun aus ihr werden? Der quälende Gedanke ließ Margarete nicht mehr los. Sollte sie irgendwann mit den alten Eltern allein bleiben? Noch wohnte Fritz im Haus. Seit dem Tod des Großvaters war Tante Ursche oft bei ihnen und half ihr. Aber auch die war nicht mehr die Jüngste. Wenn Fritz heiratete, die Tante nicht mehr konnte – wer sollte sie dann die Treppe hoch- oder hinuntertragen? Und wenn die Eltern starben? Wie sollte sie dann leben?

Zum Glück ließen die Verwandten, Nachbarn und Freundinnen Margarete nicht im Stich. Immer wieder gaben sie ihr Aufträge, neue Kleider zu nähen und alte zu flicken. Mit aufwändiger Festgarderobe kam sie nicht gut zurecht, aber Kinderkleider waren leichter im Schnitt. Die bekam sie fertig.

Flickarbeiten machte sie natürlich auch. Daran war nie Mangel.

Eines Tages bekam Margarete einen unerwarteten Auftrag. Die Frau Stadtpfarrer Groß ließ sie holen, um die Aussteuer ihrer Tochter Tusnelde anzufertigen. Das war nun wirklich eine große Aufgabe. Sie würde eine ganze Weile im Haus des Stadtpfarrers wohnen und ein sicheres Auskommen haben.

Sic dachte oft an ihre Schwestern, die in der Fremde hatten dienen müssen. Zwar musste sie nicht allein in eine andere Stadt, aber doch war vieles anders als zu Hause. Im Pfarrhaus war es hell. Es gab große Räume und breite Treppen mit großen Fenstern wie in der Klingelmühle. Da das Haus etwas erhöht lag, hatte Margarete beim Arbeiten einen weiten Blick auf die Wiesen hinter der Stadtmauer. Nur beim Essen brauchte sie sich nicht umzustellen. Es gab Spätzle, Spätzle und Gemüse. Fleisch höchstens an Feiertagen.

Die Schulaufgaben der Kinder wurden von den Eltern sehr ernst genommen und bei Tisch abgefragt. Im Arbeitszimmer des Pfarrers türmten sich Regale voller Bücher, die nur mit äußerster Vorsicht in die Hand genommen wurden. Tusnelde durfte sich Bücher herausnehmen, die jüngeren Kinder aber nicht.

So war die Frau Stadtpfarrer froh, wenn die Kleineren sich zu Margarete setzten und ihren Geschichten lauschten. Allerdings legte sie Wert darauf, dass es fromme Geschichten waren, am liebsten welche aus der Bibel, die Margarete gut kannte. Dann sah die Mutter auch darüber hinweg, dass es mit der Aussteuer nicht allzu schnell voranging.

In dcr Familie wurde viel gesungen und vor und nach den Mahlzeiten gebetet. Manchmal las der Herr Stadtpfarrer nach dem Abendessen einige Bibelstellen aus den Losungen vor. Die Kinder waren dabei zwar nicht allzu aufmerksam, aber die Pfarrersleute blieben geduldig, sandten höchstens ein paar strafende Blicke in die Runde. Wenn es dann an der Tür läutete, weil jemand nach dem Pfarrer verlangte, hatte dieser es jedoch eilig, die Tischrunde zu verlassen. Oft kam er erst spät in der Nacht heim, war noch im Rössle eingekehrt, weil es wichtig sei, wie er seiner Frau gegenüber betonte, mit den Herren der Stadt im Gespräch zu bleiben.

An manchen Tagen ließ Margarete sich nach Hause fahren, denn die Zitherstunden wollte sie auf keinen Fall aufgeben. Paul, einer der Söhne, bekam den Auftrag, sie heimzuschieben. Er übernahm die Arbeit zwar ohne zu murren, schaute aber ein wenig skeptisch drein.

»Lass den Wagen ruhig laufen, es geht ja nur bergab«, erklärte ihm Margarete.

»Und ich laufe hinterher?«

»Nein, natürlich nicht. Stell dich hinten auf das Brett, dann kannst du gut steuern. Wenn du bremsen willst, lässt du einen Fuß über den Boden schleifen. Mein Bruder Fritz macht das immer so.«

Das ließ Paul sich nicht zweimal sagen. Stolz nahm er hinten Platz und los ging's. Zwar wurden sie auf dem Pflaster ganz schön durchgeschüttelt, aber Paul steuerte den Wagen sicher.

»Jetzt geht's um die Kurve, die Steige hinunter.«

»Die ist arg steil. Ob wir das schaffen?«

»Bestimmt. Es ist herrlich, so schnell zu fahren. Außerdem bremst der Kalkbelag auf der Gasse den Wagen ein wenig. Pass nur auf, hinterher kannst du nicht genug davon bekommen.« Dass Pauls Gesicht ein wenig ängstlich geworden war, konnte Margarete nicht sehen, aber sie hätte auch nur darüber gelacht. Stark bremsend steuerte er den Wagen nach rechts.

»Freie Fahrt, die ganze Gasse hinunter. Keine Menschenseele kommt uns entgegen … halt dich gut fest! Erst kurz vor der Ledergasse bremst du. Da musst du nach links steuern, sonst schießen wir in die Brenz.«

Die Gasse war schmal und steil. Der Wagen tat einen Schuss nach vorn und war dann nicht mehr aufzuhalten – wenigstens nicht von Paul.

»Nun brems doch.«

»Tu ich ja, es nützt nichts.«

»Vorsicht, jetzt müssen wir nach links.«

Der Wagen schoss aus der Spur, überschlug sich. Es krachte ordentlich. Margarete flog ein Stück weit, blieb bewegungslos liegen. Paul rappelte sich heulend hoch, hinkte zu Margarete hinüber. »Gretle, nun sag doch was. Bist du verletzt?«

Margarete stöhnte. »Der Fuß tut so weh. Und mein Gesicht. Vorsicht.« Mühsam richtete sie sich auf.

Paul bekam einen gewaltigen Schreck. »Au weia. Dein Gesicht ist ja ganz verrutscht.«

Margarete strich sich über die Wange. Dreck, Kalk und Blut blieben an der Hand kleben. Es brannte elend.

Jetzt kamen auch die Nachbarn aus ihren Häusern. Einer versuchte den Rollstuhl aufzustellen, aber der hatte ein Rad verloren. Ein zweiter versprach eine Liege bei den Steiffs zu holen. Die Nachbarin stützte Margarete. »Das sieht ja übel aus ... Hoffentlich holst du dir keine Blutvergiftung. So ein Unverstand! Eine junge Frau von 24 Jahren – und dann so was. Die reinste Kinderei. Wir haben dich oft genug gewarnt, aber du lässt dir ja nichts sagen.«

Andere schimpften auf Paul ein, der zu heulen anfing.

»Bitte, lasst den Buben in Ruh. Es ist meine Schuld, ich habe ihn darum gebeten«, rief Margarete. »Paul, mach dir keine Vorwürfe. Du hast nichts getan.«

Endlich kam Fritz, der sie heimtrug und nach dem Doktor schickte. Der Fuß war gebrochen und musste geschient werden. Tante Ursche säuberte ihr das Gesicht. Es tat schrecklich weh. Aber die Tante blieb ungerührt. »Das ist nur die gerechte Strafe. Hat man je von einer jungen Frau gehört, die eine solche Höllenfahrt unternimmt? Das sagt einem doch der gesunde Menschenverstand, dass so etwas nicht gut gehen kann. Die Stelle bist du vermutlich los. Aber du kannst dir das offensichtlich leisten.«

»Mit Fritz ist es immer gut gegangen.«

»Fritz ist genauso tollkühn wie du und tut alles, was du willst. Auch wenn es noch so verrückt ist. Aber den kleinen Paul hast du in eine ziemlich scheußliche Lage gebracht. Der wird zu Hause was zu hören kriegen.«

Margarete sagte nichts. Die Tante hatte ja recht. Aber irgendwann brauchte doch auch eine gelähmte junge Frau ein wenig Vergnügen.

An Schlaf war in der Nacht nicht zu denken. Das Gesicht brannte. Ein Fuß war elend angeschwollen und tat schrecklich weh. Der kühlende Umschlag war längst warm geworden. Dazu kamen die Vorwürfe, die sie sich machte. Irgendwann dämmerte sie ein wenig weg.

Sofort stellten sich wilde Traumbilder ein. Sie stand mit dem Rollstuhl an einem steilen Abhang auf einer Wiese, die sich bis zu einer Wasserfläche im Tal erstreckte. Ein runder See, der zu drei Vierteln von schroffen Felswänden umgeben war. An den Felsen entlang stürzte Wasser herab, das die Felsen wie eine dunkelbraune, schillernde Hülle umschloss. Plötzlich trat das Wasser im See auseinander. Es bildete sich ein tiefes Loch, um das herum sich hohe Wellen auftürmten, die sich aufeinanderzubewegten. Gleich würden sie mit einem lauten schmatzenden Geräusche aneinanderschlagen. Aber nichts war zu hören. Sie schlossen sich lautlos zu einer Welle zusammen, die noch höher aufstieg und dann auf den Rand, an dem Margarete saß, zurollte. Der Rollstuhl blieb stehen, aber er hätte sich rückwärtsbewegen müssen, wenn sie der Falle entgehen wollte.

Margarete fühlte nichts, keine Angst regte sich in ihr, aber sie hatte das klare Bewusstsein, dass es keinen Ausweg gab. Vor ihr stand eine schwarze Wasserwand, die sie unausweichlich verschlingen würde. Schweißgebadet wachte sie auf, starrte in die Dunkelheit, konnte das Traumbild nicht abschütteln. Sie versuchte, ihre Gedanken auf anderes zu lenken. Vergeblich.

Am nächsten Tag hatte sie Fieber. Sie musste mehrere Wochen im Bett bleiben. Das Gesicht verschorfte nach ein paar Tagen, die unter der Kruste liegenden Blutergüsse schmerzten noch lange bei jeder Berührung. In den Spiegel wagte sie nicht zu schauen.

Der gelähmte Fuß tat weiterhin weh, was sie in Wut brachte. Wenn er schon gelähmt war, sie nichts Gescheites mit ihm anfangen konnte, warum bereitete er ihr solche Schmerzen? Warum führte er ein solch unnützes Eigenleben?

Sie hatte viel Zeit nachzudenken. Irgendetwas musste mit ihrem Leben geschehen. Sie war unnütz, taugte nicht für ein Eheleben, machte den anderen nur Arbeit. Ihren Rollstuhl konnte sie nicht allein steuern, nicht einmal einer Welle entkommen, auch nicht im Traum. Das bisschen Nähen, was zählte das schon? Alles war bei ihr verkehrt herum. Wenn sie doch mehr Zitherstunden geben könnte ... oder besser nähen! Verflixt, warum konnte sie nicht einmal diese blöde Nähmaschine bedienen? Das würde ihr ja so viel weiterhelfen.

Plötzlich war die Idee in ihrem Kopf entstanden und setzte sich dort hartnäckig fest. Wenn bei ihr schon alles verkehrt lief – warum ging das nicht auch bei der Nähmaschine? Mit ihr konnten die anderen doch vorwärts und rückwärts nähen. Wenn sie die Maschine nun einfach umdrehte?

Margarete war nicht mehr im Bett zu halten. Mit dem geschienten Fuß ließ sie sich an den Arbeitstisch tragen. Fritz stellte ihr die Maschine seitenverkehrt hin, mit der Kurbel auf der linken Seite. Sie probierte. Auch mit links war die Kurbel schwer zu drehen. Der Faden löste sich immer wieder, weil Margarete sie zu abrupt oder ungleichmäßig bewegte. Doch die Geschwister blieben dran. Es musste möglich sein. Margarete probierte vorsichtig noch einmal, stockte, setzte neu an. Diesmal brach die Nadel.

Fritz setzte eine neue ein. »Keine Sorge. Das wird. Du hast es bald. Mit der Zither hast du es auch geschafft.«

Endlich begann die Kurbel sich so zu drehen, wie Margarete es wollte. Sie übte, schließlich legte sie den Stoff auf, der sich mit rechts schieben und halten ließ. Wenn sie den Arm dabei abstützte, war er ganz gut zu gebrauchen. Die Nadel senkte und hob sich, einmal, zweimal, dreimal, weiter, weiter, gleichmäßig, damit der Faden nicht riss. Eine lange Naht. Ein Stich wie der andere. Viel gleichmäßiger als mit der Hand genäht. Und viel haltbarer. Nach ein paar Tagen nähte sie wie selbstverständlich mit der Maschine.

Die Frau Stadtpfarrer fragte ein paar Mal nach Margarete, wartete offensichtlich auf ihre Genesung und Rückkehr ins Pfarrhaus. Am ersten Tag waren alle ein wenig verlegen und Margarete froh, dass es viel zu tun gab. Die Hausfrau erwähnte den Unfall nicht. Paul verriet ihr jedoch, dass er einige Wochen Hausarrest gehabt habe und einen riesigen Haufen Holz zerkleinern musste. Margarete sei durch ihren Unfall ja genug bestraft worden, habe die Mutter gesagt, da brauche sie sich nicht einzumischen.

Margarete machte die Bemerkung nachdenklich. Waren Leiden immer eine Strafe? Wenn der Beinbruch die Strafe für ihren Übermut gewesen war, war ihre Lähmung dann auch eine Strafe? Sie wollte es nicht glauben. Strafe wofür? Was könnte sie getan haben? Ihre Gedanken wanderten in diesen Tagen oft zu Doktor Werner, der den Kindern unermüdlich erklärt hatte, dass sie mit ihrem Leiden Gott besonders nahestünden.

Indessen muss sich alles dulden,
auch manches ohne sein Verschulden;
dafür erlangt es Herrlichkeit.
Die Welt wird paradiesisch blühen
und lauter Sonnenkraft anziehen
wie aus dem Meer der Seligkeit.

Doch Seligkeit oder Herrlichkeit, wie es im Lied hieß, waren ihr noch nicht begegnet. Für sie war das Leben immer nur mühselig. Daran würde sich wohl nicht viel ändern. Obwohl ihnen der Stadtpfarrer im Konfirmandenunterricht beigebracht hatte, dass Jesus alle Menschen aus der Gewalt des Teufels erlöst habe. Margarete wagte es nicht, die Frau Stadtpfarrer danach zu fragen, und ihr Mann war immer so geschäftig. So tat sie ihre Arbeit, erzählte den jüngeren Kindern Geschichten und wartete darauf, nach Hause zurückzukehren.

Dort warteten eine Menge Aufträge, die sie nun mit der Maschine viel schneller und besser ausführen konnte. Jeden Tag wurde sie ein wenig geschickter. Früher hatte sie manchmal nicht gewusst, ob die Verwandten und Nachbarn sie nur aus Mitleid mit Aufträgen bedachten. Aber jetzt merkte sie, dass den Kunden ihre Arbeit wirklich gefiel.

Am 24. Juli 1874 feierte Margarete ihren 27. Geburtstag. In der Nacht davor schlief sie unruhig und wachte am Morgen gespannt auf. Merkwürdig. Was sollte so ein Geburtstag schon bringen? Sie war wieder ein Jahr älter geworden. Das Leben würde demnächst noch schwieriger werden, da Fritz im November heiratete. Also, worauf wartete sie so gespannt? Aber da war etwas. Der Vater und Fritz hatten in den letzten Tagen geheimnisvoll getan. Auch die Mutter hatte sie ein paar Mal versonnen gemustert.

Am Frühstückstisch gab es die üblichen Glückwünsche. Sonst nichts. Doch dann bat der Vater Tante Ursche, den Tisch vollständig abzuräumen und sauber abzuwischen, was die Tante mit feierlichem Ernst tat. Alle setzten sich mit Verschwörermiene wieder hin. Fritz hatte inzwischen eine Rolle aus der Werkstatt geholt, die er nun dem Vater überreichte. Dieser gab sie an Margarete weiter.

»Für mich? Das ist doch ein Bauplan.« Sauber ausgeführt, mit bunten Farben ergänzt, lag einer der schönen Baupläne, wie der Vater sie zeichnete und aquarellierte, vor ihr auf dem Tisch.

»Bis hierher reicht unser Haus«, erklärte er ihr die Zeichnung. »Daran schließen sich die Ställe an. Aber die werden wir nun abreißen und das Haus bis an das Grundstück der Edelmanns erweitern. Unten kommt eine breite Tür ins Haus und hier oben, das Eckzimmer, das wird deine Werkstatt. An der Ecke habe ich extra für dich einen Ausguck eingeplant, ein Fenster, das auch den Blick zur Seite freigibt, damit du beim Nähen gutes Licht hast.«

»… und natürlich alles beobachten kannst, was auf der Straße passiert«, neckte Fritz.

»Wir brauchten dafür sogar eine Sonderbaugenehmigung.«

Margarete war sprachlos. Eine eigene Werkstatt! Ein richtig großes helles Zimmer! Das konnte doch gar nicht sein.

»Wenn Fritz heiratet, haben wir auf diese Weise genug Platz für alle.«

Der Vater und Fritz erklärten ihr noch eine Menge. Aber sie hörte gar nicht richtig zu.

»Freust du dich denn nicht?«

»Oh, Vaterle, freuen? Das ist zu viel. Ein Mensch kann sich nicht einfach so ein bisschen freuen. Da müsste er schon platzen.«

1875

Es folgten ein Herbst und ein Winter voller Lärm, Dreck und Unannehmlichkeiten. Durchbrüche wurden durch die Außenwand geschlagen, innen mussten Wände neu verputzt, Fußböden verlegt und gestrichen werden. In der kalten Jahreszeit, wenn auf den Baustellen wenig zu tun war, hatte der Vater Zeit, im eigenen Haus zu arbeiten.

Auch in der Küche wurde umgebaut. Die Mutter sollte nicht länger am offenen Feuer hantieren müssen. Stattdessen wurde ein sogenannter geschlossener »Sparherd« gemauert, der oben mit einer gusseisernen Platte abschloss, auf der mehrere Töpfe gleichzeitig warm gehalten werden konnten. Sogar ein Warmwasserbehälter war darin eingelassen. Zum Kochen konnte man ein Feuerloch öffnen und Topf oder Pfanne direkt aufs Feuer stellen.

Nachdem Margarete ihr Reich in Besitz genommen hatte, mangelte es ihr nicht an Aufträgen. Sie war heilfroh, dass Christine Brandstätter ihr aushalf, denn die Giengener feierten die Ankunft der Eisenbahn in ihrer Stadt. Margarete verbrauchte viel Licht und hörte häufig noch an der Nähmaschine sitzend, wie der Nachtwächter die Mitternachtsstunde ausrief.

Der Vater bestellte bei Margarete ein Kleid für die Mutter und eins für sie selbst und kaufte reichlich guten braunen Wollstoff dafür. Margarete war begeistert, entwarf zwei schöne Kleider, die am Oberkörper eng geschnitten waren, mit einem weit fallenden Rock. Am Stoff solle sie nicht sparen, hatte der Vater gesagt, er wolle seine Damen nicht in altmodischen Kleidern sehen. Und so hatte Margarete Arme und Vorderteil mit aufwändig gestickten Rosetten verziert. Ein weißer Spitzenkragen fehlte natürlich auch nicht.

Die Mutter war anfangs gegen solchen Aufwand gewesen,

aber der Vater hatte darauf bestanden. »Unser Geschäft läuft gut, da müssen meine Frau und meine Tochter ordentlich aussehen. Was würden sonst die Leute denken? Sollen wir gegenüber der Verwandtschaft wie arme Leute aussehen?« Das leuchtete der Mutter ein, und Vater Steiff wechselte mit seiner Tochter heimlich einen verschmitzten Blick.

Fritz hatte den Einfall, Margarete solle sich in dem Kleid fotografieren lassen. »Natürlich nur, um das Bild in ihrer Werkstatt aufzuhängen, damit die Leute sehen, was für schöne Modelle sie zu bieten hat«, erklärte er, bevor die Mutter erneut ihre Einwände geltend machen konnte.

Und so brachte er Margarete eines Nachmittags in das neu eröffnete Fotogeschäft, wo sogenannte Daguerreotypien hergestellt wurden. Aufrecht sitzend posierte sie auf einem gepolsterten Stuhl vor einem geschnitzten Kamin, der allerdings nur eine Attrappe war. Eine hübsche junge Frau, vielleicht ein wenig zu ernst, der man ihre Behinderung nicht ansehen konnte, denn das weite Kleid verdeckte die Beine, und mit der linken Hand fasste sie ein Buch, sodass die rechte, verkrüppelte Hand nicht zu sehen war.

Die Ankunft des ersten Eisenbahnzuges im Frühjahr war ein Erfolg des Eisenbahnkomitees, in dem natürlich Hans Hähnle das Wort führte. Giengen, dessen wirtschaftliche Bedeutung dadurch geehrt wurde, dass es sich jetzt »Giengen an der Brenz« nennen durfte und nicht mehr »Giengen bei Heidenheim«, stand kopf. Böller schreckten morgens um fünf die Einwohner aus dem Schlaf, die schon am Vorabend ihre Fahnen herausgehängt hatten. Ein Festzug formierte sich: die Vereine, die Feuerwehr, Festjungfrauen, die Honoratioren, die Musikkapelle, gefolgt von den einfachen Bürgern. Dann die Ankunft des Zuges, ein triumphaler, lautstark vom Pfeifen der Lok begleiteter Auftritt des Giengener Lokomotivführers Paul Schelling, der die Wartenden schmunzelnd in eine gewaltige Dampf-

wolke hüllte. Die Honoratioren durften zur Fahrt nach Nieder-
strotzingen einsteigen, wo die Strecke vorerst endete.

Margarete, die natürlich nicht zu diesen Bevorzugten gehörte und auch nicht am Festessen teilnehmen durfte, sondern mit
der Familie auf dem Festplatz weiterfeierte, grinste ihren Bruder Fritz an. »Na, da bin ich doch schon weiter gereist als bis
zum nächsten Ort.« Als sie sein enttäuschtes Gesicht sah, erklärte sie: »Warte nur, im nächsten Jahr fährt der Zug bis Ulm,
dann machen wir zusammen eine Reise. Ich lade dich ein.«

Das Bier floss in Strömen, es gab gebratene Würste und gegen Abend war die Stimmung so ausgelassen, dass alle Fest-
teilnehmer gemeinsam sangen, was einige Schulbuben bereits
am Morgen intoniert hatten:

> *Der Karpfenwirt, der Karpfenwirt,*
> *der hat seine Rösslein ausgeschirrt.*
> *Nun geht ein andres Leben an,*
> *jetzt fahren wir per Eisenbahn.*

Es begann wirklich ein neues Leben. An vielen Stellen in der
Stadt wurde gebaut; die neue Markt- und Lagerhalle für Korn
fügte sich nach Ansicht vieler Bürger nicht in das alte Stadtbild
ein, andere fanden den neuen historistischen Stil besonders
schick. Neue Betriebe entstanden, alte vergrößerten sich. Die
überflüssig gewordene Stadtbefestigung wurde nach und nach
abgerissen und durch Neubauten ersetzt. Eine Glasmanufaktur
eröffnete, die Link'sche Orgelfabrik im großen Haus am Mem-
minger Tor hatte inzwischen Aufträge von weit her.

Auch Hans Hähnles Filz war längst über Württemberg hinaus bekannt geworden. Neue Produkte wurden seit einiger
Zeit auf internationalen Ausstellungen präsentiert, und bereits
1873 war er mit seiner Württembergischen Wollfilzmanufaktur auf der Wiener Weltausstellung prämiert worden. Von der

Arbeitslosigkeit der Weber war keine Rede mehr, denn die neuen Betriebe brauchten jede Hand. Hähnle annoncierte inzwischen im Brenztaler Boten, wenn er neue Arbeitskräfte suchte. Es ging aufwärts.

Auf die Besuche bei Familie Glatz freute Margarete sich immer besonders. Nicht nur, dass sie und Marie den neuesten Klatsch austauschen konnten. Nein, mit den Eheleuten führte sie auch ernste Gespräche. Adolph, der bei seinem Schwager Hans ins Geschäft eingestiegen war, berichtete von Schwierigkeiten und Fortschritten. Margarete begriff rasch, dass ein Betrieb nicht nur wegen seiner guten Produkte Erfolg hat, sondern auch klug organisiert werden muss.

»Hans' Filz würde allein hier in der Gegend gar nicht abgesetzt werden können«, erklärte Adolph. »Man muss mit auswärtigen Partnern zusammenarbeiten, sogar im Ausland, und seine Produkte auf Messen vorstellen. Die Leute haben heutzutage genug Geld und können mehr als das Lebensnotwendige kaufen. Da muss man ihnen Neues, Ungewöhnliches bieten.«

Adolph leitete die Manufaktur vom Kaufmännischen her und Hans Hähnle übertrug ihm immer mehr Vollmachten. Die beiden waren zugleich gute Freunde. »Hans weiß, auf wen er sich verlassen kann und das ist wohl eine weitere wichtige Eigenschaft für einen Unternehmer. Er ist ganz mit den technischen Verbesserungen bei der Herstellung, der Planung und mit dem Knüpfen von Kontakten, vor allem in der Politik, beschäftigt. Daher muss er daheim Leute haben, die selbstständig arbeiten. Ich glaube, du könntest von ihm lernen und auch von dem Filz profitieren, Margarete.«

»Ich? Wie kommst du denn darauf, Adolph?«

»Du bist eine intelligente, umsichtige Person. Als einfache Näherin wirst du für harte Arbeit immer nur einfachen Lohn verdienen. Wenn du Frauen einstellst, kannst du mehr verdienen. Du weißt doch, wie man mit Menschen umgeht.«

»Gretle bekommt jeden genau da hin, wo sie ihn haben will«, lachte Marie. »Davon kann ich ein Lied singen. Besser kann sich auch der Hans nicht durchsetzen. Und für den arbeiten inzwischen eine ganze Reihe von Leuten.«

»Du musst dir etwas einfallen lassen ... ein Kleidungsstück aus Filz zum Beispiel. Der Filz hat inzwischen eine gute Qualität, und er ist leicht zu verarbeiten. In Stuttgart würdest du so etwas als allerneueste Mode anbieten können. Konkurrenzlos.«

»Solche Verbindungen habe ich doch nicht.«

»Ich könnte sie für dich anknüpfen.«

Margarete wehrte diesen Vorschlag ab. Das hörte sich zu abenteuerlich an. Aber irgendwie bekam die Idee in ihrem Kopf ein Eigenleben. Wenn sie in ihrem großen Arbeitszimmer saß und nähte, meldete sie sich in schöner Regelmäßigkeit. Ein eigenes Geschäft mit einem festen Vertrag für eine große Firma! Konfektionsware hieß das neue Zauberwort. Nicht mehr auf eine einzelne Person zugeschnittene Kleidung, sondern in größeren Mengen nach Einheitsgrößen hergestellte Ware. Ob die Menschen das kaufen würden? Für Qualität hielten?

Adolph behauptete, nur wer mit der Zeit gehe, habe eine Chance. Dann brauche sie sich wegen dem Modehaus Rösle, das hier in Giengen eröffnet hatte, keine Sorgen mehr zu machen. Sie würde ein paar Nähmädchen anstellen können. Die würden froh sein, etwas lernen zu dürfen. Margarete schmunzelte in sich hinein. Schließlich besaß sie nach wie vor die erste Nähmaschine am Ort. Sie würde neben der Arbeit Geschäftsbriefe schreiben können. Ach was, Träume. Sie war ein Krüppel, konnte froh sein, wenn sie ihr Auskommen hatte. Ein Geschäft gründen? Lächerlich!

Ein Elefant aus Filz

1877

Etliche Briefe waren zwischen Stuttgart und Giengen hin
und her gegangen; Pakete mit Musterstücken wurden mit
der Bahn geschickt. Eines Tages war es dann soweit: Die Firma
Siegle in Stuttgart hatte den Hähnleschen Filz – aus reiner Wolle, weich und haltbar – sowie die Unterröcke, die Margarete
entworfen hatte, für gut befunden. Man hatte einen Vertrag geschlossen: Sie stellte die Röcke nur für Siegle her, dafür garantierte Siegle die Abnahme.

Vier Nähmädchen beschäftigte Margarete jetzt, die sie sorgfältig ausgesucht hatte. Junge Frauen, geschickt und fleißig.
Manch anstrengende Arbeit trat sie an die Mädchen ab, beauf-
sichtigte sie, plante, organisierte, rechnete ab.

Adolph hatte ihr nahegelegt, auch einen Versandhandel mit
dem Hähnleschen Filz zu gründen. Dabei sei sie konkurrenzlos:
Den Filz liefere die Fabrik, sie könne zu Fabrikpreisen anbieten, sorge für das Verpacken und Verschicken kleinerer Mengen an Privatkunden. So werde der Filz im Land auch in den
Haushalten bekannt. Für die Filzfabrik sei das eine kostenlose
Reklame und für sie ein gutes Geschäft. Mit ihren Näherinnen
könne sie diese Arbeit durchaus bewältigen.

Ein Versandhandel. Wieder ein Wort, hinter dem sich etwas
Neues verbarg. Margarete verschickte Filzmuster, die Bestellungen kamen herein, sie bezog sehr viel Filz, ließ ihn verpacken, schrieb Rechnungen und nahm so viel Geld ein, dass ihr
manchmal schwindelte.

Ihr Leben veränderte sich gewaltig. Sie verdiente jetzt mehr, als sie sich vor Kurzem noch hatte vorstellen können. Mit einer eigenen Werkstatt in eigenen Räumen war sie eine geachtete Person in Giengen. Eine selbstständige Geschäftsfrau.

Inzwischen musste sie auch nicht mehr die enge, steile Treppe ihres Elternhauses hochgetragen werden. Die Eltern hatten einen Teil ihres Krautgartens geopfert, sodass Fritz hinten ans Haus eine Rampe bauen konnte, über die ihr Rollstuhl in die Wohnung geschoben wurde. Aufrecht und selbstbewusst saß sie darin; vorbei waren die Zeiten, als sie sich zusammengekrümmt auf den Armen oder Rücken ihrer Lieben hochwuchten lassen musste. Sogar eine eigene Magd konnte Margarete sich nun leisten. Es war ein herrliches Gefühl, nicht mehr von früh bis spät auf die Hilfe von Verwandten und Freunden angewiesen zu sein. Sie fühlte sich als neuer Mensch.

»Was willst du? Nach Hochberg reisen? Und dann auch noch allein? Du musst verrückt sein.«

»Nein, das bin ich nicht. Geld habe ich inzwischen genug mit harter Arbeit verdient. Für faul hältst du mich ja wohl nicht.«

»Trotzdem, wie soll das gehen?«

»Ich habe doch schon andere Reisen gemacht. Wenn die Frau Stadtpfarrer so nett ist, mir eine Einladung zu ihrer Schwägerin zukommen zu lassen, dann kann ich nicht Nein sagen. Schließlich soll ich dort arbeiten. Sie hat auch von weiteren Kundinnen gesprochen. Der Freifrau von Hügel, zum Beispiel.«

»Zeiten sind das. Wo soll das hinführen? Als wenn es in Giengen keine Aufträge gäbe! Bleibe daheim und nähre dich redlich.«

»Mutterle, ich nähre mich redlich. Aber die Zeiten haben sich geändert. Du trinkst doch inzwischen auch nicht mehr den Zichorienkaffeee, sondern kaufst echten, anregenden Bohnenkaffee im Kolonialwarengeschäft von Herrn Zabern. Die Bohnen wachsen nicht auf der Alb. Und was ist mit dem kremigen, süßen Kakao? Die Kakao- und Kaffeebohnen sind bereits um die halbe Welt gereist.«

Mutter Steiff errötete verlegen. »Die Getränke hat mir der Arzt verordnet.«

»Mir verordnet er hin und wieder eine Reise. Andere Mädchen vergnügen sich im Schlittschuhverein. Das kann ich nicht. Der Fritz setzt mich in den Zug, in Ulm rufe ich einen Dienstmann. Und der bringt mich sicher zu Luise. Die ist schon ganz wild darauf, mir Ulm zu zeigen. Wie viel habe ich schon von dem Münster gehört! Das muss ich einmal sehen. Nach Hochberg reise ich erst ein paar Tage später. Immer nur in meiner Nähstube sitzen … Ein bisschen muss ich von der Welt haben, sonst halte ich es nicht aus.«

»Vielleicht hast du recht, Gretle. Aber diese Welt ist mir unheimlich geworden. Ich verstehe sie nicht mehr. Ich bin froh, wenn ich in der Stube sitzen und meine Hände ruhen lassen kann.«

»Das hast du dir auch verdient, Mutter. Ich habe in den letzten Wochen so viel getan. Und in den Sommermonaten braucht Siegle keine warmen Unterröcke. Da kommt mir die Einladung sehr gelegen. Die paar Reparaturen, die über den Sommer anfallen, können die Mädchen auch allein bewältigen. Auf Bärbel ist Verlass.«

»Dich werd ich ja doch nicht von deinem Vorhaben abbringen. Fahr mit Gott – und komm heil wieder.«

»Das werd ich. Unkraut vergeht nicht, das weißt du doch.«

1879

Margarete saß an ihrem Arbeitstisch, vor sich die aufgeschlagene »Modenwelt«. Die Seite mit den Schnittmustern mochte sie am liebsten. Da war häufig etwas für sie dabei, ein einfacher Schnitt, der sich leicht nacharbeiten ließ.

Manchmal konnte sie sich nur wundern. Einige Leute hatten heutzutage entweder sehr viel Zeit oder zu viel Geld. Dieser Kleiderärmel! Wer sollte so etwas tragen? Der Ärmel aus geblümtem Atlas, daran üppig fallend breite Spitze, durch die sich ein Revers aus andersfarbigem Atlas schob. Unten noch eine Schleife aus Seide. Oder die Schlittschuhtasche mit gesticktem Monogramm. Doch in Stuttgart hatte sie schon Adlige oder auch reiche Bürger gesehen, die mit solchen Taschen oder Hüten mit ganzen Blumengestecken darauf in den Parks promenierten. Manche trugen Keulenärmel am Mantel, die wirklich so aussahen, als ob man jemanden damit erschlagen könnte.

Auch in den Häusern der Wohlhabenden wandelte sich vieles. Überall Stoff, Stoff, Stoff. Durch die maschinelle Herstellung war er so viel billiger geworden. Man sah gerüschte Gardinen, Kissen mit Troddeln daran, sogar geblümte Tapeten aus Stoff. Und der neueste Schrei: exotische Pflanzen oder gar Bäume in großen Töpfen. Sie mochte das nicht. Da hatten die Reichen schon große Wohnungen mit hellen, hohen Räumen und dann füllten und verdunkelten sie die Räume mit solchen Staubfängern. Wer einmal in niedrigen Zimmern gelebt hatte und ständig dort sitzen musste, der hungerte nach Licht.

Die Näh- oder Fadenkörbchen auf dem Musterbogen waren schon praktischer. Gut als Geschenk geeignet. Doch auch da hatte es einer mit den Troddeln zu gut gemeint. Die Stickerei an dem zweiten Körbchen war dagegen hübsch. Aber was war denn das da? Sie musste zweimal hinschauen und die Unterschrift unter der Abbildung lesen: »Nubier aus Backpflaumen«. Ein Neger zum Aufessen. Die Mutter würde sich grausen, so etwas auf der Anrichte stehen zu haben. Fritz würde sich aufregen und der Familie einen Vortrag über Politik halten, über den Unsinn, dass die Europäer die Welt erobern wollten, um sich Kolonien zu schaffen – und dann die schwarzen Eingeborenen aus Backpflaumen auf die Anrichte zu stellen …

Doch der Elefant dort weiter unten in der »Modenwelt«, der würde auch ihm gefallen. »Ein hübsches, von den Kleinen gewiss mit Jubel begrüßtes Spielzeug, das von den Tanten und Müttern für ihre Lieblinge unschwer anzufertigen ist.«

Nun, da würde sich die Tante mal an die Arbeit machen, damit die kleinen Neffen Paul und Richard an Weihnachten jubelten. Seitdem die beiden Buben geboren waren, feierten sie das Weihnachtsfest so, wie es seit einiger Zeit in Mode gekommen war: mit einem Weihnachtsbaum, einer kleinen Fichte, die Fritz im Wald ausgrub, zu Hause aufstellte und mit Kerzen und glitzernden Papierbändern schmückte. In festlichem Lichterglanz durften die Kinder dann Geschenke auspacken.

So groß, wie in der Zeitschrift angegeben, würde sie den Elefanten nicht machen, nein, dazu waren die Buben noch zu klein. Und als Fußbank – wie hier angegeben – musste er auch nicht dienen. Eine einfache Form mit geschwungenem Rüssel – verkleinert würde der Rüssel beim Nähen etwas knifflig sein, aber machbar.

Der Stoff? Futterbarchent wurde empfohlen, eine Art Flanell. Margarete lächelte in sich hinein: Die von der Zeitschrift kannten ihren guten Filz nicht. Der war bei Weitem nicht so kratzig und hart wie Barchent. Sie würde den Elefanten mit Wolle oder klein geschnippelten Filzresten ausstopfen, dann war auch ihre Schwägerin Anna beruhigt. Vor Kurzem hatte diese sich furchtbar aufgeregt, weil Paul dem kleinen Richard seine Lokomotive aus Blech auf den Kopf geschlagen hatte.

Richards Geschrei war bis in ihre Werkstatt zu hören gewesen, und er hatte ziemlich geblutet. Das würde mit dem Filzelefanten nicht passieren. An dem sollte alles rund und weich sein. Deswegen würde sie sich auch noch überlegen, ob sie die in der Anleitung als Stoßzähne empfohlenen Stricknadeln einarbeiten würde. Die waren für die Kleinen doch viel zu spitz.

Frühsommer 1881

»Ist das ein schönes Haus. So groß! Und der Garten!«

»Ja, wir fühlen uns sehr wohl hier. Aber nun lass dich erst mal umarmen, Gretle. Gut schaust du aus. Mit einem richtig schicken Hütchen. Dass ein Blumengesteck aus Filz so fesch aussieht! Fritz, auch dir einen guten Tag. Schön, dass ihr wieder hier seid.«

»Ich will Tante Gretle auch guten Tag sagen. Nimmst du mich diesmal wieder in deinem Rollwagen mit?«

»Aber Erwin!«

»Lass ihn nur. Natürlich darfst du einmal mitfahren. Wenn Onkel Fritz uns beide zusammen noch schieben kann. Du bist ja so groß geworden.«

Erwin schaute sich verunsichert um. Der Onkel lachte. »Das schaffen wir schon. Aber diesmal hat dir Tante Gretle etwas mitgebracht, was dir viel besser gefallen wird als alles Herumfahren.«

»Was denn? Bitte, Tante Gretle, sag, was es ist.«

»Erwin, das geht nun wirklich zu weit. Du bist jetzt erst mal still. Geh ins Haus und warte, bis wir alle am Kaffeetisch sitzen.«

Mit hängendem Kopf verschwand der Kleine. Aber er wusste, wenn seine Mutter diesen Ton anschlug, gab es kein Pardon.

Wenn er sein Geschenk überhaupt bekommen wollte, musste er sich fügen.

Er setzte sich an den Tisch und wartete. Warum musste es nur so lange dauern, bis die Mutter Tante Gretle aus dem Mantel geholfen hatte, bis Onkel Fritz den Wagen hereingetragen und das Mädchen die Räder gereinigt hatte? Doch dann gab es erst einen Rundgang durchs Erdgeschoss. Er hörte bewundernde Ausrufe von Tante Gretle und Onkel Fritz – das große Fenster, der Blick auf den Bodensee! –, schließlich wurden auch noch der Kronleuchter, der Nussbaumschrank und die dick gepolsterten Sessel bewundert. Endlich kamen die Erwachsenen ins Esszimmer, um sich an der großen Tafel niederzulassen. Tante Gretle ließ sich im Rollstuhl an den Tisch schieben.

Die erwartungsvollen Augen des Fünfjährigen ließen keinen Blick von ihr. Die Tante lachte.

»Na, dann muss ich wohl meine Handtasche aufmachen und mein Geschenk herausholen, sonst fallen dir noch die Augen aus dem Kopf.« Sie reichte ihm einen kleinen unscheinbaren Filzball. »Schau ihn dir genau an. Das ist ein Elefant aus Indien.«

Als der Bub merkte, dass das Tier vier Beine hatte, Augen und Ohren, leuchteten seine Augen auf. »Und was sind das für Stangen hier vorn?«

Onkel Fritz erklärte es ihm gern: »Das sind die Stoßzähne. Damit kann ein Elefant kämpfen oder auch Holzstämme tragen. Und der Rüssel vorne, mit dem rupft er Gras und schiebt es sich ins Maul. Der frisst nämlich nur Pflanzen. Solche Elefanten leben in Indien und Afrika und sind ganz große, starke Tiere. Aber dieser hier ist ein kleiner für dich zum Spielen.«

»Der ist ganz lieb«, flüsterte Erwin und strich über den weichen Filz. »Den nehme ich heute Abend mit ins Bett.«

»Das werden wir noch sehen«, erwiderte seine Mutter. »Jetzt wollen wir den guten Kaffee nicht kalt werden lassen.«

Die Gespräche der Erwachsenen interessierten Erwin nicht,

und so leerte er rasch sein Glas Saft und war froh, als er mit dem Elefanten – begleitet von seinem Kindermädchen – in den Garten hinunterlaufen durfte. »Aber lass den Elefanten nicht ins Wasser fallen!«, rief Onkel Fritz hinter ihm her. »Der kann nämlich nicht schwimmen.«

Die Erwachsenen lachten. Erwin wunderte sich nicht darüber; sie taten das oft, wenn sie den Kindern etwas erklärten.

Kurz darauf erhob sich auch Fritz; er wollte Adolph in der Fabrik aufsuchen.

»Eigentlich wollte Adolph zur Kaffeetafel hier erscheinen, aber da ist wohl wieder etwas dazwischengekommen. Er hat so schrecklich viel zu tun«, meinte Marie entschuldigend.

»Kein Wunder, so wie die Filzfabriken wachsen. Und wenn Adolph jetzt Generaldirektor wird, hat er bestimmt noch weniger Zeit.«

»Aber dann wohnen wir wieder in Giengen und ich habe meine Familie und meine Freundinnen um mich herum.« Marie lächelte Margarete an.

»Will sich Hans wirklich ganz aus dem Geschäft zurückziehen?«

»Nicht in allen Belangen. Er ist jetzt der Vorsitzende des Aufsichtsrates. Aber die Politik hat für ihn Vorrang. Der Landtag macht eine ganze Menge Arbeit. Wenn er jetzt auch noch als Mitglied der Freisinnigen Partei in den Reichstag in Berlin gewählt wird, muss er zumindest in Stuttgart wohnen. Landtag und Reichstag, das ist viel. Im Augenblick hält ihn die Gründung des Dampfkesselrevisionsvereins in Atem.«

»Was ist denn das?«

»Soweit ich verstanden habe, eine staatliche Stelle, um technische Anlagen zu kontrollieren. Aber, Fritz, du solltest dich jetzt auf den Weg ins Werk machen. Ihr habt ziemlich viel zu besprechen. Hier soll weiter gebaut werden, in Giengen und wer weiß wo noch.«

Margarete erkundigte sich nach Maries Befinden, die wieder in anderen Umständen war. Marie fühlte sich wohl, wenn auch etwas überlastet. Sie erklärte, wie froh sie sei, dass Margarete ein wenig nach ihrer Wäsche sehen würde. »Unser Mädchen ist in der Hinsicht völlig ungeschickt, und ich komme zu nichts. Die Vorbereitung des Umzugs zurück nach Giengen – wenn ich mich nicht so freuen würde, wäre ich ganz verzweifelt. Dabei haben wir uns hier kaum eingelebt. Die herrliche Landschaft am Bodensee werde ich sicher vermissen. Wir werden mit euch noch ein paar Ausflüge unternehmen. Auch Adolph will endlich den See kennenlernen, bevor wir wieder heimkehren.«

»Das wäre wundervoll.«

»Wir werden am Sonntag unsere Kutsche nehmen. Aber jetzt erzähl erst mal, wie es in Giengen läuft. Hat sich die kleine Emilie wieder erholt?«

»Ja, es sieht so aus, als ob das Augenlicht nach der Hirnentzündung zurückkehrt. Aber Schwager Michael ist immer noch untröstlich und mit den Kindern allein. Natürlich hat er Hilfe in der Verwandtschaft. Dass unsere Marie so früh sterben musste.« Noch jetzt, nach zwei Jahren kamen Margarete die Tränen. »Wenn ich ihnen nur mehr helfen könnte.«

»Dafür gibt es andere. Und wie geht es daheim?«

»Wie immer. Die Mutter klagt viel, der Vater arbeitet noch, wenn er auch mehr und mehr dem Fritz das Geschäft überlässt. Und Fritz und seine Frau füllen das Haus mit ihren Kindern. Inzwischen sind es schon vier.«

»Bei Hans und Lina fünf. Sag mal, wie kommst du mit Lina aus? Sie ist nett zu mir, aber irgendwie … Wenn sie uns hier besucht, versucht sie mir ständig etwas zu erklären. Wie die Pflanzen unten am See heißen, die Tiere. Letztens hat sie über die Federn an meinem Hut geschimpft. Ich war so stolz auf die Paradiesvogelfeder. Von den armen Tieren, die solche schönen großen Federn besäßen, würden viel zu viele abgeschossen und vom einen Ende der Welt zum anderen geschafft, nur wegen der paar Federn.«

»Das ist ihr Lieblingsthema. Deswegen trage ich auch dieses Filzgesteck. Federn würde sie mir nicht verzeihen. Sie fühlt sich wohl ein bisschen persönlich betroffen, da aus dem Hähnleschen Filz viele Hüte mit Federn gemacht werden. Sie liebt halt Vögel über alles und hat ein ganzes Zimmer mit Volieren für ihre Lieblinge. Die füttert sie selbst und pfeift mit ihnen um die Wette. Wahrscheinlich hat sie ja auch recht.

Sonst ist sie nett und hilfsbereit. Von meinen Elefanten hat sie mir gleich fünf Stück abgekauft. Stell dir vor, einer der Buben ist nahe am Wasser gebaut, um es vorsichtig auszudrücken. Als ich ihm so ein Tier schenken wollte, wenn er verspräche, nicht mehr wegen jeder Kleinigkeit zu heulen, hat er so laut geschluchzt, dass ich ihm sofort einen gegeben habe, damit er bloß still ist.«

Die beiden Frauen begannen zu lachen, konnten gar nicht wieder aufhören. »Mit dir ist es noch immer so lustig wie früher. Weißt du noch, wie wir meine Mutter in Wut gebracht haben, weil wir eine ganze Stunde lang gegiggelt haben und die Strickstrümpfe einfach nicht wachsen wollten? Ach, Gretle, wie hat sich seitdem alles verändert.«

»Aber wir sind zwei verrückte Hennen geblieben.«

Sie leisteten sich nach dem Kaffee noch ein Tässchen Kakao, den sie löffelchenweise schlürften.

»Ansonsten sind die Kinder von Hans und Lina anstellige Kerle. Der Zweite tüftelt ständig herum und soll schon ein paar brauchbare Dinge erdacht haben.«

»Das ist bei Fritz' Buben nicht anders.«

Am Abend servierte das Dienstmädchen den Herrschaften ein Festessen, wie die Steiffs es sich nicht einmal zu Weihnachten leisteten. Eine gestärkte Damastdecke, Weinpokale, Silberbesteck, Teller für Suppe, Hauptgang und Dessert extra. Als die Männer sich anschließend zu Zigarre und Cognac in den Herrensalon zurückzogen, mahnte Marie: »Bleibt nicht zu lange. Der Abend ist viel zu schade, um im Haus zu sitzen. Wir nehmen unseren Likör auf der Terrasse. Und wenn ihr über Geschäfte reden wollt: Die interessieren Gretle und mich auch brennend. Schließlich sitzt ihr mit einer Unternehmerin am Tisch.«

Die beiden schmunzelten. »Der Herr kaufmännischer Direktor der Wollfilzmanufaktur und meine Wenigkeit werden sich bemühen, den Damen zu Diensten zu sein«, scherzte Fritz.

»Nichts da, in meiner Person hast du in Zukunft den Generaldirektor der Vereinigten Filzfabriken vor dir. Da bitte ich doch um ein wenig mehr Respekt.«

»Oh je, kann ich es da noch wagen, mit dir anzustoßen? Überblickst du eigentlich noch, wo eure Filzfabriken alle stehen?«

»Noch ist das einfach: Gerschweiler, Giengen, Hörbranz. Aber es geht bald weiter. Wir sind mit Augsburg und Fulda im Gespräch und eröffnen in Kürze Comptoirs in London und …« Die restlichen Worte konnten die Frauen nicht mehr hören, da Adolph die Tür hinter den beiden geschlossen hatte.

»Stimmt das, was Adolph da erzählt?«

»Ja, sie reden bereits über eine Niederlassung in Amerika.«

»Wenn das nur gut geht.«

»Ich wundere mich auch immer. Aber Adolph behauptet, die Verträge habe der Präsident des Landtags, Friedrich von Payer, persönlich aufgesetzt. Der ist studierter Jurist und ein guter Freund von Hans, da sei alles hieb- und stichfest. Die Geschäfte scheinen so gut zu gehen, dass sie den Großbrand im Werk Gerschweiler vor zwei Jahren gut verkraftet haben.«

Als es dämmerte, erschienen auch die beiden Männer draußen. »Schließlich wollen wir den Sonnenuntergang nicht verpassen.«

Etwas so Schönes hatten Margarete und ihr Bruder noch nie gesehen. Die langen Wolkenbänder am Himmel leuchteten rosafarben auf, während die hohen Berge hinter dem See zu glühen schienen, langsam verglühten, bis sie nur noch als dunkle Umrisse in den Himmel ragten. Auf dem Wasser spiegelte sich noch eine Zeit lang das rosafarbene Licht der Wolken. Die Gespräche auf der Terrasse waren verstummt. Andächtig bewunderten alle dieses Naturschauspiel.

Als plötzlich die Gaslämpchen des Kronleuchters im Zimmer hinter ihnen aufflammten, rieb Margarete sich die Augen.

»Soll ich den Wein draußen servieren? Oder haben die Herrschaften noch einen anderen Wunsch?«, fragte das Mädchen höflich. Als sie die verstörten Gesichter der Tischrunde sah, meinte sie ängstlich: »Habe ich etwas falsch gemacht?«

»Nein, nein«, antwortete die Hausherrin. »Geh ruhig schon zu Bett. Wir brauchen dich heute nicht mehr. Ich muss sowieso noch einmal nach Erwin sehen. Ohne Gutenachtkuss schläft der Junge nicht ein.«

»Und wir werden uns wohl besser hineinbegeben. Vom See zieht kühle Luft herauf. Ich werde den Wein drinnen ausschenken«, meinte Adolph.

»Ist diese Gasbeleuchtung nicht gefährlich?«, fragte Margarete, während sie skeptisch zu dem glitzernden Kronleuchter hochschaute.

»Nein, überhaupt nicht. Was sich die Leute immer erzählen.« Adolph schenkte allen ein Glas Wein ein. »Fritz hat mir von deinen Elefanten erzählt, Margarete. Du solltest mehr davon nähen.«

»Wer gibt schon sein Geld für Kinderspielzeug aus?«

»Ich dachte, Lina hätte fünf Stück davon gekauft.«

»Lina, die kann sich so etwas leisten. Aber sonst? Spielzeug machen die Kinder sich doch selbst. Aus Lumpen, Knöpfen oder Holzabfällen.«

»Inzwischen können es sich eine ganze Menge Leute leisten, Kinderspielzeug zu kaufen und ihre Kinder zu beschenken. Denk nur an all die kleinen Dampfmaschinen und Lokomotiven. Der Pädagoge Friedrich Fröbel fordert, dass Kinder durch ihr Spielzeug Nützlichkeit, Wahrheit und Schönheit erkennen lernen sollen. Unserem Erwin haben wir einen Anker-Steinbaukasten geschenkt. Mit dem kann er nach einer Vorlage sogar einen griechischen Tempel bauen. Den wird er Fritz sicher morgen vorführen.«

»Ja, solche Dinge. Aber was lernt ein Kind mit einem Elefanten?«

»Der Elefant weckt das Interesse für die weite Welt. Außerdem weiß ich, dass in Thüringen in großer Anzahl Bauernhöfe aus Holz hergestellt werden. Mit vielen Tieren. Großstadtkinder bekommen heute nur noch selten Tiere zu sehen, manche kennen weder Kühe noch Schweine.«

»Du willst mich wohl hochnehmen, Adolph. Kinder, die keine Kühe und Schweine kennen. Was essen die denn für Fleisch?«

»Ja, von Tieren, die in Schlachthöfen geschlachtet wurden. Kein Kind bekommt davon etwas mit. Ich war in vielen großen Städten. In Paris werden die Kinder der Reichen im Jardin du Luxembourg von einer Gouvernante spazierengeführt, in einem Park, der mitten in einem Häusermeer liegt. Da gibt es nur ein paar Bäume und Enten am Teich. Etwas anderes sehen die nie.

Die Kinder der Armen haben allerdings weder Spielzeug noch irgendetwas anderes. Die schuften zwölf Stunden und mehr in den Fabriken. Und dann hausen sie in feuchten Mietskasernen zu sechs Personen in einem Zimmer zusammengepfercht und müssen noch einen Nachtschichtarbeiter als Mieter am Tage in ihrem Bett schlafen lassen, da die Miete sonst unerschwinglich wäre. Da denkt niemand an Spielzeug. – Aber das ist ein anderes Thema.«

Fritz nickte: »Ich bin in Berlin in eine Vorstadt geraten, wo die Arbeitslosen mit ihren Kindern in Bretterverschlägen leben. Die Kinder siehst du den Tag über an den Straßen betteln.«

»Nun lasst diese abscheulichen Themen. Heute Abend feiern wir doch unser Wiedersehen.«

»Da hast du recht, Marie. Hoffen wir, dass dieses Massenelend nur eine vorübergehende Erscheinung ist. Die Industrie produziert so viel Reichtum ...« Adolph räusperte sich. »Bleiben wir bei Margaretes Geschäft. Wir brauchen hier gar nicht lang über Spielzeug im Allgemeinen und neue Bräuche zu reden. Ihr erzählt doch, dass Paul, Richard und Franz die Elefanten lieben, seit Gretle sie genäht hat. Und Linas fünf Buben offensichtlich auch.«

»Erwin hat darauf bestanden, seinen *Ele* mit ins Bett zu nehmen.«

Fritz strahlte. »Da seht ihr es. Viele Leute haben Geld, warum sollten sie nicht so einen schönen, weichen Elefanten kaufen? Ich habe schon überlegt, ob man nicht ein kleines Fahrgestell daruntersetzen sollte. Richard zieht seine Lokomotive auch gerne an einer Schnur hinter sich her.«

Am Sonntagmorgen brachen sie früh zu ihrem Ausflug auf. Erwin trug stolz seinen blauen Matrosenanzug mit den weißen Streifen am Ärmel, den Tante Gretle bestaunte und natürlich auch fachkundig befühlte. »Du hast für einen so schönen Anzug Baumwolle genommen?«, fragte sie erstaunt.

Marie reagierte ein wenig verlegen. »Für den Sommer ist der sehr angenehm. Leicht und luftig. Mit dem kann Erwin herumspringen und ist trotzdem fein angezogen.« Der Junge nickte und zog seine Kappe zurecht.

»Na, wenn du meinst. Gut verarbeitet scheint er ja zu sein.«

Sie nahmen in der Kutsche Platz, Margaretes Rollstuhl wurde von Fritz und dem Kutscher fachgerecht auf dem Dach festgeschnallt – der Wagen sollte schließlich nicht, wie bei einer der letzten Reisen, mit zerbrochenen Rädern am Ziel ankommen – und dann ging es los. Man wollte nach Meersburg, wo Margarete unten am Wasser auf der Terrasse eines Gasthauses ein schönes Plätzchen fand, während die anderen zuerst in den Ort hinaufspazierten, um die Burg zu besehen. Erwin hatte während der Fahrt von nichts anderem geredet als von der Ritterburg.

Margarete ließ sich an den ersten Tisch schieben, von dem aus sie eine hervorragende Sicht über den See hatte. Sie lehnte sich bequem in ihrem Rollstuhl zurück und nippte an ihrer Limonade. Holundersaft, der sanft schmeckte und samtig die Kehle hinunterrann. Der Himmel hatte sich eingetrübt, trotzdem sah es nicht nach Regen aus. Im Gegenteil, sie konnte die wärmende Sonne durch die Wolken fühlen.

Das Wasser breitete sich als schier unendliche graue Fläche vor ihr aus, an manchen Stellen glatt, an anderen gekräuselt in leichten, lang gezogenen Wellen. Ein silbriger Schimmer lag darauf, der manchmal aufblitzte und blendete. Das Wasser schien die Sonnenstrahlen noch leichter aufzunehmen als ihre Haut und den Glanz der Lichtstrahlen zu bündeln.

Das Schweizer Ufer war als dunkelgraue Linie zu sehen, die Umrisse höherer Berge dahinter ließen sich nur erahnen. Aber sie wusste, dass sie dort waren, gestern hatte sie die weißgezackten Riesen deutlich erkennen können. Rechts, der herausragende Berg, der Säntis, war genauer auszumachen, doch davor schwebte eine dünne Wolke, die sich langsam nach unten senkte und das Vorland in Nebel tauchte.

Margarete wandte den Blick wieder aufs Wasser. Ein schwarzer Strich war da zu sehen, Umrisse eines Bootes, das sich rasch vorwärtsbewegte und mit jedem rhythmischen Ruderschlag das Wasser ein wenig mehr in Bewegung versetzte.

Als plötzlich Erwin strahlend auf sie zugerannt kam, atemlos von den vielen Stufen, die er alle hoch- und heruntergelaufen sei, und von einem Schlossgespenst und Ritterrüstungen plapperte, während die übrigen Familienmitglieder am Tisch Platz nahmen und Wein und Kuchen bestellten, war Margarete fast ein wenig enttäuscht. Das Wasser, der See, die Farben, die Berge ... dass es so etwas Schönes gab. Ruhe, in der Bewegung mitschwang. Sie hätte den Augenblick gern noch dauern lassen, das Wohlgefühl, das sie durchflutete, für das sie keinen Namen hatte, das ihr das Herz weit machte und das sie in ein anderes Wesen zu verwandeln schien. Neidvoll blickte sie einer Ente nach, die sich – vom Lärm der Gäste verscheucht – über das Wasser erhob und flügelschlagend davonflog.

November 1881

Margarete zählte die Schläge der neuen mechanischen Uhr von der Hochwacht, dem Turm, auf dem früher die Stunden mit der Hand angeschlagen wurden. Vor Kurzem hatte es viermal geschlagen und nach einer Pause noch einmal zusätzlich. Gerade hatte es nur einen Schlag getan. Ein Uhr fünfzehn. Das wusste sie jetzt immer auf die Viertelstunde genau. Manchmal war das gut zu wissen, aber häufig hasste sie diesen Viertelstundenschlag. Seitdem es diese neue Uhr gab, schien die Zeit davonzulaufen und unerbittlich zu mahnen. Und das Turmblasen, das sie früher zweimal am Tag erfreut hatte, erklang jetzt nur noch am Sonntag. Sie hatte dann immer gewusst, dass dort oben auf dem Turm wenigstens ein Mensch außer ihr in Giengen noch arbeitete. Jetzt war da nur ein Uhrwerk.

Der Versandhandel machte inzwischen einen großen Teil ihres Geschäftes aus, gefolgt von den Filzunterröcken für Siegle. Natürlich hatte sie weiterhin zu nähen. Vor allem die Verwandtschaft verließ sich auf ihre Tante, und die wollte sie natürlich nicht im Stich lassen. Die Elefanten kamen erst an letzter Stelle. Ganz konnte sie sich mit dem Gedanken, Kinderspielzeug in größeren Mengen herzustellen, noch nicht anfreunden. In diesem Jahr wollte sie für das Weihnachtsgeschäft achtzehn Tiere nähen.

Vor ihr lag die Rechnung für Lina Hähnle. Stolz betrachtete sie den Bogen. Sie benutzte inzwischen vorgedruckte Blätter, auf denen oben der Ort und die Jahreszahl stand, sodass sie nur Tag und Monat eintragen musste. Darunter stand in großen Buchstaben: »Rechnung von Margarethe Steiff«, wobei die Anfangsbuchstaben kunstvoll ausgestaltet waren. Das sah einfach wunderbar aus. Manchmal starrte sie eine ganze Weile auf diese Bögen. Ihr Name so kunstvoll gedruckt! Darunter folgte – viel kleiner – der Name des Kunden, den sie mit der Hand hineinschrieb. Abgerechnet wurde seit einiger Zeit überall in Reichsmark. Sie blätterte in ihrem Auftragsbuch, tauchte die Feder ins Tintenglas und füllte dann langsam, mühsam, Zeile für Zeile in ihrer Sütterlinschrift die Rechnung aus:

Giengen a./B., den 7. Nov.   1881
für Frau Lina Hähnle

Juli
Baregekleid machen   6,-
Seide, Faden usw.   -,50
hellgraues Kleid   3,50
Einfaßborte usw   ,60
2 Kleider auslaßen, Bettkittel schneiden
1 Bund aufnähen   1,-
2 ½ Meter Futter   1,50
graues Winterkleid richten   -,50

Sept. 13
1 Tag nähen   1,-
2 Paar Hosen flicken   -,70
Flanellhemden schneiden   -,60
2 Paar neue Hosen machen à -,80   1,60
Litzen und Knöpfe dazu   -,50
1 Jäckle und ein Paar Hosen ändern   1,20
2 Hemden und ein Paar Hosen schneiden   -,30
rothes Kleidle für Hermann ändern   -,50
Filzkleidle machen, Samt und Knöpfe   2,50
grünes Kleid einfaßen und kürzen   -,50
Taschen in Hermanns Kleidle und
Schürzle richten   -,40
                                    23,40

dankend erhalten
M. Steiff

Ein Bär erobert die Welt

September 1896

Wieder einmal saß Margarete an ihrem Schreibtisch. Eine Gratulations- und Entschuldigungskarte wollte sie schreiben. Wie sollte sie ihr Fernbleiben von der Silberhochzeit des Herrn Kommerzienrates nur formulieren? Schließlich wollte sie Lina und Hans nicht vor den Kopf stoßen. Und Marie und Adolph schon gar nicht. Sie verstand sich gut mit ihnen, sah Hans und Lina jedoch selten.

Hans war mit der Politik beschäftigt, hatte die Krankenversicherung, die der Reichstag in Berlin plante, als einer der Ersten in seiner Fabrik eingeführt. Außerdem arbeitete er an der Gründung einer »Volksbank« in Giengen. Lina hatte vor zwei Jahren den »Schwäbischen Bund der Vogelfreunde« gegründet.

Bei den Hähnles ging die Welt ein und aus; sie residierten inzwischen in einer schlossähnlichen Villa in Stuttgart. Ach was – schlossähnlich! Es *war* ein Schloss mit einer breiten Auffahrt, Türmen und unzähligen Zimmern. Feiern würden sie hier in ihrer Giengener Villa. Auch die war groß und üppig eingerichtet. »Im Stile des Historismus«, hatte Lina einmal gesagt. »Auf Stil legt Hans nämlich sehr viel Wert.«

Aber sie schweifte ab. Sie hatte sich gerade die Auftragsbücher angesehen. Die waren bis Weihnachten randvoll. Inzwischen war passiert, was sie vor wenigen Jahren noch für unmöglich gehalten hatte. Die Leute kauften ihre Spielzeugtiere in Mengen. Hatte sie 1881 mit achtzehn Elefanten angefangen, so waren es vier Jahre später bereits – sie hatte die Zahlen genau im Kopf – 5066 Elefanten und 104 Affen.

Vor acht Jahren war die Werkstatt in der Ledergasse endgültig aus den Nähten geplatzt. Ihr Bruder Fritz hatte das Grundstück am alten Pulverturm gekauft und den Turm abgerissen. Das große Wohn- und Geschäftshaus für seine Schwester, das er darauf gebaut hatte, war jedoch nach kurzer Zeit schon wieder zu klein gewesen. 1890 hatte er spiegelverkehrt ein zweites Haus ans andere Ende der Wiese gesetzt und ein Jahr später die Baulücke zwischen den großen Häusern auch noch geschlossen. Dort war jetzt die Packerei untergebracht.

Zwei Jahre später hatte sie dann den ersten großen bunten Katalog ihres Geschäftes herausgebracht, das sich nun Filz-Spielwaren-Fabrik nannte. Inzwischen betrug ihr Jahresumsatz rund 90 000 Reichsmark, und sie bot im Katalog 256 verschiedene Artikel an. Bei den Zahlen wurde ihr immer noch ganz schwindlig.

Sie hatte jetzt ein eigenes holzgetäfeltes Arbeitszimmer, das sich sehen lassen konnte. Das hatte sie sich etwas kosten lassen – und stilvoll war es auch. Sie saß an einem großen Schreibschrank, der einen Aufbau mit vielen offenen Fächern besaß. Zwar waren gerade geschweifte Giebel bei Schränken in Mode, aber sie mochte lieber geometrische Formen. Statt aufgesetztem Schnitzwerk waren bei ihrem Schrank einzelne Paneele dunkel eingefasst. Das Kostbarste waren jedoch die Schubladen mit einem gedrechselten Knauf aus Elfenbein. Auch an der übrigen Ausstattung ihrer Räume hatte sie nicht gespart und für die Wände eine mit zarten Blumen bedruckte Tapete gewählt. Die Sessel waren aus edlen glänzenden Hölzern gefertigt. Die modischen Troddel und Portieren mochte sie immer noch nicht, und so waren auch die Sitzmöbel mit einfarbigem Samt bezogen.

Ihre Produktion hatte sie mit dem Schnittmuster aus der »Modenwelt« angefangen. Die ersten eigenen Entwürfe waren noch etwas krumm und schief gewesen. Aber inzwischen gab es Leute in der Firma, die Entwürfe machten. Erfreulicherweise waren die Neffen Richard, Franz und Paul richtige Tüftler, wie ihr Vater. Von früh auf steuerten sie Ideen für die Entwürfe und zur Verbesserung der Spielzeugtiere bei.

Beim Material achteten sie streng auf Qualität. Denn Kinder gingen oft ruppig mit ihrem Spielzeug um, selbst mit den Tieren, die ihnen ans Herz gewachsen waren. Eine Nacht, vergessen irgendwo im Garten – wie leicht konnte das passieren. Solche Belastungen sollten die Tiere natürlich aushalten, und dafür mussten sie aus wirklich gutem Material bestehen.

Die größeren Tiere stellten sie inzwischen mit federnden Stahlgerippen her. Oder man befestigte sie – wie Fritz es bereits vor Jahren vorgeschlagen hatte – auf Gestellen mit Rädern, die auch einen erwachsenen Reiter aushielten. Margarete schaute sich alle Modelle genau an, bevor sie in die Produktion gingen. Vor allem der Veloziped fahrende Hase hatte es ihr angetan!

Es gab ein Foto, wie der große Hugo auf zwei kleinen Stoffhunden mit Rollen balancierte, um ihre Unverwüstlichkeit zu prüfen. Die Neffen hatten sich nämlich einen dieser neuen Apparate gekauft, eine ganz moderne Fotokamera. Begeistert hielten sie auf Bildern fest, was sich ihnen in der Firma und daheim bot. Anschließend hatten sie es immer eilig, denn die belichteten Glasplatten mussten rasch in der Dunkelkammer entwickelt werden. Das war eine Geheimwissenschaft – Margarete konnte nur staunen.

Sie selbst hatte diese Anschaffung für ein wenig übertrieben gehalten, war aber dafür mit gutmütigem Spott überschüttet worden. Man müsse mit der Zeit gehen. Ohne eine solche Kamera könnte die Firma gar nicht mehr existieren, hatte Richard ihr mit einem hinterlistigen Grinsen erklärt. Bald würde er nämlich die Tiere einfach in Stuttgart in der Wilhelma auf die Fotoplatte bannen – und schon sei das Schnittmuster fertig! Der konnte ihr viel erzählen. Dass die jungen Leute es heutzutage wagten, ihre alte Tante auf diese Weise zu verulken! Manchmal waren die Kerle reichlich übermütig.

Aber eben auch tüchtig. Richard hatte in den vergangenen Jahren in der Filzfabrik das kaufmännische Rüstzeug erlernt und besuchte nun die Kunstgewerbeschule in Stuttgart. Die anderen Buben machten ähnliche Ausbildungen. Die konnte ihre Tante ihnen inzwischen bezahlen. Und auf eine gute Ausbildung legte sie wert.

Richard wollte im nächsten Jahr zum ersten Mal mit den Produkten der Filz-Spielwaren-Fabrik einen Stand auf der Leipziger Messe eröffnen. Auch dafür liefen bereits die Vorbereitungen. Leider gab es auch schon einige minderwertige Nachahmer ihrer Spielzeugtiere, und sie hatten sich gemeinsam den Kopf zerbrochen, wie man sich davor schützen konnte. Mit einem kleinen Anhänger aus Papier – zuerst ein Kamel, dann war es ein Elefant – versuchten sie, auf die Margarete-Steiff-Firmenmarke hinzuweisen. Was Margarete besonders gut gefiel: Auf dem Anhänger bildete der Elefantenrüssel das S aus ihrem Namen Steiff. Sehr wirkungsvoll waren diese leicht zu entfernenden Anhänger allerdings nicht. Damit würden sie sich noch länger befassen müssen. Aber immerhin war ihre Filz-Spielwaren-Fabrik inzwischen ins Handelsregister eingetragen.

Fabrikmarke, Musterschutz, Handelsregister – alles Wörter, die ihr noch vor wenigen Jahren nichts gesagt hätten. Der Aufstieg der Firma war eine harte Schule gewesen. Die Auftragszahlen, die Muster, die Korrespondenz mit den Kunden – das alles ging Margarete ständig im Kopf herum. Sie musste die Arbeitsschritte planen: Wer sollte welche Tiere in welchen Mengen zuschneiden und nähen? Wurden die richtigen Stoffe genommen? Für einige Tiere benutzten sie nämlich inzwischen auch flauschige Felle. Stimmten Größe und Form? Gingen die Rechnungen pünktlich heraus? Wurden die Heimarbeiterinnen beliefert und die Ware pünktlich abgeholt? Kamen neue Bestellungen herein? Das alles musste sie beobachten und kontrollieren. Natürlich mussten auch ständig neue Arbeitskräfte angelernt werden. Dabei konnte sie nur Leute brauchen, auf die Verlass war, die pflichtbewusst und ordentlich ihre Arbeit erledigten. Die Nähte mussten halten – an jeder Stelle.

Margarete war es wichtig, die Menschen persönlich zu kennen, die bei ihr arbeiteten. Von den Frauen, die die Nähschule in Giengen besucht hatten, wusste sie, dass sie ihr Handwerk verstanden. Als Chefin einfach nur so durch den Betrieb gefahren zu werden, das kam für sie nicht infrage; es musste auch Zeit sein, mit den Zuschneidern, Näherinnen, Stopferinnen, ja selbst mit den Leuten von der Packerei ein paar Worte zu wechseln, sich nach den häuslichen Umständen zu erkundigen und da, wo Hilfe nötig war, zu helfen.

Nein, für diese Silberhochzeit hatte sie einfach keine Zeit. Oder sie würde wie auf heißen Kohlen dort herumsitzen. Die Jubilare würden das verstehen. Auch ohne sie würden die hohen Gäste aus Stuttgart anreisen, Festreden würden gehalten, in denen natürlich erwähnt würde, dass der Giengener Filz nun schon bis China verkauft werde. Hans, der Herr Kommerzienrat, würde von den Abenteuern seiner Orientreise erzählen, dem Dampfschiff, das ihn und seine Stuttgarter Freunde durch die Adria und das Ägäische Meer bis an den Bosporus nach Stambul gebracht hatte. Daneben würde die große Politik das Gespräch bestimmen; vor allem Hans' Steckenpferd, das Steuerwesen, die neuen Bismarckschen Sozialgesetze und die ewige Diskussion, ob die Württemberger mit einem Reich gut beraten wären, dessen Dreh- und Angelpunkt Preußen war. Schließlich würde Lina allgemein bewundert werden, wie sie alles schaffe – mit den vielen Kindern, dem großen Haushalt und ihrer weitläufigen Korrespondenz in der Sorge um die Vögel Europas.

Irgendwann würde man sicher auch auf ihren, Margaretes, Betrieb zu sprechen kommen – wie groß der Erfolg sei und wie bewundernswert sie die Firma leite. Die freisinnigen Herren aus dem Reichstag betonten gern, dass in Berlin von Frauenvereinen das Recht der Frau auf qualifizierte Erwerbsarbeit gefordert werde, während sie hier in Giengen das ganz selbstverständlich leiste. Aber Margarete sei ja auch ein besonderer Fall.

Sie lächelte in sich hinein. Die Gastgeber würden ihr Bedauern darüber ausdrücken, dass sie nicht anwesend war, aber sie würden es ihr nicht übel nehmen. Die Pflicht ging vor, das wusste jeder. Der Reh- oder Hirschbraten und die vielen anderen guten Dinge, Soufflés, Gratins, Desserts und wie das jetzt alles hieß, die Weine, Liköre, der Kaffee … es würde allen munden.

Sie suchte also eine ihrer kleinen rosa Karten heraus, gratulierte dem Jubelpaar und entschuldigte sich mit der Auftragslage für ihr Fehlen. Für die kleine Putzi legte sie eine Schäferei als Geschenk dazu, schließlich konnte sie ja den Erwachsenen kein Spielzeugtier schenken, und etwas anderes fiel ihr nicht ein. Als sie die Karte noch einmal durchlas, merkte sie, dass sie vielleicht doch – dem Anlass entsprechend – eine etwas größere Gratulationskarte hätte nehmen können, aber der sparsame Umgang mit Papier war einer Schwäbin nun einmal selbstverständlich. Das würden die Empfänger der Karte genauso sehen wie sie.

1899

»Schneller fahr ich nicht, Tante Gretle. Das ist zu gefährlich.«

»Dass ihr jungen Leute immer so vorsichtig sein müsst.«

Otto lachte. »Ja, ja, ich weiß, der Herr Papa war ein begnadeter Rennfahrer, wenn er mit dir hinten auf dem Rollstuhl die

Niedere Gasse hinunterjagte. Aber damals warst du einfach das Gretle Steiff, nicht die Chefin einer weltbekannten Firma. Und ein bisschen jünger …«

»Ein bisschen schon, Otto, aber manchmal habe ich mich als junge Frau viel älter gefühlt als heute. Ich mache dir ein Angebot: Durch die Kurve bremst du ordentlich ab, dann kommen wir auf ein ganz gerades Stück Straße, wo auch der Bodenbelag gut in Ordnung ist. Da zeigst du, was in der Maschine steckt. Den Rest der Strecke können wir von mir aus gesittet und ordentlich dahintuckern.«

»Gesittet und ordentlich kann man mit diesem Motorrad gar nicht fahren. Die Leute meinen sowieso, dass wir einen Tick haben. Alle Benzin-Motor-Chaisen in Giengen samt dem Lastwagen gehören uns. Es fehlt uns nur noch eine eigene Eisenbahn. Und so ein zweirädriges Gefährt haben die meisten Leute noch nie gesehen. Vor allem nicht mit einem Beiwagen, in dem eine ältere Dame sitzt – über und über mit Straßenstaub bedeckt …«

»Dieses Motorrad ist einfach praktisch. Ich kann schließlich nicht mit auf dem Lastwagen fahren. Sieh das Motorrad als motorisierten Rollstuhl an.«

Während Otto beschleunigte, sodass die Maschine immer lauter knatterte, fühlte Margarete, wie ihr Blut in Wallung geriet. Es surrte angenehm in den Ohren, der Fahrtwind zauste an den Haaren, trotz der merkwürdigen Mütze mit den langen Klappen, die ihre Ohren schützen sollte. Am liebsten würde sie ihren Schal ablegen, um den Wind besser zu spüren. Und jauchzen vor Vergnügen.

Doch damit würde sie ihren Neffen ernsthaft schockieren. Er war so besorgt und hilfsbereit. Aber ob der sich vorstellen konnte, wie einer alten Tante zumute war, die bis in die Nächte hinein arbeitete, jetzt eine ganze Menge Geld besaß und doch sonst was darum gäbe, einmal wie andere herumspringen zu können, zu tanzen … oder einfach nur eine Treppe hinaufzusteigen? Bei allem, was ihren Körper betraf, konnte sie nie tun, was sie selbst wollte. Immer war sie auf Hilfe angewiesen.

Zum Glück gab es seit ein paar Jahren Johanna. Nicht eine Magd, sondern eine Freundin, die ihr den Haushalt führte und sie umsorgte. Ganz selbstverständlich und mit Freude. Das war für Margarete etwas ganz Neues gewesen, eine riesige Veränderung in ihrem Leben, trotz der großen Familie, die auch immer um sie herum war. Johanna erledigte all die vielen Handgriffe daheim für Margarete, die sie nicht tun konnte. Sie war Johanna dankbar und das beruhte auf Gegenseitigkeit, denn sie verschaffte der unverheirateten Frau ein Heim, eine Aufgabe und Unabhängigkeit von ihrer Familie. Am Abend nach getaner Arbeit saßen sie meist noch ein wenig zusammen und erzählten. Ohne allen Trubel. Margarete musste jetzt nicht mehr überlegen und fragen, wer sie bei ihren Besuchen begleiten könnte. Johanna war einfach da und gehörte zu ihr.

Manchmal wurde sie von kühnen Träumen geplagt: einmal wie Hans Hähnle nach Stambul zu reisen … einmal in Indien auf einem echten Elefanten zu reiten … einmal nach Amerika oder wenigstens nach England und Frankreich zu fahren … Wie jetzt die Neffen, die Karten aus Moskau, New York oder Paris schrieben, wenn sie fürs Geschäft unterwegs waren. Solange die Firma es zuließ, hatte auch sie selbst im Sommer immer eine kleine Reise gemacht: nach Ulm, Geislingen, Neckarsulm, an den Bodensee. Im Ländle halt. Nicht einmal in den Schwarzwald war sie seit ihrer Jugend wieder gekommen.

Ach, der gute Doktor Werner! Der war so gerne mit dem Pferdewagen durchs Land gezuckelt, auch wenn es über Stock und Stein ging. Sie selbst reiste heutzutage öfters nach Stuttgart, wo auch Familie Glatz inzwischen wohnte. Mit der Eisenbahn ging das so rasch und bequem.

Margarete sog tief die Luft ein. Na ja, nach Wald roch es in dieser Maschine nicht gerade. Maschinenöl und Benzin waren stärker als die Naturdüfte. Im letzten Winter bei den Schlittenfahrten – da war sie zwar nicht so schnell vorwärts gekommen, aber es war sehr schön gewesen. Sie hatte sich gut erholt in der Ruhe des Waldes, eingehüllt in die Schneelandschaft, die kalte Luft und den Geruch der Pferde.

März 1900

Fritz war schon länger krank. Margarete hätte eigentlich damit rechnen müssen, dass es eines Tages mit ihm zu Ende ging. Aber sie hatte es einfach nicht glauben wollen.

Sein Tod traf sie hart. Ihr Fritz, der seit Kindertagen mit ihr herumgetobt war, der nie geschimpft hatte wie andere Buben, die auf Geschwister aufpassen mussten – er hatte sie oft vergessen lassen, dass sie gelähmt war. Er hatte sie überall hingetragen und geschoben, seine starken Arme gaben ihr Sicherheit. Trotzdem hatte er sie immer als große Schwester akzeptiert, ihr mit Rat und Tat zur Seite gestanden. Er hatte für sie gebaut und war im Geschäft nicht wegzudenken.

Seine Söhne und Töchter hatte Fritz in christlicher Zucht und pflichtbewusst erzogen und ihnen doch Freiheiten gelassen, die sie neugierig auf das Leben machten. Sie waren so einfallsreich, dass die Tante sie in der Firma manchmal bremsen musste. Während Fritz mit seiner Schwester früher mit Knöpfen gespielt oder sich einfaches Spielzeug gebaut hatte, probierte er mit seinen Buben ganz andere Dinge aus. Natürlich mussten sie in seinem Baugeschäft hart schaffen und im Winter immer bei ihr aushelfen. Aber von Anfang an hatten sie, oft mit dem Vater zusammen, Spielzeug entworfen und allerlei andere Dinge, die sich irgendwann als nützlich erwiesen.

Und jetzt standen sie und Schwägerin Anna allein da. Zwar

waren die Buben groß, aber Hugo, Otto und Ernst hatten die Lehrjahre noch nicht hinter sich, während Fritz' Tochter Lina bereits die Näherei leitete. Eva sollte in England bei einer Familie, mit der sie geschäftlich zu tun hatte, in Dienst treten, um die fremde Sprache zu lernen, von der die Tante nur ein paar Brocken wusste. *Humpty Dumpty sat on a wall* ... Mit solchen Reimen konnten die Geschäftsverbindungen ins Ausland nicht gepflegt werden.

Margarete seufzte. Ihre Schwester Pauline war Witwe, sie arbeitete auch im Geschäft mit, und sogar die kleine Emilie von ihrer Schwester Marie. Ach, es waren so viele aus der Familie, die in verantwortlicher Stellung ihr zur Seite standen. Und doch trug sie für alle die Verantwortung. Ohne Fritz würde sie noch viel schwerer daran tragen.

Margarete hatte schon viele Beerdigungen erlebt: vor ein paar Jahren erst die Mutter, dann der Vater, ihre Schwester Marie, Tante Ursche. Sie war es nicht gewohnt, ihre Gefühle offen zu zeigen, aber am Grab von Fritz rang sie mit Tränen, die erst in der Nacht im Bett zu einem Strom anschwollen, der sie zu ersticken drohte.

24. Dezember 1904

Ein junger Mann schob Margarete Steiff in ihrem Rollstuhl langsam durch die große Halle, die selbst heute, im dämmrigen Weihnachtswetter, hell wirkte. Vorbei an den endlosen Arbeitstischen, die vor einer bis zum Boden reichenden Fensterfront standen. Heute waren die Stühle verwaist, trotzdem hatte sie ihren Fahrer angewiesen, sie langsam durch die Säle zu schieben. Kaum zu glauben, dass hier bis gestern fieberhaft gearbeitet worden war.

Die Firma Steiff stellte inzwischen so viele Produkte her. Aber seit einem Jahr hatte sich eines in den Mittelpunkt der Produktion geschoben: der Bär, den Richard entworfen und mit beweglichen Armen und Beinen ausgestattet hatte.

Margarete war zuerst skeptisch gewesen, irgendetwas an diesem Tier hatte ihr nicht gefallen. Aber dann hatte ein Amerikaner auf der Leipziger Messe aus einer ihr unverständlichen Laune heraus mehrere Tausend davon bestellt. Und seitdem eroberte der Steiff'sche Bär Amerika. Zwölftausend Stück hatten sie in diesem Jahr davon hergestellt. Zwölftausend! Die Zahl kam ihr immer noch unglaublich vor. Aber sie hatte gesehen, wie sie hier entstanden und verpackt wurden. Die Hektik, die Schufterei, die endlosen Überstunden für alle. Kaum zu glauben, dass die Bären noch vor wenigen Tagen zu Hunderten auf den Tischen genäht und gefüllt wurden. Bergeweise lagen sie überall herum. Aber jetzt waren sie alle unterwegs in die Welt – und heute sollte gefeiert werden.

Es war ein besonderer Tag und Margarete wusste, welcher Trubel auf sie zukam. Deswegen wollte sie den Tag wenigstens mit ein wenig Ruhe beginnen. Sie liebte die Produktionsräume, weil sie so viel Licht hereinließen, von allen Seiten, sodass man gar nicht richtig das Gefühl hatte, in einer Fabrikhalle zu sein. In welch dunklen Löchern in vielen Fabriken gearbeitet wurde! Scheußlich. Wenn ihre Mitarbeiter schon von früh bis spät arbeiten mussten, dann sollten sie wenigstens das Tageslicht ein wenig genießen können. Sie selbst hatte genug Nächte hindurch genäht und wusste, wie weh das den Augen tat. Aber ausgerechnet bei diesem Bau hatten die Behörden befürchtet, das viele Licht könnte den Augen schaden.

Im letzten Jahr hatten sie schon wieder neu bauen müssen: Die neuen Hallen waren so ungewöhnlich konstruiert, dass sie mit der Baugenehmigung Ärger gehabt hatten. Schließlich hatten sie trotzdem gebaut und hinterher die Strafe bezahlt. Die

Konstruktion hatte Richard ersonnen, nachdem er in London den Glaspalast für die Weltausstellung gesehen hatte. Das Ganze war preisgünstig, bestand aus Eisenträgern mit gläsernen Wänden. So wurden die Arbeitsräume von allen Seiten von Licht durchflutet. Damit hatte er sie überzeugt. »Sonnenlicht schmückt ein Gebäude mehr als Treppchen, Erker und Türmchen«, hatte er gesagt.

Natürlich führten rundherum Rampen, damit die Firmenchefin alle Räume erreichen konnte. Diese Bauweise erwies sich jedoch auch für den Transport der Waren als hilfreich. Ansonsten standen die Fabrikgebäude auf der Wiese da wie einzelne Riesenbausteine aus Glas. Die Giengener nannten sie liebevoll das Jungfrauenaquarium, und das gefiel Margarete. Sie schwamm darin herum wie die Seejungfrau im Märchen, nur dass sie längst nicht mehr auf den Märchenprinzen warten musste.

Als sich die Tür zum oberen Saal des Glashauses öffnete, brandete Applaus auf. An langen, gedeckten Tischen saßen 160 Leute, die alle für die Firma arbeiteten. Und heute wollten sie gemeinsam feiern. Denn es gab viel zu feiern. Neffe Franz war gerade von der Weltausstellung in St. Louis in den Vereinigten Staaten von Amerika zurückgekehrt. Er hielt eine Rede, in der er allen für ihre pflichttreue Arbeit dankte, denn nur mit der Hilfe aller habe sich die Steiff-Produktion wegen ihrer ungewöhnlich guten Qualität weltweit durchsetzen können. Endlich seien ihre Tiere auch gesetzlich geschützt: durch den kleinen Elefantenknopf, den von nun an jedes Steiff-Tier im Ohr tragen würde.

Er wartete den Applaus ab, setzte erneut an, denn er wollte noch zu seinem eigentlichen Thema kommen, der Weltausstellung in St. Louis. Dort habe er im Namen der Firma Steiff das Eingangsportal der Spielwarenabteilung gestalten dürfen. Aber damit der Ehre nicht genug. Was er dort erlebt habe, sei unglaublich. Wenn er es nicht mit eigenen Augen gesehen hätte, würde er jeden, der ihm davon erzählte, für einen Lügner halten, der ihm einen Bären aufbinden wollte. Alle lachten und klatschten erneut.

In Amerika sei wahrhaft das Bärenfieber ausgebrochen, erzählte Franz. Man nenne den Steiff-Bären dort Teddy – nach ihrem Präsidenten Theodore, kurz Teddy, Roosevelt. Dieser sei ein begeisterter Jäger, besitze bereits mehrere Exemplare der »Steiff-Teddys« und schätze sie offensichtlich genauso wie die echten Bären. Es sei also angebracht, auf den amerikanischen Präsidenten anzustoßen … Aber halt, zuvor habe er noch zwei Medaillen zu überreichen, denn der Firma Steiff sei auf der Weltausstellung der Grand Prix zuerkannt worden, der höchste Preis überhaupt. Und ihm werde nun die Ehre zuteil, seinem Bruder Richard und Fräulein Margarete Steiff, seiner Tante Gretle, die beiden goldenen Medaillen zu überreichen.

Unter donnerndem Applaus und nicht enden wollenden Hochrufen übergab er die beiden Medaillen.

Endlich bat Margarete um Ruhe und forderte die Anwesenden auf, ihr eigenes Wohl nicht zu vergessen und jetzt endlich bei Kaffee, Stollen und Bier zuzugreifen. Was noch einmal mit großem Applaus gewürdigt wurde.

Am Abend konnte Margarete lange nicht einschlafen. Sie hatte ihr Nachtgebet längst gesprochen, aber wie so oft wälzte sie sich noch stundenlang herum. Es ging ihr so vieles durch den Kopf: das Geschäft, die vielen Leute, die Hektik, nie gab es Ruhe, bergeweise waren die Bären hergestellt und verpackt worden, Lastwagen vorgefahren, Briefe gekommen und abgeschickt worden … In ihrem Kopf surrte es wie in einem Bienenkorb. Und jetzt auch noch eine Goldmedaille … aus Amerika … Das war mehr, als sie fassen konnte.

Merkwürdigerweise kam ihr in letzter Zeit der Aufenthalt

im Kinderheim wieder in den Sinn. Bei Doktor Werner hatte sie so viel Schönes erlebt. Er hatte für die Kinder immer nur das Beste gewollt, ihren Sinn auf das Schöne im Leben gelenkt und alles getan, damit »seine« Kinder sich wohl fühlten. Vielleicht war es sein Einfluss, der ihr das Motto für ihre Kataloge eingegeben hatte: »Für die Kinder ist nur das Beste gut genug.«

Die Zeit bei Doktor Werner war erfüllt gewesen von einem Glauben an Gott, der sich der kranken Kinder annahm und sie liebte. Ja, dort hatte sie sich geliebt gefühlt. Später hatte sie oft mit Gott gehadert, weil er sie mit dieser Krankheit geschlagen hatte. Eigentlich hatte sie ihm nie ganz verziehen.

So vieles im Leben war ihr versagt geblieben: ein eigener Mann, eigene Kinder, die alltägliche Freude, sich bewegen zu können. Und das hatte sie Gott immer wieder vorgerechnet. Ihr Körper hatte ihr nie ganz gehört. Ihr fehlte die Kraft der Beine, der rechten Hand und alles, was damit zusammenhing. Andere konnten gar nicht ermessen, was das bedeutete.

Auf der anderen Seite hatte Gott ihr Unglaubliches zugeteilt. Was aus ihr geworden war – eine Frau, die etwas leistete, die einem großen Unternehmen vorstand, vielen Menschen Lohn und Brot geben konnte, von Neffen und Nichten umgeben, die sie liebten und ihr Freude machten: Das alles war wunderbar und wog schwer.

Die Ehrungen, die sie erhielt, genoss sie in vollen Zügen, aber sie waren nicht das Entscheidende. Wie wäre es ihr wohl ergangen, wenn sie nicht gelähmt gewesen wäre? Oder wenn sie wie Marie im Kindbett gestorben wäre? Wenn sie in der Filzfabrik als einfache Näherin hätte arbeiten müssen? Oder in der Fabrik eines anderen Menschen?

Vor lauter Arbeit hatte sie lange nicht mehr an ihren Konfirmationsspruch gedacht. Langsam sagte sie sich den Satz aus dem zweiten Korintherbrief noch einmal vor, denn vergessen hatte sie ihn nie: »Lass dir an meiner Gnade genügen; denn meine Kraft ist in den Schwachen mächtig.« Ja, für sie stimmte er. Gott hatte ihr reichlich zugeteilt. Eine Rechnung mit ihm aufzumachen, wäre Unrecht.

Sie lächelte in sich hinein und schlief beruhigt ein.

Der Erfolg blieb der Firma Steiff treu. Immer mehr Arbeitskräfte wurden eingestellt. Margarete fühlte sich manchmal wie unter Fremden und zog sich häufig in ihr Arbeitszimmer zurück. Immer mehr Geschäftsbereiche überließ sie den Neffen und Nichten. Zu Hause gab es inzwischen eine kleine Margarete, das Kind ihrer Nichte Eva, die ihr viel Freude machte und der sie sich widmete, so oft die Arbeit es zuließ.

Sie fühlte das Alter herannahen. Es starben ständig Menschen, und viele waren jünger als sie. Auch wenn die Neffen und Nichten sie beschwichtigten und ihr noch viele Jahre vorhersagten – sie wollte das Geschäft geordnet übergeben. So wurde im Jahr 1906 die Margarete Steiff Gmbh gegründet und die Neffen Richard, Paul und Franz zu Geschäftsführern ernannt.

Im Jahr 1907 wurden in Giengen fast eine Million Bären hergestellt – von rund 400 Mitarbeitern, die Margarete allerdings nicht mehr alle persönlich kannte. Außerhalb des Werks arbeiteten 1800 Heimarbeiterinnen und auswärtige Angestellte für die Steiffs. Doch dann traf die amerikanische Wirtschaftskrise auch das Giengener Werk mit großer Wucht. Die Neffen versuchten die Tante zu beruhigen. Sie seien auf dem europäischen Markt so gut im Geschäft, dass sie diese Krise meistern würden.

Margarete Steiff verfasste ein Testament, in dem sie ihre Familienangehörigen finanziell versorgte, und gründete mit 3000 Mark eine Stiftung für arme und kranke Kinder. Verglichen mit den Tausenden von Goldmark, die Hans Hähnle in seine Arbeiterwohnungen steckte, war das nicht üppig, das war ihr bewusst. Aber der Herr Kommerzienrat musste wohl auch seine freisinnigen Ideen als Politiker umsetzen und hatte nicht mit einer amerikanischen Wirtschaftskrise zu kämpfen. Sparsamkeit war und blieb für Margarete eine Tugend und die Versorgung der Familie hatte eindeutig Vorrang.

Richard tüftelte wieder etwas aus, das spürte sie genau. Er reiste ein paar Mal nach Friedrichshafen, weil dort ein Graf Zeppelin an einem Luftschiff baute. Das fand die Tante nun doch ein wenig zu verrückt. »Du wirst nicht all unseren Erfolg mit solchen Flugträumen aufs Spiel setzen?«, fragte sie beunruhigt.

»Habe ich schon mal irgendetwas Unbrauchbares konstruiert?«, gab der Neffe ein wenig beleidigt zurück. Einige Monate später präsentierte er der Tante und den Geschwistern ein recht harmlos aussehendes Stoffpaket. »Wenn man das richtig zusammensetzt, ist es ein Fluggerät, das in Kürze in ganz Europa am Himmel zu finden sein wird. Man kann damit auch einen Schlitten ziehen.«

Um die Harmlosigkeit seines »Drachens« zu demonstrieren, setzte er ein paar Kinder, die begeistert waren, fliegen zu dürfen, in einen Korb. Tatsächlich: das Fluggerät hob vom Boden ab, war aber zum Glück sicher mit einem langen Seil am Boden vertäut. Diesmal träumte die Tante nicht davon, sich auch in die Lüfte zu erheben.

Im Mai 1909 erkrankte Margarete Steiff unerwartet. Zuerst sah es nach einer harmlosen Erkältung aus. Aber dann stieg das Fieber, und der Arzt diagnostizierte eine Lungenentzündung. Zwei Wochen lang rang die Zweiundsechzigjährige mit dem Tod.

Abschied

$\mathcal{A}$uf einer mit einem Schimmel bespannten Kutsche stand der von Blumen überquellende Sarg der Margarete Steiff. Eine riesige Menschenmenge folgte dem Wagen, vorbei an blühenden Wiesen und Bäumen. Es war ein langer Zug von schwarz gekleideten Herren mit Zylindern auf dem Kopf und Frauen, die sich mit Schirmen vor der Sonne schützten. Neben dem Weg liefen die Kinder der Arbeiterinnen.

Stadtpfarrer Siegle hielt auf dem Friedhof die Grabrede:

»In dem Herrn Jesu geliebte Trauerversammlung! Wir leben in einer Zeit, wo man der Meinung ist: Der alte Gott tut keine Wunder mehr. Und dabei hatten wir alle Tage unsere liebe Entschlafene vor unsern Augen als ein immer neues lebendiges Wunder. Oder ist's nicht ein Wunder, wenn so ein armes, schwaches, gebrechliches Menschenkind im späteren Leben tausend andere versorgt, tausend anderen durchhilft?

Die Heilige Schrift sagt: ›Was schwach ist vor der Welt, das hat Gott erwählet, dass er zu Schanden mache, was stark ist, auf dass sich kein Fleisch vor ihm rühme!‹ Und: ›Lass Dir an meiner Gnade genügen!‹ Ja, so war's auch bei ihr, die wir heute betrauern, in ihrem ganzen irdischen Lebenslauf … Ja, sie hat es allerdings auch lernen müssen, sich genügen zu lassen an seiner Gnade! Wohl ist es auch ihr nicht leicht geworden. Denn sich dareinfinden, das ist das Allerschwerste, was es überhaupt für ein Menschenherz geben kann. Und ihr dürft mir's glauben, auch unsere liebe Entschlafene hat von solchen Kämpfen und Tränen gewusst. Aber gottlob! Der Herr hat ihr durchgeholfen, dass sie diese Kämpfe bestanden hat …«

Pauline hatte die ganze Zeit über mit den Tränen gekämpft. Aber jetzt konnte sie den Strom nicht mehr zurückhalten. Wie recht der Herr Stadtpfarrer hatte! Über persönliche Dinge sprach man wenig in der Familie, aber dass Margarete furchtbare Kämpfe ausgestanden hatte, mit ihrem Schicksal immer wieder gehadert hatte, das war nicht zu übersehen gewesen.

Jetzt war sie, Pauline, die einzige Überlebende der Steiff-Geschwister. Marie war bei der Geburt ihres dritten Kindes gestorben, Fritz lange krank gewesen, und jetzt war auch Gretle fort, die doch vor wenigen Wochen noch gesund und munter gewesen war. Aber so konnte es gehen.

Gretle, die kleine Schwester, Mutters Sorgenkind, Vaters Liebling … Sie musste lächeln, wenn sie an die vielen Handarbeiten dachte, die sie für Margarete in Ordnung gebracht hatte, wie sie den Leiterwagen zur Schule hochwuchteten. Bemitleidet hatten die Geschwister das gelähmte Mädchen nie. Kinder nehmen die Dinge, wie sie sind.

Und als Erwachsene hatten sie nur staunen können. Die ganze Welt war durch die Maschinenzeit auf den Kopf gestellt worden. Auch Giengen. Und da hatte sich gezeigt, welche Kraft in diesem Persönchen steckte! Ein kräftiges Mundwerk hatte sie schon immer gehabt. Aber später: immer die Chefin, die alles im Kopf hatte und entschied. Jeder hatte das akzeptiert.

Doch das Leben ging weiter. Die jungen Leute würden nun die Firma führen. Hoffentlich so umsichtig wie ihre Tante. Die würde an allen Ecken und Enden fehlen. Es konnte einem schon angst werden, wenn man bedachte, dass nun niemand mehr da war, der auf jeden Fall das letzte Wort haben würde.

Die Menschenmenge hier … Es würden heute noch einige Reden gehalten werden, und jetzt musste sie die Gäste bewirten. Das gehörte sich so. Schluss jetzt, sie hatte keine Zeit, zu heulen und ihren Gedanken nachzuhängen. Sie musste sich um alles kümmern. Aufrecht hier stehen und die Beileidswünsche entgegennehmen. Die Gäste empfangen, mit den Leuten reden. Es gab Pflichten, denen man sich nicht entziehen konnte. Jawohl, das Leben ging weiter.

Herzlich danken möchte ich folgenden Personen

Herrn Wilfried Knöringer, für einen angenehmen Nachmittag mit vielen Geschichten aus dem Leben der Familie Hähnle, Informationen und Quellen, besonders für die Rechnung der Margarete Steiff für Lina Hähnle, die auf Seite 151 veröffentlicht ist;

Familie Ruoß in Giengen;

Herrn Friedhelm Steiff für das freundliche Interview;

Herrn Dr. Alexander Usler, Stadtarchivar in Giengen, für seine Hilfsbereitschaft beim Suchen von Material;

meinem Mann Manfred Halbe für die Korrekturen und sein Verständnis bei Recherchen und im Alltag überhaupt.

Allen, die sich weiter mit Margarete Steiff beschäftigen wollen, sei das Buch von Wolfgang Heger: »Das Tor zur Kindheit – Die Welt der Margarete Steiff« (herausgegeben vom Arbeitskreis für Stadtgeschichte, Giengen a.d. Brenz, 1997) empfohlen, das neben vielen Bildern und weiterem Hintergrundmaterial auch viele Literaturhinweise enthält.

Ulrike Halbe-Bauer

Mein Agnes

Die Frau des Malers Albrecht Dürer

336 Seiten, Kartoniert,
ISBN 978-3-7655-3730-1

Nürnberg im Juli 1494. Nach dem Willen ihres Vaters heiratet die junge Agnes den soeben von seiner Gesellenwanderung heimgekehrten Maler Albrecht Dürer. Das junge Paar zieht ins Haus der Dürers, wo Agnes sich in eine große Familie einfinden und mit einer strengen Schwiegermutter, aber auch mit dem unkonventionellen Verhalten ihres Mannes zurechtkommen muss.

Während die Pest in Nürnberg wütet, reist Agnes mit Albrecht nach Italien, wo er die berühmte Kunst der Renaissance studiert. Ihre Sorgen um die Daheimgebliebenen sind jedoch berechtigt: Auch im Hause Dürer fordert die Pest Opfer. In späteren Jahren unternimmt Albrecht immer wieder Auslandsreisen, die seinen Ruhm festigen. Währenddessen leitet Agnes selbstständig die Dürersche Werkstatt in Nürnberg.

BRUNNEN VERLAG GIESSEN
www.brunnen-verlag.de

Kunne, die Magd

Historische Erzählung

160 Seiten, Kartoniert,
ISBN 978-3-7655-3849-0

Münster im Jahr 1530. Es ist eine schlechte Zeit. Fast die gesamte Ernte ist durch Unwetter verdorben, Scharen hungriger
Bettler ziehen durch das Land. Viele Familien können ihre Kin-
derschar nicht mehr ernähren. So kommt es, dass die zwölfjäh-
rige Kunne von ihrem Vater in den Haushalt von Kaufmann
Knipperdollinck gegeben wird, wo sie als Magd in der Küche
hilft. Der reiche Bürger gilt als Freund der Armen, der für Be-
dürftige immer einen Teller Suppe bereit hat. Und, so munkelt
man, er soll ein Feind des Bischofs sein ... Kunne beobachtet
aufmerksam ihren Dienstherrn, der regelmäßig an den Sitzun-
gen der Handwerkergilden teilnimmt und ganz offensichtlich
Partei für die Evangelischen ergriffen hat. Doch bald wird sie
selbst in die Auseinandersetzungen mit hineingezogen; ein er-
bitterter Kampf zwischen den verschiedenen religiösen Richtungen ist entbrannt.

BRUNNEN VERLAG GIESSEN
www.brunnen-verlag.de